안창호 일대기

윤병석 · 윤경로 엮음

역민사
1995

안창호 일대기

1995년 7월 30일   초판 1쇄 발행
1997년 7월 20일   초판 2쇄 발행

엮은이   윤병석 · 윤경로
펴낸이   최종수
펴낸곳   역민사

출판등록 1979. 2. 23. 제 10-82호
주소   121-210 서울 마포구 서교동 450-1
전화   326-3482
팩스   376-3628

값   9,000원

1902년
결혼식 날의
안창호와 이혜련

1907년 일본 동경에서의 도산 안창호(오른쪽은 김지간)

젊은 시절의 도산 안창호

1912년 경 캘리포니아의 농장에서 일하는 도산(왼쪽에서 세번째)

과일 담는 도산

1913년 흥사단에 입단할 때 도산의 친필 이력서

1914년 경 캘리포니아 흥사단 대회에 참석한 도산(앞줄 왼쪽에서 네번째)

1916년 로스앤젤리스 흥사단 대회에 참석한 도산(앞줄 왼쪽에서 일곱번째)

1917년 샌프란시스코 흥사단 대회에 참석한 도산(앞줄 왼쪽에서 네번째)

1917년 경
쿠바의 산티아고를
떠나는 도산
(왼쪽에서 다섯번째)

1918년 도산의 가족 사진
(왼쪽부터 필선, 도산,
수라, 필립, 수산, 부인)

1919년
상해에서의
도산 안창호

1919년 상해 임시정부에서의
도산(왼쪽부터 김구, 도산, 이탁)

1919년 상해 임시정부 국무원 성립 기념사진(앞줄 가운데가 도산)

1919년 상해 임시정부 의정원 기념사진(앞줄 왼쪽에서 네번째가 도산)

1920년 원단 임시정부 신년 축하회 사진(둘째줄 왼쪽에서 열두번째가 도산)

1921년 1월 1일 임시정부 신년 축하회 사진(둘째줄 오른쪽에서 다섯번째가 도산)

1924년 남경에서의 흥사단 원동대회에 참석한 도산(앞줄 왼쪽에서 여섯번째)

1924년 남경 동명학원 창립 기념식에 참석한 도산(앞줄 왼쪽에서 일곱번째)

1925년 마지막
미국 방문시
흥사단 대회에
참석한 도산
(앞줄 가운데)

1925년 시카고의 어느 과수원에서(왼쪽에서 네번째)

1935년 대전 감옥에서
출옥하는 도산

출옥 직후의 도산
(왼쪽은 여운형, 오른쪽은 조만식)

출옥 후의 도산

1936년 전국 순회중 정주에서의 도산

도산이 머물던 송태산장

1937년 11월 10일
서대문형무소에서의 도산

만년의 도산

전 흥사단 이사장
신사회 공동선 운동연합 대표
서영훈

우리 민족이 동북 아시아에 터를 잡고 광명한 이념과 홍대한 기상으로 나라를 세우고 반만 년의 역사를 이어오는 동안 역대 왕조를 거치면서 많은 기복과 흥망성쇠가 있었다.

저 고조선의 웅대한 판도와 삼국의 융성이 있었으나 차츰 막강한 대륙 세력의 압박이 늘어나고 안으로는 정개민족(整個民族)의 자강력이 약해지더니 급기야는 영악한 해양 세력의 침탈까지 받아 마침내 나라를 부지하지 못하고 온 겨레가 고난과 치욕을 당하게 되었다.

이때에 기우는 나라를 구하고 민족 부흥의 기틀을 바로 세우는 일에 앞장서 일생을 바쳐 큰 빛을 발한 분이 계셨으니 바로 도산(島山) 안창호(安昌浩) 선생이시다.

어느 나라, 어느 민족이나 그 나라의 역사를 개척하고 이끌어 숭앙을 받는 위인들이 있다. 그리고 그러한 위인들은 나라와 민족이 흥하는 이치와 망하는 까닭을 바로 깨달아 망하게 되는 원인을 제거하고 흥하고 잘 살 수 있는 길을 열어 나가는데 지도적 역할을 한 분들이다.

19세기 말에 이 땅에 태어난 도산은 자기가 태어난 나라가 어찌하여 쇠망해 가는가를 정확하게 깨닫고 인식하여 조국과 민족을 부흥시키는 바른 길로 온 겨레를 인도하는데 고난과 희생의 생애를 살며 큰 자취를 남기고 가신 분이다.

도산은 참으로 탁월한 경륜을 가지고 크고도 많은 일을 하셨다. 그 가운데 두드러진 업적만을 들어보아도 공립협회·청년학우회·신민회·대한인국민회·흥사단 등의 단체를 만들어 지도하신 일과, 상해 임시정부 초기에 주도적 역할을 하신 일과, 점진학교·대성학교·동명학교·태극서관 등을 세워 교육에 힘쓴 일과, 우리나라 최초의 주식회사 설립과 이상촌 운동 등의 모델을 제시하신 일과, 그 뛰어난 웅변과 명 논설로 민중을 깨우쳐 가르친 일 등을 꼽을 수 있다.

그러나 도산의 남다른 진면목은 활동 범위와 하신 일의 규모보다는 그 경륜과 계획의 원대하고 과학적인 면과 사업의 합리적이고 실천적인 데 있었다.

이러한 역사적 큰 인물을 바로 알고 평가하며 정확히 전하여 본받기란 쉬운 일이 아니다. 그 인격과 사상의 높이와 깊이, 그 생애와 업적의 기복과 전말, 그 언행과 처사의 특성과 능력, 그리고 수기치인(修己治人)과 용인교우(容人交友)의 덕성과 기량 등을 깊이 연구하고 바로 파악해야 하기 때문이다.

도산에 대한 연구와 저술은 다른 사람들에 비기어 적지 않고 오히려 많은 편이다. 하신 일과 공적도 크거니와 자료도 풍부하기 때문이다. 전기도 여러 권 있고 인물과 사상·업적에 대한 연구도 많이 발표되었다. 그러나 그것들은 대개 저술한 이들의 주관에 치우치거나 각자가 접하고 아는 범위 내에서 본 관견(管見)에 의한 것이어서 도산의 전모를 파악하는 데에는 미진한 아쉬움이 없지 않았다.

그런데 이번에 윤병석 교수와 윤경로 교수가 오랜 노고 끝에 펴내게 된 《안창호 일대기》는 그러한 아쉬움을 크게 덜어주는 고마운 명

18

저라 할 수 있다. 왜냐하면 이 책에 수록된 내용들이 도산과 큰 뜻을 같이 하고 시종 고락과 휴척(休戚)을 함께 한 가장 가까운 동지들이 남긴 기록과 증언에 의한 것이고, 중요한 사실을 확실히 방증할 수 있는 문헌과 자료들에 의한 것이기 때문이다.

특히 이 책은 우리 조국의 미래를 걱정하며 책임져야 할 젊은이에게 일독을 권하고 싶은 책이다. 이 책에 담긴 도산의 삶과 정신은 물질적 풍요 속에서 선한 우상을 상실한 현대의 젊은이들에게 조국을 향한 뜨거운 애정과 마음의 양식을 주기에 충분할 것으로 기대되기 때문이다.

끝으로, 이와같이 어렵고 귀한 자료를 모아 편술한 이 책을 세상에 내놓는 두 교수님의 노고에 대하여 진심으로 깊은 감사와 치하를 드리며, 아울러 역민사의 여러분에게도 고마움을 전하는 바이다.

차 례

추천의 글 / 17

I. 《안도산》 곽림대 / 23

II. 〈도산 언행 습유〉 -해운대 좌담 기록-
 이강 · 주요한 · 백영엽 · 최희송 · 이복현 · 김용현 / 155

III. 안창호 심문 기록 / 227

IV. 안창호의 말과 글 / 249

 1. 안창호의 연설
  1) 개조 / 251
  2) 6대 사업 / 259
  3) 정부에서 사퇴하면서 / 280

 2. 안창호의 논설
  1) 동포에게 고하는 글 / 311
  2) 비관적인가 낙관적인가 / 313
  3) 불평과 측은 / 315
  4) 주인인가 나그네인가 / 318
  5) 합동과 분리 / 321
  6) 지도자 / 327

7) 부허와 착실 / 335

8) 오늘 할 일은 오늘에 / 340

9) 오늘의 대한 학생 / 342

10) 청년의 용단력과 인내력 / 348

11) 사업에 대한 책임심 / 352

12) 청년에게 호소함 / 356

13) 무정한 사회와 유정한 사회 / 359

3. 안창호의 편지

1) 나의 사랑하는 아내에게 / 366

2) 나의 사랑하는 아내 혜련 / 368

3) 나의 사랑하는 아들 필립 / 373

4) 나의 사랑하는 딸 수산 / 375

《안창호 일대기》 해제 / 377

도산 안창호 연보 / 387

《안도산》

곽 림 대

머리말

도산 안창호는 국가적 영도자였다.

그는 생(生)이 무엇인지 아는 이상가였다.

그의 썩지 아니할 애국성은 천추만대에 둘이 없는 모범이었다.

그는 천부의 연설 기능을 가져 그것이 만 권의 서적을 대신하여 국민의 정신을 환기하고, 사상을 고취하는 능력을 발휘하였다.

그의 지심(持心)은 푸른 하늘의 태양과 같아서 바라볼 수는 있을지언정 더위 잡아 더 덥게 할 수 없는 장부의 기상을 가졌다.

그의 사람을 대함은 맑은 바람과 개인 달과 같아서 어두움이 없고 쾌감을 주는 군자의 태도를 가졌다.

그는 배우기를 좋아하고 묻는 것을 부끄러워하지 아니하고 남을 존경하고 자기를 낮추는 겸손한 예절로 처세하였다.

그는 가족을 사랑하고 붕우(朋友)의 신의를 지키며 남을 나처럼 사랑하는 덕행을 지녔다.

그는 조물주의 존재를 인식하고 그 신비한 경륜에 순응하는 도학성을 가졌다.

그는 경우에 따라 적(敵)을 무마하는 큰 아량이 있는 동시에, 대의(大義)에 관하여는 장검을 비껴들고 삼군(三軍)을 호령하는 기백을 가졌다.

그는 무실(務實), 역행(力行), 충의(忠義), 용감(勇敢)의 정신을 갖춘 위인이었다.

오늘의 한국이 이러한 인물을 일찍 잃어버린 것은 큰 불행이다.

그러나 한 알의 씨가 땅 위에 떨어져 싹이 나면 육십 배 혹은 백 배의 결실이 있는 것과 같은 이치로, 도산이 끼친 교훈과 남긴 정신을 함양한 추종자들을 통하여 일대, 이대 후에 어진 선비들이 무리로 나와 반도 강산을 화려하게 숙청하고 민족 대업을 공고하게 수립한다면 이것이 과연 애국지사가 순국한 결실이요, 도산의 영혼을 위로할 일이라고 믿는다.

이러한 견지에서 도산의 전기가 세상에 나오기를 기대하였지만 국내 국외에서 편집이 되었다는 소식을 못 들어 오다가 나라가 해방된 이후에 시대적 요구에 응하여 이광수(李光洙)가 급속히 취집한 《도산 안창호》가 발행되었다. 그러나 그가 스스로 말한 바와 같이 그것은 완전한 도산전이 되지 못하였다.

도산을 후세에 소개할 필요는 물론이요, 전도(前途) 사업에 관한 계획과 부탁했던 사업을 이행치 못한 나로서는 그가 가졌던 이상을 후손들에게 남겨 전하려는 간절한 희망에서 도산전을 쓰게 되었다. 그러나 이 기록은 안창호 전기의 대략에 불과하니 그 이유는 이렇다.

1. 연설집의 누락

도산은 천부적 웅변가요, 이상가였다. 그의 이상이 웅변을 통하여 지어낸 연설은 과연 고금 역사상에 드물었고, 특별히 현대 한인 사회에 관하여 확실한 가치가 있지만 전후 수백 회의 대연설이 완전히 기록되지 못하였다.

2. 재 상해 독립 운동, 대독립당 조직 경영, 남경에서 말하였던 교육 사업, 일본인 경관에게 체포되어 국내에 압송된 일, 송태 산장에서 휴양하다가 동우회 사건으로 다시 감금되어 마침내 별세한 사적(史蹟)은 《도산 안창호》에 상세히 기재되어 있으므로 여기에서는 그 대략만

을 기술한다.

따라서 이 기사가 완전한 《안창호전》이 되지 못할 것이나 후일에 완전한 도산전을 편집하는 문사들이 요구하는 재료로 공급될 것이라고 생각하며, 특별히 아래와 같이 독자들의 양해를 바라는 바이다.

1. 이 기사의 백분의 구십은 필자가 친히 보고 협동한 일과, 직접 도산이 전하여 준 이야기와, 또는 전도 사업에 관한 계획으로 남겨 준 것이므로 결코 허황된 추측이나 풍문이 아니다.

2. 경우에 따라 필자 개인의 이름이 가끔 기입되었는데, 이는 다만 도산을 중심으로 하여 쓰는 기사에 관계되는 사실을 전함에 불과하고, 결코 자긍하는 의도에서 그렇게 쓴 것은 아니다. 또한 이러한 기록이 불가피한 사실이 된 것은 필자가 도산 일생에서 가장 가까운 관계에 있던 동지 중의 한 사람이었기 때문이다.

1963년 8월

1. 소년 시대와 미주 생활

안창호(安昌浩)는 평안남도 강서군 도롱섬에서 농업을 경영하는 안흥국(安興國)의 삼남으로 출생하니 때는 1878년 11월 9일이었다.

일곱 살 때 부친을 여의고 조부 슬하에서 자라났다. 7세에서 8세까지는 평양 대동강변 국수당에 살면서 집에서 한문을 학습하였고, 9세부터 14세까지는 남부산면 노넴리에 살면서 한문 서당에 가서 공부하며 동시에 목동으로 일하였다. 14세에서 16세까지는 강서군 심정리에서 거주하였다.

17세 때에 청일전쟁이 일어나 평양성 일부가 전화(戰禍)에 유린되는 것을 보고 그의 친구요, 선배로 교제하던 필대은(弼大殷)을 찾아갔다. 밤이 새도록 국가의 주권 문제와 국제 관계와 국정이 부패한 것과 국민이 암매(暗昧)한 것을 가지고 토론하였다. 그 결과 그때부터 자신이 신학문을 배워 국가 민족을 위하여 일할 필요를 느꼈다.

필대은은 창호보다 나이가 많았고, 일찍이 한학에 능하여 중국 서적을 통해 세계 사정에 관한 지식이 있었다. 그리고, 예수교인인 까닭에 미국 선교사들과 교제가 있어 자연 미국 사정을 잘 알고 있었으며, 당시 평양성 내에서 서양 약방을 열고 영업을 하고 있었다.

소년 안창호를 만나서 자주 담화한 결과, 창호가 장래에 유망한 인물이 될 것을 알고 필대은은 창호를 극진히 애중하여 일반의 사정을 자기가 알고 본 대로 이야기해 주며 그 고상한 생각을 항상 장려하고 고취하여 주었다.

한 예로, 창호가 열병에 걸려 고생하는 것을 알고 필대은 서울에
있다가 평양에 내려와 친히 창호의 병을 간호하여 주고 병세에 차도가
있는 것을 보고서 다시 서울로 올라갔다. 이때 이넷째(이암)라 하는
소년에게 창호를 잘 간호하라고 부탁하며 자기가 가지고 있던 금시계
를 넷째에게 주었다.

창호가 심정리에 살 때 한문 서당에 가서 공부를 하였는데 같이 공
부하는 동무 가운데 이넷째라 하는 아이가 있었다. 그가 후일에 처숙
이 되는 이암이요, 아명은 석원이었다. 창호는 그때 노범이집 셋째라
불렸고 넷째보다는 6년 맏이가 되어 서당에서는 범사에 접장 노릇을
하였다.

어느날 셋째가 서당에 가서 넷째에게 조용히 말했다.

"넷째야. 너는 오늘 종아리 맞게 되었다."

"그것을 어찌 아느냐?"

"내가 네 강지(講紙)를 보았다."

"그러면 어찌 하나?"

"수가 있다."

그리하여 셋째는 골방에 말아 세워 둔 지즉 자리를 내어다가 방바닥
에 펴놓고 넷째를 한 편 끝에 눕게 한 후에 지즉을 둘둘 말아서 있던
자리에 세워 두었다. 그리고 넷째에게 아무 소리도 내지 말라고 부탁
한 후에 시침을 뚝 따고 앉아 있었다.

얼마 후에 서당 선생이 들어와서 학동들을 불러앉힌 후에 도강에 낙
제한 아이들을 하나씩 불러 내세우고 회초리 다섯 개씩 벌을 주었다.
마지막으로 이넷째를 불렀으나 넷째는 보이지 않았다. 넷째가 어디 있
는지 잡아오라고 선생이 호령하여도 넷째는 종무소식이었다.

넷째가 달아났다는 소식이 선생 부인에게 전달되자 큰 걱정이 생겼
다. 넷째가 굳지 못한 얼음을 타고 강을 건너 자기 집으로 도망하다가

강에 빠졌는지도 모른다는 걱정이었다.

사실 서당 선생은 넷째의 맏형인 이석관(李錫寬)이요, 서당 부인은 넷째의 형수, 즉 후일에 도산의 장모가 되는 이였다.

셋째의 계획으로 넷째는 회초리를 면할 줄 알고 지즉 속에 말려서 퍽도 괴로운 것을 참고 그대로 서서 있었으나 불행히도 어떤 아이가 지즉 속에서 숨쉬는 소리를 듣고 넷째를 발견하여 필경에는 넷째도 회초리 다섯 개를 맞게 되었다.

도산이 어렸을 때에 또 한 가지 능청스런 수단을 보였다는 이야기가 있다.

어느 여름날, 오이가 먹고 싶은 셋째는 서당 근방에 있는 오이밭에 들어갔는데 마침 그 주인이 나와 소리를 치면서 잡으려 했다. 이때 셋째는 겁을 내서 뛰지 않고 그대로 밭골에 납작 업드려 그 주인을 향하여 손짓을 하면서 말했다.

"가만히 계세요. 지금 조부님한테 벌을 받게 되어 숨어 있는 중입니다."

주인은 그 말을 듣고 그럴 듯하게 생각하여 그저 지나가면서 오이는 따먹지 말라고만 하였다.

"중일전쟁이 왜 한국 안에서 전개되었느냐?"

"국가의 주권이 서지 못하여 그렇다. 국가 정치가 부패하여 그렇다. 민족이 미개하여 그렇다."

이러한 문제로 자극을 받은 소년 안창호는 17세에 서울에 올라가서 미국인 선교사 원두우(元杜尤; 언더우드)가 경영하는 구세학당(救世學堂)에 입학하여 2년간 수학하였다.

20세 되는 해인 1897년에는 서울에 독립협회가 성립되어 활동을 시작하였다. 도산은 필대은과 의견을 같이하여 독립협회에 참가한 결과,

평양에도 독립협회 지부가 조직되었다. 그리고 만민공동회(萬民共同會)가 개최되는 벽두에는 유명한 쾌재정(快哉亭) 연설이 있었다.

1898년 7월 25일은 광무황제의 생신일이었다. 이 기회를 이용하여 독립협회 평양 지부에서는 만민공동회를 소집하고 대연설을 거행하기로 하였다. 집회 장소는 쾌재정으로 정하였다. 정자가 그리 굉장한 것은 아니었지만 그 시대에 평양 시민들이 보통 모이는 장소였기 때문이었다.

정자의 회석에는 관찰사 조민회(趙民熙)와 감리사 팽한주, 진위대장 김응팔과 그밖에 일반 장교들과 평양의 명사들이 열석하였다. 먼저 독립협회 평양 지부장 한석진이 등단하여 회집 취지를 설명한 후에 연사로 필대은을 소개하였다.

필대은은 신교육 문제를 들어서 간단히 말을 마쳤다. 이어 회장 한석진은 다음으로 특선한 연사를 소개하는 데 여러 긴말을 하지 않고 다만 연사 안창호라고만 하였다.

도산은 그때 21세의 소년으로 차림새는 보통 시민이나 농부들과 다름이 없이 무명 잠뱅이에 모시 두루마기를 입고 등단하였다.

그날 도산의 연설은 자세히 전해지는 바는 없고, 다만 조목 조목 기억하고 전하는 말에 의지하고 있는데 대략 이러하였다.

"쾌하구나 정자여! 오랫동안 숨어 있던 쾌재정의 의미가 오늘에 와서 처음으로 발표되는 것이오."

그 시대에 한국의 민간 사회에는 연설이라는 말조차 알지 못하는 사람이 많았고, 또 대중이 모여서 광대의 소리를 듣거나 기생의 춤을 보는 것이 아니라 연설회라는 것을 갖는다는 것도 희한한 일이었다.

게다가 새파랗게 젊은 아이가 대중 앞에 나서서 담대하게 말하는데, 그 음성은 과연 웅장하고 그 자태는 과연 미남자였다. 이러한 광경이 대중의 주목을 끌게 되었던 것이다.

"오늘은 우리나라 황제의 탄신일이므로 우리 백성들이 모여서 이날을 경축하게 되었으니 이것은 군민동락(君民同樂)이라, 첫째로 쾌한 일이오."

도산은 계속하여 쾌재정이라는 이름에 부합되는 여러 가지 조건을 들어서 말하였다.

"오늘 이 정자 좌석에는 관찰사와 군수, 그리고 진위대장과 평양 시내 신사 숙녀들이 모여 있으니 이는 관민동락(官民同樂)이라, 둘째로 쾌한 일이오. 오늘 이 모임에는 남녀노소 일반 국민이 모두 모여 이 날을 경축하게 되었으니 이는 만민동락(萬民同樂)이라, 셋째로 쾌한 일이 됩니다."

이렇게 여러 가지 쾌한 조건을 들어 흥미진진하게 설명하자 일반 청중들은 말끝마다 박수갈채를 보냈다.

"이런 연설은 처음이오."

"이같이 쾌한 연설은 처음이오. 아! 쾌하구나 정자야!"

청중들은 이러한 말로 찬양과 감탄을 아울러 하였다.

도산은 계속하여 말했다.

"오늘 우리가 이러한 쾌감을 가지는 동시에, 우리 백성들이 항상 가지고 있는 불쾌한 감도 말하고자 합니다."

도산은 조선 말년의 비참한 학정을 일일이 들며 이론적으로, 또는 확실한 증거를 지적하여 말하였다.

장강대하(長江大河)가 움직이는 기세로 청중의 심리를 격동시키는 도산의 웅변 기술은 그날 처음으로 발표되었던 것이다.

상하 관민이 모두 하나로 감탄한 그 연설의 대의는 이러하였다.

"충군애국(忠君愛國)이 백성의 의무라면 보국안민(保國安民)은 관원의 책임이거늘, 조정의 대신들이 국가의 주권을 세우지 못하여 외국의 멸시를 받게 되었고, 방백 수령이란 탐관오리들은 민정을 돌아보는 대신에 토색(討索)만 일삼고 연락(宴樂)만 즐기는 것이 지금 이때요. 연광정에서 음악 소리가 날리는 때 막서리 속에서는 한숨소리가 깊어지고, 부벽루에서 노래 소리가 높을 때 민간 사회에서는 원망 소리가 높아지는 것을 듣게 됩니다."

학정의 결과로 민간 사회에 미치는 모든 불쾌한 사정을 들어서 부패한 정치를 여지없이 공박하고, 계속하여 신정치 실시와 신교육 장려의 필요성을 말하고 관민의 일반적 각성을 역설하였다.

그날 도산의 모친 황(黃)씨는 자기의 아들 셋째가 연설하는 것을 듣기 위해 처음으로 평양성 내에 들어와서 아들의 연설을 기쁘게 듣고 있었는데, 청중 중에 누가 황씨를 알아보고 서로 말하고 전하여 여러 사람들이 황씨를 둘러싸고 '귀한 아들, 훌륭한 아들, 영웅 아들'을 두었다고 칭찬과 치하를 드리며 기뻐하였다.

도산의 쾌재정 연설은 당시 민간 사회에서는 희한한 일이었으며, 또 그때 청중이 얼마나 유쾌한 감을 가졌는지, 도산은 웅변가로서 서북 일대 각 지방에 이름이 전파되었고 지금까지도 그때 느꼈던 쾌감을 말하는 이가 있다.

도산은 구세학당에서 2년간 수학하고 19세에 평양에 내려가서 첫사업으로 소학교를 설립하고 소년 학동들을 모집하여 신교육을 시작하였는데 그 순서는 이러했다.

이암(아명은 석원, 또는 넷째라 칭함)이 보기에 도산이 경성에 올라가서 닦여진 후에는 모양이 훨씬 달라졌다. 옥색 저고리에 검정 바지로 차려 입고 두루마기를 입은 것부터 벌써 의복이 선명하고 언어와 행동이 그전의 셋째와는 다르게 매우 점잖은 모양이었다.

그리고 전과 같이 '셋째야 어떠냐?' 이렇게 말하는 것을 도산의 모친 황씨가 듣고서 넷째에게 말했다. '셋째가 지금은 장성하여 어른이 되었으니 너는 전과 같이 말하지 말고 당연히 성인 대접을 해야 한다.'

그때부터 넷째는 말을 고쳐서 도산을 장성인으로 대접하여 말하게 되었다.

도산이 넷째에게 물었다. '그 동안 공부를 얼마나 하였느냐?' 그때 열세 살 된 넷째가 대답했다. '공부 잘했지요.' 도산이 넷째를 시험하려 하였다. '그러면 대동강(大同江)변에 유(有) 모란봉이라고 써 보아라.' 넷째가 도산의 말대로 써놓았는데 대동강이라는 동자를 잘못 알고 동편 동(東)자로 써놓았다. 도산이 그것을 보고 말했다. '틀렸다. 공부를 제대로 해야 되겠다.'

그 후에 도산은 자기의 형님 [安致浩]이 거주하는 강서군 동진면에 위치를 정하고 학교를 설립하여 명칭을 계몽학교라 하고 학생들을 모집하였다. 처음에 모집된 아이들은 임두화, 서의순, 이넷째 등 30여 명이었다. 창립 당시에는 도산이 친히 교사로 근무하다가 후에는 숭실학교 출신인 최광옥(崔光玉)을 초빙하여 교사 일을 보게 하였다.

그 동리에 살면서 농업에 종사하는 농민들은 예수교당에는 다니지 않았으나 아이들을 학교에 보내 공부하게 하는 성의는 있었다. 학교집이 불에 타버리자 여러 동민들이 협력하여 교실을 다시 건축하고 명칭을 고쳐서 점진학교(漸進學校)라 하였다.

그때 소년 안창호는 아이들을 교육하기 위하여 학교를 설립하고 모든 일을 혼자서 돌보면서 교수 일까지 담임하였는데, 그의 이상은 19세의 소년으로서는 과연 영특한 면을 보여 주었던 것이다. 이것은 도산이 그때 처음으로 지어 아동들에게 가르친 노래이다.

부모 은덕가

1. 산아 산아 높은 산아

네 아무리 높다 한들
우리 부모 날 기르신
높은 은덕 미칠소냐
높고 높은 부모 은덕
어찌하면 보답할까

2. 바다 바다 깊은 바다
   네 아무리 깊다 한들
   우리 부모 날 기르신
   깊은 은덕 미칠소냐
   깊고 깊은 부모 은덕
   어찌하면 보답할까

3. 산에 나는 까마귀도
   부모 공양 극진한데
   우리 귀한 인생들이
   반포지효 모를소냐
   높고 깊은 부모 은덕
   효도로써 보답하세

최광옥은 평양 숭실학교 제 1회 졸업생으로 재질이 총명하고 국어
에 연구가 깊어서 일찍이 《국어문전》을 저술하여 당시 각 소학교에서
교과서로 사용되고 있었다. 도산보다는 일 년 만이가 되었으며 두 분
이 동일하게 유망한 청년으로 지목되었고 교육 사업에 뜻을 가지고 점
진학교 일을 담임하였다. 그러나 불행히 신병으로 인하여 사임하였고,
1899년에 점진학교는 폐지되었다.

1896년에 도산은 동향인 이석관의 장녀 혜련과 약혼하였는데 그 사적은 이러하였다.

이혜련은 1884년 4월 21일, 도롱섬에서 한문 서당을 열고 선생으로 아동들에게 한문을 교수하는 이석관의 장녀로 탄생하였다. 혜련에게는 남동생인 두성과 극성이 있었고 어린 누이동생 둘이 있어 모두 5남매였다.

어려서부터 성품이 활발하고 덕행이 풍부하여 친척들과 이웃 사람들의 사랑을 받았다. 차차 자라면서는 자신의 미덕으로 사회 민중의 존경을 받게 되었다. 80세 이상의 노년에 이르기까지 신체가 항상 건강하여 예배당이나 관계 있는 집회에도 시간을 지켜 참석하였다.

혜련이 13세 때 그 부친은 혜련의 장래를 위하여 관심을 가지고 두루 돌아보았는데 사위로 택할 만한 아이는 노냄이 집 셋째가 제일이라고 생각하였다.

이석관 선생의 사위로 망점을 받은 도산은 어렸을 때부터 그 영특한 천성이 언어와 행동에도 드러나서 자연 동리와 근방 사람들이 노냄이 집 셋째라면 누구의 자제이며 어떠한 아이인지를 알게 되었다.

또 선생 이석관은 자기가 친히 글을 가르치면서 아침 저녁으로 가까이 두고 보니 셋째가 공부도 잘 하거니와 사리에 대한 총명이 보통보다 뛰어나고 남을 도와주는 덕성과 인도자의 자격이 있는 것을 깨달았다. 그러나 사위로 택하는 데 있어서는 우리나라 고대 풍속대로 그 가세가 어떠한가를 보지 않을 수 없었다.

안씨 가정은 모든 것이 가합하지만 오직 꺼리는 것은 그 가세가 빈한하다는 것이었다. 이때 친척되는 김인수가 이 선생에게 권했다. '재산이란 것은 있다가 없어지기도 하고, 없다가 생기기도 하는 것이니 오직 인재를 보아서 택해야 할 것이다. 셋째를 두고 보매 그 인격도 홀

름하고 장래성이 있으니 집안을 따질 것 없이 약혼시키는 것이 옳다.'
이리하여 결국은 약혼이 되었다.

약혼이란 그 시대의 풍속대로 부모들의 뜻이 맞으면 그만이요, 아들
이나 딸의 의견은 묻지도 않는 것이 상례였다.

이씨 가정에서 13세 된 딸을 위하여 노냄이 집 셋째를 사위로 망점
하고 안씨 가문에 청혼을 하였다. 물론 도산의 조부와 모친 황씨와 형
님 치호가 뜻이 맞아 그리하자고 허락하였다.

그러나 그때 당사자 되는 도산은 경성에 가서 공부를 하고 있었으므
로 두 가정에서 진행되는 약혼 문제는 전혀 알지 못하고 있다가 여름
에 고향으로 돌아와서야 비로소 약혼 사정을 알게 되었다. 도산의 강
경한 항의가 있었지만 풍속과 가규에 눌려서 결국은 하는 수 없이 양
보하였다.

그 후 몇 년이 지나 혜련이 15세가 되었을 때 도산은 공부의 필요성
을 말하여 혜련과 자기의 누이 신호를 정신여학교에 입학시켰고, 혜련
은 17세 될 때까지 2년간 수학하였다.

1902년, 도산이 25세 때 미국 유학을 목적으로 출발 준비를 하면서
혜련에게 말했다. '내가 미국에 가서 10년간 수학하고 환국한 다음에
가정을 이루자.' 혜련은 이에 대해 반대하였다. '내가 지금 18세인데
만일 10년이 지나면 28세의 늙은 처녀가 될 것이다. 나는 그같이 되기
를 절대로 원치 않으며 당신과 함께 가기를 원한다.' 도산은 혜련의 이
유 있는 말에 감동하여 같이 가는 것을 허락하였다.

그때 생긴 또 한 가지 문제는 미국에 가는 여비였다. 향촌 농가 생활
을 하는 처지에 졸지에 상당한 현금을 마련한다는 것은 그리 쉬운 일
이 아니었다. 이씨 가정에서는 귀한 딸을 미국에 보내기 위하여 여비
를 준비하기로 하였는데, 이때 도산은 어떠한 교섭이 되었는지 장래에
처숙이 될 넷째에게 편지를 주어 당시 진위대장으로 있던 김응팔에게

보냈다.

넷째가 도산의 서신을 가지고 병영에 가서 진위대장에게 들여보내니 김응팔이 친히 넷째를 불러서 말하여 부탁하고 뭉터기 지전을 내주었다. 그리하여 도산과 혜련은 여비 문제에 관하여는 아무런 곤란이 없이 출발하게 되었다.

그해 가을에 경성에 올라가서 정신학교 교장 밀러 목사와 그의 부인인 도라티를 만나보게 되었다. 밀러 부인은 혜련이 약혼자와 동반하여 미국에 간다는 말을 듣고 적지 않게 놀라며 이렇게 권했다. '성년된 여자가 성혼하기 전에 남자와 동반하여 여행한다는 것은 불가한 일이니 떠나기 전에 성혼하는 것이 가하다.'

그래서 마침내 도산과 혜련이 성혼하게 되었다. 의사 박에스터가 신부에 관한 일체의 준비를 돌봐 주어 큰 어려움 없이 예식을 치르게 되었다. 예식 장소는 세브란스 병원 교회로 정하였다. 의사 김필순이 초청인이 되고 송석준은 신부를 데리고 들어가는 아버지가 되고 밀러 부인 도라티는 신부의 메이드가 되었다. 밀러 목사의 주례로 예식을 행하여 도산과 혜련은 마침내 부부가 되었던 것이다.

그해 9월 경에 도산과 부인 혜련은 미국을 향하여 출발하였다. 이때 미국에 있는 장경의 부인과 그의 딸이 동반하게 되어 4인 일행이 일본과 뱅쿠버를 경유하여 마침내 미국 샌프란시스코에 도착하니 이때가 1902년 10월 14일이었다.

도산과 부인은 샌프란시스코에서 1년간 거류하게 되었는데 그때의 경험은 이러하였다.

학업을 목적으로 도미한 도산은 먼저 어학 준비의 필요를 느끼게 되었는데 이때 미국인 의사 드류를 만나게 되었다. 드류는 일찍이 한국에 가서 의사로 근무하다가 미국에 돌아와서 이민국의 사무를 보는 중

38

이었다. 그는 도산과 부인을 청하여 자기집에 머무르게 하면서 영어를 준비하라고 하므로 도산은 그의 요청에 응하여 드류 집에 머무르게 되었다.

이렇게 되자 물론 영어 학습은 자연히 되었지만 도산은 그냥 남의 신세를 지는 것은 불가하다고 생각하였다. 그래서 그의 집안일을 돌보아 주니 자연 청소 등의 일을 하게 되었는데 도산은 천성에 따라 모든 일을 완벽하게 치러 주었다.

그때 드류는 도산이 어떤 인물인가를 알게 되었고, 8년 후에 도산이 망명하여 다시 미국에 왔을 때 그의 수척한 모습을 보고는 눈물을 흘렸다. 그러나 도산이 연설하는 음성을 듣고서는 빙긋이 웃으면서 말했다. '아직 괜찮소.'

도산이 샌프란시스코에 있는 동안, 영어 공부를 위하여 시내 공립 소학교에 입학하였는데 한 가지 곤란한 일은 어린이용 의자가 25세 청년 도산에게 맞지 않아 바닥에 앉을 수밖에 없다는 사실이었다. 학교 선생은 큰 의자를 하나 구하여 도산의 자리를 특별히 마련해 주고 모든 편의를 봐 주며 공부하게 하였다. 그러나 도산은 영어 공부를 계속할 수 없었으니 그 사정은 이러하였다.

1902년에 하와이에 한인 이민이 시작되어 수천 명이 계속하여 가게 되었고 그중에서 기회를 맞은 사람들은 미국 본토로 들어가게 되었다.

한인들이 미국에 들어가서는 자연 샌프란시스코에 체류하게 되어 많은 동포들이 모이게 되었다. 동시에 도산은 그들과 접촉하는 경우가 많아져 여러 가지를 지도하게 되니 자연 학업에만 머리를 숙이고 들어앉아 있을 수가 없었다.

도산은 5, 6명의 인삼 장수들을 인도하여 중국인 예배당의 일부를 빌어 한인 교회를 시작하니 자연 주일마다 설교를 하게 되었다. 또한 새로 들어오는 동포들을 위하여 노동의 길을 열어 주는 등 여러 가지 일을 책임지고 돌보았다. 그리고 자신의 생활을 위하여 스쿨보이 일도 하였고, 어떤 때는 환경장사도 해 보았다.

도산이 환경장사로 다니다가 도둑을 만나 소유물 전부를 빼앗기고 빈손으로 집에 돌아와서 전차비를 부인에게 타서 쓴 일도 있었다.

이같이 어려운 생활을 하는 동안에 도산은 사회 조직 운동을 시작하게 되었다. 하와이로부터 많은 한인이 미국에 건너와서 샌프란시스코에 모이는 기회를 이용하여 도산의 주최로 1903년에 한인친목회가 조직되었던 것이다.

이것이 미주 한인 단체의 시작이었고, 1년 후에는 리버사이드에서 공립협회(共立協會)가 조직되었다. 한편, 일부 한인들의 조직으로 대동보국회(大同報國會)가 성립되었다가 1908년에는 여러 단체들이 합동하여 하나가 된 대한인국민회(大韓人國民會: Korean National Association)가 성립되었다.

도산이 샌프란시스코에 있을 때 자신의 당호를 도산(島山)이라 칭하고 이를 발표하자, 그때부터 일부 친구들과 동포들은 그를 도산, 혹은 도산 선생이라고 부르기 시작했다.

이때 도산이 인삼 장수 중에서 박영순을 만나보고 그를 비참한 처지에서 구원하였는데 그 사적은 이러했다.

박영순은 인삼을 팔기 위하여 중국인 사회에 자주 내왕하다가 중국인의 유혹에 빠져 아편을 피우기 시작했다. 아편에 재미를 붙이고 차차 인이 박힌 후에는 인삼을 팔아 그 자리에서 아편을 사서 피웠다. 그러니 자연 자본이 모자르게 되어 숙식을 제대로 하지 못하고 의복이 남루하여 거지 모양으로 생활하게 되었다.

이것을 발견한 도산은 동포의 정의와 측은한 마음이 일어나 박영순을 아편굴에서 끌어내 정결한 장소에 있게 하였다. 그리고 아침 저녁으로 위문하면서 의사같이, 또는 간호부같이 돌봐 주고 정직한 말로 훈계하였다. 마침내 박영순은 깨끗한 사람이 되었고, 나중에는 흥사단에 참가하여 도산의 동지가 되었던 것이다.

도산은 샌프란시스코에서 근 1년간 거주하다가 남방의 대도시로 유명한 로스앤젤리스로 이주하여 남의 집을 봐 주며 생활을 하였다. 이때, 학생으로 와서 수학하는 청년들 중에 옛날 친구 이강과 정재관, 김성무 등을 만나게 되었다.

그리고 여기에서도 역시 샌프란시스코에서와 마찬가지로 인삼 장수들과 거류하는 동포들을 규합하여 한인 교회를 시작하였는데 그것이 차차 왕성하게 되어 한인 장로교회가 되었다. 그중에서 다수 교인들이 갈려나가 한인 감리교회도 성립되었다.

1904년에는 하와이로부터 도미하는 한인의 수효가 점점 증가하여 캘리포니아 주 남방 각처에 흩어지고 있었다. 이때 일부 한인들이 리버사이드라는 작은 도시에 모여 농장일과 호텔 고용인으로 지내게 되었는데 그 숫자가 수십 명에 달하였다.

도산이 그곳에 왕래하다가 인원이 증가하는 기회를 이용하여 공립협회를 조직하였으나 얼마 후에 그곳의 지리상 위치가 업무에 불편하여 거류 동포의 숫자가 증가하지 않는다는 것을 알았다.

동시에 단체를 확장할 필요가 있어 공립협회 본부의 위치를 샌프란시스코에 정하고 구체적 임원을 선거로 뽑으니 회장 송석준을 비롯하여 양주삼, 강영소, 홍인 등이 각부 임원으로 피선되었다.

여기에서 처음으로 시작한 사업은 〈공립신문〉의 발행이었고, 그것이 〈한인친목회보〉와 〈대동공보〉 등 통신 기관과 합동하여 대한인국민회에서 발행하는 〈신한민보〉가 되었던 것이다.

1905년에 러일전쟁은 일본의 승리로 종결되고, 일본은 동양 평화 유지라는 조건으로 한국의 독립보호권을 획득하였다. 그러나 한국 정부의 승락 없이 일본이 한국 보호라는 권리를 사용할 수는 없었다. 이어서 한일 5조약이 체결되고 마침내 한국은 일본의 보호국이 되었다.

원래 학업을 목적으로 하고 미국에 건너간 도산은 미주 한인 사회 초창기 시대부터 일반 동포들의 사정을 돌보며 사회 조직 활동에 시간을 쓰게 되어 자연 학업의 목적은 포기할 수밖에 없었다. 그리고 1905년에 와서는 국권이 타락하여 일본의 침해가 한국 민족 사회에 퍼져나가니 이를 수수방관할 수 없다는 것을 자각하였다.

1907년을 맞이하는 날, 구국 운동의 필요를 느낀 도산은 동지 이강, 임준기, 이재수, 박영순 등 여러 사람을 청하여 장시간 토의를 하였다. 그 결과, 도산이 국내에 들어가서 일하기로 하고 여러 동지들이 재정 후원을 맡기로 하였다.

2. 대지를 품고 표연 환국

　도산이 힘들고 고생스러웠던 미주 생활에서 미국의 정치 시설과 사회 제도와 실업 상태를 살펴보는 동시에, 조국의 운명을 생각하게 되었으니 이는 1905년에 이른바 보호조약(한일 5조약)이 체결되어 한국의 주권이 몰락했기 때문이었다.

　러일전쟁이 끝나고 미국 포츠머드에서 평화회의가 개최되었으며 여기에서 일본이 제출한 17개 조목 중의 하나로 일본은 한국의 독립보호권을 요구하였다. 일본의 이러한 요구는 동양 평화책이나 한미 친선조약과 비교해 보면 절대로 허락할 수 없는 불합리한 요구임에도 불구하고 그때 평화회의 중재 지위에 있던 전 미국 대통령 데어도어 루즈벨트는 이를 무조건 승락하였다.

　이는 세계 역사, 특히 미국 역사상에 차마 말할 수 없는 오점이 되었다. 한국의 독립과 한국민의 자유를 팔아서 일본의 호감을 사는 정책이요, 한미 두 나라 사이에 성립되어 있던 금석의 조약을 휴지처럼 던져 버리는 처사였기 때문이다.

　이것은 국제 관계에 있어 미국의 무신의, 또는 비겁한 추태와 루즈벨트 자신의 천박한 정치관을 나타내는 것이었다. 여기에서 국제 도덕은 유린되고 상하 천지에 귀중한 인도(人道)는 떨어지고 말았던 것이다.

　이러한 국제 현상을 관찰한 도산은 생각하였다. '앞으로 한반도에 풍운이 험악할 것이요, 이러한 풍운을 헤치고 반도 강산을 다시 빛나게 할 사람은 오직 한국의 청년들뿐이다. 그들이 그 책임을 질 것이요, 나도 한국 청년 중의 한 사람이다.' 이러한 견지에서 도산은 솔선하여 귀국의 길에 오른 것이었다.

도산은 붕정만리(鵬程萬里) 장원한 수학(修學)의 목적을 포기하고, 또한 사랑하는 처자를 이별한 후에 험악한 풍운 속에 들어 있는 조국을 향하여 표연히 출발하였다.

도산은 귀국 도중에 일본의 동경에 들러 소년 시절부터 친교가 있던 김지간을 만났다. 김지간은 그때 동경에서 유학생으로 수학하는 동시에 유학생회 회장의 직임을 맡아 〈태극학보〉를 간행하며 여러 방면으로 활동하고 있었다. 그는 물론 도산의 능력을 잘 알고 추앙하고 있던 바, 유학생회에서 도산의 연설을 듣기로 주선하였는데 원래 자신감이 지나쳤던 유학생들도 처음으로 도산의 연설을 듣고는 크게 놀랐다고 한다.

그때부터 동경 유학생들 중에서 여러 사람이 도산을 따르게 되었다. 김지간, 장응진, 최석하 등 여러 사람이 학업을 마치고 귀국하여 도산과 연락을 하며 사업을 후원하였다.

도산이 경성에 들어가서 가장 먼저 구한 것은 인물이었다. 먼저 옛날 친구 김필순 의사를 만나보니 의지가 상합하고 사상이 일치됨을 서로 발견하였다. 옛날 중국 삼국시대에 유비, 관우, 장비 세 사람이 도원결의하며 형제가 되어 쇠퇴하는 국운을 붙들기로 한 일과 같이 안, 김 두 사람은 결의형제가 되어 친애하게 지내며 사회 사업에 협동하기로 하였던 것이다.

그때 경성에서 도산의 주위에서 연락하던 인물들은 정운복, 장지연, 남궁억, 양기탁, 이종호 등이었고, 군벌파로는 이동휘, 이갑, 노백린, 유동렬 등 여러 사람이 중심을 이루었다.

도산은 자기의 고향인 평양에 내려가서 안태국, 이덕환, 이승훈, 그

밖에 여러 상업계 인물들을 모아 교육과 실업을 장려하는 한편, 활동 근거지를 평양으로 정하였다. 이는 도산이 경성 사회에서 불만을 느꼈던 동시에, 서북 인물들은 일찍이 종교 발전에 기인하여 사상이 순실하고, 사업에 대한 지식과 모험성이 있는 것을 깨달았기 때문이었다.

3. 안중근의 소개와 명성이 서북에 전파

1907년 여름에 황해도 신천군 청계동에 거주하는 안중근(安重根)이 필자를 방문하여 특별히 부탁하기를 만일 기회가 있으면 평양에 있는 안창호를 만나보라고 하며 도산의 인물됨을 말하였다. 자기가 경향 각처를 다니면서 많은 인물과 교제하였지만 안창호가 가장 영특한 인물인 것을 발견하였다는 것이었다. 사실 안중근은 도산을 소개하려고 필자를 방문했던 것이다.

도산이 평양에 있는 동안에 안중근과 만날 기회를 가졌고 일차 면담을 하는 동안에 두 사람은 충분히 사상 교환이 되었다. 그리하여 후일 안중근이 협사(俠士)의 일을 하기 위해 간담을 헤치고 도산과 토론을 하였던 것이다.

그해 7월에 필자는 사범 강습을 위하여 평양에 가 있었는데 그때 전해오는 광고가 있었다. '명륜당에서 안창호가 연설한다.'는 것이었다. 이 소문이 퍼질 때 필자는 안중근의 말을 기억하여 안창호 만나기를 희망하고 명륜당에 갔다.

그 집회의 목적은 평양에 진명여학교를 설립하기 위하여 여메네 황 여사와 안창호가 주임 연사로 선정되어 〈여자 교육의 필요〉라는 문제로 연설하게 되었던 것이다.

그때 도산이 사회를 보는 방식은 처음 보는 문명식이라고 생각되었다. 개회 처음에 애국가로 시작하여 취지 설명이 간단히 있었고, 먼저 평양의 신사 4, 5인이 나와서 간단하게 말한 후에 도산은 여메네 황 여사를 소개하였다.

그녀는 일찍이 미국을 유람하여 견문이 넓고 당시 한국내 부인 사회에서 굴지의 인물이었다. 과연 서양화된 태도로 단상에 올라 여러 가지 재미있는 이유를 들어가며 여자 교육의 필요를 말했다.

일반 청중, 특히 여학생들의 박수 갈채를 받는 말이 있었다. '사천년 동안 나라일을 남자들에게만 맡겨 두었더니 이제 이 모양을 만들어놓았으니, 지금은 여자들이 나가서 일할 때가 되었다. 이에 여자 교육은 절대로 필요하다.'

마지막으로 도산이 등단하여 말하기 시작하였는데 그는 30 미만의 청년으로 과연 미남자였다. 이마는 넓고, 코는 높고, 입은 크고, 눈은 명랑하고, 협골은 든든해 보였다. 신장은 중키요, 음성은 웅장하고, 어조는 고하평탄하고, 언어의 속도는 중용이었다. 그의 어세는 마치 장강대하에 둥실 흘러내려가는 물결과 같아서 급격한 파란은 없지만 투사하는 동력이 청중의 심리를 움직이고 명백한 이론은 청중의 머리에 확연한 인상을 심어 주었다.

도산의 연설 방식은 지(指)·인(引)·교(敎)·결(結) 네 가지 조례로 구성된 순서로 연출하는 것이었다. 듣는 사람이 쉽게 알아듣고, 때때로 간단하고 적합한 비유와 우스개 소리가 삽입되어 청중은 피곤한 감이 없이 들을 수 있었다.

〈도산의 연설 방식〉

지: 연설 제목의 대지를 먼저 투철하게 내세우는 것.

인: 예증을 인용하여 제목의 가치 또는 의의를 명확하게 하는 것.

교: 작업의 길과 방도를 교시하는 것.

결: 그리함으로써 생기는 결과를 지적하는 것.

연설이 끝난 후에는 마땅히 서로 악수가 시작되었는데 수많은 남녀노소가 선생 주위를 둘러싸고 돌아가는 것을 보니 시간이 짧았던 필자로서는 선생과 면회할 기회가 없었다. 섭섭하지만 후일 다시 만날 기회가 있기를 희망하면서 총총히 돌아와 본향 신천으로 출발하였다.

'안창호가 누구냐?' 이러한 문제가 서도 각처에 흩어졌다. 사회 운동에 뜻을 가지고 활동하는 신사들과 특히 청년 학생 중에는 도산의 명성을 듣고 서로 전하고 말하여 그에 대한 영웅 숭배의 기풍이 일어났다. 필자 역시 도산과 악수할 기회조차 가지지 못했지만 그가 어떠한 인물인가를 알게 되었다.

몇 년 후에 필자는 설교 중에 도산이 옥중에서 구약성경 가운데 민수기를 본다는 이야기를 하였다. 그런데 교당에서 예배를 마친 지 한 시간 후에 서점에서 통지가 왔다. '당신이 설교 중에 안창호 선생이 옥중에서 민수기를 본다는 말을 전하니 우리 책방에 민수기가 동이 났소.'

4. 어가동도 문제와 한국 군대 해산

도산과 회견할 기회를 얻지 못하고 신천 본향에 돌아가서 다시 학교 일을 볼 준비를 하던 필자는 짐을 풀기도 전에 또다시 출발하여 경성에 올라가게 되었다. 이른바 '어가동도'(御駕東渡)라는 급보가 평양에서 발송되어 서북 각처에 전보같이 전달되었기 때문이었다.

한국 황제 광무(光武)가 헤이그에서 소집되는 만국평화대회에 밀사를 보냈던 일이 탄로나 일본이 한국 황제의 이러한 행동이 한일 5조약에 위반되는 일이라고 주장하며, 광무 황제가 일황 무츠히토(睦仁) 앞에 가서 사과하라고 요구하므로 광무 황제가 일본에 간다는 소문이 있었던 것이다.

충군 애국심이 풍부한 한국 인민은 남녀노소를 막론하고 이러한 소식을 듣고 저마다 분노가 일어났다. 시골의 농민은 호미를 던지고, 시장의 상인은 점포를 철폐하고, 서로 묻고 서로 전하여 인심이 자못 흉흉해졌다.

특히 그날의 신천 시내 현상을 말하면 인심이 과연 격동되어 거의 폭동 상태에 들어갔다.

필자가 인솔한 학생들이 훈련장에 나가서 애국가를 부르며 대중이 모인 가운데 어가동도의 내용을 설명하자 수천 명 대중이 이구동성으로 '대한제국 만세!'를 부르며 소란한 상태에 들어갔다.

이때 군수와 일본 경관들은 모두 도망하고 관청이 비어 있었다. 군중이 관청 근방에 있는 향교실에 들어가 자리를 정하고 향중의 부로

(父老)들을 청하여 자리한 후에 복잡한 공론을 정돈하고 순서대로 처리하였다. 그 결과, 그 자리에서 결사대 60명이 서명하고 시내의 재산가 두 사람이 자원하여 운동에 소요되는 금전을 담당하기로 하니 그들은 이원식과 이승조였다.

동시에 대표 3인을 선정하여 서울에 올라가서 애국 동지들과 협력하여 어가동도를 죽음을 무릅쓰고 방지하기로 하였다. 대표로는 안명근(安明根, 안중근의 사촌 동생), 김한상, 곽태종 3인이 선발되었고 추종자 한 사람으로 정일선이 자원하여 4인 일행이 출발하였다.

도중에 다시 평양으로부터 소식을 가지고 오던 황기운 장로를 만나서 상세한 지도를 받았다. 그는 경성에 가서 남대문 밖에 있는 김형제 상회 윗층에 가면 그곳에 안창호가 있을 것이라며 그를 만날 것을 부탁하였다.

김형제 상회는 김필순 의사와 그의 큰형님 김윤호 두 분 형제가 경영하는 상회로 세브란스 병원 바로 앞길에 위치해 있었다. 어떤 비밀장소는 아니었지만, 도산은 형님으로 정하고 친근히 지내는 김필순 의사가 제공한 그 상회 윗층을 편의에 의하여 접빈실로 사용하고 있었던 것이다.

신천의 대표 일행 중에 안명근은 사고로 인하여 도중에서 떨어지고 세 사람만이 도산을 만나게 되었다. 김형제 상회 윗층에는 안태국, 차이석 두 분이 접빈 사무를 보며 도산이 결석할 때에는 도산을 대신하여 경성 사회 중견 인물들의 회람 소식을 각처 대표들에게 전해 주고 있었다.

그때 각처 대표로 알려진 인물들은 경성대표 손씨(경성 대중이 대한문 앞에 모여서 공동회를 결성하고 선택한 공동회 회장. 이름은 미상)와 평양 대표 안태국, 차이석 두 사람과 일본 동경 유학생회 대표 김지간과 신천 대표 김한상, 곽태종, 정일선 세 사람과 해삼위(海蔘威

; 블라디보스톡) 대표(성명 미상) 한 사람과 그밖의 각처에서 파송된 대표들과 개인으로 경성에 올라와서 어떤 활동이든지 협력하기로 한 애국 청년들이었으며 이들은 매우 분주하게 내왕하고 있었다.

도산은 각처 대표들을 일일이 접대하고 교제하며 운동에 관한 토의가 진행되는 것을 설명해 주었다. 그러나 그들과는 어떤 토의도 하지 않았고, 다만 비밀 운동의 필요만은 알게 하고 최후의 결정적 방침은 말하지 않았다.

그때 도산은 필자가 묻는 말에 대해 은근히 대답했다. '경성에 있는 인물 중에 제일류 동지로 교제하는 이는 이동휘와 이갑 두 사람이요, 제이류 동지로 교제하는 이는 유동렬, 노백린, 양기탁 등이다.'

4일 후에 도산은 각처 대표들에게 매우 섭섭한 소식을 전해 주었다.

"어가동도 방지 운동을 적극적으로 진행하면 일본 수비대와 무력으로 투쟁하게 될 것이다. 그렇게 되면 비상 경비를 위해 각처에 산재해 있던 일본 수비대가 경성에 집결할 것인데 그 수효가 무려 사단에 이를 것이다. 이에 비해 한국 군대는 친위대(황제 보호병) 이외에 각 부대를 전부 집합한다 하여도 일개 연대에 불과하다. 만일 우리가 무력 행동을 취할 경우에 확실히 이용할 수 있다고 믿는 군대는 노백린 인솔 하에 있는 기병과 이동휘, 이갑, 유동렬 3인이 활용할 수 있는 보병을 합하여 불과 2천 명의 소수 군인뿐이다. 급한 경우에 시장에서 방황하는 모군들을 선동한다 할지라도 그 수효가 수백 명에 불과하다. 이러한 인력을 가지고 거사한다면 다만 인명 손해만 당할 뿐이요, 성사가 되지 못할 것이다. 이제 어가동도 방지 운동은 별도의 방법을 채용하기로 하고 무력 행동은 단념하기로 결정되었다."

각처 대표들이 기대하고 상경하였던 사명, 즉 애국 동지들과 협력하여 어가동도를 죽음을 무릅쓰고 방지하자는 계획은 이렇게 해소되고 말았다.

그때 신천 대표들은 더욱 섭섭하게 생각하였으니 이는 배후에 숨어 있던 260명 결사대의 기대를 저버리게 되었기 때문이었다. 그러나 대세가 어떠한 폭동도 허락치 않는 방향으로 흐르므로 그들의 충군 애국성을 적당히 조정하기로 하고 돌아가기로 하였으나 너무 섭섭하여 며칠간 경성에 체류하면서 다음 차례를 살펴보기로 하였다.

도산의 설명을 듣고 각처 대표들이 헤어지는 그날 밤에 어떠한 교섭이 있었는지 자세히 알 수는 없으나 어가동도로 인하여 각 군대에서 폭동이 일어날 우려가 있다는 소식이 상달되어 광무 황제가 친히 군대 본부에 전화를 걸어 '내가 일본에 가지 않게 되었으니 너희들은 안심하여라.'라는 친절한 권유가 내렸다는 소문이 흘러나왔다.

계속하여 그날 밤에는 군부대신 이병무의 명령이 있었다. '내일 각 군대는 훈련장에 나가 도수 체조와 각종 운동의 시험이 있을 것이니 각부 군인들이 휴대하고 있던 모든 군기는 전부 압수하여 군부에 납상하라.' 이에 따라 각 부대 군인들이 가지고 있던 총과 탄환은 전부 압수되었다.

군부대신의 이러한 명령은 그 다음날 군대 해산을 실행할 때 어떠한 폭동도 없게 하려는 수단이었고, 여기에서 통감부의 간교한 정책이 드러났다.

일본의 한국 합병책은 5조약 체결 당시부터 싹이 돋아 때때로 일본 내각 비밀 회의에서 토의가 된 사건이었다. 한국의 사법, 경찰, 외교, 교통, 일반 권리를 통감부에서 관할하나 오직 꺼리는 것은 강력한 한국 군대였다.

한일 합병책을 완수함에 있어서 이등박문(伊藤博文 ; 이토오 히로부미)은 한국의 정권을 잠식하는 계략으로 탈취하였으나 오직 남아 있는 것은 한국의 병권(兵權)이었다. 한국의 병권은 일본의 그것과 비교하면 적수가 되지 못하나 한일합방을 세상에 떠들지 않고 완성하겠다는 의도 아래에서 한국 군대 해산을 꾀하고 있었던 것이다.

마침 헤이그에 밀사를 보낸 일이 탄로나자 이것은 조약을 위반하는 행동이라고 빙자하여 어가동도를 강요하였으며, 어가동도를 피하려면 그 교환 조건으로 군대 해산을 요구한 것이었다.

그런즉, 한국 군대 해산은 어가동도의 교환 조건이 되었고, 당시의 무능한, 또는 친일파로 성립되어 있던 한국 정부 내각이 통감부에서 이미 결정된 계획에 따라 진행하는 세력에 눌려서 이루어진 사실이었다.

도산의 섭섭한 설명을 듣고서 각처 대표들이 헤어진 그날 밤, 즉 한국 군대가 무기 압수를 당하는 밤이었다. 군대 안에서는 비상한 일이 진행되고 있었으나 평민 사회에서는 아무것도 알지 못하고 밤을 지내고 있었다.

그 다음날 상오 10시 경에 종로 근방에서 연방으로 들려오는 포성에 필자는 의심이 일어나 급히 종로를 향해 나가 보았다. 무장 없는 한국 군인들이 대오도 없이 흩어진 채로 남대문을 향하여 내려가고 있는 것이 보였다.

그들은 비분강개한 말로 울부짖고 있었고, 어떤 군인들은 울분을 금하지 못하여 눈물을 흘리고 있었다. 가슴은 풀어헤치고 혁대는 어깨에 걸려 있었다. 저들은 전시의 포로병과 같았고, 도살장에 죽으러 가는 것과 같은 참상을 보이고 있었다.

일이 크게 잘못된 것을 짐작하고 필자는 급히 도산을 만나고자 종로에 나가려 하였으나, 골목에서 사람이 나오는 것을 보기만 하면 일본 군이 단총을 발사하였다. 누구든지 군인 행렬 근방에 가까이 오지 못하게 하고 군대의 좌우에서 옹호하여 가고 있었다.

필자가 종로에 들어서지 못하고 주저하고 있을 때 가장 담대하고 호기심이 충만한 정일선은 군대 행렬 뒷편에 들어서서 훈련장까지 따라가 그 동안의 사실을 목격하고 돌아와서 보도한 내용은 이러했다.

　무장 없는 한국 군대 전부를 몰고 훈련장에 나가는데 매 10명, 혹은
20명에 일본 수비대 1인씩 좌우에서 옹호해 갔다. 만일 평민들이 군대
행렬 근방에 가까이 오기만 하면 즉시 단총을 발사하여 어떠한 소란도
생기지 못하게 무력을 행사했다.

　군대가 훈련장에 도착하는 대로 즉시 전부를 훈련장 중앙에 모아 세
우고 무장한 일본 수비대 수천 명이 포위하였다. 그후에 이른바 군부
대신 이병무의 명령으로 한국 군대는 해산된다고 선포하고 각 군인에
게 은사금이라고 20원, 혹은 30원씩 분급하여 각자 마음대로 헤어지게
하였다.

　그때 훈련장의 현상은 무려 만 명의 구경꾼들과 수천 명 군인들 중
에 눈물을 흘리지 않는 자가 없었다. 어떤 군인은 통곡하면서 지급받
은 지전을 찢어 버리고 대성질호하며 발광하는 이도 있었고, 어떤 군
인은 갈 곳이 없어서 그저 땅에 주저앉아 머리를 숙이고 비참해했다.
이런 상태는 세계 어느 나라 역사에서도 찾아볼 수 없는 비관적인 광
경이었다.

5. 박성환 참령의 자살과 안도산 선생의 부상병 구호

한국 군대 해산이라는 비참한 보도를 듣고 신천 대표들은 대세가 과연 그릇되었다는 것을 알았다. 그날 오후 2시 경에 필자는 다시 도산을 만나려고 남대문을 향해 나가는데 돌연 총포 소리가 콩 튀듯 들리고 시내의 행인들이 모두 집안으로 뛰어들어가면서 외쳤다. '전쟁이 났소.'

필자는 좀더 자세한 사정을 알고자 하여 '여보, 여보.' 라고 소리쳐 불러도 뛰는 사람들을 붙잡을 수가 없어서 그저 보면서 머뭇거리고 있었다. 이때 여관 주인이 급히 뛰어오면서 말했다. '서대문 군대와 일본 수비대가 격투하다가 중과부적으로 우리 군인들이 흩어져 도망하는데 일본 군인들이 골목마다 집집마다 수색하면서 누구든지 단발한 사람이면 불문곡직하고 군인으로 인정하여 총살하는 터이니 당신도 어디나가지 말고 집안에 숨어 계시오.' 이러한 말을 듣고 정일선은 또다시 자원하여 전투의 전말을 조사하겠다고 하며 급히 뛰어나갔다.

정일선은 황해도 신천군 출생으로 어려서부터 모험심이 강했다. 지금 이런 경우에도 자기에게 위험이 미치지 아니할 것이라는 자신이 있어 용기를 내서 모험을 했던 것이다. 정일선은 그때까지 상투를 그대로 두고, 머리에는 평립(패랭이)을 쓰고, 보통의 한국 풍속대로 상제가 입는 황포주의를 입고, 발에는 짚세기를 신고 다녔다.

해가 저물어 갈 때 정일선은 과연 흥분되어 돌아왔는데 그가 듣고 본 바에 의하면 이러하다.

그 전날 밤 각 군대가 무기 압수를 당할 때 서대문 군대를 통솔하는 박성환 참령은 군부 명령을 부인하고 무기 압수를 거절하면서 말했다. '무기는 군인의 생명이다. 우리가 만일 무기를 빼앗기면 곧 죽는 것과 마찬가지이다.'

다음날 군대 해산을 목적으로 훈련장에 나오라는 명령까지 거절하고 있던 그는 마침내 군대 해산의 소식을 듣고서 이내 경각에 일본 수비대와 충돌이 있으리라고 생각했다.

그러나 일본 수비대의 세력에 저항할 수 없다는 것을 알고 있었고, 동시에 귀중한 자기 부하 군인들을 몰고 나가서 도살당하는 것도 원치 않았다.

이러한 진퇴유곡에 들어 있던 박성환 참령은 오직 한 가지 취할 방도를 결심하고 즉시 자기 부하 군대를 조련장에 집합시킨 후에 그들에게 설명하였다.

"우리나라 군대가 일본 세력 압박하에서 해산을 당하였고 국가 운명이 위기일발에 처하였다. 국가 민족을 보호할 책임을 걸머지고 있는 군인으로서 이러한 때에 일호의 충성을 다하지 못하였다. 내가 지금 용사 제군을 몰고 나가서 일본 군대와 격투한다면 중과부적으로 다만 용사 제군의 생명만 희생할 뿐이고 국사에 대해서는 어떠한 성공도 이루지 못할 것이다. 이에 나는 세인을 대할 낯이 없다. 그런고로 지금 나는 단총 일 발로 목숨을 버리니 용사 제군은 마음대로 무기를 사용하여 각자의 애국 충성을 다하라."

그리고 탄환 장치하여 둔 곳간 열쇠를 내던진 후 자기는 준비하였던 단총으로 머리를 쏘아 그 자리에서 서거하였다.

이러한 비극을 당한 박성환 참령의 부하 군인들은 탄환 장치한 곳간을 열고 각자 무장한 후에, 혹은 옥상에, 혹은 담밑에, 혹은 마루 아래

숨어서 일본 군대가 오기를 기다렸다.

과연 오래지 않아서 일본 수비대를 인솔하고 사령관(성명 미상. 러일전쟁에서 공이 있는 장교)이 말을 타고 영문 안에 들어오는 것을 여러 군인들이 일시에 사격하였다. 그는 말에서 떨어져 즉사하고, 계속하여 들어오는 수비대를 사격하여 2백여 명의 적을 도멸하였다.

그리하여 전투가 시작되었다. 수비대 본부에서 전투가 벌어졌다는 보고를 받고 일본군은 즉시 후원병을 파송하여 서대문 병영 전체를 포위 공격하였다. 마침내 박 참령의 군대는 탄환이 다하여 전투 계속이 불가능한 지경에 이르렀다.

인도자가 없는 군인들은 위급한 경우에 들어서 도망하기 시작할 수밖에 없었다. 많은 군인들이 담을 넘어가다가 포위하고 있던 수비대의 사격을 당하여 적지 않은 군인들이 살상을 당하였다. 탈출한 군인들도 있었으나 군복을 벗지 못하여 평민 중에서 표가 났으므로 추종하는 수비대에게 총살을 당했다. 급한 경우에 이른 군인들이 평민의 집안에 들어가 숨어 있다가 역시 수색 총살을 당하였다.

이때 세브란스 병원 의사들과 대한병원 학생들이 팔에 적십자표를 붙이고 나가서 구루마를 끌고 다니면서 부상병을 병원에 실어 날랐다. 도산도 그중에 들어서 이 골목 저 골목 뛰어다니며 부상병의 구호 활동을 하여 많은 군인들을 구원하였다. 그러나 부상병을 싣고 가던 도중에 수비대, 혹은 일본인 노동자 떼를 만나서 실려 가던 부상병이 살해를 당하는 참상을 보기도 하였다.

그날 경성 시내의 분위기는 자못 참혹하여 한국인들은 모두 상심 비관에 들었다. 그러나, 일본인들은 심지어 인력거를 끌어 벌어먹는 쿨리도 의기가 양양하였다.

이와 같이 박성환 군대가 일본 수비대와 격투하여 국치를 면하려고 희생을 치르며 다수의 적군을 살육하였는데, 일본 신문에 보도하기를 한국군 206명을 죽이고 일병은 40명이 살상되었다고 기재하였다.

밤이 되자 일본 수비대가 경성 시내의 경찰을 관할하게 되었다. 행인이 드물었고 특히 단발한 사람은 도망한 군인의 혐의를 받게 되어 매우 근신하여 밤을 지내게 되었다.

그 다음날 신천 대표들은 대사가 그릇된 것을 확실히 알고 무면도강의 기분으로 고향으로 돌아가게 되었다. 그러나 그전에 안도산이 어떠한가를 알아 보기 위하여 출발하기 전에 세브란스 병원에 가서 김필순 박사를 보려 하였다. 그러나 근무하는 의사의 말이 김 박사와 안도산이 밤새도록 부상병 구호하는 일에 분주하여 늦게 취침했으므로 경솔히 깨울 수가 없다고 하였다.

그날 세브란스 병원 앞뒤 정원에는 수백 명의 친우 친척들이 부상병들을 위문하러 왔으나 병원 안에 들이지 아니하므로 밖에서 방황하였다. 때때로 사망한 군인의 시체가 나가는 것을 보고는 눈물을 흘리지 않는 사람이 없었다.

이러한 현상에 비참한 회포를 금치 못하는 신천 대표들은 묵연히 물러나서 기차에 올라탔다.

6. 이중 단체 조직과 교육과 실업 장려

　도산이 경성에 있는 동안에는 많은 인사들이 그를 추종하였고 명성
이 점차 전파되었다. 사회 사업에 관한 운동이 있을 때에는 각계 인물
들이 찬동하였는데 특별히 이갑, 이종호(전 탁지대신 이용익의 손자)
는 두 팔과 같이 도산에게 협조하였다.

　이종호는 재정가로 요구되었고, 이갑은 열정과 담력이 크고 사교성
이 있어서 밤낮으로 활동에 게으르지 아니하므로 서북학회와 기호학
회가 모두 이갑의 노력으로 조직되었던 것이다.

　도산이 경성의 사회 상태와 인물을 관찰하는 중에 발견한 것은 오직
이갑 한 사람만이 조직적 두뇌를 가졌고 쉬지 않는 열성과 희생적 정
신으로 일한다는 것이었다.

　그리고 그 동안 거액의 금전을 소비하였지만 단체 사업은 아침에 모
였다가 저녁에 흩어지는 구락부의 상태를 보여 주었을 뿐이고 어떠한
충실한 사업을 이룬 것이 없었다는 것이다. 회중에 출입하는 신사들은
회장이라는 명예를 탐하거나, 누가 연설을 잘한다는 칭찬을 받는 것만
이 사회적 입장에서 만족스러운 영광으로 생각할 뿐이었다. 국권을 부
식한다거나 민족의 생존 번영을 표준하고 공작한다는 이상적 활동이
없었다. 이에 도산이 확실한 각오를 가지고 결심한 바는 정신적 단체
조직과 인재 양성의 필요였다.

　도산이 가졌던 이러한 이상의 실현으로 신민회(新民會)와 청년학우
회(青年學友會)가 조직되었다. 신민회는 회원을 전국적으로 모집하였

으나 비밀 운동이었으므로 회원 상호간에도 잘 알지 못하고 회원의 이름과 수효가 발표되지 않았다. 그러나 신민회 정신으로 교육 사업을 장려하는 일이 많았으니 평양의 이석원이 남도에 내려가서 학교 일을 보게 된 것도 그 사업 중의 하나였다.

1907년에 어가동도 문제로 경향 각지에서 파송한 대표들이 경성에 모였을 때 도산은 신천 대표 곽태종을 인도하여 기호학회와 서북학회를 방문하여 단체의 내용과 상태를 설명하면서 정신 단체 조직의 필요성을 역설하였다.

1908년에는 대성학교 설립을 경영하는 동시에 청년학우회가 조직되었는데 발기인은 윤치호, 양기탁, 최남선, 임치정, 안태국, 옥관빈, 오대영, 김진헌, 차이석, 곽태종(그 밖의 사람은 미상) 등이었다.

청년학우회 조직과 대성학교 설립 운동이 동시에 이루어지므로 학우회 집회와 입회 문답식은 자연 대성학교 안에서 진행하게 되었다.

청년학우회의 조직에 관하여 도산은 이렇게 주장하였다.

"지금 한국 내에 성립되어 있는 여러 학회들이 특수한 목적을 가지고 세웠을지라도 보통으로 말하는 덕(德), 체(體), 지(知)의 3육(三育)을 장려함에 지나지 못하고 실천할 방도를 세우지 못하였다. 또한 회원 각자가 자아의 인격을 수련하고 신성한 단체를 작성하여 민족 대업의 기초를 세우자는 투철한 이상을 가지지 못하였다. 그런고로 우리는 단체를 조직하되 회원 각자가 국가 민족을 쇠망에서 구원하여 생존 번영에 오르게 하는 공작에 관하여 확실한 자각을 가지게 하자."

이러한 이상에서 4대 정신과 2대 주의가 발표되었다.

4대 정신 ; 무실(務實), 역행(力行), 충의(忠義), 용감(勇敢).

2대 주의 : 인격 건전, 단체 신성.

회원 모집에 관해 도산은 매우 신중히 관찰하였기 때문에 입회 문답은 과연 자상하였다. 문답에는 능했어도 성의가 부족하거나 태도가 불량한 것이 발견되어 입회 거절을 당한 사람도 있었다.

한 실례를 들어 본다. 어떤 일본 유학생 청년이 여름 방학이 되어서 귀국하였다가 청년학우회에 입회 청원을 제출하여 문답식을 행하기로 예약하였다. 대성학교 교장실에서 문답을 시작하여 몇 시간을 보내면서 문답을 마친 후에 도산은 그 청년에게 말하였다.

"귀군의 우리 사회와 인생 처세에 관한 관찰은 명철하지만 오늘 문답식에 술을 마시고 출석한 것은 청년학우회에 입학하는 일이나 문답식을 행하는 데 대해 엄숙한 정성이 없고 신중한 태도를 보이지 못한 것이오. 학우회에 입회하는 일은 평범하게 들어가고 나가는 것이 아니오. 회원 각자가 국가 민족을 위한 일생의 사업이라는 자아의 심신을 가지고 공헌한다는 관념으로 하는 일이므로 귀군이 이러한 자각을 가질 때까지 섭섭하지만 입회 청원은 보류하게 되었소."

이렇게 청년의 입회를 거절한 일이 있었다.

도산의 미주 생활은 시일은 길지 않았지만 여러 방면에 대해 명확한 관찰이 있었고, 이러한 관찰로 인하여 사회 개량과 생활 향상에 대한 관념을 가질 수 있었다. 이러한 이상을 한국 민족 사회에 실현하기로 한 바, 청년학우회 조직과 대성학교 설립이 귀국 후에 첫번째로 시험한 도산의 사업이었던 것이다.

대성학교는 중등 교육을 실시하는 학원인데 평양 시내 모란봉 부근에 있는 높은 지대를 택하여 위치를 정하였다. 가옥은 별로 크지 않았으나 이층 건물이고, 좌우에 교실을 별도로 건축하여 거의 천 명을 수용할 수 있었다.

학과는 당시 한국 내의 어느 중학교보다도 우월하게 작정하였고 윤치호가 교장으로 선정되었으나 실제 사무는 전부 도산 자신이 담임하였다. 교사는 개교 당시에는 장응진, 차이석, 김두화, 나일봉 등 명사가 모여서 시무하였다.

설립한 지 일 년이 되기 전에 대성학교는 과연 서북 지역에서 모범적 학교가 되었고, 그 영향이 파급되어 교육계의 정신이 일층 새로워지게 되었다.

대성학교 설립과 진행 업무가 어느 정도 정돈된 후에 도산은 자기회사(瓷器會社) 설립 운동을 시작하였다. 평양 시내에서 과히 멀지 않은 마산동에 위치를 정하고 평양자기회사라 명칭한 회사를 세우고 국내에서 소용되는 자기를 제조하였다.

고려자기를 제조하던 예술적 공사가 일찍이 끊어진 지 여러 세기만에 처음으로 평양에서 자기가 산출되는 것이라 하여 일반 민중이 느끼는 바가 깊었으며, 자기 실업의 신기원이 되었다.

사장은 이승훈이었으며 그 밖의 운영 위원은 이덕환, 김성택 등 여러 사람이었다. 처음에는 일본인 기사를 고용하였다.

7. 이토오의 초대와 경성 대연설

한일 5조약이 일본의 요구대로 체결되어 일본은 한국 안에 통감부를 설치하고 수비대 주둔과 경찰권을 장악했음에도 불구하고, 다시 7협약을 체결함으로써 한국은 세계 어느 식민지나 부용국(附庸國)과도 다름이 없게 되었다. 물론 이때 배일 사상은 전국적으로 점차 팽창해 갔지만 누구도 노골적으로 배일 행동을 취하지 못한 것도 사실이었다.

이렇게 압박 아래 있었지만 도산은 언제나 경우에 따라 연설이나 언론을 발표하며 은연중에 애국 정신을 고취하였으므로 항상 일본 경관의 주목을 받게 되었다. 이것은 도산의 모든 행동이 한국의 복리와 한국의 생존을 기준으로 하여 이루어졌기 때문이다.

도산이 경성과 평양 사이를 자주 왕래하자 어떤 일본 사람이 도산을 경성인으로 인정하고 《한성 내의 청년 정치가》라는 책을 저술하였다. 그 내용은 안창호를 비롯하여 이승만, 이갑 등 몇 사람의 이력과 사업을 기록한 것이었고, 기사가 별로 길지는 않았으나 일본 경찰의 주의를 끌게 되었다.

평양에 서궁이라 하는 궁궐을 건축하고 1909년에 융희 황제가 서궁에 순행한다는 것이 선포되자 평양시에 주재하는 일본 경시가 이러한 기회를 이용하여 한국 인심을 시험하려고 간계를 꾸몄다.

황제가 탑승한 기차가 평양에 도착하기 전날 각 학교 주무원들을 경찰서에 소집하고 종이로 만든 소형 일본 국기 수천 개를 내주면서 명령하였던 것이다. '황제 어가 서순시에 각 학교 학생들을 정거장에 내

보내 황제를 환영하고 이때 태극기와 태양기를 아울러 들고서 행렬을 짓도록 하라.'

그때 도산은 대성학교 교장의 책임을 맡고 있어 경찰서에 출두하였다가 일본 경시와 토론이 있었는데 그 내용은 이렇다.

경시: 내일 융희 황제와 이토오 통감이 서궁 순행으로 평양에 도착할 것이니 각 학교 학생들은 일제히 정거장에 나가서 한일 두 나라 국기를 아울러 들고 행렬을 짓게 하라.

도산: 한국 황제를 환영하려고 정거장에 나가 행렬을 지을 때에 한국 국기를 들고 나가는 것은 당연하지만 일본 국기를 아울러 들고서 행렬을 지으라 함은 무슨 의미냐?

경시: 이토오 통감도 서순에 내려오기 때문에 그렇다.

도산: 이토오 통감이 서순에 내려온다면 융희 황제와 동가하여 내려오는 것인가? 아니면 이토오 통감은 종가하여 내려오는 것인가?

경시: 이토오 통감이 서순에 내려오는 것은 물론 동가하는 것은 아니고 종가하는 것이다.

도산: 만일 이토오 통감이 종가하는 것이라면, 학생들에게 명하여 일본 국기를 아울러 들고 이토오 통감이 마치 황제와 동가하는 것과 같이 환영을 하라 함은 정당한 처리가 아니다.

경시: 이토오 통감이 비록 종가하는 것이지만 일본 국기를 아울러 들고 환영 행렬을 짓는 것은 당연하다.

도산: 우리는 이토오 통감을 황제와 동일하게 대우하는 것은 당연한 처리가 아니라고 생각하며, 또한 이러한 행동은 황제 폐하를 존숭하는 예절이 아니라고 생각한다.

그 다음날 각 학교 학생들이 한일 두 나라 국기를 아울러 들고 정거장에 나갔으나 오직 대성학교 학생들만은 보이지 않았다.

도산의 이러한 주장과 이론은 당연히 일본 경관의 질시를 받게 되었고, 자연 그 이름이 통감부에 올라가서 이토오 히로부미가 안창호를 알게 되었다.

도산과 이토오의 회견은 물론 이토오의 요청으로 이루어졌다. 이토오는 도산을 잠시 회견하는 것으로 만족하게 생각지 않고 적어도 여러 날 동안 도산을 통감부에 두고 그 인격을 측량하기로 하였다. 이에 도산은 약 일 주일간 통감부에서 숙식하게 되었다. 도산 역시 그 동안 이토오의 심리를 알아보기로 하고, 적어도 그의 대 한국 정책과 대 중국 계획을 찾아보기로 하였다.

그때 이토오가 도산을 매수하려는 의사에서 말했던 내용은 대략 이렇다.

"내가 계획하고 있는 대 중국 정책에 관하여 만일 한일 두 나라 인도자들이 합동으로 공작한다면 사반공배(事半功倍)의 성적으로 동양 평화의 영구한 기초가 세워질 것이요, 서세동점(西勢東漸)의 위험을 방지할 수 있을 것이다. 이러한 견지에서 군은 나와 악수하지 않겠는가?"

이토오의 이러한 꼬임은 과연 기회 주의자들에게는 혹할 만한 것이었으며, 이에 송병준, 이완용 등 매국적이 생긴 것이다.

이토오의 이러한 수단을 보면 그는 과연 간웅(奸雄)이었다. 간웅은 본질적으로 영웅과 같지 않으니, 정(正)의 길을 취하지 못하고 곡(曲)을 직(直)이라고 주장하기 때문이다.

도산은 그처럼 천박한 의견을 제시하는 이토오를 마음 속으로 냉소하였다. 그러나 그 면회는 신사적이요, 장부와 장부 사이에 정견을 발표하는 좌석임을 잊지 않았다. 따라서 담화할 때의 어조는 비록 공순하고 쾌활했지만 내용으로는 은근히 질책하고 그 체면이 야속한 것을 드러냈다.

도산이 대답한 내용은 대략 이러했다.

"명치(明治, 메이지)유신에 관한 각하의 위대한 성적은 전 세계가 인정하며, 일본이 동양 유신의 선구자적 책임을 가진 것도 우리는 인정한다. 또한 서세동점을 방지하자는 정책에도 공명한다. 그러나 각하의 대한, 또는 대중 정책의 결과는 일본 유신의 결과와 같지 못한 것을 보게 된다. 명치유신 이전에 일본 정치가 부패하였던 것과 마찬가지로 한국 정치도 개선을 요구하는 시기에 이르렀다. 이제 만일 한국 민족이 자유 활동에 제한이 없다면 역시 유신의 길에 올라갈 수 있지만 오늘의 한국 정치 현상이 그같지 못함은 과연 유감으로 생각한다. 내가 생각하고 믿는 바는 한·중·일 3국이 자주 발전하여 정족지세(鼎足之勢)를 이룬 후에야 서세동점의 위험을 방지하고 동양 평화가 보장된다는 것이다. 그리고 나는 한국 민족의 생존 번영을 위하여 근본적으로 결핍된 교육 장려와 실업 발전이 무엇보다도 급선무라고 생각하며, 한국인의 한 사람으로 민간에 있으면서 위에서 말한 두 가지 사업에 종사하는 것을 평생의 사업으로 생각하고 있다."

그때 이토오는 도산이 자기의 요구와 권유를 전부 거절하는 데 대하여 매우 불만스런 감정을 가졌겠지만 도산의 명철한 정견과 과감한 언론과 청렴한 태도에 내심으로 감탄했다고 생각할 수 있다. 이는 이토오의 주최로 도산의 경성 대연설회가 열렸기 때문이다.

당시에 이토오는 한국 통감으로 있으면서 한국 정권을 농락하고 한국 정부 대관들을 사환같이 지휘하고 있었다. 이러한 때에 처음으로 자기의 뜻에 거슬리는 한국 사람을 만나 자기의 생각으로는 가능하다는 계획이 실패하니 응당 불쾌한 감이 있었겠지만 그렇다고 그는 감정을 나타낼 인물은 아니었다. 도산의 주장이 한국인으로서는 당연한 생각이라고 긍정한 것이 도산에게 연설회를 개최할 수 있도록 허락한 것으로 표시되었던 것이다.

경성 종로에 대규모로 연단을 건축하고 경성 각 신문지와 시가에 광고가 나왔다. '이토오 통감의 주최로 안창호가 연설한다.'

그날 모인 대중의 수효는 무려 십만 명이라고 전한다. 이토오 주석하에 각부 대신들과 내외국 외교관들, 또 신문 기자들이 연단 상하좌우에 여지없이 가득한 가운데 도산이 등단하여 약 2시간 동안 연설하였다.

그 시대에는 확성기 장치가 없어 오직 천연한 음성을 넓게 투사하여 십만 대중이 듣게 할 수밖에 없었다. 그러니 자연 연사로서는 기력을 있는 대로 다 쓰게 되어 2시간에 걸친 연설을 마친 후에 도산은 전신에 땀이 흘러 외투 겉까지 젖었다.

그날 군중의 한 사람으로 연설을 듣고 있던 여운홍은 그때 느꼈던 감상을 10년 후에 이렇게 회상하며 말했다.

"도산이 자기의 가슴을 치면서 '아이구 내 가슴이여.' 할 때 저는 도산의 가슴 속으로 들어가는 것과 같은 느낌을 가졌습니다."

그날 도산의 연설 중의 몇 마디는 이러한 것이었다고 전한다.

"대한의 남자들아! 너희가 만일 국가를 쇠망케 하는 악습을 고치지 아니하면 오늘 너희의 등에 붉은 비단옷을 걸치고 다니지만 내일은 너희의 등에 채찍이 내리게 될 것이다. 대한의 여자들아! 너희가 만일 사회를 부패케 하는 추태를 버리지 아니하면 오늘 너희의 얼굴에 분이 발렸지만 내일은 똥이 발리게 될 것이다."

연설이 끝난 후에 김필순 의사는 급히 도산을 세브란스 병원에 들어가게 하고 자기가 친히 진단한 후에 이같이 주의하라고 부탁하였다.

"만일 연설을 다시 한다면 생명에 위험이 있을 것이니 다시는 그런 연설을 하지 말라."

8. 경성 피수 해외 망명

그후에 도산은 평양에 내려가서 휴양하기로 하였으나 대성학교 사
무와 그 밖에 사회의 각종 문제로 인하여 쉴 기회를 얻지 못하고 매일
분주하게 지내다가 안중근을 다시 만나게 되었다.

안중근은 천주교인이요, 세례받은 이름은 토마스(도마; 多默)였다.
황해도 신천군 청계동에 거생하였는데 그의 부친 안태훈(安泰勳)은
변사요, 명필이라고 경향 각처에 소문이 난 인물이었다.

그의 6형제 자손들과 백여 명 가족이 청계동에 웅거하며 2백여 명의
의병을 양성하고 있다가 동학당의 습격에 저항하여 토벌함으로써 안
씨 가족의 명성은 황해도 각처에 전파되었다.

만일 지방 군수 등 탐관오리들이 민간 토색을 자행하는 경우에는 일
장 서신으로 정부 대관(친절한 조정 대신)과 교섭하여 그 탐관을 즉
시 면직하게 하므로 그 시대의 관찰사와 군수로 지내는 무리들의 질시
를 받게 되었다.

시세의 불리함과 또한 일본 세력이 확장되는 것을 보고서 불길함을
느껴 중국 연태에 위치를 정하고 이주하기로 하고 전 가족이 발정하여
가는 도중에 안태훈 진사가 별세하였다. 이에 중근은 출국할 계획을
변경하여 모친과 3형제 가족이 평안남도 진남포에 주택을 정하고 사
업으로는 석탄 중개상을 경영하는 중이었다.

어느날 중근이 조용한 기회를 타서 평양에 올라가 도산을 방문하여
여러 가지 국사를 토론하다가 돌연 도산에게 물었다.

"나는 국적(國敵) 중에서 어느 놈이든지 없애기로 결심을 하였는데 누가 나의 목적물이 될 만한 가치가 있는가?"

도산은 중근의 인격과 성질을 잘 알고 교제하여 왔으므로 이러한 선언을 듣고도 과히 놀라지 않고 태연히 대답했다.

"그대는 과연 기회를 만났다. 지금 이등박문이 한국에서 성공하고, 다시 중국을 한국과 같이 만들기 위해 며칠 후에 하얼빈을 경유하여 북경으로 향할 터이니 이것이 좋은 기회가 아닌가?"

중근은 그 말을 듣고서 매우 흥분하며, '나는 이등과 하얼빈에서 만나기로 약속이 되었소.' 하며 작별하였다.

그리하여 안중근은 과연 의사의 길을 취하였다. 자기가 스스로 한 약속대로 이토오를 하얼빈 정거장에서 만났고, 이토오는 중근으로부터 15죄목에 상당하는 사형 집행을 당하였는데 때는 1909년 10월이었다.

이토오가 죽은 후에 데라우치(寺內正毅)가 한국 통감으로 임명되어 조선 통치의 큰 사업을 맡게 되었다. 데라우치는 원래 군벌파에 속한 인물이라 정견과 수단이 이토오와 같지 않았다. 동시에 일본 정계 인물들은 오랫동안 몽상하고 있던 한일합병의 시기가 왔다고 인정함으로써 조선 통치 정책이 돌변하여 강경한 수완을 시험하게 되었다.

데라우치가 한국 합병책을 실행하는 데 있어서 우선 통감부 정책 진행에 장애가 되는 인물들을 제거하기 시작했다. 이에 따라 도산과 그 동지들이 체포 감금되었다.

1909년 10월에 안중근이 하얼빈 정거장에서 이토오를 총살한 후에 국내에서 연루자의 혐의를 받은 애국 지사들이 검거되니 도산과 이갑, 이종호가 동시에 체포되어 용산 헌병 분대에 수감되었다.

2개월 간의 조사 심문 결과, 안창호와 그의 동지들은 안중근과 하등의 연락이 없는 것이 증명되어 정죄할 수가 없었다. 그러나 통감부 당국은 저들을 그대로 석방하는 것을 즐거워하지 않았다. 이때 최석하라는 인물이 출현하였다.

최석하는 평안북도 정주군에서 출생하여 일찍이 일본에 가서 유학하던 중에 러일전쟁이 발발하자 통역이 되어 일본군에 봉사한 일이 있는 사람이었다. 필경 귀국하여서는 통감부에 출입하며 사환계의 뜻을 두고 일인 관리들과 교제하여 접근하였다.

최석하는 확실한 친일파는 아니었지만 기회주의자로 정계에 들어갈 기회를 엿보고 있다가 감금되어 있는 도산과 그 동지들을 이용하기로 계획을 세우고 그들의 석방을 위하여 통감부에 교섭을 시작했던 것이다.

한편, 도산의 동지 이갑과 이종호의 사적을 대략 진술하면 이렇다.

월송 이종호는 전 탁지대신 이용익의 손자로 조부의 유산을 가지고 당시에 재정가로 행세하며 도산과 이갑을 접촉하여 두 분의 일을 후원하였다. 어떤 경우에나 월송은 재무원처럼 으레 재정을 공급하였다.

그러나 불편한 감이 있을 때에는 딱 잘라떼며 주머니에 한푼 없다는 태도를 보였다. 이런 경우에 성품이 강렬한 이갑은 주먹으로 책상을 치면서 말했다. '이종호야! 네 할애비가 한성에 들어올 때 담뱃대 한 개만 들고서 들어왔는데 지금 덕화은행에 적립한 돈은 어데서 났느냐? 그 돈이 모두 백성의 돈이 아니냐?'

이렇게 욕설을 하면 이종호는 성도 내지 않고 빙긋이 웃으면서 대답했다. '추정은 공연히 성내지 마시오. 성풀이로 일을 치르나? 돈이 생기면 왜 아니 쓰겠소.' 이렇게 지내는 처지였다.

그러므로 도산은 이종호를 가상하게 생각하여 노래까지 지어서 그를 칭찬하였다. 그 노래의 일절은 이렇다.

월송을 월송을
오늘날에 만났구나

　추정 이갑은 평안남도 숙천군 출생으로 가세가 부유하였고 재질이
영특하였다. 일찍이 과거 시험에 등급되어 학사 칭호를 받았고, 20세
까지 한학을 수련하였으나 불행히 탐관 학정의 피해자가 되었다.
　민영휘가 평안남도 관찰사로 부임하여 민재 토색을 시작하자 추정
과 그의 부친이 동시에 검거되었다. 여러 날 동안 형문태장의 악형을
당하다가 마침내 민가가 요구하는 금전을 납부한 후에 석방되었다.
　추정은 향리의 이름 있는 가문에서 성장하여 정직한 심리와 출중한
재질의 인물인데 이와 같이 무리한 학대를 당하니 이때 각오한 바가
있었다.
　그리고 정부에서 매관 육작하는 고로 돈을 들여서 벼슬자리를 얻어
가지고 다니는 관찰사와 군수 등은 민재 토색을 일삼고 이러한 학정
아래서 선량한 백성들은 생활 보장이 불가능하다는 것도 알게 되었다.
　추정은 이러한 악정을 근본적으로 개량할 필요가 있다고 느꼈으나
자신은 향촌에 있는 일개 선비의 신분으로 정계에 들어간다는 것은 쉬
운 일이 아니었다. 그리고 당시는 신학문 수양의 길이 열린 때였으므
로 그는 일본으로 건너가서 육군사관학교에 입학하여 수련하기로 하
였던 것이다.
　추정은 일본 육군사관학교 출신으로 환국하여 육군 참령으로 근무
하게 되었다. 그후 그의 영특한 재질이 나타나서 군부대신의 찬무원
일까지 보게 되었으며 차차 승진할 희망을 가지게 되었다.
　추정은 교제에 능하여 참령으로 근무할 때에 경성에 출입하는 여러
신사들과 관련를 가졌다. 그리하여 처음에는 서북학회(西北學會)를
조직하고 학보를 간행하였으나 학회 사업이 자기가 바라는 바와 같이

진행되지 못하고 유명무실해지는 것을 개탄하다가 다시 한 가지 계획을 세워 기호학회(畿湖學會)를 조직하였다.

그러면 응당 서북 기호, 이러한 명칭을 가지고 경쟁을 하므로 진보가 있을 것이라 하여 노력하였다. 그러나 두 개 학회가 성립된 후에 경쟁적으로 일하기보다는 서로 시기하고 시비하기 시작하여 필경에는 추정의 적지 않은 금전과 많은 노력은 아무 열매를 맺지 못하고 헛되이 소비한 것이 되고 말았다.

추정이 학회와 학교에 적지 않은 금전을 소비하였는데 그 금전의 내력은 이렇다.

평안도 관찰사 민영휘가 이갑과 그 부친을 동시에 체포 감금하고 여러 날 동안 형문태장의 악형을 더하여 거액의 금전을 탈취하려 하자 농업자 생활을 하는 처지에 있던 이씨는 현금을 마련하기 위하여 마침내 경작하던 논밭을 팔아 파산하게 되었다.

추정은 초년에 악형을 당하고 재산을 빼앗긴 사연을 잊지 못하고 있었다. 그런데 사회 사업을 위해 금전이 필요하게 되었다. 그래서 오래 전에 착취당했던 금전을 돌려받을 필요가 있었고, 그 시기가 왔다고 생각하여 친히 민영휘를 방문하고 탈취한 금액의 반환을 요구하였다. 민영휘는 물론 형세가 변한 것을 알고 두말없이 돌려 주기로 응락하여 착취하였던 금액에 이자를 더하여 총계 18만 원을 돌려 주었다.

추정은 이 돈을 가져다가 여러 학교와 학회에 기부하고 자기는 한 푼도 사용하지 않았다고 전한다. 도산은 추정의 이러한 의지를 칭찬하고 더욱 존경하였다.

도산과 이갑, 이종호 3인이 체포되어 용산 헌병소에 감금되자 최석하는 통감부 당국과 교섭하여 만일 안창호 일파를 석방하면 그들에게 권하여 친일 공작을 하게 할 것을 자청하였다. 그리하여 도산이 출옥한 후에 최석하는 매일 회담을 열고 자기와 통감부 당국간에 약속한 대로 친일 공작을 위하여 토론하였다.

이때 그는 주장하였다. '우리가 설혹 통감부와 협동한다 할지라도 기실은 한국을 위하여 일할 수 있는 것이니, 지금 통감부 당국이 만족할 만한 대답을 해 주자.' 이갑은 이에 대하여 찬성하였다. 그러나 도산은 이렇게 대답했다.

"나는 옥중에 다시 들어갈지라도 도저히 통감부 당국의 사냥개가 될 수는 없다. 만일 우리가 이제 친일파다 또는 사냥개다 하는 지목을 받게 되면 누가 안창호의 말을 믿겠는가? 또한 통감부의 감시하에서 어떻게 한국을 위하여 일하며 말할 수가 있겠는가? 여러분 생각에 거짓으로 친일파가 되고 내용으로는 애국자가 된다고 주장하지만 만일 한번 친일파라는 이름을 가지게 되면 죽은 후에도 친일파라는 더러운 이름을 천추만대에 가지게 될 것이다. 통감부 당국이 원하는 바는 우리가 친일파가 되어 저들 앞에서 일하기를 원하는 것이 아니라, 우리가 친일파가 되었다는 이름만 가지게 되기를 바라는 것이다. 만일 우리가 통감부의 견마로 팔려 친일파가 되었다는 소문이 세상에 전파되면 앞으로 한국 청년들은 사상 타락과 정신 마비의 비참한 상태를 이루게 될 것이다. 이러한 후에는 우리가 아무리 좋은 말을 한다 할지라도 매국적과 친일파의 말을 누가 신청하며 누가 찬성할 것인가? 대한의 애국자 안창호가 옥중에서 죽었다 하는 대신에 일본 사냥개 안창호라는 구차한 생명을 보전하자는 말인가?"

도산의 이러한 말을 듣고도 이갑은 기회를 이용하자는 뜻으로 최석하의 주장에 찬성하면서 말했다. '도산은 그저 예수학쟁이와 같이 고집만 부리지 말라.'

그때 최석하는 진퇴유곡의 경우에 처하여 매우 곤란한 지경에 이르렀다. 뒤에서는 통감부 당국이 안창호의 대답을 가져오라고 재촉을 하고, 앞에서는 도산의 충직한 주장을 부인할 수가 없었던 것이다.

이러한 회담이 여러 날을 두고 계속되었는데 마침내 통감부에서 최후 경고를 보내 왔다. 만일 3일 내에 안창호의 대답을 가져오지 않으면 다시 감금된다는 것이었다. 그래서 3일 기한이 되기 전날 밤에 다시 모여 최후의 결정을 짓기로 하였다.

도산은 그날 밤 술을 한 잔 마시고 최석하의 등을 치며, 이갑의 팔도 잡아흔들고, 큰소리로 호령도 하여, 정말로 취한 모습을 보였다. 그들은 도산이 상심하여 술을 마시고 취한 것으로 생각하여 회담을 그 다음날 밤에 다시 하기로 연기한 후에 헤어졌다.

통감부의 요구대로 친일파가 되느냐? 아니면 다시 옥중에 들어가느냐? 이러한 문제에 대해 최후의 결정을 짓기로 회담하는 자리에 도산은 술에 취하여(취한 척) 주정을 부렸다. 이것을 보고 최석하, 이갑, 이종호 등은 최후의 결정적 회담을 그 다음날 밤에 열기로 하고 헤어졌던 것이다.

그러나, 도산은 출옥 후 여러 날 회담하는 동안에 망명할 계획을 세워 비밀히 준비하고 있었는데 오직 괴로운 것은 밤낮으로 따라다니는 정탐이었다. 결국 그놈을 떼어 버리기로 하였다.

주정을 부려서 회담을 중지한 그 다음날 최석하는 일찍이 도산을 만나보고 어찌 할 것이냐고 물었다. 도산은 미루어 대답했다. '지금 추정과 월송이 어디 가서 아직 돌아오지 않았으니 그들이 돌아오는 대로 결정을 짓겠다.'

당시 도산에게는 남들이 알지 못하는 한 사람의 소년 친구가 있었는데 그는 도산에게 수족같이 봉사하고 있었다. 그는 여러 가지 비밀 통신과 정탐의 출근 여부와 그 밖의 크고 작은 사건에 관한 편의를 얻어 주었다. 최후로 망명 길에 오를 때에도 동반하여 중국과 만주와 러시아와 유럽 제국을 경유하여 미국에까지 동행하였으니 그는 소년 학생 정영도(정남수 목사)였다.

도산은 그날 아침 영도에게 부탁하기를 낮에는 경성 시가를 구경하면서 시간을 보내다가 저녁에는 유동렬 댁에 가서 식사를 하고 밤에는 서대문안 천연동에 있는 서경조 목사 댁에 가서 기다리고 있으라 하였다.

도산은 이같이 금낭계책을 지어서 망명의 길을 열기로 하고, 자기가 먼저 인력거를 잡아타고 정탐인을 떼어 버리기 위해 이곳저곳 분주히 돌아다녔다. 서북학회와 기호학회와 황성신문사 등 여러 곳을 방문하니 정탐인도 역시 인력거를 잡아타고 계속 따라다녔다. 도산이 나중에는 기생의 집에까지 들어갔는데 정탐인은 문 밖에서 파수를 보고 있었다.

이렇게 되자 도산은 매우 고민스러워했는데 기뻐하는 이는 오직 그 주인 기생이었다. 그 기생은 일찍이 안창호 선생이라는 이름을 듣고 자기가 비록 창녀이지만 경모하는 마음을 가지고 있었는데 이제 뜻밖에 당면하고 보니 과연 미남자요, 풍채가 선명했다.

기생은 너무나 기뻐서 어찌할 줄을 모르나 도산은 오래 지체할 수도 없고 정탐을 떼어 버리고자 하는 생각뿐이었으므로 기뻐하는 기생과 작별하고 또다시 떠났다. 그리고 유동렬 집에 들어갔는데 마침 유 참령은 출타하고 그 부인이 도산을 위하여 오찬을 지어서 대접하게 되었다.

오찬을 짓는 시간이 길었고, 아침부터 도산을 따라다니던 정탐인도 피곤하였는지 혹은 시장하였는지 보이지 않았다. 이 기회를 타서 도산은 점심을 급히 마치고 또다시 출발하였다.

유 부인이 접대하는 오찬을 마친 후에 정탐인이 없어진 기회를 타서 도산은 인력거를 불러타고 한강을 향해 내려갔다. 인력거꾼이 빨리 가지 못하니 차부를 한 사람 더 불러서 밀고 끌고 하여 급히 한강 하류 부근으로 내려갔다.

내려가서는 차부들을 돌려보내고 혼자 걸어서 강변 수풀 속으로 들어갔다. 그곳에는 미리 약속하였던 원두우(元杜尤; Underwood) 목사의 간사가 배부리는 사공 한 사람과 작은 배 한 척을 가지고 기다리고 있다가 도산이 오는 것을 보고 매우 기쁘게 맞아들였다.

그때 원 목사의 간사가 사공에게 말했다. '김 진사님을 잘 모시고 가거라.' 그때부터 사공은 도산에게 말할 때마다 '김 진사님'이라고 부르니 도산은 자연 김 진사가 되었다.

도산 일행이 그날 밤(그 다음날 새벽) 작은 돛단배를 타고 출발한 곳은 행주해협이었는데 도산이 그날 오후에 원 목사의 간사와 작별하고 그날 밤에 천연동 서경조 목사 집에 나타날 때까지는 어디서 시간을 보냈는지는 알려지지 않았다.

1910년 2월 2일 밤 12시 경에 도산은 천연동 서경조 목사 집에 갔다. 그곳에서 신채호, 김지간, 정영도 3인을 만나 준비한 만찬을 마친 후에 서경조 목사가 지정한 안내인까지 5인 일행이 행주를 향해 출발하였다. 준비하여 둔 돛단배를 행주해협에 정박하고 기다리게 하였으므로 그 배를 찾아가는 길이었다.

경찰을 피할 목적으로 큰길을 버리고 작은길로, 또는 지름길이라는 길을 좇아갔다. 그런데 처음 가는 길이고 밤이 캄캄하여 안내인이 길을 바로잡지 못하였다. 조그마한 산봉우리를 가운데 두고서 여러 번 돌고 돌다가 나중에는 모두가 피곤하여 산기슭에 앉아서 쉬었다가 가기로 했는데 너무 피곤하여 나무에 의지하여 잠이 들고 말았다.

일행이 조용히 앉아 쉬고 있는데 멀리서부터 들려오는 발자국 소리가 적적한 밤공기를 통해 들려왔다. 이때 그 안내인만이 길가에 나가서 기다리다가 시골 농부가 소를 몰고가는 것임을 알았다. 그래서 행주 가는 길을 알아 가지고 일행이 다시 일어나 그날 새벽 2시 경에 배 있는 곳에 도착하였다. 즉시 배에 올라타서 급히 돛을 달아 바다를 향하여 나아갔다.

이렇게 도산의 출국하는 길은 순조롭게 열렸고 원두우, 서경조 등 여러 사람의 많은 협조는 도산 일행에게 막대한 도움을 주었다.

미국 선교사 원두우는 황해도 일대를 분담하여 전도를 하면서 교회를 설립하였다. 그후에 그는 황해도 각처로 다니다가 장연군 송천(소래)의 경치를 탐하여 그곳에 피서하는 집을 마련하여 두고 여름마다 그곳에 가서 피서를 하였다. 그 처소는 소래라 하는 강변에 있었고 해협에서 거리가 멀지 않았다. 근방의 송천강은 큰 배가 왕래할만치 물이 깊고 물결이 잔잔하였으며, 중국인 상선이 항상 강변에 정박하고 있는 무역 시장이 있었다.

서경조와 그의 친척 서상륜은 원래 장연군에 살던 사람으로 일찍이 원두우 목사의 전도를 받아서 예수교회에 참가하였고 그들의 주택은 송천에 있었다. 그때 서경조 목사는 경성에 가서 서대문안 교회 일을 보고 있었으므로 자연 원두우 목사와 가까운 연락을 하며 지내고 있었다.

도산의 출국 운동을 주선하면서 그 노정은 송천을 경유하도록 정하였다. 이것은 중국인의 상선이 송천과 중국 산동성 연태항을 직접 내왕하기 때문에 송천에서 한번 중국배에 오르면 어떠한 장애도 없이 연태에 상륙할 수 있기 때문이었다.

원두우, 서경조 두 분의 지혜로운 계획과 민첩한 주선으로 안도산 일행은 아무 어려움 없이 항해하게 되었다. 인천과 평양 사이를 왕래하는 기선의 항로가 송천으로 가는 돛단배와 나란히 하게 되어 있어 도산의 돛단배는 큰 바다에 들지 못하고 해협 가까이에 들게 되니 자연 빠른 항해는 되지 못하였다. 그러나 한번 바다에 뜨게 된 후에는 경성 구치감에 다시 투옥되지 않을 것이므로 도산은 상당히 유쾌한 기분을 가지게 되었다.

도산은 선상에 누워 지나간 일과 앞으로의 일을 생각했다. 천 가지 만 가지 상념이 가슴 속에서 솟아나는 동시에, 망명의 신분으로 해외에 표류하게 되니 과연 장부의 울적한 회포를 금할 수가 없었다.

도산이 큰 포부를 가지고 귀국한 이후 3년 사이에 경영하고 성취한 사업은 학회를 조직하고, 문화 사업의 기초를 준비하기 시작하였고, 실업 기관을 조직하여 국산을 장려하였고, 학교를 설립하여 청년들에게 정신 교육을 베풀었으며, 크고 작은 수백 회 연설로써 국민의 애국정신을 환기시켰다.

그러나 기울어가는 국운을 붙잡지 못하고 마침내 편주일도에 몸을 싣고 망망한 바다에 떠서 망명의 길을 취하게 되니 과연 호걸의 비분강개한 회포를 자아낼 수밖에 없었다. 이에 거국행 노래(去國歌)가 나온 것이다.

〈거국행의 일절〉
간다 간다 나는 간다
너를 두고 나는 간다
이로부터 여러 해를
너를 보지 못할지나
그 동안에 나는 오직
너를 위해 일할지니
나간다고 슬퍼마라
나의 사랑 한반도야

행주에서 장연, 송천까지의 항로가 기선으로는 과히 멀지 않은 길이나 편주에 돛을 달고 가는 도산 일행의 항해는 여러 날이 걸리는 동시에 풍랑도 험악하였다. 2, 3일간 고생을 하다가 신채호, 김지간 두 사람은 육지에 올라 다른 길을 취하여 출국하기로 하여 황해도 옹진 해협에서 떨어졌다. 오직 도산과 영도만이 사나운 풍랑을 무릅쓰고 그대로 항해하여 해주 근방에 있는 연평이라는 작은 섬에 도착하였다.

날은 저물고 또 여러 날 작은 배에서 고생한 까닭에 편안한 밤을 지내고 가기로 생각하여 도산은 영도와 함께 섬 안에 있는 주막에 들어가서 밤을 쉬기로 하였다. 마침 그 주막에는 상업차 다니는 일본인 한 사람과 그의 통변하는 한국인이 들어 유숙하는 중이었다.

보통의 한국 풍속대로 여러 사람이 한 방에서 먹고 자게 되었다. 그리고 상례대로 대화중에 자연 인사나 하자고 청하게 되었다. 통변하는 한인이 먼저 지면을 청하여 피차의 성명을 통하고자 하니 도산은 자못 곤란한 입장에 있게 되었고 동시에 우스운 이야기도 나왔다.

통변: 여보! 이 친구 우리 인사합시다.
도산: 예, 그리 합시다.
통변: 뉘 댁이시오?
도산: 나는 김 진사요.
통변: 나는 아무개요(그의 성명은 기억 못함).
도산: 그렇습니까?
통변: 김 진사 고향이 어디요?
도산: 평양입니다.
통변: 당신 평양에 살면 안창호를 아십니까?
도산: 나는 몰라요.
통변: 아! 우리 조선 사람 치고 안창호를 몰라서야 되겠소!
도산: 당신은 안창호를 아십니까?

통변: 알고 말고요. 내가 어디(지명은 기억 못함)를 갔다가 그를 만
　　　나보았지요. 그는 참말 웅변가요.
도산: 그렇습니까?

　이러고 있는 동안에 영도가 송구한 모습을 보이자 도산은 눈짓을 하
여 안심하게 하고 자기는 여전히 담화를 계속하였다.
　그 다음날 도산과 영도는 다시 배에 올라 송천을 향해 출발하였다.
　황해도와 평안도 중간에 있는 산악이 서남으로 이어져 그 끝이 멀리
황해에 뻗쳐나갔는데 이것을 장산곶이라 불렀다. 그 근방에는 크고 작
은 섬들이 있는데 그중에 백령도, 청령도 또는 초도가 가장 큰 섬들이
다. 장산곶을 지나서 동북으로 올라가면 대동강 하류가 되어 진남포
항구에 있고, 장산곶을 멀리 바라보면서 오른쪽으로 해협을 끼고 올라
가면 송천강 하류가 되고 차차 올라가면 몽금포가 있는 것이다.
　도산이 탄 돛단배는 청령도를 경유하여 송천 몽금포에 이르러 여러
날 동안 신세를 졌다. 또 생명의 구원이라 할 만한 작은 배와 '김 진사
님, 김 진사님.' 하면서 극진히 봉사하던 사공과도 작별하였다. 곧 약
속하고 기다리고 있을 서상륜 집으로 들어갔다.
　도산은 서상륜 집에 유숙하면서 연태항으로 가는 중국 상선을 기다
렸다. 그러나 그것 역시 돛단배라 과히 크지 않은 황해를 건너다니는
것도 여간 더디지 않았다. 더구나 그 상선들은 정기 내왕하는 객선이
아니어서 어떤 때는 상업 형편에 따라 무기한 지체하는 수도 있었다.
그러한 선편을 이용하려고 여러 날 기다리고 있던 망명객들은 자못 어
려움을 당하고 있는 것이었다.
　여러 날을 송천에서 보내는 동안에 도산과 영도 두 사람 사이에는
물론 수많은 이야기가 있었겠지만 그중 한 가지, 특별히 기억하여 전
하는 영도의 말이 있었다.

어느날 밤 도산이 영도를 데리고 산상에 올라가서 산보하며 이야기하다가 하나님께 기도하기를 원하여 5, 6보 앞으로 나가서 굴복하고 기도하기 시작하였다. 도산은 대한 국가와 대한 민족의 생존 번영을 위하여 약 2시간 동안 간절한 말로 간구하다가 마침내 마음이 얼마나 아프고 답답하였는지 슬프게 울며 기도하더라는 것이었다.

도산이 송천에 도착한 지 여러 주일 만에 마침내 귀환하는 중국 상선에 올라서 항해를 하게 되었다. 선원들이 지어주는 대로 중국 산동식 호떡과 면탕을 먹으면서 약 일 주일 만에 연태항에 상륙하였다.

그 시대는 아직 중국이 주권이 있는 때라 일본 경관을 기피할 아무런 우려가 없었다. 따라서 여관에 들어서 숙소를 정하고 자유로이 출입하며 통신할 수가 있었다.

도산이 연태에 상륙한 후에 오래지 않아 약속한 대로 각처에 산재해 있던 동지들이 회합하게 되었다. 이것이 이른바 청도회담이었고 그때 회집하였던 인사들은 이갑, 이종호, 유동렬, 김의선, 조성환, 김지간, 신채호 등이었다.

청도회담에서 군벌파들의 주장은 만주, 혹은 노령에 안전 지대를 택하여 근거지를 정하고 군사 운동을 준비하자는 것이었다. 반면에 도산은 이렇게 주장하였다. '지금 우리가 일본과 전투할 준비를 한다면 부분적이요, 성공은 못하고 인력과 재력만 소비할 뿐이다. 나의 장원한 계획은 교육을 장려하고 실업을 발전하는 데 노력하여 거대한 역량을 준비하였다가 앞으로 오는 기회를 타서 대대적으로 전투할 실력을 갖추자는 것이다.'

이와 같이 두 방면으로 갈리는 주장을 가지고 여러 날 토의를 하였으나 일치된 결정을 얻지 못하고 헤어졌다. 동시에 모든 동지들이 믿고 바라던 재정 문제에 관하여는, 이종호가 이미 허락하였던 재정 부담을 거절함으로써 만주 지방에 근거지를 정한다는 주장도 따라서 기각되었다.

그것은 이종호가 청도회담이 있기 전에 해삼위를 경유하여 그곳에 있던 정당 인물들과 회견할 때 그들의 꾀임을 받아서 경파(京派)와 합작하고 평파(平派)는 배척하라는 편견을 가지게 되었기 때문이었다.

도산은 이종호와 작별할 때, 국내에서 출발할 때부터 영도가 허리에 차고 다니면서 여비로 쓰던 돈주머니를 내놓고 이종호에게 말하였다. '이 돈은 월송이 나에게 주어 여비로 쓰다가 남은 것이오.' 그러자 이종호는 두말없이 돈주머니를 그대로 가지고 떠나갔다.

도산이 국내로부터 청도까지 나가는 동안에 여비로 사용한 금전은 이종호가 비밀히 담당하였던 것이다.

청도회담이 실패한 후에 도산과 이갑은 해삼위로 가서 기회를 보아 거취를 정하기로 하였다. 이갑이 먼저 기차로 떠나고 도산과 영도는 항로를 취하여 가기로 하였는데 여비가 문제였다.

도산이 여비로 쓰다가 남은 금전을 전부 이종호에게 돌려 주었을 때 영도는 그것을 반대하였으나 도산은 말했다. '그렇게 하는 것이 나의 양심에 거리낌이 없지 않은가?' 그러나 막상 출발 준비를 하려고 하자 여비가 없어 자못 곤란한 지경에 들었던 것이다.

그때 도산은 중국인 상점에 들어가 알지도 못하는 그 상점 주인과 회견하면서 필담으로 통성명하고 사정을 말한 후에 여비를 빌려 줄 것을 요청하였다. 그 중국인 상업자는 태연히 절친한 친우를 대하는 것처럼 도산의 요청대로 금전을 탁자 위에 내놓았다. 도산이 그 돈을 받으면서 그에게 물었다. '선생이 나를 잘 알지 못하는데 어찌하여 금전을 서슴지 않고 빌려 주시오?' 그 중국인이 글로 썼다. '나는 선생을 믿고 요청을 받아들이는 것이오. 선생은 한국의 인물임을 알 수가 있소.'

이렇게 도산은 중국인에게서 여비를 얻어 가지고 영도와 함께 러시아 기선에 올라 해삼위에 도착했다. 그때가 1910년 7월 경이었다. 해삼위에 도착하는 대로 이갑, 이강 두 동지를 만났다. 그때 이강은 미주에서 돌아와 해삼위에 주택을 정하고 거주하고 있었으므로 도산은 그 집에서 머물게 되었다.

해삼위와 그 부근 각 지방에 거주하는 한인들은 경파와 평파로 분열되어 서로간에 총살하는 사건이 종종 있었고, 당시 그곳의 한인 사회를 지배하는 수령과 노야(老爺 : 중국인의 칭호로 늙은 아버지) 칭호를 받는 인물들은 김항만, 양성춘, 이상설 등이었다.

도산과 이갑은 해삼위 한인 사회를 관찰한 후에 그곳을 떠나기로 생각하였다. 이제 도산이 갈 길은 오직 하나로 다시 미주에 돌아가서 가족을 만나는 것뿐이었다. 그리고 이갑은 확정된 목적이 없다가 그해 8월 29일에 한일합병의 비참한 보도를 해삼위에서 들었다.

1910년 8월 29일에 한일합병이 선포되었고 이같이 망국의 비운을 당한 애국자들의 거취는 이러했다.

한일합병이 선포된 지 약 10일 후에 평안북도 선천군 시내에서 예수교 장로교회 평안북도 노회가 개최되었다. 이동휘는 전도인의 명의로 (사실 전도인의 직임을 가지고 순행하였음) 출석하였는데, 필자는 그때 선천 신성중학교에서 교사로 근무하던 때였으므로 자연 이 참령을 만나게 되었고, 만나서는 물론 국가 문제를 가지고 담론하게 되었다. 이 참령은 그때 필자에게 부탁하였다. '2년 후에 우리가 독립 전쟁을 할 터이니 그 동안 청년들과 연락하여 기다려 주시오.'

그러한 담화가 있은 지 2개월 후에 이갑이 신성중학교를 시찰하는 모양으로 선천을 경유하였다. 이때 필자가 이동휘 참령의 말을 전하면서 어떻게 2년 후에 우리가 독립 전쟁을 개시할 수 있겠느냐고 물었다. 이갑이 말했다. '우리는 적어도 20년을 준비해야 능력을 가지게

될 것이니 그리 알고 참아가면서 준비하자.'

추정의 말이 성재의 말보다는 다소 믿음이 갔으나 아직도 마음 속에 불만스러운 감정이 남아 있었는데 그해 성탄절 방학 시기를 이용하여 필자는 평양에 가서 안태국을 만나게 되었다. 동오(東吾 ; 안태국의 당호)는 그때 태극서관 사무를 담임하고 있었고, 그곳은 각처에 산재한 동지들의 소식을 연락하는 기관이었다.

동오는 캄캄한 밤에 등불도 없는 서관 윗층에서 담화를 허락하였다. 이동휘, 이갑 두 사람의 말을 전하니 동오 역시 그들의 주장을 듣고 생각중에 있다고 하며 부탁하였다. '우리가 40년 기한하고 준비하지 않으면 독립 전쟁을 일으킬 만한 힘을 얻지 못할 것이다. 이제 조급해하는 군인들의 말을 믿지 말라.'

이동휘는 합병 당시에 국내에 있었고, 이갑은 그해 11월 경에 입국하였다가 1911년에 다시 해삼위를 경유하여 도산과 정영도를 만나보고 먼저 러시아의 수도 성 뻬쩨르부르그로 향했던 것이다.

도산은 해삼위와 그밖의 노령 각처에 있는 한인 사회를 시찰하였는데 그곳에서는 일할 수 없다는 것을 깨닫고 속히 미국을 향하여 출발하기로 하였다. 이때 또다시 생긴 문제는 미국에까지 먼 거리를 가는 데 소요되는 여비 문제였다.

출국 당시에는 이종호가 상당한 금액을 마련해 주어 만주 지방에서의 활동에 요구되는 경비를 감당할 수 있었다. 그러나 청도회담에서 이종호가 약속을 어겼기 때문에 관계를 아주 단절하는 의미에서 여비로 사용할 잔금 전부를 이종호에게 돌려 주었으므로 해삼위에 가는 선비를 마련할 길이 없어서 알지 못하는 중국인에게 돈을 빌려 썼는데, 이제 해삼위에서 미국까지 가는 여비는 그 금액도 적지 않고 마련할 방도도 보이지 않았다. 그러면 어찌 되었는가? 전해지는 말에 의하면 그때 도산이 경험한 사정은 이러했다.

도산이 뜻밖에 옛날 친구 한 사람을 해삼위 시내에서 만났는데 그는 전라도 사람 이씨(이름은 미상)였다. 그는 일찍이 자기의 아들을 대성학교에 보내 공부하게 하였고 도산을 극히 존숭하는 사람이었다.

그는 자기 아들을 영국에 보내 수학시키려는 목적으로 가는 길이었는데 도산을 만나 전후 사정을 알게 되었다. 그는 도산을 신임하고 있었으므로 자기 아들을 도산에게 맡겨 영국 대학교에 입학하는 일을 위탁하고, 자기는 본국으로 돌아가며 준비하였던 여비를 도산에게 제공하였던 것이다.

도산이 해삼위에서 약 반 년간 머무르면서 각처의 한인 사회를 시찰하는 동안에 정영도는 어떤 모양으로 지냈는가? 여기에서 정영도의 사적을 기록해 본다.

정영도는 평안남도 강서군 암화동에 거주하는 정룡은의 맏아들로 1893년에 출생하였다. 어려서는 한문 서당과 예수교회에서 설립한 소학교에서 수학하였다.

도산은 강서군 심정리에 거주할 때부터 정씨 가족을 알게 되었다. 1907년에 도산이 고향 친척들을 방문할 때 영도와 그 모친을 만나게 되었는데 그때 영도의 부친이 별세하였으므로 도산은 14세 된 소년 영도의 앞으로의 학업을 위한 생각을 하게 되었다. 그래서 영도는 소학교 공부를 마치는 대로 대성학교에 입학하게 하였다.

1908년 영도가 대성학교에 입학할 때는 아직 소년이었다. 그러나 1909년 10월에 도산이 평양에서 체포되어 경성으로 압송될 때 소년 정영도는 학업을 중단하고 도산의 뒤를 따라 경성에 올라가 봉사하기로 결심했던 것이다. 여기에서 어린 영도의 사상이 특이한 것을 볼 수 있을 뿐 아니라, 도산 일생에 막대한 영향을 주는 기특한 행동으로 기억되었던 것이다.

영도는 도산이 옥중에 있는 동안에는 음식을 진정하는 일과 외부와 연락하는 시중을 들었다. 또한 도산이 출옥한 후에는 정탐인이 따라다니는 관계로 어디도 마음대로 다닐 수가 없었으나 하등의 혐의를 받지 않는 영도는 정탐이 있는지 없는지를 알아서 도산에게 보고하는 일을 할 수 있었다. 그리고 도산의 부탁을 받아 소식을 전달하는 여러 가지 연락의 책임을 맡아 하다가 마침내 도산을 따라 함께 망명의 길에 오른 것이다.

1910년 7월 경에 청도회담이 실패하고 여러 동지들은 각자 자기가 원하는 곳으로 헤어졌다. 이때 도산은 영도를 데리고 해삼위에 도착하여 대략 7개월간 머물렀다. 그 동안에 영도는 해삼위 근방에 있는 한인 소학교의 초빙을 받아서 교사로 근무하게 되어 도산과 아주 각급하게 지내지는 못하였다.

해삼위는 캄차카와 접경이어서 기후가 일찍 변하여 9월 경에도 겨울과 같이 추운 곳이었다. 어느날 저녁 영도는 들 밖에 나가서 산보하며 지난 일을 돌아보고 앞날을 계획하는 생각에 깊이 잠겨 걷고 있었다. 그때 길가에 5, 6명의 일본인이 불을 피우고 둘러앉아서 담화하고 있었다.

영도는 이것을 보지 못하고 가까이 갔는데 그중의 한 청년이 갑자기 뛰어나오며 영도의 길을 막고 일본말로 말했다. '네가 조선 사람이 아니냐?' 이때 영도의 머리 속에 첫째로 솟아나는 생각이 있었다. '지금 한일합병이 되어 저놈들이 한인을 업신여겨 조롱하는구나.'

돌연 분기가 충천하여 참을 수가 없었다. 길을 막고 나선 청년의 팔을 잡아 어깨 위로 둘러메쳐 길가에 굴리면서 말했다. '이 개 같은 놈아! 네가 무엇이냐? 그리고 둘러앉아 있는 일본인들을 향해 도전했다. '누구든지 나올 테면 나와라.' 그러나 아무도 감히 나서지 못하고 잠잠히 앉아 있었다. 영도는 비록 나이가 어리고 체격도 크지 못했으나 완력이 강인하여 그같이 담대한 행동을 보였던 것이다.

그 다음날 어떤 한인 청년을 도중에서 만났는데 그는 자발적으로 영도에게 말했다. '어젯밤 뜻밖의 그 사건을 목격했는데 거기에 모여 놀던 일본인 청년들이 겁이 나서 감히 나서지 못하는 것을 보고 나도 한인으로서 쾌감을 느꼈다.'

노령 치타는 시베리아에서 가장 큰 도시이고 그곳에는 많은 한인들이 거주하고 있었다. 도산은 유럽을 향해 가는 길에 자연 치타를 경유하여 가게 되었다. 그곳에서 거류 동포들의 요청에 의하여 연설을 하게 되었는데 수백 명 청중이 도산을 열정적으로 환영하였다.

연설이 끝나고 연회가 열리자 주석하는 모씨(이름은 미상)가 은근히 도산에게 편지 한 장을 내어보였다. 그 내용은 해삼위에서 경파에 속한 사람 중에 평파를 극히 반대하는 인도자 한 사람이 도산을 심히 시기하여 치타를 지나갈 때 암살하라는 음모의 서신이었다.

도산과 영도 두 사람이 치타에서 이강 동지와 작별하고 다시 출발하여 러시아 수도 뻬쩨르부르그에 도착해 보니 이갑이 먼저 그곳에 와서 체류하다가 신병에 걸려 고생하고 있었다.

성 뻬쩨르부르그에 도착하여 며칠간 휴양한 후에 도산은 베를린에 다녀오기로 하고 출발하였는데 그 사유는 말하지 않았다. 한편 추정의 병세가 중하여 자리에 누워 신음하니 영도는 몸이 고달픈 것을 상관치 않고 아침저녁으로 추정을 위해 시중을 들었다.

추정은 영도가 도산과 같이 미국을 향하여 가는 것을 알고 있었지만 자신의 치료를 위해 영도에게 간청하여 자기와 같이 얼마 동안 뻬쩨르부르그에 있자고 하였다. 그러나 붕정만리의 장원한 목적을 정하고 미국에 가서 수학하기로 결심한 영도는 세월을 허송할 수가 없어 추정의 청구에 응하지 못하고 있다가 도산이 베를린에서 돌아오자 곧 미국을 향해 출발하였다.

영도는 러시아 수도 성 뻬쩨르부르그에서 신음하는 추정 이갑과 작별할 때에 마음이 퍽이나 고민스러웠다. 그는 원래 다정한 인물로서 추정의 간청에 응하지 못했기 때문이었다. 그러나 미국에 가는 기회를 한번 잃어 버리면 다시 얻기 어려웠던 까닭에 그렇게 할 수밖에 없었던 것이다.

정영도는 도산을 따라 미국에 상륙하는 대로 곧 로스앤젤리스에 가서 스쿨보이로 일하기 시작하였다. 중학을 마친 후에는 켄터키 주 애스베리에 있는 애스베리 대학교에 입학하여 신학을 전공하였다. 졸업 즉시 목사 장립을 받아 선교사로 임명되어 한국에 돌아와서 목회와 전도 사업에 위대한 업적을 남겼다. 제 2차 세계 대전 직전에 동부인하여 다시 미국에 가서 20년간 순행 전도하며 목사로 근무하다가 은퇴하여 클래몬트에 주택을 정하고 생활하다가 1965년에 별세하였는데 유족은 다음과 같다.

〈정영도(개명 정남수) 목사의 유족〉
부인: 경숙
장남: 엘리옷(화학가)
차남: 폴(공학 박사)
삼남: 래리(미국 육군 비행사)
장녀: 루트(음악 교사)

9. 국민회 중앙 총회 설립, 3지방 국민회 연락 공작

도산은 원동에서 여러 동지들과 섭섭하게 작별한 후에 유럽을 경유하여 4년 만에 다시 미국에 돌아갔다. 로스앤젤리스에 있는 본가에 도착하니 부인 혜련은 두 아들 필립과 필선을 데리고 여전히 청한한 생활를 유지해 가고 있었다. 동포 사회는 다소 진보가 되었으나 아직도 다수가 노동 생활을 하고 있었고 학교에서 공부하는 학생은 불과 5, 6명뿐이었다.

단체 사업으로는 도산이 귀국하기 전에 조직하였던 공립협회가 미주와 하와이 각지에 있는 여러 단체들과 합동하여 하나의 대한인국민회가 되어 있었다. 미주에서는 미주와 멕시코 각지에 성립된 여러 지방회와 연락하여 국민회 미주 지방 총회를 성립하였고, 하와이에서는 여러 섬에 성립되어 있던 지방회들과 연락하여 하와이 지방 총회를 성립하였던 것이다. 그리고 그 위치는 각각 샌프란시스코와 호놀룰루로 정해져 있었다.

이같이 되어 단체 사업은 과연 발전할 희망이 있었다. 그러나 불행하게도 미주 지방 총회에서 간부 임원 불신임안이 발생하여 동포 사회 가운데 비난과 분규가 생겼으니 그 사적은 이러하였다.

국민회 북미 지방 총회는 그 위치를 샌프란시스코에 정하고 회관 가옥을 구매하여 회집의 편의를 가지게 되었고, 신문을 간행하여 내외국 소식과 동포 사회의 여러 사정을 보도하였다.

그리고 한일합병 당시에 대한인의 목소리를 세계 열방에 발표하여 민족적 의사에서 나오지 않은 한일합병을 부인하였으며, 재류국 정부의 인가를 받아 자치 단체의 자격과 권리를 가지게 됨으로써 미·포·묵 한인 사회의 대표적 통일 단체가 되었던 것이다.

1909년을 기원년으로 정하여 대한인국민회가 조직된 후에 북미 지방 총회에서는 임원을 선거하였다. 최정익이 지방 총회장으로 피선되어 회의 업무를 담임하게 되었다. 그러나 이러한 사회 사업은 초창기 시대에 있었으므로 재정이 부족하여 업무 처리가 자못 곤란한 상태에 있었고 회장은 한푼의 봉급도 없이 시무하고 있었다.

그때 스탁톤 지방에서 감자 농사를 경영하던 이순기가 최정익을 방문하여 제안을 하였다. 만일 자본을 제공하여 감자 농사에 투자하면 단기간에 일확천금을 벌어들이기는 손바닥 뒤집기라는 것이었다. 최정익은 일시적 기회를 위한 수단으로 국민회 가옥을 저당잡혀 빚을 내어 단기간에 이익이 쉽게 난다는 감자 농사에 투자를 하였다. 그러나 불행히 감자 농사는 실패하여 자본을 회수하지 못하고 저당에 들어간 회관 가옥을 잃게 되었다.

일이 잘못되었다는 소식이 전파되자 동포 사회 중에서 원래 국민회를 찬성하지 않던 사람들이 최정익 이하 국민회 당국을 도둑놈들이라고 선전함으로써 동포 사이에 시비가 일어났던 것이다.

이러한 때에 미주에 돌아온 도산은 앉은 자리가 미처 덥기도 전에 벌써 불려나와 국민회가 당한 난관을 해결하고 정돈하는 일에 노력하지 않을 수 없게 되었다.

이런 경우에 있어 도산의 처리하는 방법은 먼저 공(公)을 세우고 다음에 의(義)를 주장하는 것이었다. 비록 친우였지만 책임자 최정익은 사퇴하게 하고 특별 선거로 가주대학교 출신 이대위 목사가 국민회 북미 지방 총회장으로 선정되어 총회장 직무와 신문 주필의 직임을 가지게 되었다.

그 다음에 도산은 여러 동포들을 심방하면서 특별 연조금을 모금하여 저당에 들어 있는 회관 가옥을 다시 찾고 동시에 회원의 의무금 조례를 작성하여 회비를 충당하게 하였다.

도산이 각처에 흩어져 있는 동포들을 심방할 때 어떤 한인은 도산을 지목하여 도둑놈의 괴수라고 훼방하기도 했지만 다수의 동포들은 도산의 지도에 응하여 공회 사업에 협조하였다. 마침내 국민회 사무는 정돈되었고, 또한 총회장 이대위는 신진 인물이었으므로 동포들의 신임을 받게 되었다.

여기에서 대한인국민회 사적의 대략을 기술할 필요가 있다. 그것은 도산이 국민회를 교민 사회의 대표적 단체로 만들고, 국민회의 책임자가 되어서는 막대한 공헌을 이루어 동포 사회에 복리가 증진되었기 때문이다.

1909년에 대한인국민회 북미 지방 총회에서는 원동 각처에 국민회를 확장할 계획으로 현금 3천 달러를 자금으로 책정하고 회원 김성무를 원동에 파견하여 그 계획을 실행하게 하였다. 김성무는 해삼위 근방에 토지를 매수하여 교민 동포들의 주거지를 마련하였으며 이것은 신한촌이라는 명칭을 가지게 되었다. 그곳에서 시작하여 치타와 그 밖의 노령 각처에 국민회를 조직하였는데 물론 오산 이강이 협조하여 다대한 성과를 이룰 수 있었다.

도산은 재차 도미하여 시간을 잃지 않고 즉시 세 지방을 총괄 연통하기 위하여 치타에 원동 지방 총회를 설치하게 하였다. 동시에 대한인국민회 중앙 총회 기관을 설치하되 그 위치는 상항으로 정하고, 임원은 각 지방 총회에서 대표원 3인씩 선출하여 중앙 총회 사무를 의결하게 하였다. 사무 집행부에는 회장 1인, 부회장 1인, 서기 1인을 선정하여 중앙 총회를 운영하게 하였는데 도산이 제 1회 총회장으로 선정되었던 것이다.

그 시대의 사정에 따라 중앙 총회는 따로 사무실을 설치하지 않고 오직 일이 있을 때마다 북미 지방 총회관 일부를 사용하였다. 도산은 1919년에 국민회의 파견으로 상해에 가서 대한민국 임시정부를 조직하고 독립 운동을 시작할 때까지 중앙 총회장의 임무를 맡고 있었다.

대한민국의 부강과 그 민족의 생존을 위하여 일하는 것을 자기의 일생 사업의 목적으로 한 도산 안창호의 전기 중에 국민회의 사적이 편입되는 것은 국민회가 도산의 사업 중에 일부가 되기 때문이다.

그러면 국민회가 도산으로 인하여, 또는 도산이 국민회를 통하여 성취한 공적은 무엇인가? 그 대략은 아래와 같다.

1. 신문을 간행하여 내외국 소식과 동포 사회의 연통을 제공한 일.
2. 1910년에 조국이 일본에 합병을 당하자 국민회는 세계 만방에 통고하여 한일합병은 민의에 의한 것이 아님을 성명하고 합병을 부인한 일.
3. 1912년에 재류국 정부의 승인으로 자치 단체의 자격과 권위를 획득한 일.
4. 1912년 멕시코에 거주하는 육백 명 한인 동포들이 무리한 농장주들로부터 노예 대우를 받고 있던 것을 해방하기 위하여 황사용, 방화중 2인을 멕시코에 파송하여 법적 행사로 그곳 한인들의 자유노동권을 가지게 한 일.
5. 1913년에 미국 중앙 정부와 교섭하여 해외에 망명하는 지사들과 학생들이 아무런 여행권을 휴대하지 못할지라도 국민회의 담보로 미국에 입국하여 수학하며 영주권을 가지고 거주하게 함으로써 1917년까지 수천 명의 청춘 남녀가 미주에 가서 거주하게 되어 미주 한인 사회 2세가 번창하게 한 일.
6. 1915년에 한인 2세를 위하여 국어 교육을 실시한 일.

7. 1917년에 안창호가 중앙 총회장의 책임을 가지고 하와이에 가서 한인 사회의 분쟁을 정돈한 일.
8. 1918년에 안창호가 멕시코에 가서 실직한 한인 동포들을 위하여 농장주들과 교섭한 결과, 신계약을 작성하여 실직 동포들의 생활난을 구원한 일.
9. 1919년에 안창호를 상해에 파송하여 대한민국 임시정부를 조직하고 독립 운동을 실행한 일.
10. 1919년에 김규식을 파리에 한인 대표로 파송하여 평화대회에 교섭한 일.
11. 상해에 성립된 임시정부에서 요구하는 재정을 공급하고 동시에 워싱턴에 설치한 구미 위원부를 재정적으로 후원한 일.
12. 1920년에 가주 북방에 군단을 설립하고 청년 사관을 양성한 일.
13. 1941년에 일미전쟁이 발생하여 재 미국 일본인 전부를 수용소에 감금할 때 한국인들은 일본인 대우를 받지 않도록 교섭한 일.

위에서 기술한 여러 가지 사업 성적을 살펴보면 국민회가 하나의 교민 단체로서 성취한 업적을 부인할 수 없고, 또한 도산의 막대한 노력이 있었다는 사실을 볼 수 있다.

도산은 국민회 중앙 총회장의 직임을 맡아 아무 보수도 없이 국민회에 관계 있는 일에 시간을 쓰게 되었다. 자기의 볼일이나 혹은 생활을 위해 가졌던 직업까지도 희생하고 공무에 헌신하였던 것이다.

생활이 청한한 중앙 총회장은 공무를 위하여 여행할 때마다 그 경비 때문에 곤란을 겪은 것이 사실이었다. 그러나 도산은 경비의 부족으로 인하여 공무를 저버리지 아니했고 직임을 충실히 다하였다. 이는 도산의 동지 중에 숨어 있는 한 사람의 끊임없는 충의에 의하여 일이 처러졌기 때문이다.

94

임준기는 도산의 친우로 소년 시절부터 가까이 지냈다. 미주에 와서는 일찍이 동지로서의 기분이 성숙하여 도산이 귀국할 때나 다시 도미할 때에 소요되는 재정을 공급하였고 흥사단에 참가하여 끝까지 도산을 후원하였다.

1902년에 임준기는 가족을 데리고 하와이를 경유하여 미국에 들어가서 노동 생활을 시작했다. 이어 어폴랜드라고 하는 작은 마을에 있는 과실 농장에 자리를 정하고 귤 따는 노동자를 공급하는 노동 주선소와 여관 사업을 겸하여 상당한 수입을 올리며 생활하게 되었다. 그는 그 당시에 새로 오는 학생들과 노동 생활을 하는 동포들에게 막대한 도움을 주었으며 공회 사업에 성의를 다한 인물이었다.

도산이 어폴랜드에 가면 임준기는 이미 짐작하고 도산의 가는 길을 알아서 묻기도 전에 왕복에 충분한 여비를 제공하였다. 임준기의 이러한 일은 한두 번이 아니고 여러 해를 두고서 일이 있을 때마다 한결같이 도산이 필요한 금전을 제공하였다. 이는 과연 지기지우라 할 수 있는 일이었으며, 관중과 포숙의 친의가 이에 지나치지 않을 것이다.

국민회 내정이 다소 정돈된 후에 도산은 로스앤젤리스 본가에 가서 오랫동안 소홀하였던 가정 생활을 다시 꾸리기로 하였다. 몸소 노동에 종사하여 넉넉지 못한 수입이지만 부인을 도와 청한한 생활을 유지해 가고 있었다.

그러나 도산은 또다시 불행한 소식을 접하였다. 친우 이갑이 러시아로부터 뉴욕까지 왔다가 반신불수의 병으로 인해 미국에서 상륙 거절을 당하고 다시 노령으로 돌아가게 되었다는 통보였다.

이갑은 도산의 전기에 약사가 기입되어 있고, 도산이 귀국 당시부터 3년간 사회 사업 활동을 할 때 항상 관련되어 협동하던 동지였다. 러시아의 수도 성 뻬쩨르부르그에 갔을 때 병석에 누워 있는 것을 보고 길을 떠났던 도산은 항상 추정을 잊지 못하고 그의 병세가 쾌차함을 기다렸다. 그러다가 미국에 올 수 있는 길을 열어 주기로 생각하고 있었는데 이제 이같이 섭섭한 보고를 듣고는 무거운 마음을 가지지 않을 수 없었다.

추정 이갑은 도산과 영도를 보내고 뻬쩨르부르그에서 신병을 치료하다가 다소 차도가 있을 때 미국을 향해 출발하였다. 그러나 도중에 선상에서 신경마비 증세가 시작되어 뉴욕에 도착할 때에는 반신불수의 환자가 되어 상륙을 거절당했던 것이다.

할수없이 돌아가게 되자 편지 한 통으로 도산에게 그 사실을 통지하고 목릉현 소왕령에 거주하는 안정근(안중근의 동생)의 집에 가서 신병을 치료하고 있었다. 나중에 그 부인이 내지로부터 나가 소왕령에 주택을 정하고 국수집을 열어 영업을 하다가 2년 후에 추정 이갑은 별세하였다.

도산은 추정의 불행한 소식을 듣고 심히 애석하게 생각하여 어떤 방면으로든지 그를 도와 주려고 했다. 그래서 건강을 회복하면 다시 미국에 들어오게 하려고 생각했으나 만리 이역에 나뉘어 있는 처지라 별수가 없었다.

치료에 도움이 되는 얼마의 금전이라도 마련하여 보내고자 하였으나 그때 도산은 적수공권으로 잡일에 종사하여 생활을 유지해 나가던 때였다. 그러나 다행히 부인 헬런 여사가 수년간 노동을 해서 푼푼이 저축한 돈이 있어 그중에서 4백 달러를 추정에게 부쳐 주었다.

《도산전》을 쓸 때 헬런 부인의 사적을 빠뜨릴 수가 없고, 독자 역시 도산의 부인이 어떠한 인물인지 자세히 알고 싶은 생각이 클 것이다. 여기에서 안헬런 부인의 약사가 기록될 수밖에 없는 것이다.

안헬런 부인은 평안남도 강서군에 거주하는 이석관의 장녀로 1884년 4월 21일에 출생하였다. 본명은 이혜련이고 손아래로 여동생 둘과 남동생 둘이 있었다. 일찍이 본향에서 초등 교육을 받았고 16세 때 경성 정신여학교에 입학하여 2년간 수학하였다. 16세때 약혼하였던 노 냄이집 셋째 안창호와 성혼한 후에 가장을 따라서 1902년에 미국에 가 서 샌프란시스코와 로스앤젤리스에서 거주하였다.

원래 학업을 목적으로 도미하였던 가장 안도산은 생활을 위하여 상 업 또는 노동을 하게 되었고, 헬런 여사도 역시 때때로 노동에 종사하 여 여간한 수입으로 가장을 도와 생활을 하고 있었다. 1907년에 도산 이 본국을 향해 출발하자 헬런 부인은 혼자서 어린 아들 필립과 필선 을 데리고 노동 생활로 지내가며 두 아들을 학교에 보내 공부하게 하 였다.

1911년에 도산이 국내로부터 망명하여 다시 도미하여 가정 생활이 계속되었으나 도산은 여전히 공회 사무에 끌려 다녔다. 남북 각처에 산재한 동포 사회를 심방하고, 또는 하와이 동포 사회 분쟁과 멕시코 동포들의 생활 문제 해결을 위해 긴 시일을 여행으로 보내게 되었다.

도산은 자연 가사를 돌보지 못하게 되었고 생활을 위하여 상업 혹은 노동에도 몸을 담지 못하게 되자 헬런 부인은 자신이 가사를 혼자서 도맡아 분투하니 그 지나간 사정은 어느 소설가라도 즐거이 채용할 만 한 드라마였다. 그 일부만 기록하면 이렇다.

헬런 부인이 가장 도산과 작별한 때는 1907년 1월 경이었는데 방년 23세로 결혼한 지 불과 4년 만이었다. 도산이 수학의 목적을 포기하고 국사를 위하여 환국하기로 했을 때 헬런 부인은 비로소 도산의 애국성 을 알았다. 그가 목적한 바에 찬성하였으며 귀국 길에 오르는 도산의 주장을 쾌히 허락하고 자신이 생각한 바는 이러하다고 설명하였다.

"당신은 애국자요, 영걸의 인물입니다. 어찌 애국자요, 영걸의 인물 을 붙잡아 구구한 방편을 위하여 호텔에서 잡일을 하거나 혹은 귤밭에 서 귤을 따는 노동으로 일생을 마치라 할 것입니까? 당신은 국가에 속한 사람이니, 국가와 민족을 위하여 일할 수 있는 대로 활동하십시오."

헬런 부인은 이러한 신념을 가지고 청춘 세월을 홀로 보내기로 하였다. 장부를 멀리 보내는 일과 가정 생활의 어려움을 무릅쓰고 남편을 두 손으로 받들어 국가 민족을 위하여 산 제사를 드린 것이었다.

헬런 부인은 가장을 멀리 보낸 후에 세 식구의 생활을 위해 주로 세탁업을 하면서 청한한 생활을 지어 갔다. 기한이 없는 남편의 귀환을 기다리고 있는 동안에 당하는 고생은 한두 가지가 아니었다.

자라나는 아이들의 신발은 자주 갈아 주어야 했다. 가죽 신바닥에 구멍이 생길 때마다 1원, 2원이 필요하였으나 세탁업으로 벌어들이는 수입을 가지고는 감당하기가 퍽도 어려웠다. 그래서 헬런 부인은 가정 경제 방침으로 신발 고치는 기구(장도리와 신골)를 마련하여 두고서 아이들의 신바닥을 몸소 수선하여 아이들이 맨발로 다니지 않게 하였다. 그리고 도산의 신바닥을 수선한 것도 여러 번이었다.

헬런 부인은 이러한 생활을 해나가면서 도산이 귀국한 후에 도산의 가정을 보전하였다. 그러다가 1911년에 도산이 다시 망명하여 도미함으로써 1919년까지 8년간은 가정 생활을 다시 이루어 나갔다. 그러나 역시 단란한 시간은 얼마 되지 못하였다. 도산이 국민회와 흥사단 사무를 보느라고 항상 여행을 하였기 때문이었다.

도산은 하와이에 가서 7개월의 시간을 소비하였고, 하와이에서 돌아오는 대로 다시 멕시코에 가서 8개월을 보내게 되어 가정 생활은 자연 등한히 하게 된 것이 사실이었다.

1919년에 국내에서 독립 운동이 발생하자 도산은 또다시 국민회의 파견으로 중국 상해로 갔다. 그곳에서 대한민국 임시정부를 조직하고 독립 운동에 종사하다가 1925년에 잠시 도미하여 가족을 만나고 1년간 휴양한 후에 다시 원동을 향하여 출발한 것은 1926년이었다. 그리고 이것이 최종으로 영결하는 작별이 되고 말았다.

1932년에 도산은 상해에서 프랑스 경관에게 체포되었다가 일본 경관에게 납치를 당해 국내에 압송되었다. 이어 4년간 감옥 생활을 지낸 후에 석방되었다가 1937년에 재차 검거되어 옥중에서 신병으로 신음하다가 마침내 별세하니 이때가 1938년 3월 10일이었다.

헬렌 부인이 도산과 결혼하여 가정을 이루어 지낸 기간은 36년이었으나, 가장과 함께 가정 생활을 이룬 세월은 불과 13년이라는 짧은 기간이었다.

두 분 사이에는 3남 2녀가 있었다. 장남 필립은 배우로 영화와 텔레비전에 출연하는 동시에 동서양 찬관을 대규모로 운영하였다. 차남 필선은 화학가로 유명하여 휴즈 비행기 회사에서 주임 화학가로 근무하였고, 삼남 필영은 1926년에 부친이 원동으로 출발한 후에 출생하여 부친 용모를 보지 못한 아들로 상업에 종사하였다.

장녀 수산은 일찍이 해군부의 해군 부위로 제 2차 대전에는 해군 교육부에서 근무하였고, 차녀 수라는 남가주대학교 출신으로 자기를 제조하는 기술에 능하여 제조업으로 앞날이 유망하였다.

헬런 부인은 과연 철학적 인생관을 가지고 국가와 민족을 위하여 일생을 희생적 정신의 생활을 했다. 아버지의 사랑과 교훈을 그리워하는 자녀들의 앞날을 지도하는 데 당하는 고난을 조금도 두려워하지 아니하고 용감하게 결심했던 것이다.

한마음과 한뜻으로 국가 민족을 구원하기 위하여 일생을 공헌한 것이 어찌 도산 안창호뿐이랴? 헬런 부인과 그 자녀들이 도산에게 협조함으로써 도산이 비로소 도산이 될 수 있었던 것이다. 여기에서 '요조숙녀(窈窕淑女)는 군자호구(君子互求)', 즉 요조숙녀는 군자의 좋은 짝이라는 하나의 실례를 볼 수 있는 것이다.

10. 흥사단 창립과 북미 실업 회사 조직

도산은 귀국하여 3년간 활동하는 동안에 여러 가지 경험을 하였다.

첫째, 크고 작은 수백 회의 연설을 통하여 전 국민의 정신을 환기하였다. 따라서 경성에 출몰하는 각계 신사들이 도산을 추종하였으며, 특히 군대 안의 청년 장교들이 도산에게 협동하는 동지가 되었다.

둘째, 이른바 '어가동도' 문제에 관하여 무력 행동으로 일본 수비대와 격투를 할 때 도산의 지혜로운 판단으로 폭동을 중지하였다. 그리고 무장 해제와 군대 해산을 거절한 박성환 군대가 일본 수비대와 격전을 벌여 한국 군인 중에 사상자가 생기자 부상병 구호 활동을 벌였다. 또한 교육을 장려하기 위해 대성학교를 설립하였고, 실업을 발전시키자는 계획으로 평양 자기 회사를 설립하였으며, 국가 번영과 민족 생존의 대업을 위하여 정신적 단체로 청년학우회(靑年學友會)를 조직하였다. 이등박문과 회견하여서는 대 한국, 또 대 중국 정책을 거절하였다. 이등의 주최로 경성 대연설을 하였고, 안중근이 이등을 총살한 후에 혐의자로 감금되었을 때 안창호 내각 조직을 거절하였다. 마침내 적의 철망 속에서 탈출하여 해외로 망명하였다. 청도회의에서는 애국 동지들과 의견의 합치를 보지 못해 섭섭한 작별을 하였고, 치타 연설회에서는 노령 한인 중에서 암살 계획이 있는 것을 발견하였다.

도산이 이러한 경험을 하면서 특별히 주의한 바는 사회 현상이었다. 여러 단체들과 학회들이 성립되어 있었으나 그 사업들이 충실하지 못하고 진흥할 능력이 부족했던 이유는, 회원 각자가 목적한 사업에 대한 자각과 결심이 없고 단결의 신의가 부족했기 때문인 것으로 보았다.

정신적 단결이 되지 못하면 정신적 사업을 이룰 수가 없다는 판단 아래서 도산은 청년학우회 조직을 계획하였다. 무실(務實), 역행(力行), 충의(忠義), 용감(勇敢)의 4대 정신과 단체 신성과 인격 건전의 2대주의를 숭상하여 민족 전도 대업의 기초를 준비하는 것으로 그 목적을 정하였다.

그러나 합병 이후에 국내에 위치를 정하고 성립된 청년학우회는 일본 경찰에게 무리한 취급을 당하여 어느날 갑자기 해산 명령이 있을지 알 수 없는 처지에 있었다. 그러므로 미주에서는 그 명칭을 계속 사용할 필요가 없다고 생각하여 청년학우회의 후신으로 흥사단(興士團)을 창립했던 것이다.

흥사단의 주의 주장은 후편에 특별히 기록할 것이나 우선 그 명칭만을 설명하면 이렇다.

'흥사(興士)'라는 두 글자는 선비를 일으킨다는 의미이다. 왜 선비를 일으키냐 하면 '선비는 중민을 인도한다.'는 예부터의 이론에 따라 인도자를 양성한다는 의미가 있고, 선비는 중민 중에서 어떠한 품격, 즉 인품과 인격이 있는 사람에 대한 칭호이기 때문이었다. 따라서 흥사단우는 마땅히 상당한 품격을 갖춘 인물을 칭하는 특별 명사가 되는 것이었다.

도산이 국내에서 청년학우회를 조직할 때 회명을 평범하면서 보통 사용하는 학우회라 칭한 이유는 그 시대의 국가 정치가 일본인의 지배를 받고 있어 사회 사업이 일본 경찰의 제한을 받기 때문에 학우회로 이름지어 일종의 정신적 단체로 표현되지 않게 하기 위해서였다. 그러나 어찌 되었든 합병 이후에는 청년학우회가 정신적 단체로 취급을 당했으므로 그후에는 수양동우회(修養同友會)로 바꾸었다.

청년학우회나 흥사단이 그 명칭은 변하였으나 도산의 일관한 주의 정신은 이러했다.

"우리 민족이 완전히 부흥하여 생존 번영을 누리고, 나아가서 전체 인류 사회의 공존동영에 공헌을 하는 대사명을 달성하는 유일한 길은 오직 흥사단의 주의 주장이다."

이것이 도산이 가지고 있던 금석 같은 신념이었다. 흥사단의 운명이 곧 한국 민족의 운명이라는 단안 아래에서, 흥사단우의 포부는 우리 민족의 부흥과 생존 번영을 이루는 것이 곧 나의 책임이라는 감을 가지고 이 주의 주장을 자손에게 전하여 끊임없이 노력하자는 것이었다.

흥사단 창립 당시에 도산이 특별히 주의한 바는 우리 민족 사회 가운데 오래 전부터 전래하는 지방 관념의 악습이었다. 도산이 국내에 있는 동안에 경성 내에 2개 단체가 성립되어 있었는데 항상 지방 관념을 가지고 서로 시비하고 분규하는 추태를 보여 도산은 몹시 개탄하였다.

도산은 청년학우회 조직을 위한 발기인들도 기호와 서북 각처에서 선택하였고, 미주에서 흥사단을 조직할 때도 창립 위원 8인을 각 도에서 1인씩 선택하여 8인의 창립 위원을 정하였다. 이는 지방 관념을 가지는 폐단을 가급적 없게 하려는 것이었다.

〈흥사단 창립 위원의 성명〉
함경도: 김종림
경기도: 하상옥
전라도: 정원도
강원도: 염만석

황해도: 민찬호
평안도: 강영소
경상도: 송종익
충청도: 홍언

1913년 5월 13일에 흥사단은 창립 예식을 거행하였다. 그때 단우의 수효는 35인이었다. 이는 소수 교민 사회에서 인물의 선택이 곤란하였고, 도산이 원동으로부터 미국에 돌아온 지가 얼마 되지 못하여 먼 곳에 있는 동포들을 교제할 기회가 없었기 때문이었다.

한편 1913년에 미국 중앙 정부에서는 특별 법령을 반포하였다. '외국에 거주하는 한인 학생들은 아무런 여행권을 휴대하지 못했을지라도 미국에 들어와서 수학함을 허락한다.' 그때부터 한인 청년 남녀 학생들이 중국 상해를 경유하여 미국에 들어오게 되었으며 그중에서 수백 명의 청년들이 흥사단에 참가하였다.

도산은 국내에서 활동하던 시기에 많은 신사숙녀와 청년 학생들과 교제하였으나 항상 우리 사회에 인물이 부족하다는 것을 느꼈다. 다시 망명 도미하여 불과 천 명 내외의 동포 사회에서 인물을 구하기는 심히 어려운 일이었다.

도산은 흥사단의 주의 주장에 공명하는 의지를 가진 자와 국가 전도 대업을 위하여 기초 공작에 노력할 자각이 있는 자를 구하였다. 농장 노동자 중에서 몇 명, 호텔 주방 사역자 중에서 몇 명, 또는 4, 5인 학생들과 한학자들을 취집하여 흥사단을 시작하였으니 정신 단체 조직은 처음부터 과연 어려움이 많은 일이었다.

도산은 그들을 일일이 심방하였다. 종일 노동을 하여 고단한 사람들을 붙잡고 밤이 들도록 이야기하여 그 모색한 사상을 계발하고, 그 희미한 정신을 깨워 한 사람의 우국지사를 만들기에 심력을 다하였다.

참으로 하나의 단우를 얻는 데 도산은 적지 않은 시간과 정력을 대가로 지불하였다. 어떤 경우에는 해가 지도록, 또는 밤이 들도록 노동자들이 일을 마칠 때까지 기다렸다가 이야기할 기회를 가지기도 했다.

도산은 이것을 천직으로 알고, 또 조국을 구원하는 유일한 길로 알고 있었다. 뜨거운 더위나 한겨울의 눈보라를 무릅쓰고 농촌과 시장에 두루 다니면서 뜻있는 인물을 찾아다녔다. 이것은 진주 하나를 발견한 상고가 자기의 있는 것을 다 팔아서 그 진주를 사들였다는 비유에 어울리는 일이었다.

도산은 국가 민족을 위하여 자기의 주의 주장에 공명하는 동지를 얻으면 그를 애지중지하여 진주같이 보호하고 보석같이 갈고 닦아 현명하고 진정한 인격을 발휘하도록 말로나 일로나 처신으로 수양을 시켰다. 그리하여 전도 대업 기초에 적어도 하나의 벽돌이나 목재가 되도록 노력하였으니, 이는 도산이 천품으로 가진 애국성에서 우러나오는 덕행이었다.

학교 이외에서도 도산이 은연히 베푼 교훈은 많다. 언론과 일에 대한 처리, 사회에 대한 봉사심, 개인 교제에 대한 예절, 자애와 신뢰와 공평과 청렴, 광명한 태도, 지신의 단정, 입심의 엄중, 도산은 이러한 모든 것이 모범적이었으므로 접촉하는 사람, 특별히 가까이 지내는 동지들은 인격의 함양을 받았던 것이다.

1915년 8월 경에는 흥사단 약법의 기초 위원인 안창호, 강영대, 곽림대 3인이 클래몬트 학생 양성소에 가서 일 주일간 음식을 자취해 먹으면서 토론하고 연구하여 흥사단 약법과 행정 세칙을 작성하였다.

기관 조직은 입법, 사법, 행정 3부로 정하여 민주 공화 정체와 동일하게 하고, 8인 1반을 조직하여 군대식 신속 교통의 제도를 채용하였다. 의식에 관하여는 홍, 황 2색을 흥사단이 주장하는 무실과 역행을 대표한 채색으로 정하여 단우 각자가 황, 홍 2색의 기념대를 어깨에 두르게 하였다. 상봉과 작별식에서는 거수례를 행하게 하고, 서로간의 칭호는 '군'이라 하여 친절한 것을 표시하게 하고, 기장과 장식물에는 황, 홍 2색을 쓰게 하였다(흥사단 약법에 관한 설명은 특별 기록에 있음).

도산은 흥사단 창립을 위하여 단우를 모집하는 동시에, 접촉하는 동포들에게 실업 회사 조직 계획을 말하기 시작하였다. 많은 사원을 모집하고 2만여 달러의 자본금을 수합하여 1917년에 정식으로 회사를 조직하였다. 명칭은 북미실업 주식회사라 하고 체제는 주식회사로 정하였다.

북미실업 주주 총회가 로스앤젤리스에서 개최되어 정식 임원을 선거하니 그 이름은 이렇다.

〈북미실업 주식회사 임원〉
사장: 임준기
총무: 송종익
재무: 정봉규

1918년에 도산이 멕시코에 가서 거류 동포들의 생활 문제로 8개월간 순행할 때 실업 회사에 흥미를 가지고 응모하는 주주가 많아 주식 대금 2만여 달러를 수합하여 자본 총액은 5만여 달러에 달하였다.

국가 민족의 생존 번영을 목적으로 하고 일을 하는 도산의 장원한 계획은 흥사단을 조직하여 신성한 단체와 건전한 인격을 작성함으로써 민족 대업을 세울 만한 역량을 준비하는 동시에, 우리 민족 사회 가운데 금융 기관이 성립되어 적어도 국제 무역에 신용 거래를 할 만한 재단이 있게 하자는 것이었다.

북미실업 주식회사의 자금이 증가하여 10만 달러에 달하여 그것을 동양에 이전하면 동양화 20만 원이 될 것이요, 그만한 금융 기관으로 시작하여 한·중 두 나라의 민간 자본을 모집하면 상당한 은행이 될 수 있다는 계획이었던 것이다.

11. 하와이 동포 사회 분쟁을 조정, 멕시코 거류 한인의 생활을 보장

　도산은 수년의 세월을 보내면서 국민회의 내무 정돈과 흥사단 창립과 북미 실업 회사 조직을 마쳤다. 그후에 하와이에 거류하는 한인 동포들의 요청을 받아들여 하와이에 가서 동포 사회를 시찰하게 된 사정은 이러하였다.

　하와이에 이민 계약이 통과된 후에 1902년부터 만 명 정도의 한인들이 하와이에 이주하게 되었다. 그중 다수가 사탕수수 농장에서 10년간 분투한 결과로 생활이 정돈되었고, 사진 결혼을 통하여 새로운 가정도 이루어 2세 사회가 왕성해졌다.

　하와이에 이민으로 응모한 한인들의 다수는 물론 국내에서 노동자 혹은 농민이었지만 그중에는 한학자들과 상업가들도 있었다. 그들은 단체도 조직하고 학교도 설립하고 신문도 간행하여 다른 나라 국민들 같이 살아보겠다는 욕망을 가지고 있었는데 마침내 호놀룰루에 대한 인국민회 지방 총회가 성립되어 각 섬에 조직되어 있는 여러 지방회와 일반 한인 동포들을 관할하게 되었다.

　1912년에 하와이 지방 총회 당국은 계획을 세워 미주 대륙에 있는 인물 중에서 이승만은 교육 사업을 담당하고, 박용만은 신문 주필을 맡을 것을 요청하여 두 분 인도자가 하와이에 가서 일하게 되었다.

　첫날 환영회 석상에서 박용만은 중학교 설립을 자기가 추진할 터이니 그 사업을 위하여 연조금을 모아 줄 것을 말하였다. 그때 이승만은 교육 사업은 자기가 맡은 사업인데 환영회 벽두부터 박용만이 월권을 하니 앞으로 하와이 한인 사회 사업의 전권을 장악하려는 계획을 가졌다고 의심하였다. 그러나 이승만은 아무 말도 하지 않고 속마음으로 벌써 박용만과 충돌할 것으로 알고 그 다음날부터 박용만에 저항 운동을 하기로 하였다.

이승만은 먼저, 국민회 재무원이 되기 위해 운동하여 재정을 관리하는 책임을 가지고 은근히 자기 추종자들을 수합하는 계획을 세웠다. 다음으로, 태평양 학원을 설립한 후에 소년 남녀 학생들을 모집하여 기숙학교를 만들고 일반 학부형들의 동정을 얻는 데 노력하는 한편, 여러 섬을 돌아다니며 한인 사회의 교육은 자기가 담당한 사업임을 알게 하였다.

그러나 박용만은 수단이 우월하여 직접 동포들의 동정을 얻는 일에 시간을 보내지 않고 타인을 이용하여 자기가 하고자 하는 일을 진행하게 하였으니 그의 수단은 이러하였다.

박용만은 미남자라고 할 수는 없었지만 언론과 사람 교제하는 수단과 글쓰는 방식은 일반 노동자들이 보기에는 과연 훌륭하다고 말할 수 있었다. 제일 먼저 박용만은 부인 영어 야학교를 설립하고 젊은 여자들을 모집하여 영어를 가르치면서 자기가 친히 교사의 임무를 맡아 가르치니 자연 선생님으로 많은 젊은 여자들의 존경을 받게 되었다.

어떠한 명목으로든지 연조금을 청할 경우에는 먼저 영어 학교 안에서 자기에게 배우는 학생들에게 미리 말하였다. '이번에 연조금을 모으는 일의 성공은 여러 학생들의 활동 여하에 달려 있으니 여러분은 부디 잊지 말고 가장들에게 권유하여 주시오.'

이와 같이 신중한 선생님의 부탁을 받은 여자들은 각자 자기의 가장에게 부탁하였다. '이번 박 선생님이 요청하는 일에 전력을 다하시오.'

물론 그 연조금을 모으는 일은 성공하게 되었던 것이다.

다음으로 박용만은 산너머 농장에 위치를 정하고 노동자들을 모집하여 군단을 조직하고 자기가 친히 대장이 되어 조련을 가르쳤다. 자연 박 장군이라는 칭호를 가지게 되었으며 다수 노동 병사들과 동정자들의 추종이 있었다.

박용만의 연금 모금은 한두 번이 아니었다. 여러 번에 걸쳐 적지 않은 금전을 수합하였다. 군단 설립과 중학교 설립과 무기 구매와 일미전쟁이 일어났을 때 미국 군함에 탑승하여 원동에 나가는 위대한 운동에 관한 비용(터무니 없는 거짓말) 등의 조건을 내걸어 아무것도 모르는 동포들에게서 사기로 금전을 착취했던 것이다.

이와 같은 이, 박 두 사람의 권리 싸움으로 동포 사회는 분열되어 갔다. 처음에는 모인 자리에서 말로, 차차 욕설로 의자노름으로 주먹으로 싸우다가 나중에는 거리에서 매질하는 것으로, 그 다음에는 신문사를 파괴하고 회관을 봉쇄하는 것으로, 그러다가 마침내 미국인 법정에서 여러 번 재판까지 하였다. 피차에 승리하는 사람은 없고 기필코 하와이 한인 사회는 망하게 되었던 것이다.

하와이 한인 사회의 분쟁은 1913년에 시작하여 1917년까지 계속되었다. 그 동안에 재정도 많이 소비되었고 마음이 변하여 동포간에 우의가 없어지고 두 방면으로 갈라져 서로 원수같이 대하게 되었다.

이러한 때에 중립파 인물들이 일어나 싸움을 중지할 목적으로 대한인국민회 중앙 총회장 안창호를 요청하여 1917년에 도산이 하와이에 가게 되었던 것이다.

도산이 하와이에 온다는 소식을 듣고 이승만과 박용만 두 사람은 도산을 만나지 않으려고 각자 자기가 즐기는 섬에 피신하였다. 도산이 하와이 동포 사회의 분쟁을 정돈하려면 이, 박 두 사람을 만나 볼 필요가 있었으나 저들이 피하고 보지 않으려 하니 별수가 없었다. 다만 동포 대중을 향하여 권유하는 수밖에 없었다.

도산은 크고 작은 수십 회의 연설회를 열고 여러 사정에 관한 시비 곡직을 해설하여 피차간에 밝은 양해를 가지게 하였다. 그 결과로 마지막에는 공동 대회에서 만장일치로 분쟁을 정지하고 도끼를 땅 속에 파묻고 과거를 잊어 버리고 신사회를 이루어 협동하기로 결정하였다.

도산을 피하여 여러 섬에 있는 동포들을 심방하던 이승만은 이렇게 말했다. '나는 철학 박사지만 지금 말 박사가 오니 부디 조심하시오.' 이같이 도산을 배척하다가 대중이 모여 평화가 결정되었다는 소식을 듣고서 그제서야 섬에서 나와 도산을 만나기로 하였다. 박용만도 역시 별수가 없다는 것을 알고 산너머 아이들과 같이 있다가 은근히 출두하였다.

도산은 이승만과 박용만 두 사람을 회견할 때 사회에 미치는 불행은 인도자의 책임이라는 것을 힘써 말하고 두 사람에게 악수를 권하였다.

도산이 다시 미국을 향해 출발하려 할 때 박용만이 도산에게 청하였다. 산너머에 근거를 정하고 장래 한국 독립 전쟁을 위하여 준비하는 군단을 한번 방문하여 달라는 것이었다. 도산은 그의 허황된 행동에 찬성하지 않았지만 체면상 사양하지 못하고 산너머의 군단을 방문하기로 하였다.

박용만 관하에 있는 군단의 위치는 호놀룰루에서 산을 넘어 있는 농장이었다. 군단 소집에 출석한 수효는 청년과 노인을 합하여 수백 명에 달하였고 박용만은 그들을 '산너머 아이들', 혹은 '우리 독립군'이라고 불렀다.

군단 장졸이 회집한 좌석에서 박용만은 도산을 소개하면서 중점적으로 집어내어 말하는 문제는 '멀지 않은 장래에 미국 군함이 와서 우리 독립군 용사들을 싣고 동양으로 간다.'는 것이었다.

도산은 박용만이 하는 말이 허황되다는 것을 알고 있었지만 그 자리에서 박의 말이 허황되니 믿지 말라고 할 수는 없었다. 그래서 그저 대체로 말했다. '미국 함대가 와서 여러분을 싣고 가든지 말든지 우리가 할 일은 이러이러 하오.' 이런 의미로 말을 마친 다음에 자리에 앉았다. 박용만이 다시 등단하여 말했다. '여러분 용사들은 지금 중앙 총회장의 말씀을 듣고 확실한 소식을 알게 된 것이오. 도산 선생이 지금 말씀하신 가운데 미국 함대가 와서 여러분 용사들을 싣고 갈 것이라 한 것을 잊지 마시오.'

도산은 박용만이 이같이 터무니없는 말을 만들어 군단에 모인 동포들을 속이는 것을 지적하여 말할 필요조차 없다는 것을 알았다. 그리하여 개탄하며 그곳을 떠나 미주를 향해 출발하였다.

도산이 하와이에 가서 7개월을 소비하며 정돈한 사회는 다시 분열되어 마침내 일부 국민회원들이 분리하여 민단을 조직하였다가 나중에 동지회로 변하였다. 도산이 1917년 6월부터 12월까지 7개월의 시간을 보내면서 정돈하여 놓은 하와이 한인 사회가 단합하지 못한 것은 이, 박 두 사람의 양해가 없어서 그렇게 되었던 것이다.

도산은 미국에 상륙하는 그 시간으로 또다시 멕시코를 향하여 출발하게 되었으니 그 사실은 이러하였다.

1902년에 하와이 한인 이민 계약이 체결되어 많은 한인 노동자들을 사용한다는 소식이 신문지상에 발표되자 멕시코의 농장주들도 한인 노동자들을 사용하기로 교섭하여 6백 명의 한인들이 일시에 멕시코로 이민을 갔다.

그러나 이민 경비를 농장주들이 부담하였으므로 처음부터 노동자에게는 봉급이 없이 소액의 숙식비만 지불되었다. 이러한 생활을 유지하다가 1912년에 가서 멕시코 한인 노동자들의 생활 상황이 대한인국민회에 보고되어 즉시 해방 운동이 실행되었던 것이다.

멕시코 농장주들의 노동자에 대한 무리한 대우는 아무도 알지 못하고 오직 한인 노동자와 농장주 사이에서만 진행된 사실이었다. 그리고 한인들은 세상 물정에 어두워 오직 앞으로 농장주들의 관대한 처분이 있기만을 바랄 뿐이었다.

멕시코에 이주한 한인들은 다수가 군인 출신이었으며, 그중에는 지식 계급의 인물도 있었다. 그들이 주장하여 멕시코 한인 사회의 현상을 대한인국민회 북미 지방 총회에 보고하여 협조를 청원하였다. 국민회에서는 1912년에 황사용, 방화중 두 사람을 멕시코에 파견하여 법률 행사로 멕시코 정부와 교섭한 결과, 한인 노동자들이 상당한 보수를 받게 되어 비교적 안정된 생활을 할 수 있게 되었다.

1917년에 멕시코 농장에서 노동 생활을 하던 한인 전부가 실직하여 생활난을 당하게 되었다는 보도를 접수한 도산은 국민회 중앙 총회장의 책임을 맡아 멕시코에 가게 되었다.

멕시코 농장에서 노동하는 일은 어저귀 농업이었다. 어저귀라는 풀의 잎은 실을 만들어서 직조물의 원료로 사용되는 것이었다. 열대 지방 광야에 어저귀를 파종하여 이것이 자라나면 겉의 큰 잎만 따서 쓰고 속의 어린 잎은 그대로 두었다가 그 다음해에 자라면 따는 것으로 어저귀 농사는 한 번 파종하면 여러 해를 두고 계속해 자라나는 대로 따서 쓰는 농업이었다.

농장 주인과 노동자 사이의 계약은 어저귀잎을 따서 매 50개 한 단에 얼마씩이라고 금액을 정하고 일하는 것이었다. 누구든지 단의 수효를 많이 만들면 돈을 많이 벌 수 있었다.

여기에서 생각이 모자란 한인 노동자들은 작은 잎까지 따서 속에 두고 단의 수효만 많이 만들려고 했다. 그러니 쓸데없는 속잎을 딸 뿐만 아니라, 다음해에 산출을 얻지 못하게 되고 심한 경우에는 어저귀 뿌리마저 상하게 되어 농업상 손실을 당하기도 했던 것이다.

이러한 이유로 멕시코 어저귀 농장 주인들은 한인은 신실한 노동자가 아니라 하여 전부 면직하였다. 따라서 한인 어저귀 농장 노동자들은 생활난을 당하게 되었고 이에 멕시코 한인들이 국민회에 보고하여 구제책을 요청했던 것이다.

1918년 1월에 도산은 멕시코에 내려가서 한인 동포들의 생활 문제를 해결하기로 하였다. 먼저 동포 사회의 경제 상태를 조사한 바, 멕시코에 이주한 한인들은 각자 자기의 소질과 재능에 따라 상업자가 되기도 하고, 해변에 살면서 어업으로 생활하는 자도 있었으나, 많은 동포들이 어저귀 농장에서 노동을 하는 처지에 있는 것을 발견하였다.

도산은 동포들이 실직한 원인을 알고 또다시 신용 문제를 들어 권유하였다. 신용이란 노동이나 상업이나 그 밖의 일반 사업에 있어서 자본이 되는 이치를 설명하여 동포들이 확실한 자각을 가지게 하고 앞으로는 절대로 신용을 지키며 살기로 약속하게 하였다.

그후에 도산은 농장주들을 일일이 방문하여 새로운 계약을 정하였다. 다시는 한인 노동자들이 그같이 불합리한 행동을 하지 않을 것임을 역설하였다. 그러자 농장주들은 도산의 말을 믿고 다시 한인 노동자들을 고용하기로 하여 거류 한인들은 안전한 생활을 하게 되었다. 그뿐만 아니라 그후에는 신실한 노동자의 칭예를 받게 되었다.

도산이 하와이를 향하여 출발할 때 흥사단 간부 사무 전부를 필자가 맡아 하게 되었다. 그 이유는 간부 임원들이 각자의 사정으로 인해 동서남북으로 헤어졌기 때문이었다.

김항주, 박영로 2인은 벼농장에 가고 박선은 귀국하고 임초는 악그론에 있는 굳이어 회사에 취직하였다. 그리고 도산이 떠나는 길이 바빠서 간부 임원 개선을 연기하게 되었으나 사무가 정체되는 폐단이 없게 하려고 검사 부원의 직임을 가지고 있던 필자에게 서무 사무를 위탁한 것이었다.

그때 필자 역시 동부로의 유학을 계획하였으나 간부의 사정 때문에 중단하고 서무를 담임하기로 하였다. 그리고 도산과의 약속은 도산이 하와이로부터 돌아오는 날 필자는 동부로 간다는 것이었다.

도산이 하와이에 가서 7개월의 시간을 보내고 1917년 12월에 돌아와 일 주일간 휴식하고 1918년 1월에 또다시 출발하여 멕시코에 가서 수백 명 거류 동포들의 생활 문제를 해결하기로 하였으니 필자는 간부 사무를 면하지 못하고 그대로 계속 시무하게 되었다.

도산의 멕시코 여행은 일 개월을 예상하였으나 그곳 동포들의 사정과 북미 실업 회사 자본금을 모집하는 중요한 사정으로 그곳에서 8개월의 시간을 보내게 되었으니 필자는 간부의 임무를 떠날 수가 없었던 것이다.

그해 8월에 도산이 멕시코로부터 돌아오자 곧 샌프란시스코로 올라가서 밀린 사무를 정돈하기로 하면서 또다시 필자에게 요청하였다. '곽군. 성탄절까지 간부 사무를 보도록 하시오.'

그러나 도산이 출발할 때 필자는 정거장에 나가 작별하면서 말했다. '선생님. 저는 학교에 갑니다.' 그러나 한 달 후에 뷕대학교로 보낸 도산의 서신을 받아보니 그 내용의 일 절은 이러했다. '상항에서 사무를 마치고 돌아와 보니 친구는 가고 정원에 잡초만 남아 있어 무엇을 잃어 버린듯 섭섭한 감을 금하기 어렵소.'

다음은 도산의 멕시코 여행담이다.

1918년 1월에 도산이 멕시코에 가서 거류 동포 사회를 시찰할 때 두 가지 이상한 일을 발견하였다. 하나는 그곳 해변에 사는 어부들 중에 일본인 어부들도 있어 한인 어부들과 같은 곳에서 같은 시각에 나가 생선 잡는 그물을 던지는데 잡는 생선의 수효가 한인들이 일본인들보다 많다는 것이었다.

어부들이 해변에 나가서 그물을 던져 생선을 잡을 때는 바닷물이 밀

114

려올 때 그물을 던지고 끌어낼 때 빨리 끌어내야 생선을 놓치지 않고 그물 안에 든 대로 모두 잡아들일 수 있었다. 그런데 많은 생선이 들어 있는 그물을 끌어내는 것은 한두 사람의 힘으로는 매우 어렵고 수많은 사람의 힘이 필요했다.

한인 어부들이 그물을 끌고 나올 때는 보고 있던 멕시코인들이 일제히 나와 협력해 끌어냄으로 생선을 잃지 않고 적지 않은 어물을 수확할 수 있었다. 이때 인심 좋은 한인 어부들은 작은 생선을 멕시코인들에게 내어주어 이삭으로 가져가게 하니 저들은 자연 이삭줍는 재미로 한인 어부들을 도와 그물을 끌어내면서 '비바 코리아' 만세를 부르고 열심히 협력하므로 한인 어업이 잘 되었던 것이다. 그러나 일본인 어부들은 인색하여 멕시코인들이 이삭줍는 것을 금지하니 멕시코인들이 일인 어부에게는 협조하지 않는 것이었다.

도산이 어업자 한인들의 생활 상태를 살펴보니 둘째로 이상한 일은 그들이 거주하는 가옥에, 혹은 공동으로 사용하는 변소가 없다는 사실이었다. 이러한 사실을 발견하고 도산은 착실히 관심을 가져 그들이 어떻게 지내는지 알아보기로 하였다.

도산이 관찰해 보니 남자들이 아침에 해변에 나가서 슬슬 돌다가 홀연히 없어지기도 했고, 어떤 사람은 은닉할 곳을 얻지 못하여 애를 쓰면서 돌아가고 있었다.

그날 밤 도산은 많은 한인들을 모이게 하여 여러 가지 이야기를 하다가 변소 문제를 꺼내어 말했다. '동방예의지국 백성으로 아무리 외국에 나와서 어촌 생활을 하고 있지만 조상 때부터 가지고 내려오던 예절을 버려서는 안 된다.'

이렇게 가르치고 그 다음날부터 곧 각자 자기 처소에 변소를 건축하라고 권유하였다. 이 말을 듣는 군중이 저마다 손을 들고서 그렇게 하겠다고 했다. 그러나 그 다음날, 또 그 다음날에 가서도 변소를 짓는 사람은 보이지 않았다.

 그러자 도산은 친히 소매를 걷어 붙이고 삽을 들고 나가서 땅을 파기 시작했다. 도산이 일하는 것을 보고 그제서야 여러 동네 사람들이 일제히 나와서 말했다. '아니, 선생님! 우리가 파겠습니다.' 저마다 땅을 파고 기둥을 세우고 벽을 붙여서 집집마다 변소가 생기게 되었다. 그중에 가장 감사하게 생각하는 이는 부인들이었다. '선생님 이번에 오셔서 큰일 하셨습니다.'

 그같이 하여 남자들이 생선을 잡으면 부인들은 우리나라 풍속대로 생선을 머리에 이고 시장에 나가서 산매와 도매로 판매하여 상당한 수입을 올렸다. 그래서 집집마다 궤 속에 멕시코 지전과 은전을 저축하여 두게 되었다(은행이 없기 때문에 수입이 된 금전을 저마다 건사하여 두었다).

12. 임시정부 조직과 구미 위원부 설치

도산은 1917년부터 1918년까지 1년 6개월의 시간을 소비하여 하와 이 한인 사회의 분쟁을 조정하는 일과 멕시코 동포들의 생활 문제 해결을 위해 순행하였기 때문에 흥사단 간부 사무를 돌아보지 못하였다. 동시에 낮에는 노동을 하고 밤에는 단무를 처리하는 중견 동지들도 각자 사정에 의하여 헤어지게 되었다. 따라서 1919년 1월부터는 봉급을 주는 서무원 1인을 두어 단무를 처리하게 하니 단우 김태진 군이 제1회 봉급 서무원으로 선택되어서 귀국할 때까지 뛰어난 성적을 보여주었다.

한편 도산은 가사를 돌볼 기회가 없을 뿐만 아니라 휴식할 시간도 얻지 못한 것이 사실이었다. 멕시코에 다녀와서는 가사를 위해 그 동안 중지했던 채소 중상을 다시 경영하고 있는데 어언 1919년 3월이 되었다.

뜻밖에, 정말 꿈에도 생각하지 못하고 있었는데 미국 신문지상에 벽력같이 외치는 소리가 들렸다. 한국의 영도자 33인이 연명하여 3월 1일에 대한독립선언서를 발표했다는 것이었다.

이같은 보도를 접하고 도산은 곧 샌프란시스코에 올라가서 국민회 당국자들과 상의하였다. 그 결과 중앙 총회 사무소를 열고, 각처에 있는 인도자들과 연락을 시작하며, 전문 탐보원들을 접수하고, 독립 운동에 관한 방략을 작성하기로 하였다.

그때 이승만은 워싱턴에 가서 신체 건강을 위하여 섭양중에 있었다.

도산은 파리에서 개최되는 제 1차 세계 대전 평화 회의에 한국 대표를 파견할 필요가 있다고 하여 국민회 명의로 이승만, 정한경 2인을 한국 대표로 정하고 파리에 보내기로 하였다. 그러나 미국 정부에서 이, 정 2인에게 여행권 발행을 거절하여 출발하지 못하고 그대로 워싱턴에 체류하고 있었다.

그때 김규식 박사가 상해로부터 파리에 도착하여 국민회에서 파송하는 대표원의 임명장을 요청하므로 도산은 즉시 김규식을 한국 민족 대표로 정하고 임명장을 발부하였다.

그후에 정한경, 이승만 2인은 워싱턴에 머무르며 외교와 선전 사무를 보게 하였으니 이것이 이른바 구미 위원부 설립의 시초로 외교 기관이 되었던 것이다.

따라서 구미 위원부는 국민회의 일부요, 국민회의 후원을 받았고 이승만, 정한경 2인은 국민회에서 지급하는 봉급을 받고 일하게 되었으니 국민회 관할 아래에서 공작하는 것은 당연한 일이었다. 그러나 이승만은 범사에 있어서 자기 마음대로 말하고 글도 써서 내보낸 것이 사실이었다.

도산이 상해를 향해 출발하기 전에 이승만은 비밀리에 '한국 위임 통치설'을 발표하였다. 한국이 위임 통치 아래 두어지기를 원한다는 서류를 작성하여 미국 국무성에 제출하고, 동시에 그 전문을 아시아 잡지에 게재하였던 것이다. 처음으로 한국과 한국 민족의 수치가 되는 글이 한국인의 대표로부터 제출되어 세상에 반포되었던 것이다.

아시아 잡지에 게재된 위임 통치설의 제목은 〈Korea wants mandatary.〉였다.

제 1차 세계 대전이 종결된 후에 세계 만방이 윌슨이 주장한 민족 자결 주의에 향응하여 피압박 민족들이 자유 해방을 꿈꾸었다. 동시에 한국 민족이 한국의 독립을 선언하고 시위 운동에 피를 뿌리며 옥중에 들어가서 신음할 때, 열국 정치가들이 모두 동정하고 특히 민주 정치의 태두로 있는 미국인들은 한국 민족의 정의를 주장하는 용기에 대하여 찬성하지 않는 이가 없었다.

이처럼 이때는 세계 정치 조류가 변동하여 제국주의는 말로에 들어서고 새로운 기운이 일어나 민족 자결주의가 싹트는 시기였다. 이런 때 이른바 철학 박사라고 자긍하는 이승만이 국민회에서 지정한 독립운동 선전원의 책임을 가지고 세계 정치 운동의 중심지가 되는 워싱턴에서 '한국은 위임 통치를 원한다.'고 미국 정부에 호소하고 그 탄원서가 잡지에 발표되게 하였으니 이는 참으로 통탄할 일이라 아니 할 수 없었다.

이러한 일은 보통의 상식이 조금이라도 있는 사람의 머리에서는 나올 수가 없는 것이었다. 그러나 이승만은 이것을 훌륭한 외교 정책이라고 내걸고 세계 각국의 동정을 기대하였으니 민족적 수치가 이에 더할 것이 없다고 당시의 사회 여론이 끓어올랐던 것이다.

이러한 소식이 발표되자 수많은 항의서가 국민회 중앙 총회에 제출되었다. 도산은 이에 대해 성명을 발표했다. '이승만은 국민회에서 지정한 외교원의 한 사람으로 이같이 용서할 수 없는 정견을 발표하였으니, 이것이 비록 이승만의 자의로 된 일이나 국민회 당국이 그 책임을 진다.'

도산은 물론 이승만에게 통지하여 그러한 주장을 취소하라 하였지만 이승만은 이에 대해 아무런 대답이 없이 침묵하였다.

우리 사회는 물질이 빈핍할 뿐만 아니라, 인물의 빈핍 역시 한심한 처지에 있었던 것이다. 도산은 아무리 두루 살펴보아도 이승만 대신 외교계에 내세울 만한 인물을 구할 수가 없다고 개탄하면서 이승만을 그대로 두었다.

1919년 3·1운동 당시에 대한인국민회 중앙 총회 임원은 다음과 같다(원동과 하와이 지방 총회 대표원들의 성명은 미상).

중앙 총회장: 안창호. 부회장: 백일규.
북미 지방 총회 대표원: 문양목, 강영대, 곽림대.

3·1운동 당시에 국민회 중앙 총회 당국은 우리의 독립 운동 본부 위치를 중국 상해에 정하고 활동하는 것이 가하다고 생각하였다. 그래서 도산이 특파원의 책임을 가지고 그해 5월 경에 출발하였다. 남가주 대학교에서 수학하던 황진남을 통역원으로 정하고 수행원 정인과를 대동하게 하여 3인 일행이 마닐라를 경유하여 상해에 도착한 것은 1919년 7월 경이었다.

그때 상해에 있던 한인 사회의 지도자는 신규식, 김규식(그때 파리에 파견되어 외교 운동을 하다가 워싱턴에 가서 이승만과 합작하여 구미 위원부 일을 보게 되었음.) 등이었고 일본으로부터 탈출한 학생들도 상해에 모여 있었다.

도산이 상해에 들어가서 한인 사회와 접촉하는 동안에 크고 작은 환영회와 연설회가 자주 있었고, 동시에 3·1운동으로 인해 흥분된 인심은 바람 앞의 물결처럼 밀려 가고 밀려 오고 있었다. 그때 도산은 여러 단체와 개인들을 접촉하는 대로 인심을 집중하여 한곳에 정착하도록 노력하였다.

3월 1일 독립 선언 이후에 국내 인심이 움직이고 있었기 때문에 동경에 있던 한인 유학 세계에서도 이에 응하여 많은 청년들이 학업을 중지하고 상해로 탈출하여 독립 운동에 협조하였다. 이때 도산이 그들과 제휴하여 그들을 임시정부를 중심으로 한 독립 운동 기관에 귀착하게 한 것이 사실이었다.

국내에서 독립 운동이 일어난 날부터 백두산에서 한라산까지 각도 각군에서는 남녀노소가 일시에 일어나 '대한 독립 만세'를 부르며 시위 행렬을 지었다. 적수공권의 평민들이 일본 군병들에게 습격을 당하여 많은 사상자가 생기고 수천 명이 투옥되는 위험이 있었음에도 불구하고 13도 대표들이 비밀리에 모여 독립 운동 중추 기관을 조직하기로 토의하고 민주 정체를 채용하여 대한민국 임시정부 각원을 추천하니 그 인물들은 이러하였다.

〈대한민국 임시정부 내각원〉
대 통 령: 손병희
부 통 령: 박영효
국무 총리: 이승만
내무 총장: 안창호
외무 총장: 박용만
군무 총장: 노백린
학무 총장: 김규식
재무 총장: 이시영
법무 총장: 신규식

이러한 보도를 접수한 도산은 임시정부 내각을 조직하기로 생각하였으나 국내 국외에 산재한 인물들이 일시에 모일 수가 없다는 것을 알았다. 그러나 손병희와 박영효를 제외한 추천된 인물들이 국외에 있으니 멀지 않은 장래에 모일 가능성이 있다고 생각하여 이승만 이하 추천을 받은 여러 인도자들에게 요청하였으나 그들은 도산이 바라는 대로 응하지 않았다.

임시정부 조직에 관해 도산은 당시 상해에 거주하는 인물로서 각원으로 추천된 신규식, 이시영 등과 우선 협의를 하였다. 그리하여 국내

13도, 미주, 하와이, 노령 한인 사회의 대표원을 청년들 중에서 지정하여 임시 의회를 조직하였다. 그 의회의 결정으로 국내 13도 대표원들이 추천한 손병희 내각을 본위로 정하고 임시정부를 조직하였다.

임시 의회로서 손병희 내각을 승인한 사실과 내각을 조직한 사실에 관한 통지서를 각원으로 추천된 여러 사람에게 송부하였으나 인물 소집은 매우 늦어졌다.

그러나 정부 수립의 필요를 느낀 임시 의정원의 주장으로 도산이 먼저 내무 총장으로 취임하였다. 그리고, 국무 총리로 추천을 받은 이승만이 미국에 있었으므로 서로 양해를 한 후에 도산이 국무 총리 대리의 책임을 맡아 정무를 처리하게 되었다.

도산이 내무 총장으로 취임식을 거행한 후에 신규식, 김규식, 노백린(김, 노 2인은 미주에서 돌아오는 대로) 등 여러 사람이 그 다음에 취임하게 되었다. 동시에 청년들 중에서 인재를 택하여 각부 차장으로 임명하고 임시 의회를 의정원이라고 명칭을 변경하였다.

이와 같이 대한민국 임시정부가 중국 상해 프랑스 조계 안에 위치를 정하고 성립되어 독립 운동의 최고 기관이 되었던 것이다.

도산이 임시정부를 조직할 때 곤란한 점이 한두 가지가 아니었다. 추천을 받은 의원들이 모이지 않을 뿐만 아니라, 각처에서 시비와 시기로 훼방하는 사람들이 있었고, 어떤 인물은 단독으로 독립 운동을 한다는 이도 있었다.

이승만은 워싱턴에 그냥 있었고, 노백린은 워싱턴에 가서 미국 정부와 교섭하여 한국 민병을 모집한 다음, 미국 군대와 협조하여 시베리아에 원정대로 나가기를 도모하다가 실패한 후에 캘리포니아에 가서 국민회의 후원을 받아 군단을 설립하여 사관 양성에 노력하고 있었다.

박용만은 하와이로부터 중국 천진으로 가서 국내에 비밀 출입을 하다가 마지막에는 상해의 한인 중에 명망 있는 인물들을 천진에 초청하여 연회를 열고 접대한 후에 이렇게 선언하였다. '나에게 군무 총장의 직임을 준다면 곧 취임하겠다.' 그후에 그는 어떤 흉한에게 암살을 당하였다.

김규식은 파리에 가서 외교 운동을 시험하였으나 아무런 기회를 얻지 못하고 있다가 평화 회의가 끝난 후에 미국 워싱턴에 가서 이승만, 송헌주와 합작하여 워싱턴에 있는 외교부를 '구미 위원부'로 개정하여 영구한 외교 기관이 되게 하였다.

따라서 한국 임시정부는 내각원의 다수가 차장으로 성립되었고, 국내와 해외 각 지방에 산재한 한인 사회를 대표한 의정원이 입법 기관으로 행사하게 되었다.

임시정부가 조직되는 첫날부터 요구되는 재정 문제에 관하여는 아무런 방침이 없었고 오직 대한인국민회에서 수합하는 애국금에만 의지하였다.

도산은 국민회 중앙 총회장의 책임을 가지고 독립 선언 당시부터 애국금이라는 명의로 모금을 하기 시작하였다. 그때 캘리포니아에서 과일 상점을 경영하는 김정진(개명 김호)이 자원하여 애국금을 수합하는 일에 봉사하겠다 하여 국민회에서는 김정진을 애국금 수금 위원으로 임명하였다. 그가 재 미국 각처 한인들을 방문하면 조국을 사랑하는 많은 동포들이 열정적으로 응하여 위대한 성과를 보게 되었다.

1920년에는 국민회 중앙 총회 임원이 바뀌어 회장에 윤병규, 총무에 곽림대, 서기에 한재명 3인이 중앙 기관에 들어가 상해 임시정부와 워싱턴 구미 위원부의 재정을 담임하여 후원하다가 애국금 수합하는 책임이 구미 위원부로 이전되자 중앙 총회 사무실은 폐지되었다.

대한민국 임시정부가 상해 프랑스 조계에 위치를 정하고 성립되었으나 초창기라서 독립 운동에 관한 공작이 계획적으로 진행되지 못하였다. 다만 각처에 산재한 인도자들을 집중하여 한인 사회가 연합 통일된 대 독립 기관을 이루기 위해 노력하였고, 의정원에서는 중요한 법률과 규칙을 제정하는 일에 시간을 보냈다.

미국인 빅(Beek)은 여러 해 동안 한국 경성에 거주하면서 영문 잡지를 간행하였다. 총독부 정치인들은 이 영문 잡지가 한국 내정을 외국에 보도하는 것에 대해 심히 질시하였으나 빅이 미국인이고 또 그의 아들이 미국 영사관 서기였으므로 그들이 하는 사업에 대해 아무런 방해도 하지 못하였다.

그러던 중 1919년 3월 1일에 발생한 독립 운동의 소식이 그 월간 잡지에 기재되어 해외에 선전되는 것을 보고 총독부에서는 빅을 일미 친선의 방해자로 지목하여 출국을 명령하였다.

빅이 한국을 떠날 때 이름을 알지 못하는 어떤 한인 한 사람이 빅을 방문하여 작은 종이조각에 기록한 명단을 주며 말하였다. '이것이 한성 내에 있는 각계 인물들이 회의하여 새로히 선정한 임시정부 각원들의 명단이니 부디 잘 건사하여 가지고 가서 이승만 박사에게 전해 주시오.'

그후 시카고에 있는 한인들이 빅을 청하여 한국 소식을 듣고 오찬을 베풀어 그를 대접할 때 빅은 가지고 나온 서류를 내보이면서 자기가 친히 워싱턴에 가서 이승만을 만나 보고 그 서류를 전해 주겠다고 하였다.

이때 필자는 그 서류를 접수하여 보고 크게 놀랐으며 앞날에 분쟁이 있을 것을 짐작하였다. 그러나 그것을 중지할 수는 없어 그저 가만히 있었다. 그 서류는 손바닥만한 백지에 만년필로 기록한 명단이었으며 그 내용은 다음과 같았다.

〈한국 임시정부 각원 명단〉
집정관 총재 : 이승만

국 무 총 리: 이동휘
군 무 총 장: 노백린
내 무 총 장: 이동녕
외 무 총 장: 박용만
재 무 총 장: 이시영
학 무 총 장: 김규식
법 무 총 장: 신규식
교 통 총 장: 문창식
참 모 총 장: 유동렬
노 동 총 판: 안창호

구미 위원부의 주석, 또는 한국 임시정부의 국무 총리 직임을 가지고 있던 이승만은 빅이 전하는 서류를 접수하여 '집정관 총재 이승만'이라 한 것을 보고 매우 기뻐하였다. 집정관 총재는 영어로 프레지던트(President)로 그것을 다시 한국말로 번역하면 대통령이라고 생각하였던 것이다.

그러나 이승만은 이것을 비밀리에 붙여 두었다가 김규식, 송헌주 두 사람이 구미 위원부 직임을 사면하고 떠난 후에 즉시 발표하였다. 자기가 한국 임시정부 대통령이 되었다고 미국 국무성과 각국 공사관에 통문을 발송하고 각처 한인 사회에 대통령 이승만 명의로 통고하였던 것이다.

이승만의 이러한 행동은 상해에 성립되어 있던 손병희 내각에 대한 반역 행동이 되느니만큼 상해 한인계의 인심은 과연 선동되었고, 임시정부 내각과 의정원에서는 토론이 빈번하였다.

이승만은 시일을 소비하지 않고 즉시 워싱턴에 위치를 정하고 이승만 내각을 조직하였다. 황창하, 황사용 등이 각원으로 임명되었다.

이러한 소식을 접한 상해 임시정부 내각원들과 의정원 의원들은 격분하여 반대 공박이 시작되었다. 그때 의정원 의원의 다수가 일본에서 상해로 탈출한 학생들이었다. 이들이 이승만 문제를 가지고 토론이 있을 때마다 대성질호하면서 절대적으로 주장하는 의견은 이승만을 임시정부의 반역자로 정죄하고 성토하자는 것이었다.

그러나 이 경우에 있어서 도산의 주장은 이러하였다.

"지금 독립 선언 벽두에 있어서 한국 민간에 두 개의 정부가 성립되어 서로 권리와 명예 다툼을 일삼는다면 우리가 독립을 위해 진행하고 있는 외교 운동에 방해가 될 뿐만 아니라 한족 통일을 이루기 불가능할 것이며 우리의 독립 공작은 대내적으로 또는 대외적으로 저하될 것이 사실이다. 그러면 이러한 곤경에 처한 우리가 가급적 취할 수 있는 최선의 방침은 무엇인가? 지금 이름만 가지고 성립된 두 개 정부가 합병하여 하나가 되든지, 아니면 어느 한 내각이 희생하는 것밖에 별수가 없다고 생각한다. 이제 손병희 내각이 먼저 성립되었다 할지라도 각국에 널리 알려지지 못하였고, 이승만 내각은 비록 형성되지 못하였을지라도 벌써 각국에 공포되었다. 어느 나라든지 한국 독립 운동에 관해 한국 대표 기관과 접촉하려면 응당 이승만 내각을 향하여 말을 하고 또는 말을 듣게 되었다. 이제 우리가 내홍을 면하고, 또는 우리의 내홍이 외국에 발표되지 않고 독립 운동이 순조롭게 진행되려면 오직 한 가지 취할 길이 있을 뿐이다. 이미 이루어진 손병희 내각을 희생하고 외국에 발표된 이승만 내각을 내세우는 것이 최선의 방침이라고 생각한다. 또한 내각에 추천을 받은 인물들을 살펴보면 손 내각을 희생할 경우에는 소수의 인물만이 변경될 것이다. 이승만 내각이 성립된다면 전자보다 여러 인도자들이 집중될 것인즉 손 내각을 희생하는 데 과도한 곤란이나 손실은 없을 것이라고 생각한다."

그러나 이승만 내각 반대파는 이렇게 주장했다.

"이승만의 행동은 불합리하고 무도덕한 일개 야심가의 행동이다. 조국 독립 운동의 순행과 성과는 생각지 아니하고 일신의 명예만을 탐하여 기성 정부의 국무 총리 자격으로서 집정관 총재가 대통령 명분과 같다고 생각하여 자칭 대통령이라고 나서니 만일 이것을 용인한다면 무엇을 용인치 못하겠는가? 앞으로 만일 이승만이 한국 황제라 자칭하고 세계 각국에 공포한다면 그것도 추종하고 섬기란 말인가?"

이러한 토론은 여러 날을 두고 계속되었다. 그러나 도산은 끝까지 주장하였다.

"만일 두 개의 정부가 성립되면 우리 운동의 후원력이 크게 감소될 것이요, 대외적으로 열국의 신망이 떨어질 것이다. 우리가 지금 독립 운동을 대대적으로만 진행한다면 물론 적의 세력을 타도할 수 있다고 할 수 있으나, 일국의 광복 사업이란 세계 우방의 동정을 얻고 공론을 세우는 것이 막대한 세력이 됨을 부인할 수 없다. 이러한 이유에서 설혹 이승만의 경솔한 행동이 허물이 된다고 말할 수가 있으나 지금은 다른 도리가 없다. 이혼 못할 아내라면 분이라도 발라가면서 고와합시다."

도산의 이러한 이론과 권유로 의정원 의원들은 쟁론을 중지하고 다수 가결로 손 내각을 희생하고 이승만 내각을 지지할 것을 통과시켜 결정하였다. 그 결과로 도산은 각원 지위(내무 총장)에서 내려져 노동총판의 직임을 가지게 되었다.

그리하여 쟁론이 정지되고 통일 정부가 성립되었으며, 각처에 산재해 있던 각원들이 박용만을 제외하고는 전부가 회집하여 각자 직임대로 취임하였다. 그러나 이때 또다시 생긴 문제는 대통령은 마땅히 정부 소재지에 있어야 한다는 것이었다.

1921년 봄에 이승만은 임시정부 각원들의 요청에 따라 워싱턴으로부터 상해로 와서 대통령 취임식을 거행하고 시무하게 되었다. 그러나 내각 회의에서 각원들이 묻는 독립 운동 방략에 관해 이승만은 망연한 계획만을 말하고 다만 외교 만능만을 주장하였다.

이때 성품이 열화 같은 이동휘가 맹렬한 언사로 반박하였다.

"외교 만능은 듣기도 싫소. 위임 통치나 주장하고 앉아 있는 것이 독립 운동이오? 그따위 외교는 그만 두는 것이 마땅하오."

이승만은 두루 살펴도 동정자가 없고 모두 자기를 적개시한다는 것을 알았다. 송구 불안한 처지로 수개월을 지내다가 어느날 밤중에 슬그머니 미국 상선에 올라 다시 미국으로 돌아갔다. 이때가 1921년 7월경이었고, 워싱턴에서는 9개 강국이 군사 감축 회의로 모여 평화 친선을 이야기하던 때였다.

그때 서재필 박사가 구미 위원부장으로 있었다. 그는 한국 문제를 군사 감축 회의에 제출하기로 계획을 정하고 그 운동에 요구되는 재정을 위해 임초를 수금 위원으로 정하여 각처 한인 사회를 돌면서 수금하기로 하였다.

그러나 이승만이 상해로부터 미주로 돌아와 상륙하는 날부터 몸소 한인 사회를 돌면서 명색 없는 연금을 모으기 시작하니 자연 임초와 충돌이 있게 되었다. 서재필 박사는 또다시 분쟁이 일어나는 것을 피하기 위해 연금 모금중에 있는 임초를 소환하였다.

서재필은 일찍이 김옥균과 합작하여 갑신정변(갑신년의 정치 유신

운동)을 꾀하다가 실패한 후에 일본을 경유하여 미국에 망명하였는데 당년 19세의 소년이었다.

한국 정부에서는 김옥균 일파를 역적으로 정하고 그들의 가족을 전멸하니 서재필의 부모, 형제, 처자 전부가 살육을 당하였다. 미국에 망명하여 있던 서재필은 이 소식을 듣고 곧 성명을 고쳐 영어로 필립 제이슨이라 하고 대학교에 입학하여 의학을 전공하였다. 학업을 마친 후에 서재필은 미국에 입적하여 미국 시민이 되었고 동시에 미국 여자와 결혼하여 가정을 이루었다.

그후 갑오 유신 시대에 한국 정부의 요청을 받아 거국 10년 만에 다시 조국에 들어가서 외무부 고문관의 직임을 가지고 지내게 되었다. 그러는 동안에 독립협회를 조직하고 독립신문(순 국문)을 간행하여 한국 사회의 문명 개화를 조장하였다.

그러나 한국 조정이 또다시 간신 적자들의 농간에 들어 유신파 정부 내각이 몰리게 되자 서재필은 미국으로 돌아가 필라델피아에 거주하면서 대규모로 잡화점을 경영하였다. 그러는 동안에 어언 1919년이 되어 국내에서는 3·1운동이 발생하였던 것이다.

서재필은 원래 애국자로 비록 망명하여 미국 시민이 되었으나 항상 조국을 잊지 못하고 있었다. 그러다가 또다시 나서서 조국의 독립 운동에 협조하기 위해 한미 친우회를 조직하고 친히 회장의 책임을 맡아 선전 운동에 종사하였다. 그러다가 이승만이 상해에 가서 임시정부 대통령으로 취임하자 서 박사는 구미 위원장의 책임을 맡았던 것이다.

제 1차 세계 대전이 종결된 후에 9개 강국 대표들이 워싱턴에 모여 다시는 참혹한 전쟁이 없게 하려는 의도로 군사 감축 회의가 개최되었다. 서재필 박사는 이러한 기회를 이용하여 한국 문제를 토의하게 하려는 목적으로 미국 상원 의원 토마스(유타 주 출신)를 대리 법률사로 선정하고 운동비 만 달러를 주기로 약속하였다.

1919년 3·1운동이 시작된 후 2년간 공작을 시험하였으나 파리와 워싱턴에서 아무런 성과가 없자 서 박사는 비관하게 되었다. 그래서 이것이 최종적 외교 운동이라는 생각에서 적극적으로 추진하였다. 재정은 동포 사회에 의뢰하고 임초를 파견하여 연조금을 모으려 하였으나 이승만이 상해로부터 돌아와 무조건 연조금을 모으기 시작하니 자연 임초가 하는 일과 충돌이 일어나게 되었다. 이러한 소식을 들은 서 박사는 동포 사회에서 어떠한 분쟁이라도 일어나는 것을 피하기 위해 임초를 소환하고 말았다. 그러자 외교비에 관한 재정 마련이 곤란한 지경에 이르렀다.

군사 감축 회의가 폐막될 때 상원 의원 토마스는 한국 문제를 제출하여 동양 평화에 관한 중요한 조건으로 삼아 토의에 올려 주기를 청원하였으나 일본 대표는 이렇게 주장했다. '한국 문제는 일본 내정에 관한 일이니만큼 이제 군사 감축 회의에서 토의할 문제가 아니다.'

마침내 미국 대표 애반스 휴즈와 일본 대표 사이에 비공식 토의가 있었고, 일본 대표는 이에 대해 이렇게 주장했다. '한국이 일본 통치하에 있는 것이 복리가 된다는 것을 인식하지 못하는 일부 난당이 일어나서 3·1운동을 일으켰으나 지금은 무마하여 안정되었다. 이 문제는 지금 토의할 조건이 되지 못한다. 앞으로 5년간 일본은 책임지고 최선을 다하여 한국 민족 사회에 교육과 실업을 장려하여 우수한 성적을 얻기 위해 노력할 것을 성명한다.' 이러한 주장에 대해 휴즈는 논리가 타당하다고 생각하여 책장을 덮어 버리고 말았다.

그리하여 군사 감축 회의에서 시험한 최종적 외교 운동 역시 실패로 돌아가고 말았다. 그러나 토마스에게 약속한 수료비 만 달러는 지불할 수밖에 없었고, 그 책임은 서 박사가 단독으로 떠맡게 되었다. 그러나 한인 사회에서 수합한 금액은 불과 수백 달러요, 동시에 자기가 경영하던 사업도 그만두게 되어서 박사는 자못 곤란한 지경에 이르렀다.

이러한 곤경에 들어 있던 서 박사는 다행히 미국 선교사 한 사람을 만났다. 그는 일 년 휴가를 받아 미국에 와서 있다가 다시 한국에 돌아가는 길이었다. 서 박사는 그 선교사에게 국내에 들어가서 금릉위 박영효를 비밀리에 방문하고 구두로 자기의 사정을 전하여 달라고 부탁했다.

약 6개월 후에 뉴욕 국제 은행에서 서 박사에게 통지가 왔다. '필립 제이슨 앞으로 보낸 돈이 있으니 찾아가시오.' 서 박사는 은행에 가서 미화 8천 달러를 접수하며 송금인의 성명을 알고자 하였으나 그것은 비밀이라는 대답만 들었다.

서 박사는 뉴욕에 가서 자기 앞으로 보낸 돈을 수령한 후에 필자에게 말했다. '이 돈은 분명히 금릉위(서 박사는 옛날 동지 박영효를 말할 때 항상 금릉위라 불렀다)가 보낸 것으로 믿는다. 한인 중에 아직도 이러한 애국자가 남아 있어 국사를 위해 힘을 다하며 옛날 동지의 곤란한 사정을 돌아보니 여기에서 붕우의 친의를 느끼지 않을 수가 없다.'

위와 같은 한 편의 기사가 도산 전기에 기입되는 이유는 도산이 자아, 또는 손병희 내각을 희생하면서 옹호하여 오던 이승만 내각이 몰락하면서 자연히 계속되는 기사이기 때문이며, 3·1운동으로 시작되어 진행되던 외교 공작이 끝을 고할 때 부단히 노력하던 서재필 박사가 고심초사로 조국을 구원하려 했던 충성을 보여 주기 위해서이다.

도산이 임시정부 노동 총판으로 있을 때였다. 내각 회의에 참석하여 직원들과 지식 계급에 있는 신사들에게 요청하여 각자의 시정 방침을 제출하기로 결정하고 3개월 후에 다시 모이기로 하였다. 3개월 후에 각자 기초한 시정 방침을 진정하기 위해 각부 총장과 차장 이외에 의정원 의원들과 한인 사회 인도자들이 모였다.

수백 명이 모인 가운데 오직 안병찬 한 사람만이 시정 방침이라고 기초한 것을 낭독하였다. 그러나 안병찬은 원래 변호사였으므로 정치에 관한 상식이 다소 미흡하여 그가 기초한 시정 방침은 평범한 관제와 법률만을 보통으로 해석했을 뿐, 대한 민족의 생존 번영을 표준한 심원한 계획적 방침은 되지 못하였다.

다음으로 도산이 등단하여 품 속에서 작은 책자를 하나 내어 들고 낭독하기 시작하니 이것이 도산이 제정한 시정 방침이었다. 철두철미하게 서술한 정치 방략을 서서히 낭독한 후에 그 책자를 탁상 위에 올려놓고 돌아와서 앉으니 좌중이 모두 박수 갈채를 보내며 치하하였다.

그러나 내각 장관들은 모두 실색하고 아무 말도 하지 못했다. 그 이유는 저들이 항상 비웃고 업신여기던 무식한 안창호였으나 그가 제정한 시정 방침을 듣고 보니 수치심과 한편으로는 시기심이 일어나 소인의 태도를 드러낸 것이다.

13. 대독립당 조직 운동, 임시정부 안전 공작

1919년 7월 경에 도산이 중국 상해에 가서 대한민국 임시정부를 수립함에 있어 처음에 손병희 내각을 조직한 후에 시세의 요구에 응하여 먼저 내무총장으로 취임하였다. 그후 각 방면으로 노력하여 유일한 독립 운동 기관을 작성하였으나 불행히 이승만 내각설이 세계에 발표되는 바람에 무조건 통일하겠다는 방침으로 손 내각을 희생하고 이승만 내각을 지지했다.

그러나 각원들이 독립 운동을 중추로 정하여 모이지 못하고, 각자 자기의 편의와 명예만을 중요하게 생각하여 모이니, 자연 임시정부는 독립 운동에 관한 능력을 발휘할 수가 없게 되었다. 3년이 채 되기 전에 임시정부 내각 체제는 대통령제를 폐지하고 위원제를 채용하니 대통령 이승만은 자연 해임되고 김구가 위원장으로 승진하였다.

도산은 손병희 내각 시대에 내무 총장의 직임을 가졌으나 이승만 내각으로 변경되면서 지위가 노동 총판으로 내려가 정치적 입장에 의해 권한이 적어졌다. 그러나 도산은 임시정부 유지를 위해 한결같이 봉사하고 협조하려고 노력하였으나 정부 각원들의 의사가 통일되지 않아 애막상조 격으로 도움을 줄 수가 없었다. 이에 도산은 노동 총판의 직임을 사면하고 개인으로 행동하였으니 그 이유는 이러하였다.

1. 도산의 근본적 구국 운동은 흥사단 주의 주장에 있으니 이는 부패한 민족성을 근본적으로 개량하여 위대한 사회를 이룩하고 위

대한 민족을 만들어서 장구한 생존 번영에 오르게 하려는 것이다. 이것은 도산의 심원한 이상에서 일어난 위대한 경륜인데 이러한 사업에 전력하려면 자신이 어느 기관에 매어 있음이 불가하기 때문에 임시정부 내각에서 탈퇴한 것이다.

2. 한국 임시정부 내각을 조직할 때부터 국내 국외 전체 한인을 망라한 대독립 기관을 조성하려고 노력하였으나 노령과 서북간도에 있는 한인들이 응하지 아니하므로 도산은 별도의 방침을 세워 한족 중에 통일된 대독립당을 조직하려 함에 있었다.

도산은 임시정부에서 탈퇴한 후에 흥사단 미주 본부에 청원하여 교육비를 지불하게 하고, 그것으로 남경에 토지를 구매하여 학교 기지를 정하고 동명학원을 설립하였다.

동명학원을 설립하고 수업을 시작하였으나 응모하는 학생의 숫자가 매우 적었다. 이 학교는 설비가 불충분했고 또한, 비교적 배우기 쉬운 중국어에 능통한 한인 학생들이 근방에 있는 금릉대학교에 가거나 중국에 유학하였기 때문에 한인의 숫자가 한 학교를 채우기에 충분하지 못하였던 것이다. 동명학원은 2년 후에 폐지되고 학교 기지는 방매하여 그 자금은 다시 미주 본부에 돌려보내게 되었다.

대독립당 조직 운동에 관한 사적은 대략 다음과 같다.

해외 한족 집중 문제에 있어 미주와 하와이 및 멕시코 지방은 물론 협동하였지만 러시아령 특히 해삼위를 중심으로 한 한인 단체들은 응하지 않았다. 이제 대독립당 조직을 경영하려는 때에 해삼위 일파를 끌어들이자는 계획으로 해삼위 대표 파송을 신중하게 결정하고 요청하였다.

대독립당을 조성하기 위하여 '국민 대표 대회'라는 명칭으로 모이고 장소는 천진으로 정하였다.

1922년 12월 경에 시작하여 2개월간 복잡한 토론을 거쳤으나 마침내는 도산이 주장하는 임시정부 개조론과 노령 일파가 주장하는 창조론이 충돌하고 말았다. 개조론 일파는 국민 대표 대회에서 탈퇴하였고, 노령 일파는 윤해, 신숙 등을 중심으로 한 조선 공화 정부를 조직한 후에 헤어지고 말았다.

1923년 도산이 임시정부 노동 총판의 직임을 떠나 개인의 신분으로 활동하던 때에 상해 프랑스 조계(임시정부 소재지) 안에서 하나의 사건이 발생하였다. 그것은 폭탄 사건이었다. 그 사건으로 인하여 호사다마로 도산이 큰 경륜 중에 있던 재단 계획은 실패하고 말았다.

그 폭탄 사건은 이봉창, 또는 윤봉길 사건에 관계가 없었고, 어떤 이름 모를 한국 청년이 폭탄을 제조하다가 실수로 폭발한 사건이었다. 그 청년은 사망하였으며 가옥이 부서지고 마침 거리에 서서 파수를 보던 법국(法國, 프랑스) 경관이 발뒤축에 부상을 당했다.

이러한 소식이 신문지상에 보도되자 법국 영사가 선언하였다. '위험한 한국인들이 조계 안에 거주하면서 위험한 행동을 하여 생명과 재산을 파괴하니 한국인들이 조계 안에 거주하는 것을 용납할 수가 없다. 그들을 축출할 것이다.'

이때 도산은 생각하였다. '만일 법국 영사가 선포한 대로 실행되는 경우에는 임시정부 위치가 없어지게 될 것이다. 또한 프랑스 조계 안에서 한국인 전체가 축출을 당하였다는 소문이 신문지상에 기재되면 한족의 체면이 손상될 뿐만 아니라 어느 타국 조계 안에도 들어갈 수 없게 될 것이다.' 그래서 도산은 어떤 방법으로든지 우선 임시정부 위치를 안전하게 하기 위해 친히 법국 영사를 방문하기로 하였다.

그때 근무하던 법국 영사와 도산은 전부터 안면이 있었고 영사는 도산을 신임하고 있었다. 도산은 그를 방문하여 한국 임시정부의 위치에 변동이 없게 하여 줄 것을 요청하였다.

법국 영사가 말했다. '폭탄 사건이 중서 각 신문지상에 발표되어 한국인들은 위험한 무리라고 인정되었소. 법국 정부에서는 이같이 위험한 인물들이 조계 안에서 몰래 활동하는 것을 허락할 수 없다 하며 명백히 조사해 보고하라는 명령이 내려왔소. 또한 경관이 발을 다쳐 병신이 되었으니 그의 앞날과 가족은 안전 생활을 보전할 수가 없게 되었소. 이를 어떻게 조치해야 하겠소?'

도산과 법국 영사 사이의 교제는 임시정부 각원 대 외교관으로서 시작되었으며, 법국 영사는 도산을 한국의 대표적 인물로 인정하고 수년간 교제하여 왔다. 그런 처지에 있던 법국 영사가 손해 배상을 요구하는 의미로 말하는 것을 듣고 도산은 나는 그러한 것은 모른다고 대답할 수가 없었다.

도산은 대답했다. '지금 나에게 현금 일만 달러가 있으니 그것으로 그 경관에게 손해 배상을 하고, 한국 임시정부의 위치만은 변동이 없게 하기를 바라오.'

영사는 법국 사람이라 금전 이야기를 듣고 말했다. '아, 물론 귀하의 요청이라면 나는 힘이 미치는 데까지 도와 드리지요.'

그리하여 위험한 한인 전부를 프랑스 조계로부터 축출한다는 문제는 잠잠해지고 임시정부는 변동이 없이 그대로 프랑스 조계 안에 있게되었다. 도산은 한인 동포들의 생활과 사업과 임시정부의 안전을 보장하는 일은 일만 달러를 소비할 가치가 있는 일이라고 생각했던 것이다.

그러면 그때 도산이 보관하여 두었던 현금 일만 달러는 출처가 어디였는가? 이것이 문제가 되었다.

임시정부 각원들은 도산의 주선으로 정부의 위치가 안전하게 된 것을 감사하게 생각하는 대신에, 시기와 의심이 생겨 도산이 경영하는 사업에 막대한 손해를 주게 된 것이 사실이었다.

'우리는 지금 밥을 굶다시피하는 곤경을 당하는데 안창호는 돈이 있구나! 그 돈이 어디서 나서 마구 쓰는가? 필경 미국에서 모금하여 정부에 보낸 돈을 안창호가 횡령한 것이 아닌가? 알아보자!' 그리하여 재무총장 이시영은 구미 위원부에 채근하였고, 이승만은 자기가 신임하는 이순기에게 통지하여 그 돈의 출처를 탐문하게 하였다.

이순기는 이러한 촉탁을 받고 안창호가 가지고 있던 금전의 출처를 알아보기로 하였다. 아무리 생각해 보아도 거액의 금전을 어느 개인이 보내지는 않았을 것이고 필경 북미 실업 회사 자금 중에서 유출한 것이라고 의심하여 북미 실업 회사 당국에게 회사의 장부 조사를 요구하였다.

당시 북미 실업 회사 당국은 사장 임준기, 재무 정봉규, 총무 송종익이었는데 천만 뜻밖에도 30달러 주주 이순기가 개인 명의로 회사 장부의 조사를 요청하니 이에 불응하였다. 그러자 이순기는 '이제 안창호에게 있던 금전의 출처를 알았다.'고 생각하고 곧 법률사를 초빙하여 법정에 기소하고 북미 실업 회사 장부 조사를 강청하였다.

그때 북미 실업 회사는 윌로우스 벼농사에 3만 달러를 투자하였다가 실패하여 손해를 보고, 귤밭을 매수하여 농작하고 있을 뿐이었다. 또한 김흥균 공농사에 1,500달러를 대여하였다가 그 역시 농사 실패로 채무를 갚지 못한 것 외에는 여축이 없었다. 그런데도 불구하고 저들이 특별한 이유로 회사의 장부 조사를 요구하니 회사 당국은 이에 절대 불응하고 법률 수속을 위해 변호사를 고용하였다.

그리하여 양방 변호사 2인이 여러 해를 두고 송사를 벌였으나 결정이 나지 않았다. 그 동안에 법정에서 동결한 회사 자금 중에서 저들이 수료비를 마음대로 지출하여 쓰고 나중에는 소송 기각을 선포하니 이것이 이른바 '조개와 새 싸움에 어부만 덕을 본다.'는 격이었다.

수천 달러의 선금을 주고 매수하였던 귤밭은 지주가 다시 가져가고 회사 자금은 백분의 십오로 축소되어 마침내 해산되었던 것이다. 그리하여 도산이 경영하려고 했던 대대적 금융 기관 설립 계획은 수포로 돌아가고 말았다.

그러면, 도산이 보관하여 두었다가 불행한 폭탄 사건으로 인한 손해 배상으로 주고 임시정부 위치의 안전 보장을 위한 운동에 유효하게 사용한 금전의 출처는 어디였는가? 그 만 달러의 출처와 그 사정은 이러하였다.

안중근의 동생 안정근은 안중근이 이등박문을 총살한 죄목으로 사형 집행을 당한 후에 그 모친과 삼형제 가족 전부와 함께 본향을 떠나 중국 각처를 유리하다가 마침내 러시아 영지 목능현 소왕령에 자리를 잡았다.

그곳에서 벼농사를 지어 거액의 금전을 수확하여 5만 달러를 러시아 은행에 예치하여 두고 전 가족이 상해로 이주하여 거주하였다. 그러던 중에 미주에서 벼농사로 한인들이 재미를 본다는 소식을 듣고 자기도 다시 소왕령으로 가서 벼농사를 한번 더 시험하여 보기로 하고 미주 한인들의 자본을 합해 대규모의 농작을 경영해 보기로 했다.

그러한 계획을 세운 안정근은 필자에게 통신으로 소왕령 벼농사를 위해 미주에서 자금을 모집해 줄 것을 요청하였다. 그러나 그때 필자는 켄터키 사관학교에서 수학하고 있던 중이어서 안정근의 요청을 받아들이지 못하고 대신, 도산과 의논하면 농업에 관한 자금 모집이 용이할 것이라고 회답하였다.

도산은 정근과 형제같이 친근하게 지내는 동지였으며 서로 신임하는 사이였다. 도산은 그 계획에 동의하여 미국에서 대규모로 벼농사를 경영하는 동지 박영순에게 그 사연을 통지하고 벼농사 자금 모집을 요청하였다. 박영순은 그때 미국에서 시세 있는 벼농사를 대규모로 운영하고 있었고, 역시 소왕령 계획에 동의하여 미화 만 달러를 송부하였다.

그러나 안정근이 소왕령에 벼농사를 실시하기 직전에 러시아는 공산당 혁명으로 정치 형태가 변경되었다. 케렌스키 사회주의 정체가 파괴되고 볼셰비키 정부가 수립되었던 것이다. 은행은 폐지되고, 화폐 변경으로 인해 안정근이 은행에 예치하였던 자금 전부가 손실을 보게 되었다. 그리하여 소왕령 벼농사 계획은 수포로 돌아가고 말았다.

이같은 급격한 정치 조류의 변화로 인해 막대한 자금의 손실을 본 것은 안정근 개인이 당한 불행이었다. 그러나 도산은 동지가 당하는 불운을 동정하여 앞날에 혹시 각별한 기회가 있기를 기대하는 생각으로 농사 자금 만 달러를 그대로 은행에 예치하여 두고 하회를 기다렸던 것이다.

이러한 내용을 알지 못하는 임시정부 각원들은 감사 대신에 시기와 의심으로 도산이 이룩해 놓았던 실업 기관을 파멸시켰던 것이다.

소왕령 농사 자금으로 적립하여 두었던 만 달러가 임시정부 위치의 안전 보장 운동에 소비되었다는 소식을 들은 박영순은 말했다. '그 자금이 미주에서 경영하는 벼농사에 투자되었다면 전부 소실되었을 것이다. 그러나 상해에 나가서 과연 쓸 만한 데 쓰인 것을 다행으로 생각한다.' 이렇게 감탄하는 말을 발표하였으니 이는 도산을 제 2구주로 믿는 박영순이 도산을 위해 거액의 금전을 사용하는 데 추호도 서슴지 않은 큰 도량을 가진 인물이었음을 보여 주는 것이었다.

1919년부터 1924년까지 5년간 상해에서 노력한 공작은 실패라고 자인하는 도산은 새로운 구상을 가지고 재출발을 결심하였다.

도산은 대독립당 조직 경영으로 천진에서 소집하였던 국민 대표 대회에서 효과를 얻지 못하였으나, 항상 가슴 속에 품어 두고 경륜하던 근본적 사업을 실시할 시기가 왔다고 생각하였다.

14. 모범촌 시설 경륜과 독립 운동 최후 방략

　도산이 앞으로의 사업에 관해 방향을 변경하는 전환 시기에 있어 비록 짧은 기간이나마 시간을 가지게 되었다. 1924년 말에 다시 미국에 돌아가서 가족을 만나고 특히 서재필 박사를 방문하였는데 두 분 인도자들이 만나 보게 된 이유는 이러했다.

1. 서재필과 안창호 두 사람은 피차의 명성을 일찍이 듣고 서로 만나기를 기대하였다.
2. 한국 독립에 관해 대내 공작과 외교 운동이 이렇게 실패하자 두 분 인도자는 서로 만나 보고 새로운 계획을 세울 필요가 있다고 생각하였으며, 도산은 이에 대한 필요를 더욱 느꼈다.

　도산이 상해에서 미국을 향해 출발하려 했으나 주 상해 미국 영사가 입국 사증을 거절하였다. 그러자 도산은 서 박사에게 통지하여 미국 국무성에 교섭하였으나 역시 거절을 당하였는데 그 사실의 전말은 이러하였다.

　1924년 가을 어느날, 필자는 서 박사를 뉴욕 시내에 있는 한인 상점에서 만나게 되었다. 그때 그는 필라델피아에서 뉴욕까지 먼 거리를 출입하고 있었는데 특별한 사고가 있었기 때문이었다. 어떤 사건으로 출입하느냐고 묻자 서 박사가 말했다.

"안창호가 미국에 들어오려는데 주 상해 미국 영사가 비자를 내주지 않고 있소. 그래서 입국 비자를 받기 위해 미국 국무성에 교섭해 달라는 청탁을 받고 그 일을 상원 의원 스펜서에게 부탁하였소. 그런데 오늘 스펜서의 말이 국무성에서도 안창호의 입국 비자를 거절하면서 말하기를 '한국인 인도자로 지금 워싱턴에 주재한 인물의 보도에 의하면 안창호는 공산당원이라 하니 그러한 보도가 있음에도 불구하고 비자를 발급할 수는 없소.' 라는 회답을 받았다고 하오."

필자는 워싱턴에 주재한 한국인 인도자가 누구라는 것을 짐작은 했지만 좀더 확실한 말을 듣기 위해 한인 인도자란 누구냐고 물었다. 그러자 서 박사는 필자를 질책하다시피 높은 음성으로 말하였다. '한인 인도자라는데 누구인지 알 수가 없어?' 그 역시 이승만을 지명하지 않고 은근히 알게 하는 말이었다.

도산은 그러한 통지를 받고 부득이 중국인으로 여행권을 내가지고 도미하게 되었다.

한국 독립을 위한 공작은 도산 일생에 일관된 경륜이었다. 그러므로 이제 운동 방향을 전환한다는 것은 새로운 구상이 아니요, 근본적 계획으로 돌아가는 것이었다. 이 근본적 계획은 흥사단의 주의 주장이었으며, 흥사단 발전책으로는 모범촌 시설과 그 안에서 이루어지는 인재 양성이며 교육과 실업을 장려하는 것으로 확정되었다.

도산은 이러한 생각을 가지고 미주에 돌아가 여러 해 동안 그리워하던 가족에게 위안을 주고, 동시에 서 박사를 만나려고 했다. 그리고 떠나기 전에 피곤한 몸을 잠시 쉴 여유를 가지게 되었다.

그때 미주 한인 사회의 현상은 대략 이러했다.

1917년부터 1919년까지 3년간 가주 북방에서는 벼농사 경기가 매우 좋아 한인 농업자들과 노농자들이 상당한 수입을 올렸다. 1920년에 들어서는 한인 사이에 세 개의 대농장이 세워져 많은 한인들이 자본을 있는 대로 농업에 투자하여 일확천금을 꿈꾸었다. 그러나 불행하게도 일찍이 내린 비바람으로 인해 북가주 일대에서 경작하였던 벼농사는 한 부대의 수확도 없이 전부 파상하여 한인 자금의 손실은 수십만 달러에 달하였다.

실패한 벼농사로 인해 자본이 고갈된 농민들은 다시 성시에 들어가 여간한 식료품 상점과 세탁업을 운영하여 생활을 유지하고 있었다.

도산이 미주에 돌아가서 시찰해 보니 동지 박영순이 주관하던 농장과 단우 임준기, 신광희 등이 윌로우스에서 주관하던 농사는 쓸어버린 듯이 전부 실패하였다.

또한 원동에 재단 경영으로 조직하였던 북미 실업 회사는 윌로우스 농장에서 3만 달러의 손해를 보고 이순기의 송사에 걸려 자금이 동결되어 있었다. 월부로 매수하였던 귤밭을 잃어 버리고, 농업 자금으로 개인 단우에게 대여하였던 자금도 채무자가 사망하여 상환이 불가능한 지경에 이르러 있었다.

이러한 상황에서 도산이 생각하고 있던 원동 사업에 관한 자금 운동은 불가능하였다. 도산은 다시 중국 방면을 향해 출발하기 전에 서재필 박사를 방문하기로 하였다.

도산이 뉴욕에 도착한 시기는 1925년 8월 경이었다. 그때 뉴욕에 있던 흥사단우는 임초, 조병옥, 곽림대 등 10여 인이었고 조병옥은 콜럼비아에서 학업을 마치고 귀국을 준비하던 중이었다.

도산이 뉴욕에서 여러 날 지체하게 된 이유는 그때 콜럼비아 대학교에서 수학중이던 장덕수와 윤홍섭 2인을 접촉하여 그들에게 흥사단주의를 설명하기 위해서였다. 도산이 장, 윤 2인과 3일간 매일 오랜 시간을 보내면서 담화한 후에 그 결과를 필자에게 말하였다. '장덕수는

142

민족 전도에 관한 토론을 할 때마다 확실한 양해를 얻지 못해 결국 의사 교환이 되지 못하였다. 그러나 도리어 윤홍섭은 민족 앞날에 관한 이론에 많은 양해를 가지고 흥사단 주의 주장에 대해 호감을 나타내었다.'

도산이 서 박사와 회견할 시일을 정하고 필라델피아를 향해 출발할 때 조병옥을 동반하면서 통역을 할 필요가 있을 것이라고 설명하였다.

동지들은 도산이 서 박사와 회견하는 동시에 미국 정계 인물, 혹은 재단과 교섭이 있을 것으로 생각하였다. 그러나 그 내용에 관한 도산의 발표가 없어 그때 어떠한 계획을 가지고, 어떠한 방면의 교섭이 있었는가는 조병옥 이외에 다른 동지들은 알지 못했다.

필자는 도산이 뉴욕을 경과하는 동안에 도산과 오랜 시간 얘기할 기회를 가졌다. 그때 도산의 장래 사업에 관한 설명은 이러하였다.

1. 상해에 나가서 임시정부를 조직하고 공고한 독립 운동 기관을 조직하려고 노력하였으나 기대하던 바와 같이 되지 못하였다. 그 이유는 첫째로 여러 인도자들이 임시정부를 중심으로 정하고 협동하지 않아 임시정부가 독립 운동의 최고 기관이 될 만한 세력을 가지기에 불가능하였으며 마침내 위원제로 변하여 최소 정도로 축소되었기 때문이다. 둘째로는 국내 해외에 있는 한국 민족이 통일되지 못하고 오직 소수 미주 동포들의 한정된 재력에 의지하였으나 불행히 미주 한인 사회의 경제력이 쇠축하는 동시에 임시정부는 그나마 미주 한인들의 신망을 잃게 되었기 때문이다. 재무 총장 이시영의 보고에 의하면 4년간 미주 한인의 보조금 총계가 90만 달러에 불과하였으니 이러한 경제력을 가지고는 독립 공작을 계획하기 불가능했다.

2. 해외 한인 전부가 임시정부를 중심으로 정하고 협동하지 못하므

로 대독립당 조직을 위해 천진에서 한족 대표 대회를 소집하였으나 노령을 중심으로 한 공산당 일파와 의견 융화를 얻지 못하여 역시 실패에 이르고 말았다.

3. 임시정부 위치의 안전 보장을 위해 소왕령 벼농사 자본으로 확보하였던 금액 만 달러를 소비하였으나 호사다마로 그 금액의 출처를 의심받아 북미 실업 회사에 부정 처리가 있다는 소송을 당하게 되어 실업 기관은 마침내 파산할 상태에 이르렀다(북미 실업 회사는 도산이 원동으로 출발한 후 1929년에 김종림, 김순권, 곽림대 3인이 맡아 해산 업무를 처리하였음).

4. 임시정부 내각을 조직할 때 곤란한 사정이 한두 가지가 아니었다. 첫째 임시 의정원을 조직하되 가급적 내지 각도 인물과 해외 각처 교민 사회 대표를 선택함에 있어 인격과 재능을 기준으로 하지 못하고 사람 수만 채우게 되니 자연히 상당한 인재가 누락되었다. 둘째로는 각원 중에 어떤 이는 자기가 원하는 지위를 취하지 못하면 취임에 불응했다. 셋째로는 독립 운동 방침에 관한 계획이 망연한 처지에서 시기와 의심을 가지고 배후에서 훼방하는 폐단이 있어 의사 교환이 극히 어려운 경우를 자주 당하였다. 넷째로는 대통령이 정부 소재지에 있지 않아 내각을 지도하지 못하니 자연 국무 총리가 내각을 주관하게 되었는데 당시 국무 총리 이동휘는 공산주의를 찬성하는 언론과 행동을 취하고 있었다. 김립이 러시아 소비에트 정부 당국의 후원금을 가지고 상해에 귀착한 후에 비밀리에 이동휘와 합작하는 한편 도산과 성재 사이를 이간시켰다. 지난날 일급 동지로 교제하던 이동휘는 도산을 저주하며 인격을 손상시키는 말을 함부로 하니 도산은 그를 신임할 수가 없었고, 마주 대하여 이유를 설명하면 자기의 오해를 자인하다가 돌아서서는 또다시 욕설하고 공박하기를 여러 번 하였다.

그러나 여러 인물 중에서 이유필을 만나서 담화하고 민족 전도에 관한 토론을 하고는 그는 과연 정치적 두뇌를 가졌다고 소개하였다.

5. 우리의 구국 운동은 근본적 계획으로 돌아가 흥사단 발전을 적극 적으로 촉진하며, 중국 동북 지방에 위치를 정하고 모범촌 시설 과 그 안에서 인재 양성과 실업 기관 조직에 전력할 것이다.

6. 가족 생활에 관하여는 특별한 변화를 가져올 수가 없으며, 원동 에 근거지가 성립될 때까지는 지금과 같이 지내게 할 것이다. 큰 아들 필립은 예술에 취미를 가지고 있으므로 영화계에 들어갈 생 각을 하는 것을 무방하다고 허락하였으나 대학교를 마치는 것이 가하다 하여 듀크 유니버시티에 입학하게 할 것이다. 도산은 자 기의 일생에 대해 말할 때에는 개탄하는 뜻으로 말했다. '내가 만 일 목회 사업에 종사하였더라면 성공했을 것으로 생각하지만, 정 치 방면에 투신해서는 성공 여부를 생각할 수가 없고, 민족 대업 을 위해 일생을 희생할 것으로 생각한다. 그리고 65세가 되는 때 에는 은퇴할 것으로 생각한다.'

7. 국권 회복 운동은 두 가지의 최후 방략을 실행할 것이다. 첫째는 관계 단절책이다. 한국 민족은 일본인과 관계를 단절하되 납세를 거절하고, 매매를 거절하고, 비한인적 법령에 불복하고, 관민을 막론하고 일본인과는 말도 하지 말 것이다. 이러한 행동을 취하 되 모든 한족은 전국적으로 일시에 단행할 것이다. 이러한 경우 에는 물론 다수 인물이 옥중에 들어가게 될 것이요, 악형을 당할 것이다. 그러나 철저한 관계 단절책이 실행되면 일본의 대한 정 책은 정치, 경제, 법률, 도덕 각 방면에서 실패하게 될 것이다. 그 렇게 한다 하더라도 동양 정책에 어두운 일본 정부 당국은 한국 해방을 고집 불허할 것이다. 둘째로는 파괴 정책을 실행할 것이

다. 파괴책은 철도와 교량과 선창과 무기 수용소와 관청과 병영 등의 장소에 방화 폭발하고 정치 두령 인물을 소멸시키되 일본 내각에까지 이러한 위험이 미치게 할 것이다. 이러한 파괴책은 일본이 한국의 독립을 허락하는 날까지 계속할 것이다.

8. 이러한 최후 방략을 실행하기 위해 인재와 재력을 준비해야 한 다. 인재 양성과 재력 준비는 일조일석에 되는 것이 아니다. 동시 에 최후 방략은 일시에 폭발할 것이 아니고, 힘이 있는 대로 장구 한 시일을 두고서 계속할 것이다. 때로는 대대로 계속할 경우도 있을 것이다.

이같이 얘기하는 도중에 도산은 필자에게 물었다. '곽군이 지금 뉴 욕에 체재하는 것은 무슨 목적을 가지고 어떠한 경영으로 하고 있는 가?' 이에 대해 필자는 대답했다.

"원동으로 나갈 의사가 있지만 금전 문제로 인해 아직도 미주에서 세월을 보내고 있고, 금전을 만드는 계획으로는 코카콜라와 같은 음료 물을 제조할 것을 생각하고 견본(샘플)을 만들어서 시험한 바 호평을 받았으나 그 역시 자본 문제로 실시하지 못하고 지내고 있습니다. 내 가 발명한 음료물은 서재필 박사와 그의 친우들, 즉 상류사회 인물들 의 평가를 받았습니다. 서 박사는 주장하기를 이것은 대사업을 이룰 수 있는 발명이니만큼 미국인 자본가에게 내주지 말고 우리 한인들의 자본을 모집하여 한인의 사업이 되게 하자고 했습니다."

도산이 음료물 제조에 관한 구체적 설명을 요구하므로 필자는 그 사 업 경영에 관한 설명을 대략 진술하였다(구체적 내용은 생략). 도산은 그 설명을 듣고 좋고 나쁘다는 아무런 평가도 하지 않고 묵묵히 있을 뿐이었다.

그러나 6, 7년 후 흥사단 주최로 단우 합자회사를 조직하여 명칭을 대동 실업회사라 하고 흥사단에서 거액의 자금을 출자하여 사업을 시작할 때였다. 도산은 원동으로부터 흥사단 간부에게 통신하여 말했다. '다른 사업보다 곽림대 군이 발명한 음료물을 제조하게 하라.' 그러나 대동 실업 회사는 그러한 계획적 대사업을 부인하고 일본인의 간장을 사서 소매물로 병을 만들어 팔다가 수만 달러의 자금을 허비한 후에 실패하고 말았다.

뉴욕을 지나던 도산이 필자에게 설명하고 부탁한 말을 기억하여 다시 생각해 보면, 그는 필자와 영결하는 처지에서 유언과 같은 정중한 부탁이 있었던 것으로 생각된다.

도산이 뉴욕 한인 감리교회의 요청으로 어느 일요일에 설교를 하였는데 설교 제목은 '사람이 거듭나지 않으면 천국에 들어가지 못한다.'는 것이었다.

1926년에 도산이 미주로부터 다시 상해에 건너갈 때 가지고 있던 계획은 단순하였다. 하나는 흥사단 발전을 위해 모범촌을 건설하는 것이요, 둘은 조국 해방 운동을 위해 대독립당을 조직하여 경륜하는 것이었다.

도산은 상해에 도착하는 대로 시간을 잃지 않고 중국 동부 지대를 답사하였다. 멀리 길림성까지 가서 긴 시일을 보내면서 여러 지방을 시찰하였고, 쉴 때에는 항상 상해에 가서 신체 섭양과 인물 교제, 또는 남경에 설립하였던 동명학교의 사무 처리와 폐지에 관한 수습에 시간을 보냈다.

도산이 임시정부에서 탈퇴한 후에 김구가 위원장으로 선정되었다. 김구는 원래 폭력주의를 가지고 일하여 비밀리에 폭탄 제조 등의 행사를 조장하였고 이봉창, 윤봉길 등의 폭탄 사건이 모두 김구의 주동 계획에서 나온 것이었다.

1932년 4월 경 상해 홍구 공원에서 일본인들의 천장절 경축으로 행렬이 진행될 때 윤봉길이 폭탄을 던져 백천(白川, 시라가와) 대장이 사망하고 수십 명의 사상자를 냈다. 이 사건이 발생하기 전에 임시정부 요인들과 상해 한인 사회 인도자로 지명된 인물들은 미리 피신하였다.

그러나 도산은 몇 시간 전에 폭탄 사건이 발생한 것을 전혀 알지 못하고 하비로에 있는 이유필의 집에 방문하러 갔다가 그곳에서 민단장으로 있는 이유필을 잡으려고 그의 가옥을 수색하고 피신한 이유필을 기다리던 법국 경관에게 체포되었다. 그들은 도산을 이유필로 그릇 인정하고 체포한 것이었다.

그러나 이름을 조사하면서 도산은 자연히 안창호로 증명되었다. 일본 경관들은 마치 알을 구하다가 닭을 얻은 격으로 즉시 도산을 자기들에게 인도하라고 강청하였다. 법국 경관들은 주권 여부를 따지지 않고 도산을 일본 경관에게 양도했다.

도산이 폭탄 사건에 관계되었다는 증거는 없었지만 일본 영사는 도산이 안창호로 증명되자 마치 대전쟁에서 승리한 것 같은 기분으로 도산을 즉시 서울 총독부로 압송하였다.

도산은 망명 거국한 지 23년 만에 다시 조국땅에 발을 들여놓게 되었다. 여기에서 비장한 장부의 회포를 자아내는 바는 승리의 대장으로 개선가를 부르는 가운데 들어가지 못하고 포승에 묶인 몸이 되어 들어간다는 것이었다. 이를 생각하는 해외 동지들은 비분강개한 정조를 금할 수가 없었다.

15. 대전 감옥 복무, 송태 산장 은거

1932년 6월 경에 도산은 인천항에 상륙하여 즉시 서울 경찰부 유치장에 수감되어 2개월간 심문을 받았다. 그 결과, 이른바 치안법 위반자라는 죄명 아래 기소되어 서울 지방 법원 공판에서 4년의 징역 선고를 받았다. 그후 도산은 보통 공소권을 기각하고 복역하게 되었고, 대전 감옥에 이감되어 있다가 형기 2년에 가출옥되었다.

도산의 출옥은 행위 단정, 또는 모범 죄수라는 명목으로 형기 전에 이루어진 가출옥이니만큼 모든 일에 근신할 수밖에 없었다. 열광적으로 환영하는 군중이 기차로 여행하는 도산을 만나려고 정거장마다 모여 그의 용모라도 좀 보고 싶어하고, 그의 말을 듣기 원했지만 도산은 다만 손을 들어서 환영에 대답하고 머리를 끄덕이는 것으로 정을 표시할 뿐이었다.

친우 친척들이 도산을 위해 연회를 베풀 때에도 일본 경관은 10인 이상의 모임을 금지하였다. 그래서 대환영을 하지 못하고 소수 친우들이 모여 소규모로 연회를 베풀고 도산을 접대하는 일이 자주 있었다.

도산은 출옥한 후에 일평생 자나깨나 잊지 못하고 사모하며 귀하게 여기던 조국 강산을 유람하기로 하였다. 각처의 명승지를 순시하고 다시 고향을 방문하려고 북행하였다. 이때 특히 평양 시민들은 마치 잃어 버렸던 아들이 돌아오는 것과 같은 감정을 가지고 먼 거리까지 마중을 나가서 환영하였으며 많은 사람들이 눈물로 환영하였다고 전한다.

오랫동안 그리워하던 친우들의 반가워하는 눈물과 도산의 수척한 기상을 보고 가련하게 생각되어 슬퍼하는 눈물과 적의 수중에 잡힌 목숨이라고 생각하여 분개한 눈물, 그리고 애국 영웅의 말로가 캄캄하다고 생각되어 흘리는 원통한 눈물이었다.

도산은 친우와 친척을 심방하는 일을 마친 후에 송태(松苔) 산장에서 은사(隱士)의 생활을 하였는데 그 사적은 대략 이러하였다.

송태라 하는 작은 산기슭 구역은 평안남도 대동군 대보산의 한 지맥에 있는 고적지였다. 옛날에 불교 승려들이 살던 곳이라 전하기도 하고, 혹은 고대 은사(속칭 신선)들이 살던 곳이라고 전하는 곳이었다.

도산은 그곳을 택하여 기지를 정하고 작은 가옥을 건축하였다. 자기가 친히 도형을 그려서 침실, 접빈실, 주방 등 방칸을 적당하게 마련하였으며, 위생과 사용에 편하게 된 암자로 건축하였다. 물론 도산이 평소에 좋아하던 화초를 재배하고 안뜰을 청결하게 하여 한점의 띠끌이 없게 만든 것은 과연 신선의 사는 곳이라 할 만하였다. 그리고 이러한 것은 도산의 본성이었다.

16. 동우회 사건과 도산의 별세

1935년 2월에 도산은 가출옥으로 대전 감옥에서 죄수 생활을 면하고 동포 사회에 나와서 다소 평안한 생활을 누릴 수 있게 되었다. 귀국 3년 만에 비로소 자유로이 호흡하고 친우 친척들과 악수라도 마음놓고 할 수 있게 되었으며 담화라도 마음놓고 뜻있게 할 수 있었다.

이럭저럭 형기가 만료된 후에 도산은 다시 출국할 생각을 버리고 그대로 국내에서 동포들과 한가지로 생활하며 고락을 같이하기로 생각하였으니 그 이유를 추측하여 말하면 이렇다.

도산이 마지막으로 미주를 다녀갈 때 그곳 교민 사회의 현상을 잘 알게 되었고, 원동에 모범촌 건설을 신중히 계획한 것을 보면 미주는 용무가 있는 곳이 아니라는 판단 아래 여생을 원동에서 보내며 나라일에 헌신하기로 작정하였던 것이다.

또한 도산이 상해에서 체포되어 국내에 압송당할 때부터 일본의 세력이 만주를 관할하게 되었고 중국의 주권이 점차 쇠퇴하는 것으로 보아 중국 본토 안에도 우리가 경영하는 모범촌을 건설할 안전 지대가 없다는 것을 알게 되었던 것이다.

동시에 도산은 건강을 잃어 신체가 쇠약해져 10년 전 상해 시대와 같이 몸의 괴로움을 참아 이기며 활동하기도 어려운 처지에 들었던 것이다.

그리고 거국 20년 만에 다시 국내에 들어와서 동포 사회의 현상을 보고 가까이 접촉해 보니 도산의 애국 본성에서 솟아나는 감정은 남은 반생을 동포들과 동고동락하는 것이 가하다는 것이었다.

또한 국내에 있으며 많은 사람을 접촉하는 것이 해외에 나가서 30년 전과 같이 청한한 생활을 짓는 것보다 도리어 유익하다는 이상을 가지게 되었던 것이다.

이는 도산의 일생이 옛날 아리스토텔레스가 말한 바와 같이 '정조(情操)를 조종하고 이유(理由)에 복종하라(Control Emotion and Obey Reason).' 한 인생 철학에서 이루어졌기 때문이었다.

1937년 6월 경에 도산은 송태 산장에서 다시 일본 경관에게 체포되어 서울에 압송되었는데 그 사실은 이러하였다.

일본은 오래 전부터 대륙 침략주의를 꿈꾸고 있었는데 1932년에 와서는 만주에 세력을 확장하고 장차 중국 본토를 침입할 계획이 완성되었다. 일본은 거대한 군사 운동을 시작하기 전에 먼저 배후에 장애물이 있는 것을 고려하지 않을 수 없었다.

한일합병을 실행한 후 27년 동안에 조선 총독부는 한인 예수교회 압박과 사립학교 폐지책을 여지없이 실행하였다. 그러나 목에 가시같이 걸려 내려보내기 어려웠던 것은 안창호와 그의 주의 주장을 지지하는 정신 단체로 남아 있는 동우회(同友會)와 그 중견 인물들이었다.

이러한 단계에서 동우회 파산책으로 간부 인물들과 다수 회원들이 검거되어 악형을 당하였다. 끝내 최윤호와 이기윤은 사망하고, 기여코 징역 선고를 받은 회원들은 다음과 같다.

이광수, 주요한, 김윤경, 김항주, 박현환, 김동원, 김성업, 김병연, 조병옥, 송창근, 최능진, 백병엽, 장이욱, 이용설, 신윤국, 이윤재, 한승인, 오정은, 오익은, 주현측, 오정수, 한승곤, 김배혁 등 40여 명이었다.

도산은 검거된 즉시 검사국 유치장에 6개월간 구류되었다가 병세가

악화되어 경성대학 병원에 이수되었다. 그곳에서 치료를 받다가 1938
년 3월 10일에 마침내 별세하였다.

〈 도산 언행 습유 〉

― 해운대 좌담 기록 ―

이　강
주요한
백영엽
최희송
이복현
김용현

이강: 내가 도산 선생을 처음 만난 것은 하와이에 가기 전이니까 아마 스무 살이 되기 전이었을 것입니다.

평안남도 용강군(龍岡郡) 뱃고지[梨花洞]에 임준기(林俊基)의 할아버지뻘 되는 임기반(林基盤)이란 분이 있었지요. 도산 선생은 그 분과는 독립협회 때부터 안면이 있었던 모양입니다. 내가 진남포에 갔다 오는 길에 거기 들렀더니 마침 도산 선생이 거기 와 계시더군요.

그때 했던 이야기는 잘 기억이 나지 않습니다만 함께 있던 필대은(弼大殷) 씨가 이런 말을 하며 걱정을 했습니다.

"우리가 머리를 깎고 예수를 믿고 있는데 머리를 깎은 바에는 모든 것을 깨끗이 해야지 지저분하게 하고 다니면 다른 사람들한테서 예수 믿는 사람이 더럽다고 욕을 먹을 것입니다."

그리고 도산 선생은 그때부터 체증이 생겨 밥강정을 달라고 하던 것이 생각납니다. 우리가 그 집에서 만나기 전에도 도산 선생은 거기 종종 들렀던 모양인데 그 집 부인이 매우 못마땅하게 여기더군요.

그때 도산 선생은 아무것도 하지 않고 미국에 갈 궁리만 하고 있었는데 여비가 없어서 걱정을 하며 우울하게 이런 말을 몇 번 했습니다.

"독립협회 당시만 같아도 문제가 없겠는데 세상의 인심이 이렇게 냉정해졌나?"

그전까지 내가 도산에 대해 들은 지식은 나의 오촌 숙부이신 이병확(李秉確)으로부터 들은 것이었습니다. 그 분은 나보다도 먼저 교회에 다녔고 그런 관계로 도산 선생과는 막역한 친구로서 독립협회 때도 같이 일하며 죽자사자 하는 사이여서 나한테도 도산 선생 이야기를 많이 해 주었습니다.

"도산 선생은 나라일을 위해 애를 많이 쓰는 사람이다. 그러나 주위의 사정이 마음대로 되지 않아서 몹시 고생을 하고 있다."

이강: 이제부터 도산 선생의 어린 시절 이야기부터 해 보겠습니다. 도산 선생에게는 글 잘하시고 엄한 할아버님이 계셨던 모양입니다. 도산 선생이 말을 안 들으면 쫓아다니며 잡아서 벌까지 주곤 하셨던 모양입니다.

도산 선생에게는 한 사십 리 떨어진 곳에 사시는 고모가 한 분 계셨는데 고모집에 몹시 가고 싶었으나 그런 말을 꺼내면 할아버지께 야단만 맞을 것 같아서 꾀를 꾸몄다고 합니다.

할아버지와 매우 친하게 지내던 할머니가 한 분 계셨는데 도산 선생은 먼저 그 할머니를 구워 삶았습니다. 요즘 말로 하면 조부의 의향을 타진해 달라는 것이었는데 그 방법까지 일러 주었지요.

"우리 할아버지를 만나면 나를 어디서 보지 않았느냐고 물으실 거예요. 그때 오늘 아침에 고모네 집에 간다고 가더라고 거짓말을 해 보세요. 그래도 할아버지가 가만히 계시면 갔다 올 것이요, 고얀놈 거긴 왜 갔어 하고 화를 내시면 그만 두겠으니 좀 떠봐 주세요."

그 할머니가 그대로 할아버지에게 말했더니 '그놈 거긴 또 뭘하러 갔담.'하고 과히 노하진 않더랍니다. 그래서 괜찮으리라고 생각하고 가서 며칠 놀다 왔다는데 그때가 선생이 몇 살 때 일인지는 잘 모르겠어요.

어느 해 여름에는 참외가 몹시 먹고 싶은데 돈이 없어서 또 꾀를 내었답니다. 헐레벌떡 대고 원두막으로 가서 주인을 보고 이렇게 말했답니다.

"우리 할아버지가 나를 붙잡아 때리려고 쫓아오니 참외밭 속에 좀 숨겨 주세요."

그리고는 참외밭에 엎드려 마음껏 참외를 따 먹었답니다.

도산 선생이 16세쯤 됐을 때, 그때는 마침 일청전쟁(日淸戰爭)이 거의 끝나가는 판국이었습니다. 서울에는 한번 꼭 가야겠는데 노자가 없어서 길을 떠날 도리가 없었지요. 그래서 삼촌되는 분을 꾀어 보았습니다.

"삼촌님. 남들은 다 피난을 가는데 우리는 그냥 이렇게 있다가 다 없어질 작정인가요? 우리도 온식구들은 다 못가도 몇 사람이라도 좀 피해서 살고 보아야 하지 않겠어요."

그러자 삼촌이 '그럼 어디로 갈까?' 했겠지요. 도산 선생은 '옳지 됐다.' 했습니다.

"남들이 곡산(谷山)으로 가니 우리도 그리로 가면 좋겠습니다."

도산 선생은 싸움이 다 끝나가는 줄 번연히 알면서도 자기가 서울에 갈 욕심으로 그렇게 삼촌을 꾀었단 말입니다.

"그래 곡산을 가는데는 어디로 가느냐?"

"봉산(鳳山), 서흥(瑞興)을 지나서 갑니다."

그래서 서흥인가까지 가다 보니까 곡산에 피난 갔던 사람들이 전쟁이 끝났다고 다들 돌아오는 거였어요. 그것을 본 삼촌이 다른 사람들도 고향으로 되돌아가니 우리도 갈 필요 없지 않느냐고 했습니다. 도산 선생은 시치미를 딱 잡아뗐습니다.

"아. 그렇습니다. 우리도 피난갈 필요가 없을 것 같습니다. 그럼 삼촌님은 돌아가세요. 난 이왕 여기까지 왔던 길이니까 서울 구경이나 하고 가겠습니다. 여비나 얼마쯤 주세요."

삼촌은 선뜻 '그래라.'하고 돈 10원인가를 주었답니다. 결국 돈을 얻어서 서울에 다녀 올 목적을 이루었던 것이지요.

서울에 올라가서 남대문 근처에 거처를 정하고 있었는데 매일같이 놀기만 하고 쓰기만 하니까 그때 돈 10원이 크기는 했지만 어디 지탱할 수가 있어야지요.

시내를 돌아다니다가 하루 한 번씩은 꼭 남대문에 올라가 놀았는데 거기서 선뜻한 탕건을 쓴 무슨 벼슬아치 같은 영감을 만나게 되었지요. 하루는 그 사람이 도산 선생을 보고 말을 건네더랍니다.

"총각."

"네, 왜 그러십니까?"

"총각, 어디 사오?"

"평양삽니다."

"서울엔 왜 왔소?"

"구경 왔습니다."

"그래, 사람은 세상 물정을 알아야 하거든. 그럼 총각, 나하고 삼남(三南)으로 내려가서 구경다닐 생각은 없소?"

그 사람은 도산 선생을 어떻게 보았는지 그렇게 길동무로 권하더랍니다.

"그런 생각이야 왜 없겠습니까마는 ."

"그럼 됐어. 나하고 같이 다니기만 하면 도중에 먹을 것이건 뭐건 다 내가 대줄 테니 그런 걱정은 말고 삼남 구경이나 한번 가 보세나."

도산 선생은 소년이었지만 이런 좋은 기회에도 자기 앞은 가리려고 했습니다.

"그런데 영감님과 같이 다니면 제가 할일은 무엇입니까?"

물었더니 그 사람은 이런 말을 하더랍니다.

"예를 들면 여러 가지 조사한 것을 적기도 하고, 또 내 심부름도 좀

하고, 그런 일이오.”

그 말을 들은 도산 선생은 정색을 하면서 되물었지요.

“그럼 사환입니다 그려.”

“물론 총각은 사환이지.”

“난 그런 것은 하기 싫어요.”

그렇게 거절했지요. 그 다음날 또 둘이 남대문 위에서 만났는데 영감이 또 지근대었답니다.

“총각 어제 얘기 잘 생각해 봤나?”

“생각해 보나마나 난 그런 일은 안 해요.”

“거 참, 건방진 놈이군. 빈손으로 구경할 놈이 그런 일 좀 해 주기로 어떻단 말이야.”

비록 건방진 소년이라고 욕을 먹었지만 도산 선생은 그때부터 이미 그렇게 기개가 높았던 것입니다.

“그건 영감님의 실수입니다. 속담에 평양감사도 저 싫으면 안 한단 말이 있지 않습니까. 그야 영감님이야 좋겠지만 나는 싫으니까 안 하겠다는 것뿐입니다. 그렇다고 영감님이 나를 욕하는 것은 경우가 아닙니다.”

“허긴 총각 말도 그렇긴 그래.”

마침내 그 사람은 수그러들고 말더랍니다. 그 뒤로 또 하루 이틀 지나는 사이에 여비가 떨어져만 가서 여간 걱정이 되지 않았습니다.

하루는 정동(貞洞)을 지나는 길에 여간 반가운 소리를 듣지 않았습니다. 그때 언더우드 목사 아래서 일을 보고 있던 미국 사람 민 교사가 조선말로 이런 말을 하고 있었던 것입니다.

“누구든지 배우고 싶은 사람은 우리 학교로 오시오. 우리 학교에서는 먹여 주고 재워 주면서 공부시켜 주니 어서 오시오.”

삐라까지 뿌리므로 받았다고 합니다.

여기서 도산 선생은 큰 문제에 부닥쳤습니다. 잘 데와 먹을 것은 당장 급하고, 공부도 하고 싶은데 공맹(孔孟)의 유교(儒敎)를 하는 사람으로서 서양 오랑캐들이 와서 하는 그런 교회나 학교에 들어갈 수는 없었던 것입니다.

그러나 오늘부터 어떻게 지낼 것이냐? 이런 궁리 저런 궁리 하던 끝에 결국은 약은 생각을 했지요. 즉, 겉으로는 그 학교에서 기독교를 믿는 척하고 속으로는 공맹도(孔孟道)를 그냥 지켜 나가면 되지 않겠느냐? 그래서 거기로 들어갔습니다.

그 학교는 장로회가 경영하는 경신학교(儆新學校)의 전신이었을 것입니다. 송순명(宋順明)이라는 사람이 접장이었는데 공부가 끝나고 잘 때만 되면 종교 문제로 토론을 했습니다.

10여 일 동안이나 송순명은 도산 선생에게 예수를 믿으라고 권했고 도산 선생은 믿지 않겠다고 자꾸 승강이를 벌였습니다. 그러나 결국은 도산 선생이 송순명한테 정복되어서 예수를 믿게 되었던 것입니다.

예수를 믿고 열심히 공부하니까 어느 사이에 접장이 되었는데 한 달에 1원씩 주더랍니다. 월급으로 주는지 장학금으로 주는지, 그 명목은 알 수 없었으나 어쨌든 1원씩 받았답니다. 도산 선생은 한 달에 1원씩 주는 그 돈을 쓰지 않고 모았다가 고향에 다녀올 여비로 쓸 작정이었다고 합니다.

그럴 무렵에 뜻밖에도 필대은(弼大殷) 씨가 그 학교로 들어오더랍니다. 그는 안악(安岳) 사람인데 동학당(東學黨)의 화를 피해서 서울 교회 속으로 숨을 셈이었지요.

그때는 동학당이 한참 군사를 거느리고 다니면서 야단을 치던 시국이었습니다. 동학당은 필대은 씨가 계획도 잘 세우고 글도 잘 쓰는 줄 알고 와서 그냥 붙잡아 갔는데, 지금으로 말하면 납치였던 것입니다.

"당신이 우리 말을 들으면 단번에 참모로 상관 대접을 하고, 그렇지 않으면 오늘 저녁에 죽여 버리겠다."

이렇게 위협을 하자 필대은 씨는 우선 살고 볼 판으로 동학당 일에 협력하겠다고 했답니다. 마지못해 계획도 세워 주고, 양식도 몇 번 얻어 주었으나 아무리 해도 거기서 빠져 나와야겠다고 생각하고 역시 꾀를 써서 탈출했던 것입니다.

그때 관에서는 동학당이라면 모조리 잡는 판이라, 살려고 여간 등이 타지 않았겠지요. 자기가 억지로 끌려 가서 그런 일에 참섭했다고 알아줄 리도 없으므로 아무래도 서울로 와서 교회에 숨는 것이 제일 안전하다고 생각했기 때문이었지요.

그래서 도산 선생은 필대은 씨를 거기서 만나게 되었던 것입니다. 그 전에 송순명하고 믿어라, 못 믿겠다고 하고 싸우던 식으로 이번에는 도산 선생이 필대은 씨한테 전도(傳道)를 했지요. 그러나 필대은 씨의 안 믿겠다는 주장이 여간 아니라 그 싸움은 한 달 이상이나 장기전을 했답니다. 그러다가 필대은 씨는 도산 선생한테 결국은 굴복하고 예수를 믿게 되었지요.

그런데 필대은 씨를 만난 것이 도산 선생에게는 여간 유익한 것이 아니었습니다. 그는 한문을 잘하였고, 그래서 옛 서적이나 중국 서적 같은 것을 많이 사다 보았는데 거기에서 도산 선생이 지식 방면으로 많은 영향을 받았던 것으로 압니다. 그래서 도산 선생은 늘 필대은 씨 얘기를 하셨습니다.

이강: 도산 선생은 노자돈도 얼마만큼 모이자 집안에서 잡수실 것을 사가지고 고향에 갔습니다. 집에서도 반갑게 환영해 주었습니다.

그런데 할아버지께서 지금의 이 씨 부인한테 이미 정혼을 해 놓았더랍니다. 장인 이름은 이석관(李錫寬) 씨인데 도산 선생은 아무리 생각해도 안 되겠다고 생각했습니다. 그 중에서 가장 큰 문제는 신앙 문제였지요. 즉, 예수 믿는 자기가 예수 안 믿는 집의 딸하고 혼인할 수는 없지 않은가 하는 것이었습니다. 그래서 도산 선생은 장인 될 이석관 씨를 직접 찾아 가서 단도직입적으로 내뱉습니다.

"파혼합시다."

"아니, 그게 무슨 말인가?"

"다름이 아니라, 우리는 지금 예수를 믿고 당신네는 예수를 안 믿으니까 그런 두 집이 어찌 혼인할 수 있겠습니까? 그러니 파혼합시다."

"아따, 이사람. 그렇게 급하게 서두를 게 아닐세. 그럼 우리가 예수 믿으면 되지 않나."

"아, 그렇다면 좋습니다."

그래서 그 처가집에서도 예수를 믿게 되었습니다. 그래서 신앙 문제는 곧 해결되어서 '뭉개터' 라는 곳까지 와서 예수를 믿었다고 합니다.

자, 예수를 믿게까지 된 것은 좋으나 또다시 곰곰히 생각하니 공부라고는 못해서 마치 발바닥 같은 여자와 어떻게 평생을 살아간단 말인가, 아무리 생각해도 안 되겠다고 다시 그 집을 찾아갔습니다.

"아무래도 파혼해야겠습니다. 생각해 보니 안 될 일이 또 있습니다. 나는 공부를 했습니다. 이미 배운 것도 있지만 지금도 배우고 있는 중입니다. 그러니까 말하자면, 나는 유식하고 당신의 딸은 낫 놓고 기역 자도 못 그릴 무식쟁이니 그러고야 어떻게 우리가 한 가정을 이루고 살 수 있겠습니까? 그러니까 무식한 여자는 무식한 남자한테 가야하고, 유식한 남자는 배운 여자를 취해야 모두 이상적 가정이 될 것입니다."

도산 선생은 어떤 어려운 일도 그냥 할 수 없다고 단념하는 일이 없고 옳다고 생각하는 일은 어디까지나 적극적으로 하고야 말았던 것입니다. 이 말을 듣고 놀란 장인 될 양반은 서슴지 않고 빙그레 웃으면서 대답했습니다.

"아, 그럼 우리딸도 배우면 되지 않나. 자네가 맡아서 어떻게든지 잘 되도록 마음대로 하게나."

그래서 도산 선생은 그 약혼자하고 자기 누이하고 두 처녀를 데리고 서울로 공부를 시키러 떠났습니다.

서울 가는 길에 마침 미국 사람 마 목사하고 만경대에서 배를 같이 타고 올라 왔어요. 그런데 그것이 신문에 나기를 '마 목사가 예수교 전도를 한답시고 방년 열여덟 살 난 처녀 두 명을 꾀어 가지고 만경대에서 도망쳤다.' 그렇게 썼으므로 그만 소문이 쫙 퍼지고 말았지요.

그런데 알고 보니까 도산 선생이 아내 될 약혼자와 누이를 데리고 서울로 공부하러 왔다는 것으로 증명되었지요. 그 두 처녀는 서울에 와서 정신(貞信)여학교에 입학해서 모두 새 교육을 잘 받았습니다.

최희송: 그런데 김성택(金聖澤) 씨의 부인인 도산 선생의 누이는 공부를 잘했으나 도산 선생의 약혼자는 성적이 나빴다는 말이 있었지요.

이강: 그것은 그 누이는 성격이 활발해서 모든 것이 도산 선생과 비슷했고 도산 선생의 부인은 그렇지 않았기 때문에 그랬던 것 같아요.

이강: 약혼자와 누이를 공부시키러 서울로 올라온 뒤에 얼마 있다가 독립협회(獨立協會)가 생겼습니다. 도산 선생과 필대은 씨 두 분은 그 협회에 곧 들어갔으나 두 분 다 발기인은 아니었습니다. 평양에 지회(支會)를 만들게 되자 두 분은 그 대표로 내려 갔지요.

도산 선생이 서울의 협회에서 무슨 책임을 맡았다는 이야기는 없었어요. 평양에 내려와서 지회를 설치했는데 그때의 지회장은 아마 한석진(韓錫辰) 목사였을 것입니다.

평양에 협회가 이루어진 후에 쾌재정(快哉亭)에서 한 연설은 아주 유명한 연설이라 이때부터 도산 선생의 이름이 나기 시작했습니다.

쾌재정의 연설은 참으로 역사적인 대연설이었습니다. 그때 쾌재정에서 연설이 끝난 뒤에 청중들은, '쾌재정 쾌재정 하더니 오늘날이야말로 정말 쾌재정이다.'라고 할 만큼 깊은 감명을 받았습니다.

그날이 무슨 날이었냐 하면 7월 25일, 바로 고종 황제의 탄신일이었습니다. 그래서 평양의 관찰사, 지방대 대장 등, 그런 분들이 전부 나왔지요. 그러한 청중을 앞에 놓고서 도산 선생은 연설을 했던 것입니다.

"쾌재정, 쾌재정 하더니 오늘날의 쾌재정이다."

이렇게 시작한 연설의 내용은 대략 다음과 같았지요.

"오늘 이 자리에서 폐하의 탄신일을 우리 백성들이 경축하게 되었으니 이것은 참으로 드문 일이요, 군민동락(君民同樂)의 날입니다. 즉, 임금과 백성이 다함께 즐기는 날이니, 여기에 더 쾌(快)한 날이 어디 있겠습니까? 다음에 관찰사 이하 여러 사람이 이 자리에 나와서 우리와 함께 축하하니 관민동락(官民同樂)이 아니고 무엇입니까? 또 남녀노소 할 것 없이 이곳에 모두 모여서 만민동락(萬民同樂)하니 이것 또한 쾌한 일입니다. 그래서 이것이 오늘 쾌재정의 삼쾌(三快)올시다."

그렇게 첫머리를 쾌자 풀이로 축하한 다음에 거기에 와 있는 관찰사, 대대장을 막 내려 족치는 판이었어요. 이것을 듣는 관찰사와 대대장들은 매우 불쾌했겠지만 다른 청중들은 여간 통쾌해 하지 않았지요. 그때로서는 관존민비(官尊民卑)의 봉건사상이 굉장할 때라 그런 연설은 전혀 들어 본 일이 없는 청천벽력이었지요.

"세상을 잘 다스리겠다고 새로운 사도(使徒)가 온다는 것은 말뿐입니다. 백성들은 언제 잘 살게 해 주느냐고 가뭄에 구름 바라보듯이 하늘만 쳐다보는데 모두가 삼일공사(三日公事)가 되고 마니 죽는 것은 애매한 백성들뿐입니다. 인모(人毛) 망건을 쓴 대관(大官), 소관(小官)이 와서는 여기서 쑥덕, 저기서 쑥덕거리고 각처에 존문(存問)만 보내지 않습니까? 이 존문을 받은 사람은 반드시 돈을 싸가지고 가야 합니다. 만일에 존문을 받고서 돈을 싸서 돌려보내지 않으면 큰일이 나지 않습니까? 예를 들면, 불지 않은 제 어미한테도 불었다고 해서 잡아다 주리를 틀고 때려서 돈을 빼앗으니 이런 학정이 어디 또 있겠습니까? 그런 돈으로 밤낮으로 선화당에 기생을 불러다가 풍악을 잡히고, 연광루로 놀이만 다니며 백성들을 못살게 구니 이래서야 어찌 나라꼴이 잘 될 수 있겠습니까?"

그런 의미로 막 내려 족치니까 그때의 평양 관찰사였던 조민희(趙民熙)는 얼굴이 시뻘개지면서 그저 '옳소 옳소.'만 했다고 합니다. 그 다음에는 평양 진위대(鎭衛隊) 대장, 이것은 말하자면 주둔군 사령관 격인 어마어마한 군벌인데 그를 향해서도 외쳤습니다.

"진위대장은 백성의 생명과 재산을 보호하는 울타리인데 보호를 하기는커녕 백성의 물건을 빼앗는 약탈자 노릇만 한다면 우리나라 일이 어떻게 되겠습니까?"

이와 같이 탐관오리를 모조리 때려 족쳤는데, 이것은 숨도 못 쉬며 살던 백성들이 자신의 귀를 의심할 만큼 꿈같은 연설이 아니겠어요? 그들은 관찰사나 진위대장이 잘못했다는 말은 들어 본 일도 없었고 더구나 말할 자유는 절대 없었던 것이었지요.

이런 도산 선생의 말을 듣고 보니 정말 살 날이 왔구나 하면서 감격하여 야단이었지요. 여자들은 '어떤 어머니가 저렇게도 씩씩하고 훌륭한 아들을 낳았나? 그 어머니를 한번 보자.'고 떠드는 판이었습니다. 마침 도산 선생 어머니가 그 자리에 와 계셨거든요. 그러자 사람들이 왁 몰려 와서 둘러싸고 큰 야단법석이었답니다. 이런 이야기는 내가 직접 듣고 본 것은 아니나 도산 선생이 한가할 때 내게 들려 주신 말씀입니다.

최희송: 그런 이야기를 들은 어떤 중이 농촌을 돌아다니면서 이런 선전을 했다더군요. '안창호라는 훌륭한 젊은 사람이 이러저러한 이야기를 했는데 그 말대로만 세상이 되면 지상에 극락세계가 올 것이다.' 라고 말입니다.

이강: 얼마 안 가서 독립협회는 없어졌습니다. 그리고 그 후신으로 만민공동회(萬民共同會)가 생겼습니다.

그래서 도산 선생은 진남포에서 배를 타고 서울로 올라왔는데 원래가 지극히 검소하고 순박한 황발(시골뜨기)인데다 무명 두루마기까지 입고 있어서 아주 황발 티가 났지요. 시골 티 나는 도산 선생이 만민공동회가 열리는 황토마루(지금의 세종로쯤) 회장에 나타났는데 그때 광경이 또한 극적이었습니다.

그런 시골뜨기가 연단 위에 올라서자 서울 사람 청중들은 이 연사를 깔보고 '어서 내려서라. 다른 사람이나 연설하게 해라.'고 야단을 쳤지요. 게다가 또 도산 선생은 말씀을 시작할 첫머리에선 더듬더듬하지 않습니까? 그래서 '아예 들을 것도 없다. 그만 뒤라.'는 야유가 쏟아졌지요.

그러나 선생의 열성이 차츰 본론에 들어가자 모두들 눈이 휘둥그래지면서 엄숙한 태도로 귀를 기울였지요. 그때의 연설 내용은 대강 다음과 같았는데 그것은 물론 통쾌하게 정부를 내려족치는 열변이었지요.

"독립협회의 운동 목적은 우리나라를 잘 다스리고 백성을 잘 살게 하는 것이었습니다. 그런데 정부는 이 나라에 충성하고 백성을 사랑하는 사람들을 불량배로 몰아서 해산시켰으니 이런 부당한 엉터리 처사가 어디 있단 말입니까? 그런 몹쓸 정부는 철저히 규탄하여야 하며 그들은 빨리 반성해야 할 것입니다."

여기서 청중들은 박수 갈채를 보내면서 처음의 야유가 일대 환호로 변하였지요. 다음에 독립협회에 대하여도 통절한 자기 반성을 촉구했습니다.

"나라와 백성을 정말 위하는 충성과 용기가 있다면 아무리 총칼이 가슴에 들어와도 조금도 물러서지 말아야 하는데 그런 각오가 없지 않았던 것 아닙니까? 정부에서 불량배로 모는 몽둥이 바람에 못이겨서 해산을 하고 만 셈이니, 그런 약한 정신을 가지고 어찌 나라일을 바로 잡을 수 있겠습니까?"

그러니까 또 우뢰 같은 박수 갈채가 일어났지요. 그 다음에 또 만민공동회를 격려하는 겸해서 내려 족쳤습니다.

"이번에 새로 나오는 만민공동회도 또다시 독립협회와 마찬가지로 몇 달 못 가서 정부의 몽둥이나 다른 뭐가 무서워서 헤어질지도 모르는데, 그런 생각으로 여기 또 모였습니까? 참으로 나라를 위해서 모인 만민공동회라면 지금부터 목숨을 바칠 각오를 새로이 해야 할 것이 아닙니까?"

그렇게 외치고 연단을 내려왔는데 여기 저기서 둘러싸고 잡아끌면서 환영을 하는 바람에 한참 동안 혼란을 일으켜 혼이 났다고 합니다.

최희송: 그리고 그 분이 연설하는 목청이 하도 열렬하고 우렁차서, 처음에 조용히 시작할 때 이외에는 야유할 틈조차 없었다고 합니다.

이강: 서울에서는 그 연설 이후로 도산 선생이 두각을 버쩍 드러냈지요. 평양의 쾌재정 연설에서 두각을 나타냈듯이 말입니다. 그러다가 선생이 염려하듯이 만민공동회도 없어지자 모든 일이 어렵게 되고 선생도 할일이 별로 없게 되고 말았습니다.

이강: 만민공동회가 끝난 다음에 선생께서는 다시 평양으로 내려갔

지요. 마침 마 목사가 교회 일을 보라고 청하더랍니다. 마 목사는 꼭 도산 선생을 끌어 들여야 교회를 발전시킬 수 있다고 생각했던 것입니다.

"당신은 지금 별로 할일도 없는 모양이니 교회 일을 보는 것이 어떻소."

"아니, 교회 일은 나 혼자 스스로 하면 안 됩니까? 교회 일을 마 목사하고 같이 해야만 됩니까? 교회 일은 내가 이미 속으로 하고 있지 않습니까?"

이렇게 그것을 거절했다 합니다.

최희송: 도산 선생은 그때부터도 자기 몸을 무엇에 붙들어매고 싶지 않았던 것이지요.

이강: 그래도 마 목사는 도산 선생을 단념하지 않고 권했습니다.

"교회 일을 보면 생활비도 타다 쓸 수 있으니 그것도 좋지 않소."

"내가 하나님의 일을 하는 것은 나 자신의 일인데 누구한테서 무슨 돈을 받는단 말이오. 그런 말씀은 하지 마시오."

그렇게 나오자 마 목사도 더는 권하지 못하였습니다.

그후에 도산 선생이 예수를 믿지 않는다고 배척 운동을 하고, 도산 선생과 상종하면 재미없다는 중상도 많았답니다. 그때가 바로 팽한주 (彭翰周)가 평양 감리교에 있을 때입니다.

그런데 때마침 원납(願納) 문제가 일어났습니다. 이 원납이라는 것은 일종의 강제 기부였는데, 그것을 신자들에게 요구한 셈이지요. 그 문제를 토의하는 회의에 도산 선생은 그때 살던 평양 남촌(南村)의 대표로 뽑혀서 나갔습니다.

평양 각 지구의 대표들이 모여서 하는 이야기가 대체로 '열에 한 술 밥이니 조금씩 내면 되지 않느냐.', '그것을 아껴서야 되겠느냐.' 하는 편으로 기울어지고 있었습니다. 그런데 도산 선생이 나서서 반대했습니다.

"여러분. 밥 한 그릇이 열 숟가락이나 됩니까? 가령 열 숟가락 열
다섯 숟가락이 된다고 합시다. 그것을 이 사람 한 숟갈, 저 사람 한 숟
갈 모두 나누어 준다면 나중엔 한 숟갈도 남지 않을 것 아닙니까? 그
런 열에 한 술 밥을 백성한테서 거두어 들이려고 합니까?"

그래서 원납에 따라가려던 다른 사람들도 모두 그것이 옳은 말이라
고 찬성하고 말았답니다. 실상은 돈 내기를 좋아하지 않던 판이라 도
산 선생의 이런 의견에 모두 찬성해 버렸던 것이지요.

그래서 저놈 때문에 내 돈벌이가 틀렸다고 팽한주가 좋아하지 않았
다고 합니다. 그러나 그 덕택으로 그후 도산 선생이 미국에 갈 때 팽한
주가 여비를 좀 냈지요. 저놈을 미국으로 쫓아 버려야 자기 마음대로
할 수 있다는 계산에서 말이지요.

그때 도산 선생은 평양에서 정부에 반대하는 애국 운동을 은연중에
하는 경향이 있어 잡아가둘 수도 있었지만, 외국 사람 관계도 있고 교
회 관계도 있어 손쉽게 건드리지는 못했습니다.

이강: 평양에서 그런 침묵 생활을 하다가 미국으로 가게 되었는데
먼 길을 떠나기에 우선 앞서는 것이 여비 문제였지요. 그래서 아직은
약혼 중이던 부인은 못 데리고 가게 되었지요. 도산 선생은 처가집에
찾아 가서 이런 이야기를 했습니다.

"같이 가면 좋겠으나 지금 돈이 부족해 그럴 형편이 못 되니, 나 혼
자 먼저 가서 미국에서 차차 변통하여 뒤에 데리고 갈 생각입니다."

그러자 장인이 여비는 어떻게 하든지 변통해 볼 테니 같이 가도록
하라고 했지요.

최희송: 도산 선생은 부인을 미국에 데리고 갈 생각은 본래부터 안

했고 혼자 가려고 했습니다. 그런데 장인이 자기 딸에게 '이번에 안창호를 놓아 버리면 아주 잃어버리고 말 테니 네가 따라가야 한다.'고 충동을 했지요. 그래서 부인은 자기 혼자는 미국에 갈 용기가 없으니 도산 선생과 같이 가야 한다고 바짝 달라붙었습니다.

자, 그러니 도산 선생은 핑계를 댈 수밖에 없었지요. 당신을 이번에 데리고 가면 내가 공부를 못할 테니 이 다음에 데려갈 때까지 집에서 기다리라고 달랬지요.

그러자 장인이 이번에는 언더우드 목사를 찾아 가서 안창호가 내 딸을 데리고 가도록 해 달라고 청했지요. 언더우드 목사가 도산 선생에게 얘기를 했으나 그래도 선생이 어디 말을 들어야지요.

마침내 언더우드 목사가 위협을 했습니다.

"그럼 당신이 미국에 가지 못 하도록 방해를 놓겠소."

도산도 흥분했지요.

"방해할 테면 해 보시오."

이래서 싸움이 벌어졌는데 좀처럼 끝이 안 나므로 언더우드 목사가 제발 그러지 말고 데리고 가라고 사정을 했습니다. 결국 부인을 데리고 가기로 했는데 그러려면 결혼을 해야 하므로 언더우드 목사가 결혼을 시킨 뒤에 데리고 가기로 했습니다.

이강: 결혼식을 올리는데는 김윤오(金允五)가 힘을 썼지요. 그리고 도산 선생이 미국에 가기 전부터 언더우드 목사하고 개성에 있던 고 목사의 소개를 받아서 양주삼(梁柱三) 씨가 서양 유학을 한 것도 도산 선생의 소개였지요.

그 당시의 일로서 또 하나 기억나는 것은 도산 선생은 어느 누구한테도 속지 않고 매사에 신중한 태도로 현명하게 처리했다는 사실입니다.

그때 박영효(朴泳孝) 사건이 일어났습니다. 그는 일본에서 돌아와

172

활빈당(活貧黨)을 조직하고 개혁 운동을 시작했지요. 동지를 모아서 어떤 절에다 근거를 두고 순사 복장에 무기를 들고 부자들을 납치해서 운동 자금을 모으려고 했어요. 그것이 더욱 내 기억에 남는 것은 내 오촌 숙부가 거기 들어가서 죽었기 때문이지요.

그때 도산 선생과 필대은 씨, 한성진 목사한테도 배당이 나왔습니다. 그래서 필대은 씨와 한성진 목사와 관계 있던 사람들 중에 간 사람들이 있었는데 갔던 사람들은 다 잡혀 죽었거나 살아 왔어도 갖은 고생을 겪었습니다.

그러나 도산 선생은 관계 있던 사람이 가겠다고 하는 것을 아직 자신이 없으니 가지 말고 기다려 보라고 말렸습니다. 그래서 한 사람도 보내지 않아서 희생을 면했는데, 그 활빈당이 실패로 끝난 뒤에야 도산 선생이 일을 신중히 한다는 것과 현명한 견식이 있다는 것을 알게 되었습니다.

여담이 되겠습니다만 내 오촌은 활빈당의 거두로서 부산에서 잡혀서 죽고 말았습니다. 평안도의 유명한 협잡꾼이던 이희간(李喜侃)이란 사람도 활빈당이었는데 우리 오촌 보고 사태는 다 틀렸으니 도망치자고 했으나 내 오촌은 그게 무슨 비겁한 소리냐, 동지들이 죽으면 같이 죽고 살면 같이 살지 우리 두 사람만 도망쳐서 살면 어찌 도리가 되겠느냐, 나는 그렇게 할 수 없다고 잡혀 갔지요. 그 이희간은 갈대밭 속에 하루 동안 숨어 있다가 잡히지 않고 살았답니다.

이강 : 점진학교(漸進學校)가 강서(江西)의 뱃고지[梨花洞]라는 곳에 있었는데 거기에 대해서는 별로 아는 것이 없어요. 최광옥(崔光玉) 씨가 교사였고 이석원(李錫元) 씨가 같이 있었는데 여기서 모두 혼이 난 모양입니다. 최광옥 씨만 해도 퍽 무서워했습니다.

미국 이야기를 해보겠습니다. 그때가 1900년인지 1901년인지 될 것입니다. 처음에 도산 선생하고 샌프란시스코에 들어가 보니까 우리나라 사람이 약 십여 명 있었는데 학생이라고 할 만한 사람이 5~6명 있고, 인삼 장사하는 사람이 5~6명 있어서 두 패로 갈려 있었어요. 그들 두 패는 아주 원수같이 서로 보기도 싫어했습니다.

그런데 이 인삼 장사 패들은 미국 물 먹은 지도 오래 되고 여간 완고하지 않았습니다. 그리고 그들은 미국에 가서까지 상투를 틀고 있으면서 머리 깎은 사람을 보면 '까까대기'라고 했지요. 그리고 머리 깎은 사람들은 그들을 '상투'라고 했어요.

이 두 패들 사이에 도산 선생이 들어가서 동포끼리 먼 땅에 왔으니까 서로 의좋게 단합하라고 권했는데 학생들은 잘 들어도 상투 완고패는 바로 그렇게 하지 못했습니다.

샌프란시스코에서 친목회를 만들어 놓고 좀더 있다가 로스앤젤리스에 갔습니다. 로스앤젤리스에 가서는 임준기(林俊基) 씨를 만나서 같이 다녔습니다.

하루는 내가 도산 선생에게 '공부할 생각으로 왔는데 어떻게 할까요?'하고 물으니까 '공부도 해야겠지만 이왕 늦었으니 한 3년 더 늦어도 큰일은 아닐 것이오. 우선 우리 동포에게 시급한 노동을 주선해 주는 일을 해야겠소.' 하시더군요.

때마침 하와이에서 한국 동포가 몇 명 들어오는데 이 사람들을 우리 손으로 잘 인도해야겠다는 것입니다. 그들을 그냥 두면 왜놈의 캠프나 뙤놈의 캠프로 가게 될 것이니 본인들도 딱하고 어디 우리나라 체면이 말이 되겠느냐는 말씀이었습니다.

하와이에서 굴러먹은 친구들은 본래가 악질이었습니다. 그들을 인도하는데는 영어도 좀 할 줄 알아 고용주와 교섭도 하고, 또 일도 많이 해 본 사람이 해야 한다고 해서 임준기 씨하고 두 사람이 노동 주선소로 갔지요.

마침 귤 따는 일에 몇 사람 쓰겠다고 했습니다. 그런데 그곳이 미국 사람의 농장인 줄 알았는데 막상 가 보니 왜놈의 캠프였어요. 속으로는 싫었으나 별도리가 없어서 네 사람이 거기 있으며 일을 했습니다.

그 주인은 사사끼(佐佐木)라는 자였는데 우리한테 자전거를 한 대씩 사야 한다는 것이었습니다. 돈이 없으니 어쩌냐고 하니까 월부로 얼마든지 살수 있다고 해서 사기로 했지요. 농장까지는 약 시오 리나 떨어져 있어서 역시 자전거가 필요했거든요.

그 뒤에 네 명이 더 와서 여덟 명이 되었습니다. 우리끼리 밥을 따로 지어먹어도 되는데 주인이 그것을 허락치 않아서 집을 따로 얻기로 해서 간신히 마련했지요.

도산 선생은 그런 일을 우리한테만 맡겨서 미안도 하고 궁금도 하다며 또 오셨어요. 우리는 선생은 여기 와서는 안 된다고 말했습니다.

그런데 여기에서의 걱정은, 그 일본 사람 캠프에 약 칠팔십 명 있었는데 일본 사람에게 먼저 일을 다 주고 남아야 우리에게 일을 맡긴다는 것이었습니다. 그래서 쉬는 날도 생기고 해서 밥값도 제대로 되지 못했습니다. 일이 없는 날에는 늘 집 청소를 하고 안팎 마당을 깨끗이 쓸었지요.

그런데 집을 빌려 준 미국 사람은 돈도 많고 집도 여러 채 가지고 있는 사람이었어요. 그가 사무소로 가는데는 우리집 마당을 지나서 가야하는 방향이었습니다. 그는 '한국 사람인데 집을 잘 보살피고 청소를 잘 하는군.' 하고 감심했던 모양이죠. 한번은 그가 지나가다 가마차를 멈추더니 나를 불러서 물었어요.

"당신들은 왜 일을 하지 않고 자꾸 놀기만 하시오?"

"일을 하려고 해도 사사끼라는 일본 사람이 일본 사람에게 먼저 일을 주고 남아야 우리에게 시키므로 일을 맡기가 여간 어렵지 않군요."

"그럼 당신들끼리 자유롭게 하면 좋지 않겠소?"

"그렇게 하려면 여러 가지 준비와 필요한 것이 있는데 지금 그럴 형편이 못 되니까 그렇지요."

그가 그런 이야기를 하고 간 일 주일 후에 또 지나다가 먼저와 같은 말을 묻기에 털어놓고 대답했지요.

"돈이 없어서 자유로이 활동을 못합니다."

"돈이 얼마나 있으면 자유로이 일할 수 있겠소?"

"천오륙백 불만 있으면 되겠지요."

"그래요? 그럼 오늘 저녁에 우리집에 와서 상의해 봅시다."

그 말을 듣고 우리는 여간 반갑지 않았어요. 그래서 그날 저녁에 뛰어갔습니다.

"내일 천오백 불을 줄 테니 그것으로 자유로이 일을 해 보시오."

그래서 마침내 우리도 캠프, 즉 노동 주선소를 따로 설치하게 된 것입니다. 그리고 그는 우리 일을 적극 후원하겠다고 했습니다.

"나는 이 일에서 어떤 이익도 바라지 않고 힘껏 후원해 줄 테니 잘해 보시오. 신문사에 교섭도 해 주고 전화 가설도 교섭해 줄 테니 내일 또 오시오."

그래서 우리는 자유로이 일을 하게 되었습니다. 우선 일본말을 잘하는 사람을 데리고 사사끼한테 가서 우리가 자유로이 일을 하게 되어 작별 인사를 하러 왔다고 하니까 무슨 건방진 수작이냐고 웃는 눈치였어요. 그리고 그만 두려면 월부로 맡아 준 자전거 대금을 내라고 해서 그 자리에서 선뜻 내 주었더니 그때서야 경쟁자가 생겼다고 풀이 죽으면서 변명을 했습니다.

"당신들에게 일을 많이 못 준 것에 대해 오해는 하지 마시오. 당신들은 처음 일을 하기 때문에 일을 잘 못하므로 신용이 필요한 곳에 보내기 어려워서 그랬지 절대로 차별한 것은 아니오."

그리고 그는 당신네도 캠프를 내거든 서로 손잡고 협력하자고 하더군요. 그래서 같이 갔던 사람이 그럼 협력하는 의미에서 우선 쌀 두 가마니만 외상으로 달라고 하니까 갖다 주겠다고 하더니 곧 사사끼 자신이 우리집까지 갖다 주었어요.

이렇게 자유롭게 노동 주선소를 꾸며 놓고 보니 우리들 여덟 명으로는 언제나 구하는 사람 수를 채울 수가 없게 되어 바빴습니다. 전화도 두 대나 놓았지요. 그리고 일값을 받으러 가면 밀가루 포대로 두 포대씩이나 받아왔어요. 얼마 안 되어 열 명이 불어서 열여덟 명이 되었지요. 이렇게 사람이 늘자 도산 선생이 말했습니다.

"이제는 큰 집을 얻어서 야학도 시작해야겠소."

그래서 그집 주인한테 다시 말하니까 큰 집을 빌려 주더군요. 그리고 우리는 한 달 만에 빌렸던 천오백 불을 번 돈으로 갖다 갚았습니다.

이때 여기서 열여덟 명으로 공립협회(共立協會)라는 것을 창설했습니다. 협회를 조직한 뒤에 얼마 되지 않아서 또 사람들이 모여 들어와서 금방 35명이 되었습니다.

그 캠프, 즉 공립협회가 탄생된 장소는 '리버사이드'란 곳이었습니다. 그곳은 넓지 않은 고을인데 별명이 '크리스찬 타운'이었지요.

도산 선생은 우리가 교회에 다녀야겠다고 했습니다. 그래서 우선 교회 목사의 선을 보자고 해서 큰 교회를 다니며 앞으로 다닐 교회 목사의 선을 본 결과, 장로교 신령회(信靈會)에 다니기로 정했어요.

'유나이티'라고 하는 것이었습니다. 그래서 전부 그 교회에서 예배를 보았지요. 도산 선생이 선보신 중에서 그 교회 목사가 제일 좋게 보인다고 해서 정한 것이었습니다.

그 다음에는 그 목사한테 가서 우리 동포가 한 삼십여 명 있는데 매 주일에는 예배도 보고 야학도 하겠으니 교사를 좀 보내 달라고 청했습니다.

그래서 주일날 목사가 '코리안'들한테 가서 교사를 할 사람은 나오라고 했는데 열한 명이나 지원자가 나왔어요. 우리 야학에서 공부할 사람은 오륙 명밖에 안 되는데 교사 지원자가 열한 명이니 이번에는 또 교사의 선을 보아서 뽑는 수밖에 없었습니다.

그 중에서 교사 네 명을 골랐는데 물론 무보수 봉사였습니다. 그때로 말하면 다른 나라에서는 보지 못할 일이 참 많았습니다. 그런데 야학은 차려 놓았으나 실상은 학생들이 바쁘고 고단해서 제대로 야학할 시간이 없었어요. 그러나 교사들이 모두 열심이라 시간 있는 대로 자기들 집에라도 와서 배우라는 것이었어요.

그러는 동안에 우리들의 일에 대한 성적도 오르고 신용도 얻게 되었습니다. 동포들이 먼 곳에서도 찾아 오기 시작해 공립협회는 점점 발전했지요.

사람이 많아지자 자치적인 질서와 공동 생활의 훈련을 위하여 공립협회 안에 경찰이라는 것도 만들었습니다. 말하자면 생활 지도의 역할을 했던 것이었습니다.

예를 들면, 그들에게는 언제라도 회원의 집에 들어갈 수 있는 권한을 주고, 아홉 시가 되면 불을 끄고 잘 것, 한국 부인들이 긴 담뱃대를 물고 거리로 다니는 것을 금지할 것, 그때 신분들은 비록 이주 노동자였지만 내복 바람으로 밖에 다니지 말고 반드시 와이셔츠를 입고야 나갈 것 등을 지도하도록 했습니다.

그런 생활 개선의 법칙을 세워서 우리나라 사람들의 품성을 향상시키는 동시에, 외국 사람들의 신망을 얻어 가자는 목적이었지요. 그 목적은 점점 달성되어 나중에는 훌륭한 자치 사회를 이루게 되었습니다.

하루는 강명화(姜明華) 씨가 와서 모든 사람들의 일하는 모습이며, 살림살이 방식이며, 단체 규율의 실행을 골고루 보고, 도산 선생의 공화국은 참으로 훌륭하다고 감탄했습니다.

공립협회는 이처럼 경제적으로나 생활면에서 부끄럽지 않을 만큼 독립적이고 자치적인 토대를 세웠고, 우리들만으로 해나갈 능력과 자신이 생겼습니다.

"선생님. 이만하면 우리도 독립적으로 해 나갈 토대가 섰습니다. 그러니 선생님은 여기서 귀중한 시간을 버리실 게 아니라 더 큰 무대에 나가서 일을 해 주셔야겠습니다."

우리들 중의 다섯 사람이 버는 몫이라도 대드릴 테니 그렇게 하시라고 권했습니다.

"그래서는 안 되오. 당신들에게 미안을 끼쳐서야 되겠소. 나는 여기서 당신들과 일하는 것이 좋소."

선생은 듣지 않으셨습니다. 그래서 우리는 최후의 방법을 썼지요.

"선생님이 정 그러시다면 우리가 여기서 일하는 것도 의미가 없으니 오늘부터 다 해산하고 말겠습니다."

우리가 협박으로 나갔더니 도산 선생은 마침내 우리의 청을 들어 주셨어요. 그래서 선생은 샌프란시스코에 새크러먼트도 세우고 그것을 공립협회 회관이라 해놓고 하와이에서 본토로 들어오는 동포들을 맞아서 며칠씩 무료로 숙박시키며 그들이 가고 싶어하는 곳으로 갈 수 있도록 모든 편의를 보아 주었습니다.

그들에게 주선해 주는 일자리는 세 방면이었는데 과일 따는 곳, 철도 공사장, 그리고 콩농사를 짓는 농장이었습니다. 이 세 방면 중에서 자신의 희망에 따라 협회에서 갈 곳을 주선해 주었던 것입니다.

그러나 새로 들어온 사람들 중에는 나쁜 버릇에 젖어서 한국인의 신용을 잃게 하는 일도 종종 있어 협회가 골치를 앓았습니다. 예를 들면, 지금까지 있던 다른 곳에서 빚을 지고 도망치는 버릇을 되풀이하는 일 같은 것이었습니다.

그래서 우리 공립협회에서는 새로 오는 사람은 어디서 왔으며, 어떤 일을 했느냐고 물은 다음, 나중에 전에 있던 그곳에 조회를 해 보았습니다. 그래서 만일 그 자가 그곳에서 빚을 지고 그냥 뛰쳐 나온 자라면 그 내용과 금액을 적어 보내라고 요청했습니다. 그리고 급여일이 되어 일값을 계산해 줄 때는 의리와 신용을 알아듣게 설명해 주었습니다.

"당신의 이번 보수는 얼마인데 리버사이드의 누구한테 지고 온 빚이 얼마이니 그 돈을 보내어 갚고 나머지를 주겠소.".

그렇게 해 본 결과 그런 좋지 못한 버릇도 고쳐졌습니다.

또한 도산 선생은 회원들에게 항상, '이 과수원에서 귤 하나를 정성껏 따는 것이 나라일이 된다.'고 가르쳤으나 그 의미를 모르는 사람도 많았습니다.

이강: 하루는 우리가 다니던 교회에서 어머니같이 사랑해 오던 부인이 와서 오늘 저녁에 예배당에서 일이 있으니 도산 선생을 모시고 오라고 했습니다. 도산 선생께 그 말을 전했더니 혼자만 갈 것이 아니라 거기 있던 우리 다섯 사람이 다 같이 가자고 하시기에 같이 갔습니다. 그런데 개회할 일곱 시가 되어도 다른 사람들이 아무도 오지 않았습니다.

"왜들 회의에 모이지 않습니까?"

"아니, 오늘 저녁에는 당신들을 초청한 것인데 당신들이 왜 더 오지 않소."

도리어 묻는 것이었습니다. 우리는 처음에 도산 선생만 청한 것으로 알고 우리 네 명도 덧붙이기로 따라 갔는데 우리들 한국인을 모두 청했던 것이라는 것을 비로소 알았지요. 다시 돌아와서 열다섯 명을 더 데리고 나갔지요.

그것은 우리 공립협회에 모인 한국인들이 모든 일을 부지런히 정성껏 잘한다고 칭찬해 주기 위한 일종의 감사회였던 것입니다. 그때야 도산 선생이 귤 한 개 잘 따는 것이 나라일이라고 했던 의미를 모두가 깨닫게 되었습니다.

회의가 열리자 목사가 나와서 이야기를 시작했습니다.

"이곳에 와서 일하는 한국 사람들을 일 년 동안 두고 지내 보았더니 모두 좋은 사람들인지라 놀라며 고맙게 생각해 왔습니다. 내가 여러분의 생활 태도와 성격을 알기 위하여 우편국에 조사해 보았더니 다달이 본국으로 돈을 부치는 사람들이 많았습니다. 또 은행에 있는 사람한테 물어 보았더니 당신들은 일해서 얻은 돈이 들어오는 대로 은행에 저금하고 수표를 쓰는 사람들이 많다고 했습니다. 또 '차이나 타운'(그 당시 부랑패 망종이나 가는 난장판)에 알아 보니까 한국 사람들은 그런 곳에 출입하지 않는다는 것도 알았습니다. 이처럼 모든 일이 미국 사람도 본받을 정도로 훌륭한데 내가 단 한 가지 유감으로 생각하는 것은 담배를 먹는 것으로 이것만 먹지 않으면 더욱 훌륭해질 것입니다. 또 영어 야학 교사한테 물어 보니까 영어도 잘한다고 하고, 주일학교 선생들한테 물어 보니까 성경은 우리보다 더 잘 안다고 합니다."

이처럼 칭찬을 해 주지 않겠어요. 그 목사가 우리 한국인의 생활에 대하여 이처럼 관심을 가지고 여러 방면으로 실제 조사까지 한 열심에도 감복했지요. 다음에는 어떤 과수원 회사 사장이 나와서 이야기를 했습니다.

"우리 회사는 금년에 한국 형제들 덕택으로 이익을 많이 보아서 감사히 생각합니다. 그것은 한국 형제들의 지도자 도산 선생이 자기일 이상으로 자꾸만 귤을 정성껏 잘 따라고 이야기하셨고, 한국 형제들이 그 말씀대로 귤을 잘 따 주었기 때문입니다. 특별히 만든 귤 따는 가위로 가위질을 할 때, 함부로 하거나 잘못하면 귤이 상하기 쉽고, 또 꼭지를 길게 따서 팽개치든지 하면 그것이 다른 귤에 틀어박혀서 상하고 결국 썩어 버려 큰 손해를 보게 됩니다. 그런데 한국 형제들이 일을 잘 해 주었기 때문에 큰 이익을 보았습니다."

그렇게 칭찬한 다음에 성경책과 찬미책 두 권씩을 한 40명분 감사의 표시라고 주었지요. 그리고 우리와 잘 알던 여자들이 전부 나와서 기쁜 일이라고 칭찬들 하더군요. 도산 선생한테 나와서 이야기하라고 해서 선생은 감사의 말씀을 간단히 하셨습니다.

"여러분들이 도와준 덕택으로 우리는 잘 지내고 있습니다. 일을 정성껏 하려니까 자연 천천히 하게 되어 능률상 부족한 점도 없지 않은 것이 사실이며 이에 대해 미안하게 생각합니다. 그러나 우리들도 기술을 높이는 데 더욱 힘쓰겠으니 여러분들도 더욱 깊은 이해로 사랑해 주십시오. 그리고 다른 곳에서 일하는 우리 동포들도 여러분 같은 고마운 사람들을 만나게 해 주기 바랍니다."

그렇게 부탁하셨습니다. 다음에는 나보고 한국말로 무슨 이야기를 하라고 해서 몇마디 했습니다. 이렇게 되고 보니 지금껏 도산 선생이 '귤 하나 따는 것이 나라일이다.'라고 하신 정말 뜻을 알게 되었지요.

우리나라가 독립하는 일도 이와 같다고 모두 자신감을 갖게 되었고, 이 감사회가 모든 회원에게 희망과 용기를 주었던 것이 사실입니다.

자립한 뒤로 이런 좋은 성적을 내었으므로 경제적으로 여유 있게 되어 공립 회관의 운영비나 거기서 일을 보는 사무원들의 생활비를 전부 부담해 갈 수 있었고, 한 2년 후에는 사업 내용이 더욱 충실해졌습니다.

이강: 협회에서 발행하던 〈공립신보(共立新報)〉에 송석준(宋錫俊) 씨가 있을 때였습니다. 그때 일로전쟁이 끝나고 그 강화 담판이 포츠머스에서 열렸지요. 한국 사람들은 그런 정치 문제에는 매우 열심

이었습니다. 하와이에서는 벌써 돈을 거둬서 사람을 파견할 것을 작정했지요. 그래서 미주에 있는 동포들도 돈을 모아서 사람을 파견해야 한다고 야단이었습니다. 도산 선생에게 포츠머스에서 열리는 강화 담판을 보고 오라고 권했습니다만 선생은 딱 거절하고 말았습니다.

"나는 안 간다. 가 봐야 우리가 참석할 권리도 없지 않느냐? 열이면 아홉은 참가하지 못할 것을 뻔히 알면서 무슨 염치로 동포들의 땀 판 돈을 쓰면서 갈 수 있느냐? 나도 허영에 뜬 사람이라면 이런 기회에 그런 국제 무대 구경도 할 겸 좋은 양복이나 얻어 입고 가 보겠지만 그 것은 안 될 말이다. 그렇게 헛돈만 쓰다 보면 이 다음에 정말 돈이 필요한 일에는 돈을 내려고 하지 않을 것이다. 그러니까 나는 못 간다."

그때 도산 선생에게 꼭 가야 한다고 주장한 사람은 임치정(林蚩正) 씨였는데 도산 선생은 이 분하고 잠 한숨 못자고 밤을 새워가며 다투었습니다.

그 이튿날 선생이 나한테 와서 그런 말씀을 하시기에 잘하셨다고 하고 모았던 돈이 있으면 하와이로 보내기로 했지요.

이런 일을 보더라도 도산 선생은 다른 사람들과는 늘 아주 딴판이었습니다.

그 무렵에 샌프란시스코에 큰 지진이 일어났어요. 그때 나는 리버사이드에 있었는데 한국 정부에서 위문금이 왔어요. 고종 황제께서 보냈는지 돈 일만몇천 불인가를 샌프란시스코에 있는 한국인 이재민 구제에 써 달라는 것이었습니다.

당시 한국 정부에는 이토오 히로부미(伊藤博文)가 총감으로 있었는데, 일본 공사관을 통해서 왔으므로 거절했습니다. 교회를 통해서 보냈으면 문제가 없었을 것을 그랬던 것입니다. 일본 영사관을 통해 보냈으므로 일본 공사는 우리 공립협회로 편지를 보내 그 돈을 찾아 가라고 했습니다.

도산 선생은 그 통지를 보고 즉석에서 '이것을 받아서는 안 된다.'고 했어요. 그리고 협회에서도 각지에 있는 대의원들에게 편지로 문의하였더니 역시 모두 받지 말자는 회답이었어요. 그래서 받지 않기로 결정했습니다.

그러나 한국 정부에 보내는 공식 편지에는 그런 내용을 쓸 수가 없어서, '지진 재해 구제금을 보내 준 것은 고마우나 우리는 별로 피해를 보지 않았으므로 돌려보내오니 도로 받아 주십시오.'라는 핑계를 댔어요.

또 한번은 살인 사건이 일어났는데, 철도 공사장에서 일어난 사건이었습니다. 그래서 현장으로 송석준 씨를 보냈는데 그 조사한 보고서를 어디에 내야 하는가 하는 문제가 일어났습니다.

도산 선생에게 물었더니 일본 공사관에는 절대로 내지 말라는 말씀이었습니다. 그런데 현장의 미국 사람들은 멋도 모르고 영사관에 보고하라고 하므로 영사관에는 일본 사람밖에 없으니 못하겠다고 자꾸 거절했지요. 그러니까 그럼 너희들 공립협회 총회장 앞으로 하면 어떠냐고 하기에 그건 좋다고 하여 총회장 앞으로 그 살인 사건을 공식으로 보고했지요. 그래서 공립협회가 일종의 정부 행세를 했던 것입니다.

최희송: 그렇게 해서 앞에서 말한 도산 선생의 한인 '공화국'은 점점 반일 망명 정권의 성격을 띠게 되었습니다. 이것은 미국의 묵인 내지 공인을 얻게 되었단 말입니다.

또, 이것은 도산 선생이 직접하신 일은 아닙니다마는 리버사이드에서 한 오륙십 리쯤 떨어진 곳에 텐드랜드란 곳이 있었는데 한인들이 리버사이드에서 그곳으로 노동을 하러 갔습니다. 그때는 일을 찾아 보따리를 싸가지고 다니는 그들을 '매트리스'라고 했습니다.

그런데 한인들이 가자 그 지방의 백인들이 그들이 오면 자기들의 일을 침해한다고 생각해서 그랬는지 반대 운동을 일으키고 정거장에서 쫓아 버린 사건이 발생했습니다. 그래서 한인들은 모두 리버사이드로 돌아오고야 말았지요. 그 사건이 텐드랜드 신문에 보도되었습니다.

그 신문 기사를 본 로스앤젤리스의 일본 총영사관에서는 워싱턴에 있는 저희들 대사관에 보고했습니다. 그때는 윌슨이 대통령이던 1913년이었습니다. 일본 대사는 그 보고를 받고 당시 미국 국무 장관인 브라이언에게 '한국은 1910년 합병 이후로 일본 제국의 식민지가 되었으므로 우리 제국 신민인데 그들을 박해했으니 이에 대한 대책을 세워 달라.'고 했다는 것입니다. 이 요구를 접한 국무 장관도 어떻게 처리할 도리가 없어서 대책을 못 세우고 그냥 '고려중'이라고만 해 두었습니다.

그것을 국민회 회장 이대위(李大衛)라는 사람이 알고서 장문의 전보를 보냈습니다.

"지금 여기에 와 있는 우리 한국 거류민은 일본인의 식민이 될 수 없다. 우리는 합병 전에 이리로 나온 것이니까 일본과는 따로 독자적으로 취급해 달라."

그러자 그러면 그렇게 하라고 허락을 받아 국민회를 등록해서 독립 기관을 만들었던 것입니다. 그렇게 되자 일본측에서는 다시 브라이언에게 항의를 했으나 일축하고 말았습니다. 결국 미국에서는 그 당시 '한국 사람은 너희들의 식민이 아니다.'라는 결과가 되어서 손을 못 대게 되었던 것입니다.

그 후 몇 달 안 가서 정인과(鄭仁果)와 황사선(黃思善)이라는 사람이 미국에 왔는데 여행권이 없다고 샌프란시스코에서 말썽이 났습니다. 그들은 망명객으로 중국에서 여행권 없이 이리로 온 것인데 이민국에서 여행권을 안 가진 것은 조례 위반이라는 것이었습니다. 그래서 확인이 될 때까지 이민국에 가두어 두었지요.

이민국에서는 국민회에 조회를 해 왔습니다. 역시 이대위가 국무 장관에게 교섭하기를 '우리는 나라를 빼앗긴 망명객들이니 여행권을 가질 수가 없다. 그러니 이런 망명객들을 보호해 주시오. 그리고 앞으로도 이런 사람이 오거든 허용해 주시오.' 하였는데 그 요청이 통과되었습니다. 그때 여행권 없이 미국에 들어간 사람이 삼백여 명 되었는데 나도 그중의 한 사람이었습니다.

이강: 이제부터는 신민회(新民會)에 대해 이야기를 해 보겠습니다. 신민회라는 것은 본래 미국에서 이루어진 것이었는데, 그때 도산 선생은 한국에 있었습니다.

도산 선생이 한국으로 다시 돌아온 것은, 동양의 풍운이 자꾸 급박해 오는데 이렇게 미국에 멀리 떨어져 있으면 안 되겠다, 한 2년 동안만이라도 본국에 가 봐야겠다는 것이 동기였습니다.

도산 선생이 본국으로 떠날 때 나하고 임준기, 단 세 사람이 조용한 장소에 모였습니다. 그때 도산 선생은 '우리 단 세 사람이지만 신고려회(新高麗會)라는 것을 하나 조직합시다. 차츰 동지들은 보아서 넣고 우선 만들고 봅시다.' 해서 신고려회를 조직하고 떠났던 것입니다.

신민회의 비용은 그곳에 있던 동지들이 대기로 했지요. 신달윤(申達允), 박영순(朴永順), 이재수(李在洙) 같은 사람들이었습니다. 미국에는 신고려회라는 것이 있으니 서울에서는 신민회(新民會)라고 시작하자고 해서 되었던 것입니다. 발기인으로는 전덕기(全德基), 이동녕(李東寧), 조성환(曹成煥), 임치정(林蚩正), 양기탁(梁起鐸) 이강(李剛) 등이었습니다.

이것은 물론 비밀 결사였지요. 규칙을 만들 때도 전부가 불언찬(不言贊)으로 그냥 옳소 옳소로 되었습니다. 다른 의견이 없으면 원안대로 그냥 찬성이었던 것입니다. 나중에 법률을 잘 아는 이동작(李東作)

씨에게 보이니까 당시의 법률로는 아무데도 걸릴 데가 없어서 여간 잘 되지 않았다는 칭찬을 받았습니다.

그런데 이면에서 신민회를 조직한 도산 선생은 표면으로는 여기저기 다니며 연설을 많이 했습니다.

그때 와다나베(渡邊)라는 일본 경찰이 있었는데 한국말을 잘했습니다. 이 사람이 도산 선생을 찾아와서 당신이 배일(排日)을 하고 다닌다는데 사실인가 하고 물었습니다. 그래서 도산 선생이 대답했지요.

"나는 지금 친일(親日)도 아니고 배일도 아니다. 나는 외국에 있다가 돌아온 지가 몇 달 되지 않아 지금 관망하고 있는 중이다. 좀더 정세를 본 뒤에 내가 배일하는 것이 좋으면 배일하고, 친일하는 것이 좋으면 친일을 하겠다."

그러니까 그 자가 아무 말도 못하고 갔다고 합니다.

그리고 이토오 통감이 자꾸 도산 선생을 만나자고 청하였습니다. 두 번까지 거절한 이유는 '내 어찌 일개 서생의 자격으로 유명한 정치가를 만날 수 있겠소.' 하는 것이었습니다.

그러나 세 번째 또 만나자고 성화를 부리자 그때도 만나지 않으면 좋지 않을 것 같아 만나게 되었지요. 그런데 한국 사람으로서는 이 이토오 통감으로부터 제일 우대를 받았다고 하더군요. 도산 선생이 도착할 때 그는 울타리 안에 있다가 울 밖에까지 나와 악수로 맞아들였다는 것입니다.

백영엽: 그때 통역을 한 분은 추정(秋汀) 이갑(李甲) 선생이었는데, 그는 한국을 뒤흔들던 이토오 히로부미라는 일본 정치가와 무명의 정객이 어떤 담판을 할것인가 여간 걱정이 아니었습니다.

이토오가 도산 선생에게 '한국 삼천 리 남북을 온통 다니면서 연설을 하고 다니는데 그 목적이 무엇이오.' 하고 묻자, 이 질문에 대해 도산 선생은 선뜻 대답했습니다.

"귀하가 50년 전에 일본 강산에서 한 그런 사업을 나는 오늘날 이 땅에서 하려고 하는 것이오."

이 말을 듣고서 추정 선생이 신이 나서 통역을 했다고 합니다. 그래서 처음에는 이토오가 공세로 나오던 것이 여기서부터 형세가 역전되어서 도산 선생이 공세로 나오게 되었습니다. 그리고 그 회담 장면에 통역으로 나갔던 추정 선생이 확정적으로 판단 내린 것은 도산 선생은 큰 영웅이라는 것이었습니다.

이강: 또 이토오가 말하기를 '일본 사람이나 한국 사람은 가까운 동양 사람이 아니오. 우리 동양 사람들이 합해서 잘해 나가야만 백인들의 화를 면하고 잘 살 것인데 이렇게 동양 사람끼리 떨어져서는 서로 재미가 없지 않겠소.' 하자 이에 대하여 도산 선생은 이렇게 대답하셨습니다.

"귀하의 말씀은 대단히 좋소. 그런데 우리 동양 문제를 말하자면, 가령 일본을 대가리로 친다면 한국은 모가지요, 중국은 몸통이라고 합시다. 그 대가리와 모가지와 전체가 잘 연락이 되어야 할 텐데 현재 형편을 보면 서로들 의심하기 시작하니 이것이 유감이올시다."

그러니까 이토오가 '그 믿지 못하는 것이 무엇이오?' 하고 또 물었습니다. 그때 도산 선생은 구체적인 문제를 들었습니다.

"우선 예를 들자면 이동휘(李東輝)와 강윤희(姜允熙)를 죄도 없이 몇 해씩 가두고 내놓지 않는 것이오. 그 두 사람에게 죄가 있다면 교육시킨 죄밖에 없소. 교육자를 잡아다 그렇게 하니 교육까지 하지 말라는 의미가 아니오. 그러니 한국 사람들이 의심을 안할 수 있겠소?"

"나도 처음 듣는 말인데 그것은 하급 관리들이 한 짓이겠지요. 내일 곧 내놓을테니 안심하시오."

이토오는 그 자리에서 약속을 했습니다. 그리고 그는 말을 이어서 요청했지요.

"내가 오래지 않아서 북경에 가려고 하는데 당신도 같이 가지 않겠소?"

"나는 아직 일개 서생이라 그런 데 같이 갈 자격이 없소."

도산 선생은 역시 그렇게 피해 버리고 말았습니다. 그후에 이토오가 이갑 씨에게 그때의 회담 인상을 말하며 인간적으로 높이 평가하였습니다.

"안창호 씨는 참으로 옳은 사람이요, 큰 사람입니다. 높은 자리를 차지할 사람이오."

그리고 도산 선생은 인심의 움직임을 간파하는 날카로운 간파력이 있다는 이야기가 있습니다.

정운복(鄭雲復)이라는 사람이 있었는데 다른 사람들은 모두 그를 좋은 동지라고 믿고 있었습니다. 그런데 그가 들어온 지 두 달 좀 지나고 석 달이 채 되기 전에 도산 선생은 그가 스파이라는 것을 맨 먼저 간파하였습니다.

하루는 추정 선생을 만나서 그 사람이 암만해도 수상한데 당신 보기에는 어떠냐고 물었습니다. 추정 선생은 깜짝 놀라 펄펄 뛰면서 그 사람은 좋은 동지인데 동지를 의심하는 일은 하지 말라고 했다지요. 도산 선생은 그러면 좋지만 수상하니 잘 조사해 보라고 추정 선생에게 부탁했는데 두 주일 뒤에 다시 와서 그가 역시 스파이였다고 하면서 도산 선생의 관찰과 판단에 감복했다는 것입니다.

그 당시의 연설은 모두 훌륭했지만 특히 삼선평(三仙坪)에서의 연설이 잘 되었다고 평판이 높았습니다. 나는 그중에 한 가지만 알고 있습니다. 거기에서 무슨 운동회가 있어서 갔다가 연설을 한 모양인데 이런 말이 기억납니다.

"세상 사람들이 날더러 대감이라고도 하고 영감이라고도 하는데 나는 그 소리를 듣기가 아주 싫습니다. 왜냐 하면 우리나라에는 매국자

(賣國者)가 많은데 대감이라는 것이 일등 매국자요, 영감이라는 것이
이등 매국자요, 나으리라는 것이 삼등 매국자이기 때문입니다. 그래서
그런 소리를 들을 때마다 나는 여간 거북하지 않습니다."

한번은 어떤 남도 친구가 와서 나라일을 해야겠는데 무엇을 해야 좋
을지 모르겠다고 하더군요. 도산 선생이 조용히 타일렀습니다.

"나라일이라고 무슨 크게 용빼는 것이 아니오. 양계초(梁啓超)가
지은 《음빙실(飮冰室)》이란 책이 있으니 그것을 우선 몇 권 사서 삼
남(三南)에 있는 유명한 학자에게 주어서 읽게 하시오. 무슨 큰 일만
이 나라일이 아니라 바로 그런 일이 나라일이오. 그런 책을 읽고 많이
깨어서 나오면 얼마나 나라가 잘 되겠소."

백영엽: 이토오를 암살한 안중근(安重根) 사건이 일어난 후에 북경
에서 도산 선생을 만난 것은 내가 연경대학을 다닐 때였습니다. 같이
있던 김중점(金重漸)이라는 사람이 어느날 저녁에 같이 나가자고 하
기에 따라갔지요. 정양문(正陽門) 밖의 어느 여관에서 검정 한복을 입
고 계신 도산 선생을 만났습니다.

이강: 그 전에 서울에서 있었던 일을 먼저 말해야겠어요. 보성학교
(普成學校)는 이종호(李鍾浩) 씨가 하던 학교인데 교장으로 있던 유
성준(兪星濬) 씨가 이를 빼앗으려는 일이 일어났지요. 그래서 도산 선
생과 서북(西北) 청년들이 들고 일어서서 반대하는 통에 결국 실패로
돌아갔지요.

그러자 나수연(羅壽淵) 씨와 남궁억(南宮億) 씨가 도산 선생을 찾
아왔어요. 그때 도산 선생이 어떻게 강경히 반박하시는지 옆에서 듣던
나까지 얼굴이 화끈거렸습니다. 학교를 송두리채 빼앗으려다 실패하
니까 교장도 그대로 두고 화평하자는 타협안을 제출했던 것입니다.

190

"화평이란 말은 매우 좋소. 그러나 화평은 우선 항복한 뒤에 올 문제요. 가진 것을 다 바친 후에야 평화가 오지, 그것을 바치기 전에는 평화가 올 리가 없소. 가진 것을 다 빼앗기지 않고는 될 수가 없소."

그렇게 여지없이 강경한 말씀을 하더군요.

백영엽: 도산 선생은 우리 같은 젊은 사람을 대하여 앉으실 때에도 늘 무릎을 꿇고 정좌하셨습니다. 그리고 그들에게 예의작법(禮義作法)은 젊은 시절부터 배워야 한다고 훈화하셨습니다. 하루는 그 문제에 대하여 이런 이야기를 하셨지요.

중국 광동에 계실 때 어떤 중년의 중국 사람이 언어 행동에 좀 좋지 않은 버릇이 있어서 교양이 의심스러웠답니다. 후에 알고 보니 그는 어떤 요리점 주방에서 일하던 사람으로 돈을 모은 벼락 신사였습니다. 그처럼 처음부터 예의작법을 배우지 못하면 장래의 인격에도 관계가 있다고 말씀하시더군요. 즉, 말과 행동을 늘 조심하라는 말씀이었습니다.

그리고 신의주에 와서 연설하실 때 모험맹진(冒險猛進)이라는 의미에 대해 말씀한 일이 있었습니다. 이것은 선생이 귀국하신 지 1년도 못 되던 시기의 일인데 최광옥 선생이 잘 알고 계십니다. 그 모험맹진에 대해 두 시간 정도 말씀하셨습니다.

"지금 이 시기에 우리 한국 사람이 너무도 모험 없이 그냥 따분한 평온 생활만 탐하려는 것은 안 될 말입니다. 해야 할 어떤 목적을 위하여 용기를 가지고 모험을 무릅쓰고 돌진하는 기개가 있어야겠습니다."

그런데 선생은 앞에서 말한 예의작법에 대하여 실로 겸허하고 은근하셨습니다. 우리가 북경에서 계시던 여관을 방문한 뒤에 학교 기숙사로 돌아갈 때, 선생은 그 여관방에서 문까지 상당히 먼 거리였는데도 불구하고 우리 같은 젊은 학생을 보내는데 바깥 대문까지 나오셔서 허리를 굽혀서 정중한 작별 인사를 해 주셨습니다. 그때 우리는 여간 황송하지 않았으나 그만큼 존경하는 마음으로 감격하였습니다. 선생은 무엇을 하든지 말뿐이 아니라 그것을 꼭 실천하셨던 것입니다.

이강: 도산 선생은 그때 북경에서 청도로 가셨지요. 그리고 우리가 청도에 있을 때 여행권 문제로 북경에 간 일이 있었습니다. 다른 사람들은 타인 이름의 여행권을 가지고 외국에 갔었는데 도산 선생과 추정 선생은 자기 명의가 아니면 러시아에 가서 문제가 될 것이라고 해서 그랬지요.

할 수 없이 러시아 대사관에 통해야겠는데 그럴 길이 없었습니다. 결국 추정 선생과 내가 비밀리에 상해로 가서 이 여관 저 여관으로 현상건(玄相健) 씨를 찾아 다녔지요. 그 분을 만나야만 러시아 대사관에 길을 얻을 수 있었기 때문입니다.

실제로 일을 부탁드릴 분은 현정주(玄正柱) 어른이었는데 우선 현상건 씨를 만나야 그 어른에게 길이 닿을 수 있기 때문이었습니다. 그 어른은 전에 러시아에 밀사로 갔던 일도 있고 불란서 말도 잘 했습니다.

그런데 현상건 씨를 그 넓은 상해 바닥에서 '남대문 입납' 식으로 찾으려니까 그 구역만 짐작하여 소주아로에서 무주리까지 거리거리 찾아 다녔습니다.

첫날은 아침부터 저녁까지 헛수고만 했고, 다음날은 아침부터 내리는 비를 맞으면서 헤맸는데 현공관(玄公館)이란 간판이 붙은 집을 발견했지요. 그래서 찾아 들어갔더니 마침 집에 계셔서 인사를 하고 이야기를 했습니다.

그러나 일은 일이고 우선 나가자고 해서 따라나가니 인력거를 타고 일품향(一品香)이란 집에 가서 음식을 대접하고 강가공원 등을 구경시켜 주었습니다.

돌아오는 길에 다시 일품향에 들러서 이번에는 우리가 저녁을 대접하고 이런저런 이야기를 하다가, 저녁에 러시아 아화도승은행(俄華道勝銀行) 총판이며, 이른바 동양 정보국장이라는 사람을 찾아갔습니다.

그 러시아 사람과 현상건 씨가 프랑스 말로 무엇인지 이야기를 했는데 우리는 그 내용은 몰랐습니다.

그때 두 가지 용건이 있었습니다. 하나는 도승은행에 한국 사람으로서 저금을 한 사람이 누구냐는 것이었는데, 약 1년 전에 한 사람 있었으나 다 찾아갔다고 하더군요.

그리고 다른 하나는 여행권 문제였는데 이에 대해서는 잠깐 기다리라고 하더니 북경 대사관으로 보내는 소개장을 타이프로 찍어 주었습니다. 그래서 도산 선생이 그것을 가지고 북경 대사관에 가니까 영택 영사관에 가라고 하여 거기에서 정식으로 여행권을 얻었습니다.

이강: 청도(靑島)회담에 대해 얘기하겠습니다. 이 회담에 참석했던 사람은 도산 선생, 추정 선생, 김희선(金羲善), 신채호(申采浩), 이종호(李鍾浩), 이종만(李宗萬) 형제, 유동렬(柳東說), 김지간(金志侃), 본인 등이었습니다.

그리고 그때 돈이 3천 불 나왔는데 그것으로 밀산현(蜜山懸)에 있는 미국인이 경영하는 태동실업회사(泰東實業會社)의 땅을 30광자(十里平方 정도) 사 가지고 그 땅을 개간하여 농사를 지어서 자급자족하면서 사관학교를 운영하자는 결의를 했습니다.

유동렬, 이갑, 김희선 세 사람은 사관학교 교관으로, 신채호 씨 같은 분은 한문을 가르치고, 김지간 씨는 땅을 어떻게 이용할 것인가 하는 일을 맡았지요.

그 다음에는 블라디보스톡(海蔘威)으로 가게 되었지요. 그곳을 거쳐서 길림(吉林)으로 가기로 하고 말입니다. 그것은 위험을 피해서 취한 안전한 길이었습니다.

도산 선생, 추정 선생 두 분은 상해에서 배를 탔고 다른 사람들은 북경에서 마차를 타거나 걸어 가게 되었습니다.

그 청도회담에서 또 하나 문제 된 것이 있었는데, 잡지를 하자는 말이 있었다는 것입니다. 그때 잡지나 신문은 그 주필(主筆) 하는 사람이 미국 사람이나 그 밖의 외국 사람이라야 할 수 있었는데 적당한 사람이 없어서 독일 총독에게 교섭해 보았습니다.

그러나 그는 거절했습니다.

"잡지는 허가할 수 없다. 왜냐 하면 당신들이 하려는 잡지라면 반드시 정치에 치중해서 할 테니 필시 일본 사람을 공격하는 글이 나올 것이다. 당신네한테 조그만 잡지 하나를 허가해 주어 동양에서 제일 강한 일본과 우리 사이가 나빠진다면 정치적으로 큰 손해가 된다. 그러니 그런 것은 허가할 수 없다. 순수한 종교를 목적으로 하는 잡지라면 생각할 여지가 있다."

그래서 잡지는 하지 못했어요.

도산 선생은 그것을 처음부터 반대했지만 여러 사람의 의견이 그랬으니까 따라가셨지요.

이강: 청도회담의 계획에 따라 블라디보스톡에 가기 위해 상해에서 배를 타고 황포강(黃浦江)을 내려가는데 아무래도 배가 일본에 들르는 것 같았어요. 불안해져서 선장한테 물어 보니 역시 일본 항구에 들른다는 것이었습니다. 들르는 항구가 어디냐고 물으니 나가사끼(長崎)라고 했습니다. 그래서 도산 선생이 물었습니다.

"우리는 한국의 혁명가인데 일본에 들르면 곤란하오. 무슨 좋은 도리가 없겠소?"

"어제 선원 보고를 할 때에 당신들 두 사람을 빼놓았더라면 문제가 없을 것을 그랬습니다. 지금은 매우 어렵소."

"그러면 우리는 여기서 내리는 수밖에 없소."

"참 딱하오마는, 그럼 어디 적당한데서 내리든지 마음대로 하시오."

그래서 황포강, 오송강(吳淞江)을 지나서 강 한가운데 큰 등대가 있는데 거기서 하선하여 그 등대에서 세 시간 동안이나 고생을 했답니다. 그 뒤에 중국 군함에 겨우 구조되어 다시 상해로 돌아갔습니다.

이번에는 일본을 경유하지 않고 블라디보스톡으로 가는 배를 일 주일 동안이나 알아보았습니다. 마침 한구(漢口)와 블라디보스톡 사이에 차(茶)를 전문으로 나르는 배를 잡게 되어 직행할 수 있었습니다.

그런데 블라디보스톡에서는 정치에 관한 것은 모두 제정 러시아의 헌병 사령관이 관할하고 있었습니다.

"저 사람들은 미국에 갔던 한국 사람들인데 여기에 사는 한국 사람들에게 미국의 생활 상태를 선전하지나 않을까?"

그러한 의심으로 우리를 감시하였지요. 그때는 제정 러시아 시대였지만 동양에서도 미국 세력과 경쟁하던 때라 역시 미국을 싫어했던 것입니다.

도산 선생이 3, 4일 후에 직접 헌병 사령관을 찾아갔습니다. 양해를 받아 두려는 뜻이었지요.

"나는 이번에 내 앞에 있는 동지 몇 사람과 함께 이곳에 왔소. 당신들은 우리들이 여기에 사는 한국 사람들에게 미국의 제도를 선전하리라는 혐의를 품고 있는 모양인데, 만일 그것이 사실이라면 당신들이 걱정을 하기 전에 우리 네 사람이 내일이라도 이 땅을 떠나서 중국땅으로 넘어 가겠소. 그러나 만일 그것이 사실이 아니라면 며칠 더 있게 해 주시오."

그러자 사람이 매우 좋은 헌병 사령관 미리코프는 손을 저었습니다.

"사실 처음에는 그런 보고가 들어와서 뒤로 조사를 해 보았으나 그 것이 사실이 아니라는 것을 알았소. 그러니 그 점에 대해서는 더 생각할 것 없고 안심하고 언제까지든지 여기서 일을 보시오."

도리어 이렇게 권하더랍니다. 그래서 그 문제는 해소되었으나 거기까지 가서 이종호 씨가 배반했다는 내부적 동요가 생겼습니다. 처음 계획대로 태동실업회사의 땅을 사가지고 그것을 이용하려면 돈이 있어야 하는데 그것을 이종호 씨가 내기로 되어 있었습니다. 그런데 이종호 씨가 돈을 안 내겠다는 것이었지요.

그 당시에 자기들과 가까운 사람들도 많은데 왜 하필 밀산현까지 들어가서 그리 가깝지도 않은 사람들과 같이 일하느냐 하는 미묘한 문제가 생겼기 때문이었습니다.

그런 이야기를 한 사람은 김립(金立), 윤해(尹海) 같은 사람들이었습니다. 그때 그들을 함경도패라고 했지요. 그처럼 형편이 까다롭게 되었단 말입니다.

도산 선생은 어떠한 경우에도 별로 낙담하는 빛을 보이지 않았는데 그때는 여간 비관하지 않았습니다. 그래서 나는 이 문제 자체보다도 선생의 마음이 약해지지 않았나 하는 것이 더욱 걱정되었습니다. 또 선생은 어떤 때는 생각지 않은 행동을 하는 일도 있어서 은근히 염려가 되었습니다. 그러나 다행히 아무런 사고도 없었습니다.

이렇게 해서 청도회담에서 결정한 사관학교 계획은 실패하고 거기까지 왔던 동지들은 그냥 해산하고 말았습니다.

청도에서 블라디보스톡으로 올 때 남은 돈을 나더러 맡으라고 해서 보관하고 있던 돈 5천 원으로 동지들의 해산 여비에 충당했지요. 거기서 섭섭하게 헤어져서 중국으로 간 사람도 있고, 이갑 씨는 사람 하나를 데리고 성 뻬쩨르부르그(聖彼得堡, 지금의 레닌그라드)로 가고 도산 선생은 미국으로 가셨습니다.

그리고 도산 선생은 동지들이 간곡히 권하는 데에도 불구하고 '나는 그 돈 아니라도 갈 수 있다.'고 끝내 받지 않으셨습니다. 그 돈은 지금 와서 배반한 이종호의 돈이었기 때문이었습니다.

그리고 도산 선생은 미국에 통지해서 여비를 보내라고 하고 그 돈이 올 때까지 기다리느라고 시간의 여유가 퍽 많았습니다. 그래서 어디 좋은 곳이 있나 하고 한국인이 많은 팔면통에도 가 보고, 거기서 안중근(安重根) 씨의 가족도 만나셨습니다.

하루는 북만주의 몽능현에서 큰 사고가 일어났습니다. 그 사고의 내용은 이렇습니다. 땅을 보려고 여기저기 다니다가 하루는 한 시오 리나 되는 곳에 있는 한국 사람들이 사는 부락에 가 보았지요. 그때 일행은 도산 선생, 나, 김만식(金晩植) 씨, 그리고 거기 살던 한국 사람 하나였습니다.

그런데 돌아오는 길에 관병(官兵)이라고 하는 소대(小隊) 한 패가 길을 막고 강을 건너지 못하게 하는 것이 아니겠어요. 우리를 일본 사람으로 잘못 보았는지 두 놈이 채찍을 들고 도산 선생을 막 후려 갈기려고 하지 않아요. 그래서 내가 화가 나서 그놈의 꽁무니를 잡아누르니까 요동을 못하더군요.

이렇게 싸움이 일어나자 강 건너에서는 이른바 관병 수십 명이 야단이었지요. 그러나 그때 다행히 그들에게는 총이 없었어요. 도산 선생은 싸움을 하지 말라고 자꾸 소리를 치시더군요.

나는 배에서 내려 강가를 올라가서 철도를 수리하는 러시아 사람한테 좀 도와줄 수 없느냐고 응원을 구했더니 머리를 흔들지 않아요. 그리고 다른 일행들이 배를 타고 건너갔으니 다시 돌아설 수도 없어서 건너갔지요. 그랬더니 관병놈이 5, 6명 달려들어 붙잡고 몰매를 때리면서 대장에게로 끌고 갔어요. 잡혀 가 보니 도산 선생도 역시 매를 맞고 잡혀와 있더군요.

. "너희들은 왜 관병하고 싸움을 했느냐?"

대장이 호령호령하며 심문을 했습니다.

"우리가 싸움을 걸 리가 있소. 물을 건너려는데 관병들이 방해하면
서 싸움을 걸었소."

도산 선생이 그렇게 대답하니까 관병들이 왁 달려들면서 나를 잡아
엎어놓고 한 30대 볼기를 때렸습니다. 그때 상처가 여기 허리 뒤에 지
금도 있어요.

"이런 무례한 사람들 같으니! 외국 사람한테 이게 무슨 짓이냐!"

도산 선생이 소리를 질렀으나 야만인들과 어디 말이 통합니까? 그
래도 도산 선생이 여간 엄연한 태도로 꾸짖자, 그래서 그런지 그 싸운
관병놈도 잡아다 때리는 시늉을 하는데 가만가만 형식뿐이었지요. 거
기서 죽다가 살아나서 발을 절룩거리면서 여간 멀지 않은 안중근 씨
가족이 있는 곳까지 갔습니다.

이 문제를 잘 해결하지 않으면 우리 체면이 창피해질 뿐만 아니라
거기 사는 많은 한국인들의 장래에까지 좋지 않은 영향을 남길 것 같
아서 도산 선생은 퍽 걱정을 했습니다.

그래서 묵누현에 사는, 세력도 있고 돈도 있는 송덕괴(宋德魁)라는
중국 사람을 중간에 넣고 해결할 생각을 했지요. 그는 안중근 씨 가족
이 그 부락에 있었기 때문에 가끔 왕래를 하였고 한국 사람과도 교제
가 많은 사람이었습니다. 그래서 그 사람을 청해다 놓고 말했습니다.

"관병의 무리한 태도와 우리가 부당히 당한 치욕을 그냥 지나칠 수
는 없소. 우리들이 참을 수도 있으나 그냥 두면 많은 한국인 주민들이
그런 무리한 폭행에 눌려서 고생할 것이니 이는 안 될 일이오. 우리는
내일이라도 하얼빈에 가서 교섭 관공서에 직접 교섭하겠소. 만일 거기
서 안 되면 북경에 가서 강경히 교섭할 생각이오."

그랬더니 그가 말하더군요.

"내일 바로 떠날 것은 없소. 좀 참고 여기서 우리끼리 해결할 수 있으면 피차 좋지 않겠소."

그래서 그곳 군수와, 밀산현을 관리하던 중령인가 하는 군인과, 현의 관리에게도 이야기를 했는데, 그 사람들은 모두 안중근 씨를 잘 알고 있는 사람들이었습니다.

그러자 관리 사령관 격인 중령의 부관이 허둥지둥 찾아와서 중국에서는 최고의 경의를 표하는 무릎절을 하였습니다. 그리고 현장(縣長)한테 가니까 현장이 버선발로 뜰 앞에까지 뛰어 나오면서 환영하며 사과를 하더군요.

"그 무례한 대장놈을 잡아다 가두었으며 곧 영거탑(상급 관청이 있는 곳)으로 보내겠습니다. 말단 놈들의 잘못이니 오해하지 말고 평화롭게 해결하는 것이 좋지 않겠습니까?"

그래서 우리도 좋게 이야기했지요.

"우리 한국 사람들이 여기 와서 사는 것도 은인인 당신들 중국 사람 덕택인데 송사를 걸어서 무엇하겠소. 서로 화해만 되면 그 위에 좋은 일이 어디 있겠소. 우리가 처음에 문제삼으려던 것은 우리들 몇 사람이 모욕을 당한 사소한 감정에서가 아니오. 여기 있는 한국 동포가 십만이나 되고 서북간도에 있는 백만의 사람들이 이런 대우를 받고는 살 수 없겠다는 생각에서 그랬던 것이오."

그도 앞으로는 그런 일이 생기지 않도록 하는 동시에 서로 화합하도록 힘쓰겠다고 약속하며 맹세를 했습니다.

"내가 지금 이 지방 천여 리를 관리하고 있는데 그 안에서 그런 일이 또 발생하거든 그때는 내 목을 자르시오."

그러자 도산 선생은 그러면 그 잘못한 대장도 더 가두어 둘 것 없으니 놓아 주자고 말하였습니다. 그러나 현장은 그 놈은 이미 상부에 보고했으므로 자기 힘으로는 어쩔 수 없다고 말했지요.

그때 도산 선생은, '그러면 그 사람을 만나서 위로라도 해 주어야 하지 않느냐, 우리가 그와 앞으로 송사라도 하여서 싸울 경우라면 몰라도 일이 여기서 평화적으로 해결되는 마당에 그를 고생시키는 것이 가엾지 않으냐?'라고 말씀했습니다.

그러나 현장은 그럴 필요는 없으니 걱정말라고 하더군요. 그래도 도산 선생이 고집하니까 만나 보라고 해서 찾아갔지요. 그랬더니 그 사람은 죽죽 울면서 죽을 죄를 진 나를 여기까지 와서 위로해 주니 무어라 할 말이 없다고 감격해 했습니다.

그 사람에게 모두 잘 해결되었으니 너무 걱정 말라고 위로해 주었는데 그 사람의 감격한 얼굴이 여간 동정이 되지 않더군요. 그 뒤에 알아보니 그 사람은 결국 2년의 금고형을 받았다고 하더군요.

도산 선생은 이 사건이 있은 후에 국권이 조금만 있어도 외교에서 승리할 수 있는데 지금 국권이 없어져 외교에도 여간 곤란하지 않다고 탄식하셨습니다.

그런데 그 후에 일본 영사관에서 우리가 거기 있는 것을 알고 조사한다는 바람에 다시 블라디보스톡으로 돌아왔습니다. 어쨌든 도산 선생은 모든 일을 이처럼 신중히 하셨습니다. 그리고 미국에서 여비가 와서 길을 떠나게 되었습니다.

또 이런 일도 있었다 합니다. 보고라니치란 곳에 몇 번 다녀 오셨는데 한 번은 하얼빈에 이르러 도산 선생이 갑자기 차에서 뛰어내려서 간데온데 없어졌답니다. 그러나 차가 다시 떠나자 그 동안 어디 가서 숨었는지 다시 올라타시더랍니다. 그 당시 일본 경찰은 안중근 사건 이후에 한국인 조사가 심했답니다. 도산 선생이 그때 무슨 수상한 눈치를 채고 그런 행동을 취했는지는 모르겠습니다.

치타(지금의 만주리)라는 곳에 가서 나한테 편지를 하셨는데, 만주를 지날 때는 왜놈을 무서워했는데 뜻밖에도 한국 사람이 음모를 한 일이 있었으니 이런 야속한 일이 어디 있느냐고 쓰신 일이 있었습니다.

최희송: 그것은 서백리에서 노령(露領)에 있는 우리 동포가 〈안창호가 지나가니 그놈을 죽여라.〉고 해서 하마트면 봉변을 당할 뻔한 일이 있었다는 것이었습니다.

이강: 하얼빈에서도 어떤 사람이 끔찍한 편지를 낸 일이 있었습니다. 그것은 내가 보관해 두었습니다만, 그 내용은 〈도산이 그곳을 지나갈 때 어떤 의도를 가진 자가 칼에 피를 물들일지도 모른다.〉는 것이었어요. 그러나 그곳에 내리자 그곳 사람들이 그런 편지를 선생에게 조심하라고 바쳤다는 것입니다.

그 당시 치타에 있는 사람들은 사람 하나쯤 죽이는 것은 예삿일이었습니다. 사람을 죽인 뒤에 감자 포대에 넣어서 버리는 것이 보통이었으니까요. 그러나 그곳의 동포들은 도산 선생을 존경했고, 또한 순진해서 거기에 오래 계셨습니다.

이강: 도산 선생께서는 그후 상해에 가셨는데 무슨 일로 갔는지는 기억이 나지 않습니다.

한 번은 나하고 같이 진기미(陣其美)를 만나러 간 일이 있었지요. 이 사람은 장개석(蔣介石)의 선배였는데 원세개(袁世凱)한테 암살당한 사람입니다.

처음에는 여관에 있으면서 그를 만났습니다. 그랬더니 그는 우리를 어떻게 여관에 두겠느냐고 자꾸 오라고 권하더군요. 그러나 도산 선생 고집에 어디 가시겠어요. 그때 진기미의 요청이 무엇이었는가 하면 혁명 사업을 서로 합작해서 하는 것이 어떠냐는 것이었습니다.

"우리와 합작하는 것도 좋소. 그러나 당신네는 그보다 먼저 당신들 혁명 당원들이 통합하는 것이 선결 문제 같소. 지방마다, 성(省)마다 다르고, 계통이 없어서 안 되겠으니 중앙 집권같이 통일적인 조직으로 강화하는 것이 좋겠소."

도산 선생은 오히려 진기미에게 그렇게 부탁을 했습니다.

"우리는 지역이 넓고 풍속도 달라 전국적 통일은 지금 정세로는 도저히 어렵지요. 그리고 절강(浙江)에 들어가서 민군(民軍)을 훈련시키려고 하는데 좋은 군인이 필요하니 한 사람 소개해 주시오."

"우리에게 군인 동지가 있으니 구해는 보겠지만 아마 그곳에 갈 사람은 구하기 어려울 것 같소."

"한 2, 3개월 동안 훈련을 시켜 준 뒤에는 돌려보내 드리겠소. 그러면 큰 힘이 될 것이니 꼭 소개해 주시오."

전에 유동렬 씨하고 같이 갔을 때도 그 분보고 자꾸 가 달라고 했으나 안간 일도 있었습니다.

여기서 그 전 치타에 있을 때 이야기를 좀 보충하겠습니다. 도산 선생은 밀산의 토지 개발과 사관학교 설치 계획이 수포로 돌아가자 민족적 비애를 여간 느끼지 않으신 모양이었습니다.

"나는 여러 해 동안 많은 경험을 했으며 실패도 많이 했다. 이번에는 우리가 생사를 같이할 동지들이었는데 또 이렇게 될 줄은 생각하지 못했다. 이러고 보니 아무래도 근본 문제는 우리의 민족성이 잘못된 탓이 아니고 무엇이겠는가? 그러니 그 일이 오래 걸려 다른 일이 늦는다 하더라도 우리 민족성 개량이라는 것을 먼저 생각해야겠다. 우리의 혁명 사업이 우리 아들 대에 못 되고 손자 대에 된다 하더라도 우선 민족성부터 개량하지 않은 채 이 민족을 그냥 가지고는 도저히 안 되겠다. 그러니 이번에 미국에 들어가서는 그런 민족성 개량 운동 단체를 조직해야겠다. 그 이름으로 흥사단(興士團)이 어떤가?"

"이름은 좋으나 유길준(兪吉濬) 씨가 하던 단체 이름인데 그래도 괜찮을까요?"

"좋은 일하는데 좋은 이름이면 그만이지, 그거야 무슨 상관이 있겠나?"

그때 추정 선생은 성 뻬쩨르부르그에 들어가서 반신불수로 앓고 있었습니다. 선생은 미국으로 같이 가던 정영도(鄭永道 일명 南洙)를 두고 가시면서 격려하고 부탁을 하며 약속하셨어요.

"추정을 얼마 동안 치료하고 도와주어라. 조금도 마음 상하지 말고 있어라. 내가 미국에 들어가면 미국으로 와서 치료할 수 있도록 모든 준비를 해 보낼 테니 그렇게 알고 있어라."

그리고 미국에 들어가서는 부인이 모아 둔 개인 돈까지 합해서 몇천 달러 보내셨지요. 그래서 추정 선생이 미국으로 갔으나 뉴욕 항구에서 환자라는 이유로 돌려보내져 상륙하지 못했습니다.

그때 입국 보장으로는 〈신한민보(新韓民報)〉의 주필로 교섭을 해 두었지요. 그리고 이민국 관리가 추정 선생에게 손을 내밀며 악수를 청하면서 악수를 하면 상륙시키겠다고 했다는 거예요. 그러나 악수할 힘도 없는 환자인지라 미국의 뉴욕 항구까지 왔다가 상륙하지 못하고 되돌아가고 말았지요.

또 한 가지 이야기가 있습니다. 나를 치타로 들어오라는 것이었습니다. 그때 우리 식구가 셋이었는데 식량 걱정이 되어 집에 물으니 식량은 아직도 몇 달 먹을 것이 있다고 해서 놀랐습니다. 도산 선생이 미국으로 떠나면서 집사람한테 이렇게 말하며 돈을 몇백 원 맡겼다는 것이었습니다.

"이강 씨한테는 말하지 말고 부인이 꼭 맡아두고 있다가 식량을 팔아 두시오. 이강 씨가 알면 다 집어쓸 테니."

도산 선생은 그때 여비도 넉넉지 못하셨을 텐데 동지에 대한 정의가 이렇게 극진하셨습니다.

최희송: 도산 선생은 합병 후에 미국에 가셨고 흥사단은 1913년에 조직되었지요. 그런데 내가 들은 이야기로는 미국에서 추정 이갑 씨를 위해서 그렇게 돈을 보냈습니다. 그리고 늙은 친구들 5, 6명이 낸 고마운 돈을 보내고는 여러 날 동안 그저 울기만 했답니다.

도산 선생 가족의 생활비는 송종욱(宋鐘郁)이 특별히 전력을 다해서 그전부터 댔는데, 한 십 년 동안 계속했습니다. 그러면서 생활비는 좌우간 우리들이 댈 테니 그냥 계속해서 민족 운동을 다시 전개하자고 하여 흥사단이 조직되었던 것입니다.

흥사단이 그렇게 조직된 뒤에 나는 3년 만에 가 보았지요. 민족 운동을 하려면 우선 흥사단에 들어가야겠다고 생각하고는 장이욱(張利郁) 씨하고 둘이 처음 찾아 갔지요. 샌프란시스코에 며칠 있다가 로스앤젤리스로 도산 선생을 찾아 갔습니다. 같이 저녁을 먹으면서 이런 말씀을 하셨습니다.

"우리 민족이 나라를 잃고 이 꼴이 된 것은 좋은 조직이 없어서 이렇게 되었소. 힘에는 단결력(團結力), 금전력(金錢力), 신용력(信用力) 세 가지가 있는데 이 세 가지를 조직화하면 안 될 일이 없소. 그러니 당신들은 공부는 하는 데까지 하되, 우리 민족을 위해서 일하는 데 우선 단결하지 않으면 안 되오."

나는 그때 사고력을 비롯한 모든 것이 유치해서 듣고만 있었으나 장이욱 씨는 느낀 바가 상당히 컸던 모양입니다. 그때 우리 둘은 동시에 입단했습니다.

그리고 그때 도산 선생은 동포의 경제 운동을 주장하였습니다. 민족 운동을 하는 데도, 개인 생활 하는 데도, 물질이 필요하다는 실제 문제를 중요시한 까닭이었습니다.

그래서 착안하신 것이 북미실업 주식회사였는데 한 주에 50불씩으로 하고 주주는 멕시코에 있는 동포까지 합해서 천 명에 달하였지요. 그 회사에서는 6만 불이나 모아가지고 벼농사를 시작해서 돈을 상당히 벌었습니다.

이 벼농사에서 지은 쌀은 캘리포니아 주에서 명산물이 되었지요. 그때 캘리포니아 주에는 벼농사가 없었는데 도산 선생이 처음으로 시작했던 것이죠. 임순기라는 서울 사람을 데리고 멀리 황무지를 답사하고 적당한 곳을 논으로 개척했습니다. 이러한 경제 운동이 잘 발전된 것은 1917년인가 합니다.

그때 멕시코에 있던 동포들이 도산 선생에게 좀 오셔 달라고 여러 번 간청하므로 할 수 없이 멕시코에 가서 14개월 동안 계셨습니다. 그동안에 동포들의 모든 생활 상태라든지 도의심이 아주 좋아졌습니다.

예를 들면, 멕시코 동포들은 어저귀 재배에 종사하고 있었는데, 도산 선생이 가서 지도하기 전에는 멕시코 농장 주인이나 관계 되는 사람을 속이고 협잡을 해서 동포의 신용이 떨어져 있었습니다. '조선 민족하고 일하다가는 망한다. 그들은 나쁜 민족이다.' 이런 악평이 돌았던 것입니다.

도산 선생은 그곳에 가서 이런 말부터 시작하셨습니다.

"어저귀 한 단 묶는 것이 곧 나라일입니다."

이렇게 열심히 지도한 보람으로 일에 대한 태도가 아주 딴판으로 개량되었지요. 그래서 우리 동포들은 신용을 회복했을 뿐 아니라 멕시코 정부에서도 상당히 대우를 받게 되었습니다.

각 신문에서는 '안창호라는 지도자가 오더니 조선 동포들은 과연 면목이 일신하여 일에 열심이고 정성을 들여서 농장에 큰 이익을 올리게 하였다.'고 칭찬이 자자하였습니다.

도산 산생은 멕시코에서 동포들의 생활 개선을 지도하면서 14개월 동안 잘 지내셨는데 치통으로 고생을 하셨습니다.

그리고 멕시코에서 돌아와서 얼마 안 있다가 3·1 독립운동이 일어 났습니다.

최희송: 3·1독립운동이 일어나자 도산 선생은 미국에서 나오셨다 가 1925년에 다시 미국으로 돌아갔는데 그 밖의 일은 나도 잘 모르겠 습니다.

독립 운동 당시에 도산 선생은 국민회 중앙 총회장으로 계시고 강영 소(姜永韶)가 지방 총회장, 백일규(白一奎)가 〈신한민보〉 주필로 있 었습니다.

그때 현순(玄楯) 씨가 상해에서 나와서 '3백만 천주교인과 2백만 예수교인과 전국 남녀가 뭉쳐서 독립 운동을 일으켰다.'는 전보를 쳤 습니다. 그래서 각 신문에서 그것을 굉장히 크게 떠들었습니다. 그날 이 초사흘이었는데 동포들이 온통 감격해서 야단이었습니다. 그러나 도산 선생은 자기가 믿는 동지들한테 이렇게 훈시하셨습니다.

"이제 독립 운동이 일어났지만 독립은 안 된다. 지금은 결코 독립이 될 수 없을 것이니 동요하지 말고 지금 하는 일에 충실하라. 그것이 정 말 다음날의 독립을 위한 일이다. 젊은 사람들은 배울 수 있는 대로 배 우고 모을 수 있는 대로 모아 두어라. 그러나 나 자신은 동포의 부름으 로 나서지 않을 수 없다. 너희들은 내 말을 유념하고 떠드는 것을 삼가 라."

그리고 상해 임시정부가 발표되자 이시영(李始榮) 재무 총장의 이 름으로 미주 동포들에게 돈을 거둬 보내라는 통첩이 왔습니다. 그래서 그때 송종익이 애국회(愛國會)라는 이름으로 많이 활동하여 한 십만

불 모금했습니다.

　전기(傳記)에 보면 도산은 3·1 독립운동이 일어나기 전에 미국에서 떠나서 상해에 도착한 것으로 되어 있는데 그것은 잘못된 것입니다. 떠나기 전인 2월 8일에 일본에 있던 우리 유학생들이 독립선언을 하지 않았습니까?

　그 다음에 여운홍(呂運弘)이 오스토 대학을 졸업하고 귀국할 때 도산 선생이 샌프란시스코에서 여운홍을 보자고 하여 기밀비 3백 불을 주며, 서울에 가거든 우선 이상재(李尙宰), 손병희(孫秉熙) 씨를 만나서 독립 운동을 일으켜야 한다는 것을 전하고, 몇몇 지도자를 찾아가서 국내, 국외에서 호응하여 운동을 일으키도록 전하라는 사명을 주어 보냈지요.

　또한 그전에 무슨 일이 있었냐 하면 제 1차 대전 후에 파리에서 열린 평화 회의에 누구를 파견하느냐 하는 문제로 옥신각신한 일이 있었지요. 정한경(鄭漢京) 씨를 보내자는 안이 나왔고, 다음에는 이승만(李承晩) 씨를 파견한다는 것으로 굉장한 토론이 있었습니다만 그런 이야기를 다할 필요는 없을 것 같습니다.

　독립 운동의 전보는 3월 초하루에 들어왔고, 4월 초하루에는 도산 선생이 산타크로스로 가셨는데 나는 홍언(洪焉)과 단둘이 부두에 나갔어요. 상해로 오라는 현순 씨의 전보는 하와이의 이승만 씨와 미국의 안창호 씨에게 각기 보낸 두 장이었지요. 그래서 선생은 4월 초하룻날 떠났던 것입니다.

　이강: 미국에서 떠나 상해로 가는 길에 홍콩에 계실 때 동지로 믿고 있던 조성환(趙成煥) 씨한테 그곳으로 오라는 전보를 쳤습니다. 그전에 중국에서 신화혁명(新華革命)이 일어났을 때 그때 돈으로 1만6천 불인가 보내 준 것이 있어서 누구보다도 그를 믿었기 때문이었지요. 상해 소식을 잘 알아 본 다음에 들어가려고 그를 홍콩으로 불렀던 것

입니다.

그런데 조성환 씨는 그 전보를 받고서 홍콩으로 가지 않고 다른 데로 가 버렸습니다. 현순 씨가 이 사실을 알고서 네가 안 가고 달아나면 나라도 가겠다고 하고 왔더군요.

그래서 그때의 상해 사정을 자세히 물어 보니까 상해에 있던 늙은이들은 다들 달아나 버렸다지 뭡니까. 이시영, 이동녕(李東寧), 신규식(申奎植), 모두 도망쳤다는 것입니다. 그래서 모이자고 사람을 보내도 오지 않고, 편지를 보내도 답장도 없었던 것이었습니다.

그때의 그 기괴한 분위기를 뭐라고 형용하면 좋을까, 참 어처구니가 없었습니다. 솔직히 말하면 '안창호, 너 어디 혼자 맡아 해 봐라.' 그런 의미로밖에는 생각할 수 없는 상황이었어요.

자, 어떻거나 일을 해야겠는데 늙은이들은 꽁무니를 빼버리니 별도리가 없어서 임시 부서를 정했지요. 총리와 내무 총장이 없어서 도산 선생이 총리 대리로 있으면서 차장(次長) 제도라는 것을 만들었습니다.

그래서 내무 차장에 신익희(申翼熙), 재무 차장에 윤현진(尹顯振), 그밖에 이춘식(李春植), 여운형(呂運亨), 정인과(鄭仁果) 같은 이들에게 각각 차장을 맡겨서 일을 그냥 해 나갔습니다.

그때 이 젊은 차장들은 도산 선생 밑에서 일은 바쁘고 해서 쩔쩔맸다더군요. 그래도 일이 차차 잘 되어 간다니까 그제서야 늙은이들이 하나 둘씩 들어왔지요.

이때 차장이 된 윤현진 씨에게는 일화가 하나 있습니다. 그는 그때 북경에 있어서 우리와 가까웠지만 전에 상해에 있을 때에는 장경(張景)이라는 사람과 잡지를 같이 하고 있었습니다. 장경하고 잡지까지 같이 하였으니 으례 도산 선생에 대해 험담을 했을 텐데, 그런 관계를 알면서도 도산 선생이 다섯 번이나 자기를 방문하자 그것에 감격하여 차장으로 들어왔던 것입니다.

도산 선생은 두뇌가 특별한 분이었습니다. 가령 젊은 사람들과 일할 때 법률 문제에 대해 토의를 한다고 칩시다. 그 분은 법률 전문가도 아니었지만, 그런 문제를 토의할 때 처음에는 어색했지만 이틀 정도만 지난 뒤에는 전문가들 이상으로 이론을 전개해서 좌중을 놀라게 하였습니다.

윤현진 씨가 병으로 누워 있을 때 도산 선생은 특별히 간호를 하셨고, 죽은 후에도 1천5백 원인가를 사재로 내어 장례를 지내도록 했습니다. 그 뒤에 그의 형인 윤현태(尹顯泰) 씨가 돈을 가지고 들어왔으나 도산 선생에게 그 장례 비용은 갚지 않았습니다.

백영엽: 내가 남경에 있다가 상해로 갔더니 도산 선생이 지금 윤현진 씨가 위독해서 가는 길이라 하기에 같이 갔지요. 거의 임종할 때였습니다. 그때까지 선생은 매일 병원에 다니면서 간호를 하셨습니다.

이강: 내가 블라디보스톡에 특파 대사로 가 있을 때 현순과 김성겸(金聖謙) 두 사람이 왔는데, 가지고 온 편지를 보니까 블라디보스톡에서 정부의 성격을 지니고 있는 국민의회(國民議會)에 관한 대책이었습니다. 그 편지 내용을 대강 말하면 이런 부탁이었습니다.

"현재 국민의회라는 모임은 서간도 대표, 북간도 대표, 노령 대표가 합하여 이루어져 있는데 될 수 있는 대로 그것을 취소하고 임시정부로 합류하게 하시오. 만일에 국민회의가 해소되지 않더라도 이동휘만은 꼭 배를 태워서 이리로 보내시오."

그런데 이 편지를 가지고 온 두 사람은 블라디보스톡의 형편을 잘 모르고 있었으므로 그들이 불쑥 나타나서 국민의회 사람들과 그런 이야기를 하면 일은 십중팔구 틀려 버리고 말 것이었습니다.

그래서 나는 그들에게 '잘못하면 곧 개자식 소자식이 벌어질 테니 그렇게 되면 아무것도 안 된다. 그들이 욕할 때는 그저 가만히 듣고 있다가 차근차근 이야기해야 어떤 결과가 날 것이다.'라고 잘 일러 주었습니다.

그리고 국민의회의 의원 대회가 열리는 날, 나도 그 의원의 한 사람으로 두 사람과 같이 갔습니다. 현순 목사와 이동휘 씨는 전부터 잘 아는 사이라 서로 손목을 잡고 울고 말았지요. 그 두 사람이 한참 우는 광경을 보고 모두들 감동하였습니다.

그리고 의사가 진행되었는데 어떻게 된 것인지 그날 저녁으로 국민의회를 취소하게 되었습니다. 그 조건은 임시정부 의정원으로 국민의회 의원의 5분의 4가 들어 오라는 것이었지요. 이에 대하여 이동휘 씨도 찬성하니까 전원이 이에 찬성하여 취소가 결정되었습니다.

이렇게 취소 목적은 달성하였고, 남은 일은 이동휘 씨를 얼른 상해로 보내는 일이었습니다. 그 분을 여기 그냥 두면 여러 사람들한테서 또 무슨 잡음이 나올지 몰랐고, 이동휘 씨는 도산 선생의 생각과 같이 중앙(상해 임시정부)에 가서 일을 해야 했기 때문이었습니다. 그래서 나는 부랴부랴 서둘러서 그 이튿날 새벽에 가서 졸랐습니다.

"자, 일이 이렇게 잘 되었으니 형님은 빨리 가셔야 합니다."

"그렇게 갑자기 배가 있나?"

"배는 걱정 말고 어서 떠날 준비나 하시지요."

사흘 뒤에 내가 배표를 사가지고 이동휘 씨를 몰래 데려다 숨겨 놓고, 나는 나와서 이태리 군함을 타고 벌써 떠났다고 하며 아무도 모르게 그를 상해로 보냈습니다.

백영엽: 이동휘 씨가 상해에 오셨을 때에 김립과 그 밖의 여러분이 취임을 못하고 며칠 지체된 일이 있었습니다. 그래서 도산 선생도 노력하고 윤현진 씨도 힘썼지요. 이 문제가 표면화해서 상해에 있던 그 계통 유지들이 상해 군민의회라고 할 수 있는 자리에서 공격 연설을 하게끔 되었지요. 그때 황학수(黃鶴秀) 같은 이는 한문 문자를 써서

'왜 취임하지 않는고(何不就任).'라고 한 것이 기억납니다. 그래서 말하자면, 억지로 취임하셨지요.

그리고 도산 선생이 내무 총장에서 물러나 노동국 총판(勞動局總辦)으로 바뀌었는데, 그때 나용균(羅容均)과 아주 똑똑한 신상완(申尙玩)과 누군가 또 한 사람을 데리고 계셨습니다.

그런데 처음에 노동국 총판이란 것이 다른 부서와 격이 안 맞는 것이 아닌가 하는 생각에서 노동 총장으로 고치자고 했습니다. 그러나 도산 선생은 이에 응하지 않으셨습니다. 한성의 정부에서 노동국 총판이라고 하면 그대로 총판의 명의로 있는 것이 좋지, 총장이라고 하는 것은 좋지 않다고 하셨습니다. 그래서 노동국 총판으로 취임하셨지요.

백영엽: 상해에서 나 개인에게 관계 되었던 이야기를 좀 하겠습니다. 다시 말해, 내가 후배로서 도산 선생의 사랑을 많이 받은 데 대한 고마운 추억을 말하고자 하는 것입니다.

내가 아직 남경 금릉신학교(金陵神學校) 졸업반에 적을 두고 있을 때였습니다. 다른 젊은 동지들은 학교도 그만 두고 일을 하고 있는 시대였지요. 그래서 나만 보면 누구나 '지금 공부는 해 뭘 해. 그런 시간이 있을 때인가. 백 군은 중국말도 잘하고 하니 일을 해야지.' 하였던 것입니다.

이 문제에 대해 나도 태도를 정하기 어려워 한번은 도산 선생에게 여쭈어 보았습니다.

"선생님. 저 학교 졸업을 그만 두고 올까요?"

"얼마나 남았지?"

"얼마 남지 않았습니다."

"그럼 졸업할 때까지는 지금처럼 와도 좋고, 아니면 기회 있는 대로 와도 좋지. 특별히 급한 일이 있으면 전보라도 쳐서 부를 테니 졸업까지는 그냥 계속하지."

도산 선생만이 그렇게 말씀하시고 졸업할 때까지 학교를 계속하라고 하셨습니다. 그래서 학교를 계속하면서 기회 있는 대로 나갔습니다.

"내가 백 군 오기를 기다렸소. 이번에는 학생을 하나 소개할 테니 백 군이 맡아 가지고 가서 입학도 시켜 주고 잘 지도해 주시오."

그렇게 홍재형(洪在衡) 군을 특별히 나한테 말씀하셨는데 23세나 되면서 글쎄 소학교도 졸업하지 못한 사람이 아니겠어요. 그리고 양한라(梁漢拏) 씨도 그렇게 해서 내가 입학시켰지요.

그후에 내가 신학교를 졸업한다는 소식을 들으시고 졸업식에 오셨습니다. 그때는 오셨다가 그 이튿날 곧 상해로 가셨고, 얼마 후에 흥사단 일로 또 남경에 오신다는 기별이 있었습니다.

그때는 내가 중국인 교회 일까지 볼 때였습니다. 선생님이 오신다고 하기에 나 혼자 있는 목사 사택에 모실 생각을 했지요. 선생님은 방안이 잘 정돈된 것을 좋아하시므로, 화분도 고운 것을 사다 놓고 창은 커튼으로 꾸미고 책상도 잘해 놓고 침대도 정결하게 준비했지요.

선생님이 그 방에 들어서서 척 보시더니 '이거 참 잘 해 놓았군. 아주 좋아. 이거 내가 와서 좀 살아 보았으면 좋겠군.' 하시면서 여간 기뻐하지 않으셨어요.

선생님은 언제나 이렇게 젊은 후배들이 잘하는 것을 보면 기뻐하시며 칭찬하고 격려하여 주셨습니다. 그 청순한 애정에 대한의 청년은 누구나 깊은 감명과 힘을 얻었던 것입니다.

그리고 내가 재학 중의 일로서 중요한 일이 하나 있었지요. 때마침 미국 국회 의원들로 이루어진 원동시찰단(遠東視察團)이 중국을 방문하게 되었습니다.

그래서 도산 선생은 황진남(黃鎭南) 씨를 데리고 홍콩까지 만나러 나갔습니다. 그러나 길이 어긋나서 남경으로 달려왔는데 그때 나를 부르시더군요. 남경이 아니었으면 상해였을 것입니다.

좌우간 부르시기에 갔더니 미국 의원단이 왔는데 같이 가자고 하셔서 환영회를 한다는 남경 동남대학에 달려갔습니다. 그러나 방금 환영회를 마치고 출발했다는 것이었어요. 도산 선생은 그들을 만나려고 홍콩으로, 남경으로 분주히 찾아다녔으나 계속하여 길이 어긋나고 말았던 것입니다.

그들은 벌써 저녁 특별열차를 타고 북경으로 출발했습니다. 황진남 씨와 나는 수행원으로 도산 선생님을 모시고 이튿날 아침차로 북경으로 갔습니다.

북경으로 가는 데는 천진(天津)목이란 곳이 위험 지대로 유명했지요. 우리가 천진 경유는 위험하니 다른 길로 가자고 주장하니까 선생님은 '이런 기회에 천진에 못 들러 보면 아주 못 볼지도 모른다. 미국 국회 의원 시찰단이 온 이런 때에는 우리를 잡으려고 하지 않을 것이다.' 라고 하셨습니다. 그래서 우리는 만일의 경우를 염려해서 속으로 떨며 갔으나 역시 선생님 예측대로 무사히 천진을 통과하였고 마침내 북경에 도착했지요.

미국 의원단은 북경의 〈유국반점〉이라는 큰 호텔에 유숙하고 있었습니다. 도산 선생도 그 호텔에 계시면서 며칠 동안 그들과 만나 회견을 했습니다. 이 회견 내용에 대하여는 전기에 써 있지요.

의원단과의 회담이 끝난 뒤에는 협화의학교에 있던 이용설(李容卨) 박사를 만나 흥사단에 대한 말씀을 하시고, 돌아오는 길은 천진에서 진포철을 갈아타고 한구로 해서 돌아오셨습니다.

천진에서 차를 바꿔 타는데 반나절 동안이나 시간이 남아서 내가 남개대학(南開大學)의 장백령(張伯笭) 선생님을 방문하겠다고 말하자 그럼 다같이 가자고 해서 도산 선생도 가셨습니다.

그때 도산 선생은 장백령 선생과 이런 말씀을 나누시더군요.

"나는 오늘날 중국에서 중국 민족을 위해 가장 큰일을 하는 두 분의 선생을 존경합니다. 한 분은 남통주의 장건 선생이요, 한 분은 선생입니다. 한 분은 실업으로서 중국을 살리려 하고, 한 분은 교육으로 중국을 부흥시키려고 하시기 때문입니다."

"도산 선생은 퍽 바쁘시겠습니다."

"뭘요. 바쁜 것이 내 생활인데요."

그런 환담 끝에 북경에 가서 만날 몇 분에게 소개장을 써 달라고 부탁하니까 장 선생은 북경대학 총장 채원배(蔡元培) 선생과 당시 교육국장인 범원렴(范元廉) 씨, 그 밖의 몇 분에게 소개장을 써 주더군요.

그 뒤에 찾아 본 채원배 선생은 아주 구식 중국집에 사는 다정한 선비였고, 범원렴 씨를 찾아서는 도산 선생이 '부디 우리 학생 후진에 대해서 교육상 많이 도와 주시오.' 하고 부탁을 하셨습니다.

그리고 그곳에 있는 동안에 김달하(金達河) 씨가 일본 스파이라고 사람들이 하였으나 도산 선생은 아니라고 하면서 그 집에 찾아가서 저녁까지 잡수셨습니다. 또 박정래(朴正來)라는 사람도 행동이 나쁘다는 비난이 있었으나 그도 역시 찾아 보셨습니다.

백영엽: 북경에서 만난 미의원단과의 담화의 통역은 황진남 씨가 하였는데 내가 기억되는 대로 이야기하면 이렇습니다.

먼저 도산 선생이 중국의 빈민 문제를 묻는 것으로 이야기를 시작하였다고 합니다.

"진포선 기차길 연변에 그 무수한 빈민들이 신음하는 토굴들을 보셨겠지요. 그 먹지 못하고 입지 못하고 헐벗은 거지떼를 보고 어떤 감상이 들었습니까?"

"대단히 비참하여 동정을 하지 않을 수 없었습니다."

"그러면 당신네 사절단은 그 거지떼들이 왜 그렇게 비참한 생활을 하게 되었는지 이유를 아십니까? 그 문제에 대해 생각해 보셨습니까?"

"물론 중국의 정치가 좋지 못한 탓이라고 생각합니다."

"그러면 그 좋지 못한 정치의 이유가 어디 있는지 아십니까?"

"글쎄요, 그것이 어디 있습니까?"

"정치가 좋지 못한 이유는 다른 것이 아닙니다. 중국에는 여러 군벌(軍閥)이 있어서 자기들끼리 세력 다툼만 하고 있습니다. 그리고 그 군벌들을 더욱 이간시켜 중국이 통일적인 발전을 못하도록 하는 자가 있습니다. 그들은 이 편을 도와서 저 편을 치게 하고, 저 편을 도와서 이 편을 치게 해서 중국의 내란을 조장하는 자들입니다."

"그게 누구입니까?"

"그것이 바로 일본입니다."

도산 선생이 그렇게 말하니까 그 사절단 사람들이 주먹을 불끈 쥐면서 일어서서 부르짖었습니다.

"그런 자와는 우리가 싸워야겠습니다."

이것은 회담이 끝난 뒤에 내가 물으니까 '잘 되었다.'고 하면서 도산 선생이 해 주신 이야기입니다.

미국 의원단과 만난 근본 목적은 우리 한국을 일본의 지배에서 해방시키고 독립하는 데 원조하여 달라는 것이었습니다. 그들이 한국에도 시찰을 가거든 국내에 있는 모모 인사를 만나서 한국의 진정한 사정을 깊이 파악하고 일본의 야심과 침략 정책의 본성을 알아 달라는 것이었습니다. 또 일본은 어떤 생각으로 한국을 삼켰으며, 현재 어떠한 비행을 저지르고 있는가를 인식시키는 데 있었습니다.

이복현: 그때 도산 선생은 임시정부의 대표 자격으로 갔다가 돌아와서는 보고서를 임시정부에 내셨습니다. 그때 보고서를 서너 벌 써서 한 벌은 가지고 있었습니다. 그때 백영엽 목사와 황진남 씨 둘이 도산 선생과 같이 갔었는데 채원배 씨를 만나 보니까 공산주의를 하라고 권고하더랍니다. 그때 이미 그는 공산주의자였습니다. 그것이 특별히 기억납니다.

또 하나 기억나는 것은 의원단의 제 1단장이라는 사람이 물었다는 내용입니다.

"당신네들이 일본으로부터 독립한다면 지탱할 힘이 있겠습니까?"

"어떻게든지 우리 임시정부를 한국 독립 정부로 정식 승인만 해 주시오. 그리고 우리 한국이 독립국이란 것만 승인해 주시오. 그러면 뒷 감당은 우리가 하겠소."

그러나 그때의 임시정부의 실상은 재정도 아주 곤란해서 모든 일을 하는 데 여간 고생이 아니었습니다. 그 회담에 가시는 도산 선생의 여비조차 못 마련해서 당시 돈 7천 원을 흥사단에서 빌려서 갔습니다.

백영엽: 도산 선생은 선천과 신의주에 가셔서 담화를 하셨습니다. 선천에 가실 때는 가시는 길에 먼저 오산에 들러서 남강(南崗) 이승훈 (李承薰) 선생의 묘소에 참배를 하시고 정주에 내리셨는데 아주 열렬한 환영회가 열렸습니다.

일본 경찰의 방해로 공식적으로 대중이 모여 할 수가 없었기 때문에 연회에 참가한다는 명목으로 모여서 했는데 그래도 수십 명이 모였습니다.

그때 내가 환영 대표로 정주까지 마중을 갔습니다. 가 보니까 물론 일본 형사가 따라다니지 않겠어요. 정주에서 하루 저녁 말씀하시고 이틀날 아침에 모시고 선천으로 갔습니다. 선천에서는 우리집에 유숙하셨는데 많은 사람들이 번갈아 찾아왔습니다.

형사가 늘 따라다니니까 조심하느라 특별한 말씀은 하시지 않고 우리 민족의 교육 문제, 흥사단 문제 그런 것만 말씀하셨습니다. 다른 근본 문제는 말씀을 안 해도 이심전심(以心傳心)으로 모두 느꼈으며, 그것들을 위한 구체적 실제 문제들이 앞에서 든 여러 가지 문제들인 것도 다들 알고 있었습니다.

우리집에 묵으시도록 모시기는 하였으나 어디 쓸 만한 이부자리가 있어야지요. 그래서 김낙영(金洛泳) 씨 집에 가서 새며느리가 해온 좋은 비단 이불을 빌려다가 깔아 드리고 좋은 병풍도 쳐 드렸지요.

그랬더니 도산 선생은 '내가 와서 이런 폐를 끼쳐서 되겠나? 이런 대접을 받을 자격이 있나? 내가 동포를 위하여 무슨 일을 하였다고 동포들한테서 이런 존경을 받는가?' 하면서 의복을 단정히 입으시고 꿇어앉으셨습니다.

"백 목사. 나와 같이 기도합시다."

기도하다가 우시면서 눈물 섞인 목소리로 말씀하셨습니다.

"저는 우리 민족의 죄인이올시다. 이 민족이 저를 이렇게 위해 주는데 저는 민족을 위하여 아무것도 한 일이 없습니다. 저는 죄인이올시다."

그냥 우시면서 기도를 올리지 않으시겠어요. 그것을 보면서 '선생님이 민족을 위하여 한 일이 없어서 죄인이라고 하시니, 우리는 도대체 뭘까?' 선생님께서 자신의 부족과 결함을 이렇게 눈물로 자성(自省)하시는 것이 나에게는 평생에 가장 큰 교훈이 되었습니다.

그리고 선천에 오셔서는 양전백(梁甸伯) 목사의 묘소에 가 보시고 각 학교를 모두 방문한 다음, 오순애(吳順愛) 씨 댁에서 만찬회를 가졌습니다. 그때 흥사단 동지들이 비밀히 모였는데 형사는 몰라서 못

왔었지요.

그 자리에서 선생님은 우선 출판 사업을 하자는 것을 강조하셨습니다. '우리 민족이 이렇게 모르고 어리석어 가지고는 어떤 일도 할 수 없으니 우선 계몽을 해야겠다.'는 취지였습니다.

그 뒤에 신의주로 올라 가셨는데 그때 사정이 허락하지 않았는지 내가 신의주까지 배웅하는 것을 아주 막으시더군요.

그리고 안동에 건너 가셔서 거기 있는 동지들과 만나신 이야기는 뒤에 들었습니다.

최희송: 도산 선생의 사생활에 대해 얘기를 해 보겠습니다. 먼저 도산(島山)이라는 호의 유래에 대해 말씀드리겠습니다. 선생이 처음 미국에 갈 때의 일입니다. 넓고 먼 태평양의 푸른 물결만 보며 여러 날 건너 가다가 하와이 섬[島]의 산[山]이 홀연히 나타나는 것을 보고 그냥 반가운 마음에 '오호. 그리운 육지의 섬, 그 섬의 푸른 산!' 그 반가운 감명에서 도산이라고 호를 지었다고 합니다.

15일 동안이나 바다만 보며 지루하고 답답한 항해를 하다가 사람이 마음 편히 잘 살 수 있는 새파란 육지의 산을 보고 여러 사람들이 여간 반가워하지 않았거든요. 그 산이 반갑고 또 그런 산을 기뻐하는 사람들의 뜻을 따서 '나도 저 대해(大海) 가운데의 산과 같은 존재가 되리라.' 하는 의미에서 그랬을 것입니다. 이 호밖에 다른 호는 없습니다.

주요한: 또 '동해물과 백두산……'이라는 애국가(愛國歌)가 도산 선생이 지은 것으로 되어 있는데 그 분이 지었다는 것이 확인은 되지 않았습니다. 해방 후에 어떤 신문에는 윤치호(尹致昊) 씨가 지었다는 기사도 있었지요.

김동원(金東元) 씨한테 들은 바로는 처음에는 그 가사 첫머리가

'동해물과 백두산'이 아니고 이른바 '성자신손(聖子神孫) 오백년'으로 윤치호 씨가 지은 것을 도산 선생이 '동해물과 백두산'으로 고쳐 놓았다더군요.

그 다음에 제 4절 '이 기상과 이 마음으로 임금을 섬기어……' 한 것은 우리가 부를 수 없게 되었으니 무엇으로 고쳐야 하느냐고 춘원 이광수(李光洙) 씨에게 상의를 하셨답니다. 그러나 결국은 도산 선생이 '충성을 다하여'로 고쳤지요.

이복현: 여성 문제에 대한 일화도 있습니다. 그때 서울에 유명한 기생 물림으로 돈도 많은 여자가 있었는데 이 여자가 아마 도산 선생을 어지간히 좋아하였던 모양입니다.

그 여자가 자기집에 와서 저녁을 잡수시라고 편지를 보내 초청했지요. 그때 도산 선생은 미국에서 나와서 얼마 안 된 때였습니다. 그러나 도산 선생은 그 편지를 묵살하고 간다 안 간다 기별조차 안 하셨습니다. 그러자 그 여자한테서 두 번째 편지가 왔지요. 그래도 도산 선생이 갈 꿈도 안 꾸니까 추정 이갑 선생과 김필순 박사가 왜 한번 가 주지 그러느냐고 자꾸 충동을 하였습니다. 그래도 안 가시니까 세 번째 편지가 또 왔어요. 그래서 하루 저녁 가셨더니 만반진수로 상을 차려 놓고 극진히 대접을 하더랍니다. 그 음식을 잘 잡숫고 이런 얘기 저런 얘기 하다가 밤이 늦게 되자 이번에는 이부자리를 깔아 놓으며 주무시고 가라고 붙잡더랍니다.

"당신의 호의는 매우 고맙게 생각하지만 내 형편이 지금 그럴 수가 없소. 나의 동정을 주목하는 사람도 많고, 내 마음에 또 생각하는 것도 있으니 여기서 이런 호의를 받을 수가 없소. 섭섭하겠지만 그런 사정을 양해해 주시오."

그렇게 그 자리를 피하려니까 말도 잘하는 그 여자가 한참 연설을 하더랍니다. 아마 섭섭하다는 원망이었겠지요. 그렇게 헤어진 뒤로는

그 여자도 도산 선생의 사정을 잘 양해했는지 아무 소식이 없었다고
합니다.

주요한: 도산 선생이 대보산(大寶山)에 계실 때 일인데 선우일선이
라고 하는 평양 기생이 꽤 큰돈을 가지고 찾아왔더랍니다. 도산 선생
은 그 기생에게 성의는 대단히 고마우나 이렇게 큰돈을 내가 받을 수
는 없다, 그러나 그중에서 성의로 조금만 받겠으니 남은 돈은 도로 가
져가라고 사양하셨지요. 그래서 백 원인가 얼마인가만 받고 남은 돈은
그냥 돌려 보냈다고 합니다. 아주 받지 않으면 성의를 무시한 게 되어
서 그 기생에게 미안하니까 조금은 받으신 모양입니다.

백영엽: 돈 이야기라면 나도 하나 하겠습니다. 내가 한번 본국에 왔
을 때 도산 선생이 안동까지 오셨습니다. 내가 그때 잠깐 비밀히 안동
에 가게 되었는데 김기홍(金基鴻)이라고 하는 분이 그때 돈으로 금화
2천 원을 주면서 도산 선생에게 갖다 드리라고 했습니다. 그래서 내가
그 돈을 중국돈으로 바꾸어서 도산 선생께 드리면서 내용을 말씀드렸
지요.

"이 돈을 그 사람한테서 직접 받았는가?"

"네."

"이 돈을 우리 정부 기관에 쓰라고 보낸 것은 아닌가?"

"아니올시다."

"그럼 나 개인용으로 쓰라던가?"

"네. 선생님 개인용으로 보냈습니다."

"개인용이라고 해도 이 돈으로 내가 무슨 공공 사업을 하는 데 쓰라
고 하던가? 전혀 사사로운 생활에 쓰라고 하던가?"

"이것은 거저 선생님 사사로운 일 아무데나 쓰시도록 보낸다고 하
였습니다."

"그러면 내가 맡겠소."

그때서야 그 돈에 손을 대셨지요. 그때 선생님은 다 떨어진 기운 옷을 입고 계셨습니다. 나는 그 돈으로 우선 옷이나 새로 마련하셨으면 했지요. 이처럼 선생님은 언제든지 돈 문제에 대하여는 그 출처와 용도를 명백히 하지 않고는 받지 않으셨습니다.

이강: 김립이 레닌한테 받아 가지고 온 돈 문제로 큰 분란이 일어난 일이 있었지요. 그것은 김립이 공산당에서 직접 얻어 온 것이 아니라, 블라디보스톡의 수청이라는 곳에 있던 한인권(韓寅權)이라는 사람이 얻어 가지고 나오다가 중간에서 김립을 만나 반은 어떻게 하고 반 가량을 정부에 갖다 주라고 주었던 것이었습니다.

그때 국제 공산당의 전략이 어떤 것이었는가 하면, 일본을 타도하는 방법으로 공산당은 민족주의와 분열하여 싸우지 말고 공동 전선(共同戰線)을 취하자는 것이었지요. 그래서 민족주의자로 성립된 임시정부에 그 돈을 갖다 주라는 것이었습니다.

그 소식을 안 사람들 중에는 그거 잘 되었다고 하며 일크스크에 마중나가서 얼마씩 차지한 친구들이 있었지요. 그때 김립이 2십만 원인가 받은 중에서 8만 원을 한국으로 들여보냈는데 최팔용(崔八鏞)과 장덕수(張德秀) 명의로 이봉수(李鳳洙)라는 사람이 가지고 들어왔지요.

그런데 그 돈 문제는 국내에서도 말썽이 많아서 사꾸라 몽둥이로 장덕수가 얻어맞는 소동까지 일어났습니다. 그리고 남은 돈은 김립이 가지고 상해로 와서 써 버렸지요. 그 돈을 도산 선생에게 가져온 일은 없었습니다.

주요한: 내가 듣기에는 중간에서 어찌어찌 되고 남은 돈을 도산 선생에게 가지고 왔었는데 내용을 꼬치꼬치 물은 끝에 그런 돈이라면 나는 받을 수 없으니 그 돈은 임시정부의 재무 총장이나 다른 누구한테 갖다 주든지 상의하라고 하셨다는 이야기를 들었습니다.

이복현: 그것은 전혀 잘못 들은 말입니다. 그 돈에 관해서는 처음부터 도산 선생에게 가지고 와서 상의한 일이 없었습니다. 김립은 그 돈으로 이동휘 영감을 꾀었지요. '이 돈은 임시정부에 줄 수 없다, 우리 공산당 공작비로 써야 한다.' 하니까 그 영감이 옳소 옳소 찬성하고 위해위(威海衞)로 가서 얼마 있다가 그냥 녹여 버리고 말았지요.

본래 레닌이 이백만 원을 주기로 결정되었답니다. 그런데 그때 사십만 원이 나왔으니까 아직도 백육십만 원이 남았다는 풍성한 계산이었습니다. 그것을 다 찾으려고 인도양을 건너 흑해(黑海)로 갔지요.

그때 정부에서는 도산 선생하고 안정근 씨 두 분을 파견하기로 각의에서 결정했었습니다. 그런데 그 두 분이 러시아에 가서 그 돈을 받아 오면 서북(西北) 사람의 손에 들어간다고 해서 각의의 결정을 무시하고 이동휘 씨가 한위건(韓僞健) 씨를 몰래 보냈지요.

한위건 씨가 혼자 국경을 넘어가자 그 지방에 살던 동포들이 굉장한 환영을 하였고, 소련에서도 군악대까지 나와 환영을 하였다는 편지가 왔었지요. 그런데 그 다음에는 편지도 안 오고 함흥차사가 되고 말았습니다.

이렇게 되니 모두 매우 궁금해 했지요. 그때 이동휘 씨는 총리이고 김립은 비서실장이었는데 '왜 안창호와 안정근을 보내지 않았느냐? 이것은 김립의 잘못이다.'라는 물의가 일어나서 그는 사직하고 말았습니다.

그 뒤에 보니까 그 돈을 둘러싸고 김립, 김하주(金河珠) 등 함경도 파끼리만 해먹으려는 연극이었던 것이었어요. 그들에게는 공산당 공작을 위하여 한 달에 일천몇백 원씩 내 주었다고 그래요. 그때 함경도 파들의 생활이 퍽 풍족해졌던 것도 사실이었구요.

한편, 함흥차사가 된 한위건은 돈을 받아 오기는 커녕 소련에서 가짜로 몰려서(그야 정말 가짜였지요) 갇혀 있었습니다.

그래서 그 뒤에 이동휘와 안정근 두 사람을 보냈지요. 그러나 불란서의 중북은행 수표를 가지고 가다가 깨어지고 말았지요.

백영엽: 한번은 도산 선생과 이동휘 씨 두 분이 계실 때 나한테 이동휘 씨가 이런 말을 했습니다.

"백 목사. 내가 백 목사 앞으로 서류를 보낼 테니 선전을 좀 해 주시오."

그 서류라는 것은 공산주의 선전물이었지요. 도산 선생이 그것을 막았습니다.

"아니, 여보시오. 백 군은 교회 일을 하는데 그걸 어떻게 선전하란 말이오."

그때 두 분이 서로 일은 같이 하셨으나 이동휘 씨는 공산당이었고, 도산 선생은 그냥 모든 것을 포섭하시는 민족의 큰 그릇이었습니다. 그런데 이동휘 씨는 나의 사정이나 생각은 무시하고 매달 팜프렛을 보내지 않겠어요. 염치불고하고 공산주의를 선전해 달라는 말이었지요.

최희송: 그리고 도산 선생은 나라일로는 적이 되어 싸워도, 개인적으로는 퍽 관대하고 인자하셨습니다. 선생의 인격은 선생을 감시하고 취조하던 일본 경찰까지도 감복시켰지요. 그리고 도산 선생은 평생을 두고 일본 제국주의와 끝까지 싸우다 쓰러지셨으나 한번도 '왜놈'이란 말을 쓰지 않고 꼭 '일본 사람'이라고 하셨지요.

이강: 선생이 미국에서 나와서 평양에서 연설할 때, 일본 사람에게 땅을 팔지 말라고 하시면서 그것은 자기 넙적다리의 살을 베어 먹는 것과 마찬가지라고 아픈 비유를 하셨습니다.

그리고 개성에서의 연설이 유명했는데 무슨 내용이었는지 모르겠습니다만, 연설을 듣는 사람들이 모두 울었다고 합니다. 그때 헌병대에 조선말을 썩 잘하는 일본 사람 형사가 있었는데 그가 직무상 연설 내용을 필기하면서 그냥 쭉쭉 눈물을 흘리고 울었답니다.

백영엽: 나니와라고 하는 경기도 경찰국 형사가 항상 선생님을 찾아다녔습니다. 물론 그의 직무상 그랬겠지만 선생님의 인격에 감화되었지요. 돌아가셔서 입관하기 전에 꼭 한번 마지막으로 볼 수 있게 해 달라고 조문을 왔었지요. 그때도 모두 울었습니다.

그리고 종로서에서 고등 경찰로 유명하던 미와 경부도 선생이 종로서에 계실 때 자동차에 태워서 시내를 자유로이 소풍시켜 드리기도 한 일화가 있지요.

이강: 그때 도산 선생을 자동차에 태워 가지고 윤치호 씨 댁에 방문시켜 주었습니다. 그래서 일부에서는 안창호가 이번에 보석되리라는 소문까지 떠돌았지요. 그것도 미와가 무슨 계략에서가 아니고 그냥 도산 선생에 대한 인간적 호의에서 자기가 할 수 있는 일을 한 것이었습니다.

주요한: 윤치호 씨 댁에 아무런 예고도 없이, 또 아무런 용무도 없이 갑자기 도산 선생을 모시고 왔으므로 윤치호 씨는 당황해서 어쩔 줄 몰라 했다고 합니다. 그러더니 그냥 나가서 자동차를 타고서 남산 꼭대기를 한 바퀴 드라이브 하여 서울 시내를 구경시켜 주고 내려갔다는 거예요. 아마 이런 대우를 받은 구속자는 없었을 것입니다.

이강: 경찰국에 계실 때 나도 찾아가서 선생님을 면회하겠다니까 선생님은 저 방에 계시니 들어가 면회하라고 하면서, 면회하는 동안 따라 오지도 않더군요.

백영엽: 내가 산정현(山亭峴) 교회에 있을 때 일입니다. 어느 주일날 선생님이 예배당에 오셨어요. 그래서 선생님께 무슨 말씀을 좀 시키고자 했으나 어디 들어 주실 것 같아야죠.

그래서 오윤선(吳胤善) 장로님이 말씀하기를 '일반 교인이 아무리 말씀을 청해도 안 하실 테니 그 어른에게 기도를 시키자.'는 안을 냈습니다. 그래서 내가 설교를 하고 선생님이 기도를 하시도록 하게 되었습니다.

그때 나는 〈시브라인의 세계적 공헌〉이라는 제목으로 요셉의 문제를 설교했습니다. 그 다음에 송창근(宋昌根) 박사가 일어나서 소개를 했습니다.

"도산 선생이 이 시간에 우리를 대표해서 기도하시겠습니다."

그런데 선생님은 단 위에 오르시지 않고 그냥 일반 교인들이 볼 수 있는 자리에서 일어서서 기도를 하는데 일반 교인들이 기도하면서 어디 머리들을 숙여야지요. 도산 선생의 얼굴을 보려고 그러는 것이었지요. 그러자 선생께서는 교인들이 한참 당신을 보시게 한 뒤에 기도를 드린 일이 있었습니다.

또 한 가지, 상해 이야기를 하겠습니다. 한 번은 각 신문사의 주필들을 청한 일이 있었지요. 이쪽에서는 임시정부의 중요한 각료들인 안창호 선생, 이동휘 선생, 그 밖의 차장급들이 참석하였고, 신문사측에서는 엽초창(葉楚傖), 소력자(邵力子) 같은 인사들이 왔었습니다.

이동휘 선생이 맨 먼저 말씀을 하시고, 그 다음에 다른 분이 말씀하시고, 도산 선생이 마지막으로 말씀하셨습니다. 엽초창이 '한국은 우리 중국을 거울 삼으시오.'라고 한 데 대해 도산 선생은 이렇게 관련시켜 말씀했지요.

"일본이 동양에서 믿는 배짱은 무력이오. 그런데 일본이 무력을 믿는 까닭은 무엇이며, 원인은 어디에 있습니까? 그것은 중국의 당신네나 한국의 우리가 무력을 가장 두려워하기 때문이오. 그러므로 우리가 용기를 내서 일본의 무력을 조금도 무서워 하지 않고 용감히 나가면 일본이 믿는 무력의 효과는 잃어 버리게 되고 우리는 최후의 승리를 할 수 있소."

백영엽: 한때 도산 선생을 공산당이라고 미국 국무성에 허위 중상한 일이 있었지요. 그때도 미우면 공산당으로 모는 모양이었습니다.

그래서 미국 국무성에서는 그런 보고를 듣고 선생님한테 물었습니다.

"당신네 동포 중에 당신과 원수진 사람이 있소?"

"천만에. 그럴 리가 없소. 내 동포는 모두 내 친구요, 형제인데 내 원수가 어떻게 있을 수 있겠소."

그러자 질문을 하던 국무성 사람이 도산은 과연 위대한 선생이라고 감탄했다고 합니다.

이강: 그리고 당신을 공산당이라고 중상한 사람을 알고 싶지 않느냐고 하니까 도산 선생은 '나는 그것을 알고자 원치 않는다.'라고 대답하자 참 이상한 사람이라고 놀라더랍니다.

백영엽: 내가 캐나다에 있을 때 선생님이 한번 오셨는데 영주반점이라는 곳에 계시다고 해서 내가 청복(靑服)을 입고 찾아 갔지요. 가 보니까 나무판자로 만든 침대에 얇은 요만 깔고 계시지 않겠어요. 그때가 9월인가 그랬는데 침구도 아주 말이 아니었습니다. 그런 곳에 계시는 것을 보고 차마 그냥 있을 수가 있어야지요. 그런데 선생님이 우리의 그런 눈치를 알아채셨습니다.

"백 군. 그런 걱정마시오. 우리도 중국에 오래 있어 봤지만 이만하면 얼마나 좋소. 시베리아, 만주 벌판에서 운동을 하는 청년들은 한데서 잠을 자면서 갖은 고생을 다 하는데 이만하면 좋지 않소?"

그렇게 우리에게 폐를 끼치지 않으시려고 애를 쓰시더군요. 그 딱딱한 나무 침대와 말도 안 되는 침구에서 주무시면서도 '이거 좋지 않소?' 하셨던 것입니다.

안창호 심문 기록

제 1회 심문
1932년 9월 5일

치안유지법 위반 피고인 안창호(安昌浩)
경성 지방법원 예심판사 증촌문웅(增村文雄)
경성 지방법원 서기 풍강유길(豊岡留吉)

〈문〉성명, 연령, 신분, 직업, 주거지 및 본적은?

〈답〉안창호(安昌浩), 나이는 55세(1878년 11월 9일 생), 주거지는 상
해(上海) 불계(佛界) 하비로(霞飛路) 101농(弄) 30호(號)이다.

〈문〉작위(爵位), 훈장(勳章), 기장(記章)이 있으며, 연금(年金), 은급
(恩給)을 받거나, 공무원의 직에 있었는가?

〈답〉없다.

〈문〉지금까지 형벌에 처했던 일은 없었는가?

〈답〉없었다.

(판사는 본 피고 사건을 말하고 이 사건에 대해 진술한 바의 유
무를 물음에 피고는 진술할 것이 있으나 심문에 응해 그때그때
응답하겠다고 대답했다.)

〈문〉교육은 어느 정도 받았는가?

〈답〉8세부터 13세까지 출생지에 있는 사숙(私塾)에서 한문(漢文)을
수학했고, 14세부터 16세까지 김현진(金鉉鎭)에게서 유학(儒學)
을 배우고, 17세 때 경성에 올라가 예수교 장로교 원두우(元杜
尤) 학교에 입학하여 19세에 졸업하고, 25세 때 미국 샌프란시스
코(桑港) 공립 소학교에 입학하여 26세에 동교 2학년을 수료하
고, 27세부터 28세까지 로스앤젤리스에 있는 기독교 경영의 신

학 강습소에서 영어와 성경을 교수받았다.

〈문〉 어떤 종교를 신앙하는가?

〈답〉 기독교 장로파 신도이다.

〈문〉 재산은 어느 정도인가?

〈답〉 로스앤젤리스에 약 3천 달러의 재산이 있다.

〈문〉 가정 상황은 어떠한가?

〈답〉 부친 안흥국(安興國)은 본인이 12세 때에 작고하시고, 모친은 약 3년 전에 돌아가셨다. 큰형님과 누이는 생존해 계시나 작은 형님은 30년 전에 돌아가셨다. 처 이혜숙(李惠淑, 49세)과 장남 필립(必立, 28세), 차남 필선(必鮮, 20세), 3남 필영(必英, 7세), 장녀 수산(秀山, 18세), 차녀 수라(秀羅, 16세), 다섯 명의 자녀가 로스앤젤리스에 있으며 장남이 경영하는 식료품점의 수입으로 생활하고 있다.

〈문〉 여섯 명의 가족은 지금 무엇을 하고 있는가?

〈답〉 장남은 중학 졸업 후 식료품점을 하고 있고, 차남은 전문학교에 재학 중이며, 3남은 유치원에 다니고, 장녀와 차녀는 여학교에 재학 중이며, 처는 집안일을 돌볼 뿐이다.

〈문〉 피고는 이혜련과 언제 결혼했는가?

〈답〉 내가 25세 때이다.

〈문〉 피고의 처는 이치환(李致歡)의 딸로 어떤 학교에서 교사 노릇을 한 일이 없는가?

〈답〉 결혼 전에 경성의 어느 기독교 학교에 재학했으나 결혼 직전에 퇴학하고 집으로 돌아갔다.

〈문〉 피고는 상해에서 어떻게 생활하고 있었는가?

〈답〉 장남에게서 연 4백 불 정도를 송금받아 생활하고 있었다.

〈문〉 미화 4백 불은 일화 약 8백 원에 해당하는데 그것으로 생활비 및 기타 경비에 부족하지 않았는가?

〈답〉 중국은 물가가 싸서 집세와 식사 비용이 한 달에 25원이면 족하고, 다른 운동을 위해 지방을 여행할 때는 홍사단원과 동지들에게서 의연금을 받아 충당했다.

〈문〉 가족과 별거하여 어떻게 생활했는가?

〈답〉 불편이 없지 않았으나 활동상 부득이한 일이라 생각했다.

〈문〉 홍사단과 동지에게서 얼마나 보조를 받았는가?

〈답〉 5원, 10원, 그때그때 형편에 따라 융통해 썼으므로 그 금액은 알 수 없다.

〈문〉 미국에서 상업상 이윤은 어떠한가?

〈답〉 2천 불 내지 3천 불의 수입이 있다 한다.

〈문〉 앞으로 어떻게 하겠다는 구체적 방침은 서 있지 않았는가?

〈답〉 장남은 지금처럼 상업을 시키고, 차남은 개성에 맞는 전문가가 되게 하려 한다. 3남도 장차 대학까지 시키려고 하며, 장녀와 차녀는 학교 졸업 후에 적당한 곳에 출가시킬 예정이다.

〈문〉 피고의 부모는 무엇을 하였는가?

〈답〉 부친은 농업을 하는 한편, 사숙훈학(私塾訓學)을 하셨다. 사망전 7, 8년 간은 중풍으로 인하여 누워 지냈다.

〈문〉 피고가 미국에 가기 전까지의 경력은 어떠한가?

〈답〉 17세 때에 단신으로 상경하여 당시 정동에 있는 원두우 학교의 보통반에 입학하여 동반을 졸업하고 이어 특별반에 들어가 19세에 그 반을 졸업했다. 20세 때에 충군애국(忠君愛國)을 모토로 하는 독립협회(獨立協會)가 생겼으므로 이에 가입하여 평양 지부에 가 있다가 뒤에 협회가 해산되므로 자연 이에서 손을 떼게 되었다. 21세 때 평안남도 강서군(江西郡) 동진면(東津面) 고일리(古逸里)에 돌아가 점진학교(漸進學校)를 설립하고 1년간 이를 경영하였다. 22세 때 점진학교를 다른 사람에게 양도하였고, 당시 본인이 착수했던 하천 매축 공사도 반쯤 준공되었으므로 이를 형님에게 양도했다. 그 후에 미국에 유학할 목적으로 상경하여 지금의 처와 결혼하고 미국에 건너갔다.

〈문〉독립협회는 언제, 누가, 어떤 목적으로 설립한 것인가?

〈답〉일청전쟁 후, 대한이 중국에서 떠나 완전한 독립국이 되었을 때 경성에서 윤치호(尹致昊), 서재필(徐載弼), 이완용(李完用), 안경수(安京洙) 등이 조직한 것이다.

〈문〉그 협회는 어떤 활동을 했는가?

〈답〉처음에는 대한 독립의 영원한 유지를 위하여 활동했다. 그 후 러시아가 충남 아산만을 조차(租借)하려는 교섭이 있어 정부에서 이 교섭에 응하려는 경향이 있으므로 맹렬히 반대 운동을 했다. 또 한국을 입헌 정체로 할 양으로 전제 정부에 반대 운동을 해오다가 약 1년반 후에 해산령을 받고 간부 일동도 거의 다 체포되었으나 본인은 나이가 어리다는 이유로 이를 면했다.

〈문〉피고는 동 협회 평양 지부장이 아니었나?

〈답〉아니었다.

〈문〉점진학교는 어떤 목적으로 설립하였는가?

〈답〉그때 그곳에는 교육 기관이 없었으므로 이를 설립했다.

〈문〉피고는 그 후 서울에 와서 사립 세브란스 병원에 근무한 일이 있었는가?

〈답〉그런 일은 없었고, 본인의 친척 김필순(金弼淳)이 그 병원에 취직하고 있던 바, 주택이 그 병원 구내에 있었으므로 그 집에 머무른 일이 있었다.

〈문〉피고는 어떤 목적으로 미국에 유학하였는가?

〈답〉미국에서 교육학을 연구하고 돌아와 국내에서 교육 사업에 종사하려는 생각과 기독교의 깊은 뜻을 연구하려고 도미하였다.

〈문〉 당시 조선은 전제 정치였으므로 미국을 동경하여 미국에 갔던 것은 아닌가?

〈답〉 그런 것은 아니었다.

〈문〉 피고가 특히 미국을 택해 유학한 이유는 무엇인가?

〈답〉 그때 본인은 기독교에 관계하여 알고 있던 미국 선교사가 있었던 것과, 본인은 무산자이므로 고학하지 않으면 안 될 사정이었던 바, 이에는 미국이 가장 적당하다고 생각했으므로 미국을 택했던 것이다.

〈문〉 민이아(閔爾亞)는 어떤 관계에 있던 사람이었는가?

〈답〉 그 사람은 본인이 통학하던 원두우 학교의 교장이요, 또 미국 선교사였으므로 그 사람의 주선으로 본인이 도미했다.

〈문〉 도미 후에는 어찌 했는가?

〈답〉 샌프란시스코(桑港)에 도착하여 원한국(元韓國)에 왔던 당시 이민국 의사(醫師) 다울과 건강 진찰을 하던 중, 서로 알게 되어 그 사람의 집에 고용되어 청소하는 일을 맡아 하다가 그 후에 다른 미국인 가정의 고용인이 되었다.

〈문〉 샌프란시스코에 재류 중에는 어떻게 공부를 했는가?

〈답〉 미국인 가정에서 일을 하면서 그곳에 있는 공립 소학교에서 2년간 수학하다가 로스앤젤리스로 이주했다.

〈문〉 로스앤젤리스로 이주한 이유는 무엇인가?

〈답〉 그곳은 기후가 좋을 뿐 아니라 고학하기에 적당했기 때문이다.

〈문〉 그곳에서는 어떠한 생활을 했는가?

〈답〉 나는 그곳 미국인의 가정에 고용인이 되었고, 처는 그곳에서 중국인이 경영하는 학교에 통학했다.

〈문〉 피고가 공립협회(共立協會)를 설립한 목적은 무엇인가?

〈답〉본인이 처음 샌프란시스코에 거주할 당시 그곳에는 한인이 약 20
명 있었는데 이들 한인의 친목을 도모하기 위해 친목회를 조직했
다. 본인이 로스앤젤리스로 이주했을 당시에 미령(美領) 하와이
에는 많은 한인 노동자들이 와 있었는데 그들은 거의 무교육자들
이어서 어디서나 추태를 부리고 있었다. 그들이 차차 미국 본토
로 건너오므로 그들을 교육 지도하지 않으면 한인들에게 일대 치
욕적인 일이 자주 생길 것 같아 그곳 한인들이 본인을 선발하여
그들을 교도하게 하였다. 그래서 본인의 처는 그곳에 두고, 나
혼자 샌프란시스코에 가서 그곳에 있는 한인들과 상의한 결과,
종래 있던 친목회를 고쳐 공립협회라 칭하고 그곳 한인 노동자들
을 지도 교육하게 되었던 것이다.

〈문〉그 협회의 목적은 무엇인가?

〈답〉캘리포니아주(加洲)에 있는 노동자들을 지도 교육하는 것이 목
적이었다.

〈문〉협회에서 기관지를 발간한 일은 없었는가?

〈답〉협회의 기관지로 공립신보(共立新報)를 발행했다.

〈문〉피고가 위에서 말한 노동자 지도 교육의 일을 맡은 후의 생활 상
황은 어떠했는가?

〈답〉처가 통학하고 있던 중국인이 경영하는 학교는 자혜 사업(慈惠
事業)이었으므로 월 5불이면 수학할 수 있었고, 또 이것을 내지
못해도 공부할 수 있었다. 본인은 일일 고용 노동을 하였고, 본
인을 선발한 로스앤젤리스 거주 동포에게서 원조를 받았다.

〈문〉그런 상태는 언제까지 계속되었는가?

〈답〉약 3년 동안 계속되었다.

〈문〉피고가 그런 사업에 종사하는 동안에는 유학의 초지를 관철하기
불가능했을 텐데 어떠한가?

234

〈답〉 그렇기는 하나 앞에서 말한 바와 같이 노동자를 구하려면 누구라
　　 도 희생적으로 교육 지도의 일을 담당하지 않으면 안 되므로 처
　　 음 이를 담당할 때 깊이 생각한 후 결의하고 이를 담당했다.
〈문〉 공립협회는 그 후 대한인국민회(大韓人國民會)라 개칭했는가?
〈답〉 설립 6년 후에 대한인국민회라 개칭했다.
〈문〉 개칭한 이유는 무엇인가?
〈답〉 본래 미국 본토에는 대동보국회(大同保國會)가 있었고, 하와이
　　 에는 교정회(嬌正會)가 있었는데 모두 공립협회와 동일한 목적
　　 을 가지고 있었다. 이들 단체가 병합하여 대한인국민회라 개칭한
　　 것이니 역시 교육 사업을 장려하여 한국 민족의 복리 증진을 목
　　 적으로 한 것이다.
〈문〉 어떤 사업을 했는가?
〈답〉 〈신한민보(新韓民報)〉를 발행하고 각지에 학교를 설립하여 한
　　 인 자제를 교육하며, 새로 미국으로 건너오는 한인의 편의를 도
　　 모하였다.
〈문〉 개칭한 후 협회의 회장이 되지 않았는가?
〈답〉 본인은 1907년에 귀국했는데 그 후에 개칭되었고, 1911년에 재
　　 차 도미하여 1912년에 총회장이 되었다.
〈문〉 그 회의 기관은 어떠한가?
〈답〉 지방회, 지방 총회, 중앙 총회가 있었다.
〈문〉 피고는 메이지(明治) 38년(1905년) 8월 22일에 일한 양국간에 5
　　 개조로 성립된 보호조약이 체결된 것을 알았는가?
〈답〉 알았다.
〈문〉 피고는 명치 38년(1905년)에 귀국한 사실이 있는가?
〈답〉 앞에서 말한 바와 같이 1907년 초에 귀국한 사실이 있다.
〈문〉 귀국했을 때의 사정은 어떠했는가?

〈답〉 당시 공립협회는 융성하였다. 회의 내부에서 '해외에 있는 한인
   이 비약적으로 발전하고 있는데 이를 그대로 방치하면 안 될 것
   이니, 본국의 국시(國是)에 의하여 본국에 거주하는 유지들과
   서로 제휴하여 한인의 해외 발전책을 강구해야 한다.'는 논의가
   일어났다. 그에 따라 본국에서는 어떠한 국시 아래 어떠한 사업
   을 하는가를 시찰할 필요가 있다 하여 결국 본인이 동회 대표자
   로 시찰을 하기 위해 귀국하였다.
〈문〉 그런 것이 아니라, 한국이 보호조약에 의하여 일본의 보호국이
   되자 당시 미국 재류 조선인들이 그 조약을 반대하여 물정이 소
   란해지므로 피고가 공립협회를 대표하여 한국 본토와 해외 거주
   한인이 서로 제휴하여 보호조약에 반대 여론을 환기할 목적으로
   귀국했던 것이 아닌가?
〈답〉 당시 보호조약 체결에 대하여 미주 거주 한인들 사이에 이를 반
   대하여 상황이 어수선했던 것은 사실이다. 공립협회나 나 개인도
   그 조약을 반대했으므로 나의 의향으로 앞에서 말한 바와 같이
   사정 시찰 겸 조약에 대한 본국의 여론을 조사하려던 즈음에, 공
   립협회를 대표하여 귀국하게 됨으로써 국내 해외의 한인이 서로
   제휴하여 반대 여론을 환기할 필요가 있다고 생각했다.
〈문〉 그런 목적 아래 귀국하여 어떤 행동을 취했는가?
〈답〉 귀국은 했으나 이렇다 할 국시도 없고 , 또 지도 기관으로 자강회
   (自强會)가 있었으나 이것 또한 한인 지도의 임무를 맡고 있지
   않았다. 동지와 친우들이 나에게 도미하지 말라고 하여 본국에
   있으면서 우리 동지들과 함께 대성학교(大成學校), 신민회(新民
   會), 청년학우회(靑年學友會) 등을 설립하고 각지에 유세하여
   동포의 자립 자존 정신의 보급에 노력했다.
〈문〉 자강회는 언제, 누가, 어떤 목적으로 조직한 것인가?

236

〈답〉 앞에서 말한 바와 같이 공립협회가 해산된 후, 그 협회에 있던 남궁억(南宮億) 외 몇 명이 대한 민족의 자립 자존 정신 보급을 위해 조직한 것이다.

〈문〉 자강회는 일본과 한국간에 체결된 앞의 보호조약에 반대한 것이 아닌가?

〈답〉 표면으로 반대 행동을 취하지는 않았으나 내실은 반대 의견을 가지고 있었다.

〈문〉 자강회가 보호조약을 반대했고, 또 공립협회가 반대했은즉, 피고는 공립협회를 대표해 귀국하여 자강회와 악수하고 이 조약에 반대하려는 임무를 띠고 귀국한 것이 아닌가?

〈답〉 그런 것은 아니다. 앞에서 말한 바와 같이 공립협회나 본인 개인이 그 조약에는 반대했으나, 자강회가 이에 반대 의견을 가지고 안 가짐은 본인이 미국을 떠날 때는 몰랐고 귀국 후에 비로소 동회가 이에 반대한다는 것을 알았다.

〈문〉 피고가 미국을 출발할 때, 귀국 후에 국내에서 활동할 수 있으면 국내에서 활동할 각오로 귀국한 것이 아닌가?

〈답〉 아니다. 앞에서 말한 바와 같이 귀국 후에 동지와 친우들의 권고를 받아 비로소 국내에 있을 결심을 했다.

〈문〉 피고가 앞에서 말한 신민회 등을 설립하기까지는 어떤 행동을 했는가?

〈답〉 지방을 순회 유세하여 대한 민족의 자립 자존 정신을 고취했다.

〈문〉 어떠한 동기에 의해 지방을 순회 유세하였는가?

〈답〉 귀국 후, 한국이 일본과 보호조약을 체결하여 일본의 보호국이 됨은 한국이 일본에 비하여 역량이 부족했기 때문이니 이대로 방임하면 한국은 일본의 침략을 받아 병탄되어 버리리라고 생각했기 때문이다.

〈문〉 피고는 자강회에 입회하여 동 회원으로 위와 같이 지방 유세에
　　 종사하지 않았는가?

〈답〉 아니다. 본인 개인으로 유세한 것이다.

〈문〉 대한협회는 언제, 어떤 사람들이, 어떤 목적으로 조직한 것인가?

〈답〉 본인이 귀국한 후 오래지 않아 자강회의 남궁권(南宮權), 천도교
　　 의 권동진(權東鎭), 오세창(吳世昌), 그 밖의 김가진(金嘉鎭), 윤
　　 공정(尹孔楨) 등이 자강회와 같은 목적으로 조직하였다.

〈문〉 그 회는 어떤 활동을 했는가?

〈답〉 특별한 활동은 없었으나 기관지로 〈대한신문(大韓新聞)〉을 발간
　　 했다.

〈문〉 신민회는 언제, 어떤 목적으로, 누가 조직한 것인가?

〈답〉 본인이 귀국한 이듬해에 대한 민족의 자립 자존 정신을 보급시킬
　　 목적으로 경성에서 이갑(李甲), 유동렬(柳東說), 이동휘(李東輝),
　　 전덕기(全德基), 이동녕(李東寧), 양기탁(梁起鐸) 등과 같이 조직
　　 했다.

〈문〉 그 회는 피고가 중심이 되어 조직된 것이었나?

〈답〉 아니다. 양기탁이 중심이 되어 조직되었다.

〈문〉 그 회의 임원은 어떠했는가?

〈답〉 양기탁이 총감독, 이동녕이 총서기, 전덕기가 재무, 본인이 집행
　　 원이었다.

〈문〉 집행원의 직책은 어떤 것인가?

〈답〉 신입자의 자격 심사가 그 책무이다.

〈문〉 그 회는 지부가 있었는가?

〈답〉 각지에 있었다.

〈문〉 회원은 얼마나 되었는가?

〈답〉 내가 미국으로 떠날 때는 약 300명이었다.

〈문〉그 회는 비밀 결사였는가?

〈답〉비밀 결사였다.

〈문〉그 회에서는 어떠한 활동을 했는가?

〈답〉평양에 대성학교를 설립하고, 경성과 평양에서 서점을 경영하고, 평양 마산동(馬山洞)에 자기 회사(瓷器會社)를 설치하고, 학교가 없는 지방에는 학교를 창설하고, 민족 지도를 위해 지방 순회 강연을 했다.

〈문〉대성학교의 정도는 어떠했는가?

〈답〉중등 정도의 학교였으며, 그 학교에는 중등 정도의 농업 강습소가 부설되어 있었다.

〈문〉피고가 그 학교의 교장이었는가?

〈답〉나는 교장 대리로 있었다.

〈문〉교장은 누구였는가?

〈답〉윤치호(尹致昊)였다.

〈문〉그는 신민회원이었는가?

〈답〉신민회원은 아니었으나 적당한 인물이었으므로 교장이 되었다.

〈문〉평양에 학교를 설립한 이유는 무엇인가?

〈답〉경성에서는 자금을 얻을 길이 없었고, 또 경성에는 교육 기관이 있었으나 평양에는 이런 종류의 학교가 없었을 뿐더러 자금을 얻기에도 편리했으므로 평양에 설립했다.

〈문〉그 후 학교는 어찌 되었는가?

〈답〉설립 6년 후에 폐교되었다. 본인은 도미로 인하여 그 학교에는 3년밖에 관계하지 못했다.

〈문〉어떤 사정으로 폐쇄되었는가?

〈답〉일한합병 후에 신민회가 데라우치(寺內正毅) 총독 암살 모의의 혐의를 받아 신민회, 대성학교 등의 간부 전원이 검거됨으로써 자연히 궤멸되었다.

〈문〉자기 회사를 평양 마산동에 설립하여 경영한 목적은 무엇인가?

〈답〉대한 민족의 실력 양성을 위하여 실업을 장려함이 목적이었다. 특히 평양에 설립한 것은 그곳에는 도기에 필요한 흙이 풍부했기 때문이었다.

〈문〉서점을 경영한 목적은 무엇인가?

〈답〉교육 사업 보급과 신민회의 사무를 연락하고자 했으며, 점차 전국 각지에 서점을 설립할 예정이었다.

〈문〉그러한 활동 기금은 어떻게 염출했는가?

〈답〉대성학교 농업 강습소와 지방 유세 비용은 지방 유지의 기부로, 자기 회사는 주식으로 비용을 댔다.

〈문〉신민회를 비밀 결사로 한 이유는 무엇인가?

〈답〉당시 인민의 수준이 유치하여 이를 표면 단체로 하면 사회의 반감을 사서 방해를 받을 것이요, 또 입회 희망자를 전부 참가시키면 어떤 인물이 섞여 동회의 진정한 목적을 달성하기 불가능할지 모르며, 또 동회는 정치적이므로 대한 민족의 자립 자존을 목적으로 하므로 통감부에게 해산을 당해서는 안 되는 까닭에 실력이 생길 때까지는 비밀 결사로 두는 것이 필요했기 때문이다.

〈문〉신민회는 앞에서 말한 것과 같은 활동을 하여 조선 민족에게 실력이 생기면 무력으로 일을 도모하려고 조직한 것은 아니었는가?

〈답〉근본이 될 실력을 양성함에는 상당한 세월을 요하므로 그 실력이 생긴 다음에 무력으로 일을 도모하든가, 혹은 정치적으로 일을 도모하든가를 결정할 심산이었고, 미리 그런 목적으로 설립한 것은 아니었다.

〈문〉신민회에는 앞에서 진술한 것 외에 회장, 부회장, 평의원, 총감부원 등의 직제와 기관이 있지 않았는가?

〈답〉 앞에 말한 것 이외에 의사원(議事員)과 각 도에 총감(總監), 각 군에 군감(郡監)이 있어 상하 연락을 취했다.

〈문〉 의사원의 임무는 무엇인가?

〈답〉 일종의 입법 기관으로 의사원은 각 도에서 선정하였으나 그 인원 수는 상세히 모르겠다.

〈문〉 그 회의 사업으로 간도에 무관학교(武官學校)를 설립하고 청년 에게 군사 교육을 베풀려는 계획이 있었는가?

〈답〉 그런 계획은 없었다.

〈문〉 보호조약의 임무를 담당했던 통감과 한국 정부원 등을 암살하여 한국은 일본에 복종하지 않는다는 의사를 내외에 표시하고, 또 세계 각국의 동정을 구할 목적으로 신민회를 설립한 것이 아니었 는가?

〈답〉 아니다.

〈문〉 신민회의 전성시에는 회원이 20만 명에 달했다는데 그것이 사실 인가?

〈답〉 아니다. 본인이 미국에서 귀국할 때 대한인국민회가 있어 그 본 부가 미국에 있고 지부가 하와이, 멕시코, 만주리(滿洲里, 치타) 등지에 있어 일시 회원이 수만 명에 달할 때가 있었는데, 그것을 잘못 안 것이 아닌가 생각된다.

〈문〉 이승훈(李昇薰), 일명 이인환(李寅煥)을 아는가?

〈답〉 이승훈은 아나 이인환은 모른다.

〈문〉 그도 신민회에 관계가 있었는가?

〈답〉 관계 있었다.

〈문〉 회에서는 어떤 일을 하고 있었는가?

〈답〉 신민회를 대표하여 마산동 자기 회사를 경영했고, 교육 방면으로는 정주에서 오산학교(五山學校)를 경영했다.

〈문〉안정근(安定根)의 형 안중근(安重根)을 아는가?

〈답〉안다.

〈문〉안중근은 신민회원이 아니었는가?

〈답〉아니었다.

〈문〉미국에서 이재명(李在明)을 알고 있었는가?

〈답〉알고 있었다. 그는 당시 미국에서 노동에 종사하고 있었다.

〈문〉당시 그는 이토오(伊藤博文) 통감 암살을 계획하고 있었는가?

〈답〉이토오 암살을 계획하고 있었다.

〈문〉그가 그런 계획을 갖고 있다는 것을 피고는 어떻게 알았는가?

〈답〉그는 나보다 뒤에 귀국하였으며, 나를 방문하여 자기는 한국의
원수인 이토오 통감을 암살할 결심으로 귀국했노라고 말해 알았
다.

〈문〉명치 42년(1909년) 12월 2일, 이재명이 경성에서 이완용을 암살
하려다가 미수에 그친 사실을 아는가?

〈답〉뒤에 듣고 알았다.

〈문〉그때 피고는 어디에 있었는가?

〈답〉헌병대에 구금되어 있었다.

〈문〉전명운(田明雲), 장인환(張仁煥) 등을 아는가?

〈답〉안다.

〈문〉그들은 모두 공립협회원이었는가?

〈답〉전명운은 공립협회 회원이었고, 장인환은 대동보국회 회원이었
다고 생각한다.

〈문〉명치 41년(1908년) 3월 23일에 한국의 외교 고문이던 스티븐스
가 오클랜드 정거장에서 앞의 두 사람에게 사살된 사실을 아는
가?

〈답〉 신문을 보고 그 사실을 알았다.

〈문〉 그 두 사람이 스티븐스를 사살한 것은, 전명운은 공립협회를, 장
　　 인환은 대동보국회를 대표하여 한 행위가 아닌가?

〈답〉 당시 본인은 귀국해 있었으므로 그 점은 모른다.

〈문〉 피고는 이토오 통감과 회견한 일이 있는가?

〈답〉 있다.

〈문〉 회견의 내용은 무엇이었나?

〈답〉 이토오 통감으로부터 2차의 초청이 있어 회견했다. 그 자리에서
　　 이토오 통감은 나에게 이렇게 말했다. '그대의 연설은 이 연설집
　　 (일본인이 수집한 것)을 보아 잘 알고 있다. 그대는 열렬한 애국
　　 자이며, 내가 비록 일본인이지만 그대의 조선을 사랑하는 애국열
　　 은 충분히 알고 있다. 나는 일본 유신 공로자의 한 사람으로서
　　 조선도 훌륭한 나라로 만들려고 생각하고 있으니 흉금을 열어 놓
　　 고 말해 보자.' 그래서 내가 말했다. '만일 일본이 한국을 위하고
　　 한국의 자주 독립을 허용한다면, 일본은 어찌하여 한국의 독립을
　　 위해 활동하는 한인은 누구라도 가차없이 체포하여 투옥하는가?
　　 이것이 한국을 위하는 것인가? 이렇게 불평을 말하자 이토오는
　　 그것은 자기의 생각을 이해하지 못한 하부 관리들이 잘못을 저지
　　 른 것이라고 말했다.

〈문〉 그 후 피고가 중국을 거쳐 재차 도미한 내용은 어떠한가?

〈답〉 이토오 통감이 하얼빈에서 안중근에게 암살되자 본인은 그 사건
　　 의 혐의를 받아 일본 헌병대에 구류되었다가 약 3개월 후에 석방
　　 되었다. 이때 일본은 한국에 대해 모든 일에 무단적이어서 사회
　　 의 분위기는 크게 변했다. 그리고 당시 정운복, 최석하 등이 중
　　 심으로 서북인들의 정당을 하나 조직하여 기호파에 대비하고 있
　　 다가 대적할 능력이 생기면 일본에 대항하여 자립을 꾀하자 하며

본인에게 입당을 권했다. 이에 본인은, '지금은 기호파니 서북파니 하여 파벌을 운운하는 것은 상스러운 일이 아니다. 또 일본인이 그런 가면적 복종을 한다고 넘어가지도 않을 것이니, 정정당당한 행동을 취하는 것은 좋으나 그런 가면적 행동에는 찬성할 수 없다.'고 거절했다. 최석하는 입당을 권고하다가 마지막에는 '그대가 입당을 하지 않는다면 신변이 위험할지 모르니 깊이 생각하라.' 하므로 본인은 국내에서 활동할 것을 단념하고 망명을 결심했다.

〈문〉 망명할 때 누구와 함께 어디로 갔는가?

〈답〉 정영도와 함께 북경으로 갔다.

〈문〉 어떤 목적으로 그와 함께 북경으로 갔는가?

〈답〉 한국을 출발할 때 본인의 심산은 만주의 황무지를 개간하여 농장을 경영하며 재만 한인을 지도하여 실력을 양성하려는 것이었다. 이 계획을 실현하기 위해서는 먼저 그때 북경에 있던 유동렬, 이갑, 김희선 등과 상의할 필요가 있었기 때문에 북경으로 갔다.

〈문〉 자금을 가지고 있었나?

〈답〉 가지고 있었다.

〈문〉 얼마였는가?

〈답〉 자세히 기억할 수는 없으나 3만 원에서 5만 원 정도로 이종호가 출자한 것이었다.

〈문〉 계획대로 되었는가?

〈답〉 뜻대로 되지 않았다. 북경에 가 보니 앞에 말한 사람들은 이미 청도에 가 있었으므로 다시 그곳으로 가서 만주에서의 농지 개척을 제의했다. 그런데 유동렬과 김희선은 자금을 신문과 잡지의 경영에 쓰자고 하고, 본인과 이갑은 예정된 계획대로 농지 개척에 쓰자고 하여 양자의 의견이 일치를 보지 못해 실행에 이르지 못했다.

〈문〉 북경으로 간 것은 국내에서는 활동이 불가능하므로 해외로 나가
국내로 연락을 취해 조선 민족의 독립을 꾀하기 위한 심산이 아
니었던가?

〈답〉 앞에서 말한 바와 같이 만주의 황무지를 개척하여 한인을 이주케
하고 농촌을 지도하여 한족의 자립 자존을 도모할 계획이었다.

〈문〉 그 후에는 어찌 되었는가?

〈답〉 청도회담이 결렬됨에 따라 이갑이 블라디보스톡으로 가서 연해
주와 만주의 상황을 살펴보고 그 후에 결정하자고 하여 우리는
뱃길로 블라디보스톡으로 갔다.

〈문〉 블라디보스톡으로 간 후에는 어찌 되었는가?

〈답〉 그곳에서도 본인과 이갑은 전과 다름없이 농지 개척에 주력하여
그곳 한족의 생활을 안정되게 하고 독립 운동 투사를 양성하는
것이 한족의 미래 운동에 도움이 될 것이라고 역설했으나, 다른
두 사람은 만주에서 속히 한족 군인을 양성하여 일을 꾸미자 하
므로 서로의 의견이 일치되지 않았다. 마침내 유동렬과 김희선,
두 사람은 만주를 거쳐 연대로 갔다가 일본 관헌에게 체포되고,
이갑은 블라디보스톡에 머무르고, 본인은 정영도와 함께 시베리
아를 경유하여 모스크바, 런던, 뉴욕 등지를 거쳐 로스앤젤리스
로 돌아갔다.

〈문〉 피고가 조선을 떠난 것은 언제였는가?

〈답〉 1910년(명치 43년) 봄이었다.

〈문〉 블라디보스톡으로 간 것은 언제였는가?

〈답〉 그해 9월 경이었다.

〈문〉 피고는 일한합방된 것을 어디에서 들었는가?

〈답〉 블라디보스톡에서 듣고 실망하고 낙담했다.

〈문〉블라디보스톡을 출발한 것은 언제였는가?

〈답〉1911년 봄이었다.

(일부 생략됨)

〈문〉유럽전쟁(제 1차 세계대전)이 끝날 무렵인 1918년 1월 18일, 미국 대통령 윌슨이 미의회에서 이른바 평화강령 14조를 발표한 것을 알고 있었는가?

〈답〉알고 있었다.

〈문〉강령 제 5조에 '각국의 식민지에 관한 요구를 공평하게 조절할 것. 이를 시행함에 있어 동시에 식민지 인민의 이익을 존중할 것.' 이라는 이른바 민족자결주의 원칙을 주장한 조항이 있다는 것을 알고 있었는가?

〈답〉알고 있었다.

〈문〉그것은 미국에 있는 조선인에게 어떠한 영향을 주었는가?

〈답〉미 대통령 윌슨이 민족 자결의 선언을 했기 때문에 미국 주재 한인은 조선 독립의 기회가 왔다. 이 기회를 잃지 말고 우리 조선 민족은 강화회의에 조선 독립을 진정할 것이라는 의논이 크게 일어났다.

〈문〉그 결과 어떠한 방법을 취했는가?

〈답〉대한인국민회 중앙 총회의 간부와 그 간부가 지명한 인사가 샌프란시스코에 모여 위원회를 열었다. 그 자리에서 본인이 주가 되어 제안했던 대로 강화회의에 청원서를 제출하기로 했다. 방법으로는 이승만, 정한경, 민찬호 세 사람을 선출하여 워싱턴에 보내 그곳에서 청원서를 작성하여 강화회의에 보내기로 했다. 그 결과에 따라 그해 12월 경, 그들은 워싱턴에서 청원서를 작성하여 강화회의에 제출했다. 그리고 다음 해인 1919년 3월 1일, 조선에서 조선 독립 만세 운동이 일어나자 재미 한인들은 미주 일대에서 조선의 독립 운동을 선전하고, 또 앞의 3명의 대표를 파리 강화 회의에 파견하기로 했다. 상해에서는 조선의 독립을 이루기 위해서는 국내, 국외에 있는 한인의 통일을 기해야 하니 재미 동포 중에서도 대표를 상해로 보내 달라고 하여 대한인국민회에서는 본인을 대표로 선출하였다. 본인은 정인과와 황진남을 수행원으로 데리고 상해로 갔다.

〈문〉 피고는 사기지차전(事機至此前)에 조선의 독립은 아직 그 시기가 아니라고 하여 헛된 기운에 휩쓸리는 조선인들을 억제한 일이 있는가?

〈답〉 있었다. 강화회의가 파리에서 열리게 되자 재미 한인 사이에는 이번 기회에 한인은 조선 독립을 이룰 것이라고 하여 일어났으나, 본인의 생각으로는 세계전쟁은 비록 종국을 고했다 하더라도 전승국 측에서는 조선 독립의 필요성을 인식하지 않고 있으며, 또 조선 자체로 보더라도 경제적 상황과 그 밖의 모든 정세가 아직 독립의 기운이 성숙치 못했다고 생각했으므로 〈구주전란 강화회의와 우리들〉이라는 반대 의견을 문서로 만들어 수백 매 인쇄하여 재미 한인 교포에게 나누어 주었다.

〈문〉 그 문서의 내용은 무엇인가?

〈답〉 지금 재외 동포를 비롯한 모든 한인이 독립을 희망하고 일어난다는 것은 착오이다. 왜냐하면, 공평한 안목으로 보아 오늘 우리의 자력으로 일본을 배척하고 완전히 독립할 수 있겠는가? 반드시 다른 나라의 힘, 즉 국제적 원조를 얻지 않으면 독립을 성취할수 없을 것이다. 남의 힘을 빌린다면 어느 나라가 우리에게 원조해 줄 것인가? 가장 먼저 미국을 꼽을 수밖에 없다. 만일 미국이 조선의 독립을 지원하면 어찌 될까? 일본은 반드시 창을 내대며 가로막을 것이다. 그러면 미국은 대전 직후인데다 또 일본과 전쟁을 하면서까지 조선의 독립을 원조하지 않을 것이니 자연히 조선 문제에서 손을 떼게 될 것이다. 만일 미국이 손을 뗀다면 누가 이에 간섭할 것인가? 아마 없을 것이다. 지금의 무계획한 흥분은 자칫 한인 자신의 손실만 초래할 뿐이니 자중해야 한다는 것이었다.

〈문〉 어떤 점에서 미국이 국제적으로 제일 먼저 원조를 해 줄 것이라고 생각했는가?

〈답〉 미국은 항상 일본과 태평양에서의 이익을 위해 경쟁하고 있으므로 미국은 일본의 국력이 확대되는 것을 좋아하지 않는다. 따라서 조선이 일본에서 분열하여 독립한다면 그만큼 일본 국력의 감퇴를 가져오므로 이를 위해서 조선 독립을 원조하리라고 생각한다.

〈문〉 파리 강화회의에는 어떤 내용의 청원서를 제출한다 하였는가?

〈답〉 앞에서 말한 바와 같이 3인의 대표를 선출하였으나 3인은 많다 하여 나중에 민찬호는 취소하고 두 사람만 워싱턴에 가서 그곳에서 그들의 자유 의사에 따라 청원서를 작성하기로 하였는데……
…….

안창호의 말과 글

1. 안창호의 연설
    1) 개조
    2) 6대 사업
    3) 정부에서 사퇴하면서

2. 안창호의 논설
    1) 동포에게 고하는 글
    2) 비관적인가 낙관적인가
    3) 불평과 측은
    4) 주인인가 나그네인가
    5) 합동과 분리
    6) 지도자
    7) 부허와 착실
    8) 오늘 할 일은 오늘에
    9) 오늘의 대한 학생
    10) 청년의 용단력과 인내력
    11) 사업에 대한 책임심
    12) 청년에게 호소함
    13) 무정한 사회와 유정한 사회

3. 안창호의 편지
    1) 나의 사랑하는 아내에게
    2) 나의 사랑하는 아내 혜련
    3) 나의 사랑하는 아들 필립
    4) 나의 사랑하는 딸 수산

개조

여러분! 우리 사람이 일생에 힘써 할 일이 무엇입니까?

나는 우리 사람이 일생에 힘써 할 일은 '개조(改造)'하는 일이라 생각합니다. 이렇게 말하니까 어떤 이는 오늘 내가 개조라는 문제를 가지고 말하기 위해 이에 대한 여러분의 주의를 깊게 하려는 것 같습니다만, 나는 결코 그런 수단으로 하는 말이 아닙니다. 내 평생에 깊이 생각하여 깨달은 바 참마음으로 하는 참된 말일 뿐입니다.

우리 전 인류가 다 같이 희망하고 또 최종의 목적으로 하는 바가 무엇입니까? 나는 이것을 '전 인류의 완전한 행복'이라 말하고 싶습니다. 이것은 고금동서, 남녀노소를 막론하고 다 똑같은 대답이 될 것입니다.

그러면 이 '완전한 행복'은 어디서 얻을 수 있습니까? 나는 이 행복의 어머니를 '문명'이라 말하고 싶습니다. 그 문명은 어디서 얻을 수 있습니까? 문명의 어머니는 '노력'입니다. 무슨 일에나 노력함으로써 문명을 얻을 수 있습니다. 곧 개조하는 일에 노력함으로써 문명을 얻을 수 있습니다. 그러므로 나는 말하기를 '우리 사람이 일생에 힘써 할 일은 개조하는 일이다.'라고 하는 것입니다.

여러분! 공자가 무엇을 가르쳤습니까? 석가가 무엇을 가르쳤습니까? 소크라테스나 톨스토이가 무엇을 말했습니까? 그들이 일생에 많

1919년 월일은 미상, 상해에서 행한 연설의 요지이다.

은 글을 썼고 많은 말을 했습니다만, 그것은 한 마디로 말해 단지 '개조' 두 글자일 뿐입니다. 예수보다 좀 먼저 온 요한이 맨 처음으로 백성에게 부르짖은 말씀이 무엇이었습니까? '회개하라.'였습니다. 그 후에 예수가 맨 처음으로 크게 외친 말씀이 무엇이었습니까? 또 '회개하라.'였습니다. 나는 이 '회개'라는 것이 곧 개조라고 말하고 싶습니다.

그러므로 오늘날은 이 온 세계가 다 개조를 절규합니다. 동양이나 서양이나, 약한 나라나 강한 나라나, 문명한 민족이나 미개한 민족이나, 다 개조를 부르짖습니다. 정치도 개조해야 되겠다, 모두가 개조해야 된다고 하고, 신문이나 잡지나 공담이나 사담이나 많은 말이 개조의 말입니다. 이것이 어찌 근거가 없는 일이며 이유가 없는 일이겠습니까? 당연한 일이니 누가 막으려 해도 막을 수 없는 일입니다.

우리 한국 민족도 지금 개조! 개조!하고 부르짖습니다. 그러나 나는 우리 4천만 형제가 이 '개조'에 대하여 얼마나 깊이 깨달았는지, 얼마나 귀중히 생각하는지 의심스럽습니다. 더구나 문단에서 개조를 쓰고, 강단에서 개조를 말하는 그들 자신이 얼마나 깊이 깨달았는지 알 수가 없습니다.

만일 이것을 시대의 한 유행어로 알고 남이 말하니 나도 말하고, 남들이 떠드니 우리도 떠드는 것이라면 대단히 불행한 일입니다. 아무런 이익이나 효과를 얻을 수 없습니다. 그러므로 우리 2천만 형제가 다 같이 이 개조를 절실히 깨달을 필요가 있습니다.

여러분! 우리 한국은 개조해야 합니다. 이 행복이 없는 한국, 이 문명되지 못한 한국을 반드시 개조해야 합니다.

옛날 우리 선조들은 개조의 사업을 잘하셨습니다. 따라서 그때는 문명이 있었고 행복이 있었습니다. 그런데 근대의 우리 조상들과 현대의 우리들은 개조 사업을 안했습니다.

지난 일은 지난 일이지만 이제부터 우리는 이 대한을 개조하기 시작해야 하겠습니다. 1년이나 2년 후에 차차 시작할 일이 아니고 지금부터 바로 시작하여야 할 것입니다. 만일 이 시기를 잃어 버리면 천만 년의 한이 될 것입니다.

여러분이 참으로 나라를 사랑하십니까? 만일 너도 한국을 사랑하고 나도 한국을 사랑한다면 너와 나와 우리가 다 합하여 한국을 개조합시다. 이 한국을 개조하여 문명한 한국을 만듭시다.

문명(文明)이란 무엇입니까? 문이란 것은 아름다운 것이요, 명이란 것은 밝은 것이니 다시 말해, 화려하고 광명한 것입니다. 문명한 것은 다 밝고 아름다우나 문명치 못한 것은 다 어둡고 더럽습니다. 행복이란 것은 본래부터 귀하고 좋은 물건이기 때문에 밝고 아름다운 곳에는 있으나, 어둡고 더러운 곳에는 있지 않습니다. 그러므로 문명한 나라에는 행복이 있으되 문명치 못한 나라에는 행복이 없습니다.

보십시오! 저 문명한 나라 백성들은 그 행복을 보존하여 증진시키기 위하여 그 문명을 보존하고 증진시킵니다. 문명치 못한 나라에는 행복이 있지도 않거니와, 만일 조금이라도 남아 있다면 그 남아 있는 문명이 파멸을 좇아서 그 남은 행복도 차차 없어질 것입니다. 이것은 우리가 다 익히 아는 사실이 아닙니까? 그래서 '행복의 어머니는 문명이다.'라고 하는 것입니다.

우리 한국을 문명한 한국으로 만들기 위하여 개조의 사업에 노력해야 합니다. 무엇을 개조하자는 것입니까? 우리 한국의 모든 것을 다 개조하여야 합니다. 우리의 교육과 종교도 개조하여야 합니다. 우리의 농업, 상업, 토목도 개조하여야 합니다. 우리의 풍속과 습관도 개조하여야 합니다. 우리의 음식, 의복, 거처도 개조하여야 합니다. 우리의 도시와 농촌도 개조하여야 합니다. 심지어 우리 강과 산까지도 개조해야 합니다.

여러분 가운데 혹 이상스럽게 생각하는 분도 있을 것입니다. '강과

산은 개조하여 무엇하나?', '그것도 개조하면 좋겠지만 급하고 바쁜 때에 언제 그런 것들을 개조하고 있을까?' 하겠지만 그렇지 않습니다. 이 강과 산을 개조하고 안 하는 데 얼마나 큰 관계가 있는지 아십니까? 매우 중대한 관계가 있습니다.

이제 우리나라의 저 문명스럽지 못한 강과 산을 개조하여 산에는 나무가 가득히 서 있고, 강에는 물이 풍만하게 흘러간다면 그것이 우리 민족에게 얼마나 큰 행복이 되겠습니까? 그 목재로 집을 짓고 온갖 기구를 만들며, 그 물을 이용하여 온갖 수리에 관한 일을 하므로 이를 좇아서 농업, 공업, 상업 등 모든 사업이 크게 발달하게 될 것입니다.

이러한 물자 방면뿐 아니라, 나아가 과학 방면과 정신 방면에도 큰 관계가 있습니다. 저 산과 물이 개조되면 자연히 짐승들, 곤충들, 물고기들이 번식합니다.

또 저 울창한 숲속과 잔잔한 물가에는 철인 도사와 시인 화객이 자연히 생깁니다. 그래서 그 민족은 자연을 즐기며 만물을 사랑하는 마음이 점점 높아집니다. 이와 같이 아름다운 강산에서 예술이 발달되는 것은 사실이 증명하는 바입니다.

만일 산과 물을 개조하지 않고 그대로 자연에 맡겨 두면 산에는 나무가 없어지고 강에는 물이 마릅니다. 그러다가 하루아침 큰비가 오면 산에는 사태가 나고, 강에는 홍수가 넘쳐서 그 강산을 헐고 묻습니다. 그 강산이 황폐함에 따라서 그 민족도 약해집니다.

그런즉 이 산과 강을 개조하고 아니함에 얼마나 큰 관계가 있습니까? 여러분이 다른 문명한 나라의 강산을 구경하면 우리 강산을 개조하실 마음이 마치 불길이 일어나듯 할 것입니다. 비단 이 강과 산뿐 아니라 무엇이든지 개조하고 안하는 데 다 이런 큰 관계가 있는 것입니다. 그런고로 모든 것을 다 개조하자고 하는 것입니다.

나는 우리 동포들이 원망하고 한탄하는 소리를 흔히 듣습니다. '우리 신문이나 잡지는 뭐 볼 것이 있어야지.', '우리나라에는 학교라고 변변한 것이 있어야지.', '우리나라 종교는 다 부패해서.' 이같은 말을 많이 듣습니다.

과연 우리나라는 남의 나라만 못합니까? 실업이나 교육이나 종교나 무엇이든지 남의 사회만 못한 것은 사실입니다. 그렇지만 나는 여러분께 한마디 물어 볼 말이 있습니다. 우리 2천만 대한 민족 중의 하나인 여러분 각자 자신은 무슨 기능이 있습니까? 전문 지식이 있습니까? 지금이라도 실사회에 나가서 무슨 일 한 가지를 넉넉히 맡아 할 수 있습니까? 각자 생각해 보시기 바랍니다.

만일 여러분이 그렇지 못하다면, 여러분의 주위를 둘러보십시오. 여러분 동족인 한국 사람 가운데 상당한 기능이나 전문 지식을 가진 사람이 몇 사람이나 있습니까? 오늘이라도 곧 실사회에 나아가 종교계나 교육계나 실업계나 어느 방면에서든지 원만히 활동할 만한 사람이 몇이나 됩니까? 여러분이나 나나 우리가 다 입이 있어도 이렇게 묻는 말에는 오직 잠잠히 있을 뿐입니다.

그런즉, 오늘 우리 한국 민족의 현상이 이런데 어떻게 우리가 하는 사업이 남의 것과 같을 수 있겠습니까? 그것은 하나의 어리석은 사람의 일이 될 뿐입니다.

세상의 어리석은 사람들은 흔히 이러합니다. 가령, 어느 단체의 사업이 잘못 되면 갑자기 그 단체의 수령을 욕하고 원망합니다. 또 어느 나라의 일이 잘못되면 벼슬하던 몇 사람을 역적이니 매국적이니 하며 욕하고 원망합니다. 물론 그 몇 사람이 그 일의 책임을 피할 수는 없습니다.

그러나 그 정부의 책임이 모두 벼슬하던 사람이나 수령 몇 사람에게만 있고, 일반 단원이나 국민에게는 책임이 없느냐 하면 결코 그렇지 않습니다. 그 수령이나 인도자가 아무리 영웅이요, 호걸이라 할지라도 그 일반 추종자의 정도나 성심이 부족하면 아무 일도 할 수 없는 것입니다.

또 설사 그 수령이나 인도자가 악한 사람이어서 그 단체나 나라를 망하게 하였다 할지라도, 그 악한 일을 못 하도록 살피지 못하고 그대로 내버려 둔 것은 일반 그 추종자들이 한 일입니다. 그런고로 그 일반 단원이나 국민도 책임을 면할 수 없습니다. 그러므로 우리는 이제부터 쓸데없이 어떤 개인을 원망하거나 시비하는 일은 그만 둡시다.

이와 같은 일은 새 시대의 한국 사람으로는 할 일이 아닙니다. 나는 저 스마일즈의 '국민 이상의 정부도 없고, 국민 이하의 정부도 없다.'라고 한 말이 참된 말이라 생각합니다.

그러므로, 이 우리 민족을 개조해야 합니다. 능력 없는 우리 민족을 개조하여 능력 있는 민족을 만들어야 합니다. 그런데 어떻게 해야 우리 민족을 개조할 수 있겠습니까?

한국 민족이 개조되었다 하는 말은, 다시 말해 한국 민족의 모든 분자 각 개인이 개조되었다는 말입니다. 그러므로 한국 민족이라는 하나의 전체를 개조하려면 먼저 그 부분인 각 개인을 개조하여야 합니다.

이 각 개인을 누가 개조합니까? 누구 다른 사람이 개조하여 주는 것이 아니라 각각 자기가 자기를 개조해야 합니다. 왜 그럴까요? 그것은 자기를 개조하는 권리는 오직 자기에게만 있기 때문입니다. 아무리 좋은 말을 그 귀에 들려 주고 아무리 귀한 글이 그 눈앞에 펼쳐 있을지라도 자기가 듣지 않고 보지 않으면 할 수 없는 일입니다.

우리 각각 자기 자신을 개조합시다. 너는 너를 개조하고, 나는 나를 개조합시다. 곁에 있는 김 군이나 이 군이 개조하지 않는다고 한탄하지 말고, 내가 나를 개조 못 하는 것을 아프게 생각하고 부끄럽게 압시다. 내가 나를 개조하는 것이 우리 민족을 개조하는 첫걸음이 아니겠습니까? 여기에서 비로소 우리 전체를 개조할 희망이 생길 것입니다.

그러면, 나 자신에게서는 무엇을 개조할까? 나는 대답하기를 '습관을 개조하라.' 할 것입니다. 문명한 사람은 그 사람의 습관이 문명스럽기 때문이요, 야만이라는 것은 그 사람의 습관이 야만스럽기 때문입니다.

여러분의 모든 악한 습관을 개조하여 선한 습관으로 만듭시다. 거짓말을 잘하는 습관을 가진 그 입을 개조하여 참된 말만 하도록 합시다. 글을 보기 싫어하는 그 눈을 개조하여 책 보기를 즐겨하도록 합시다. 게으른 습관을 가진 그 사지를 개조하여 활발하고 부지런한 사지로 만듭시다.

이밖에 모든 문명스럽지 못한 습관을 개조하여 문명스러운 습관을 가지도록 합시다. 한번 눈을 뜨고, 한번 귀를 기울이며, 한번 입을 열고, 한번 몸을 움직이는 지극히 작은 일까지 이렇게 해야 합니다.

어떤 사람들은 '그까짓 습관 같은 것이야……' 하고 아주 쉽게 말합니다만 그렇지 않습니다. 저 천 명의 군사와 만 마리의 말을 쳐 이기기는 오히려 쉬우나 이 일은 일생 동안 노력해야 할만큼 어렵습니다.

여러분은 혹 우습게 생각할지 모릅니다. 매우 큰 것에서 시작하여 마지막에 이 같은 작은 것으로 결말을 지으니까 말입니다.

그러나 그렇지 않습니다. 이 세상의 모든 큰일은 가장 작은 것으로부터 시작되고, 크게 어려운 일은 가장 쉬운 것에서부터 풀어야 하기 때문입니다. 우리는 이것을 밝게 깨달아야 합니다. 만일 이 말을 한 마디의 보통 말이라 하여 우습게 생각하면 크게 실패할 것입니다.

'그것은 한낱 공상이요, 공론이지 어떻게 그렇게 할 수가 있나?' 이렇게 생각하실 이도 계실 것입니다. 그러나 그렇게만 생각하지 말고 힘써 해 봅시다. 오늘도 하고 내일도 하고 이번에 실패하면 다음 번에 또 하고……. 이같이 나아갑시다.

여러분!

우리 사람들이 처음에는 굴 속에서 살다가 오늘날 이 화려한 집 안에서 살기까지, 처음에 풀 잎새로 몸을 가리다가 오늘날 비단 의복을 입기까지 얼마나 개조의 사업을 계속해 왔습니까?

그러므로 나는 사람을 가리켜서 개조하는 동물이라 합니다. 여기에 우리가 짐승과 다른 점이 있습니다. 만일 누가 개조의 사업을 할 수 없다면 그는 사람이 아니거나 사람이라도 죽은 사람일 것입니다.

여러분! 작지불기(作之不已), 내성군자(乃成君子)라는 말을 깊이 생각합시다.

오늘 우리나라의 일부 예수교인 가운데는 혹 이런 사람도 있습니다. '사람의 힘으로야 무슨 일을 할 수 있나, 하느님의 능력으로 도와 주셔야지.' 하고 그저 빈말로 크게 기도만 올리고 있습니다. 그러나 그것은 그들의 큰 오해입니다. 그들은 예수가 '구하는 자라야 얻으리라, 문을 두드리는 자에게 열어 주시리라.' 한 말씀을 깨닫지 못한 것입니다.

나는 그들에게 '먼저 힘써 하고, 그 후에 도와 주시기를 기도하라.'고 말하고 싶습니다. '스스로 돕는 자를 하늘이 돕는다[自助者之天助者].'라는 귀한 말을 그들은 깨달아야 할 것입니다.

여러분! 나는 이제 말을 마치려고 합니다. 여러분! 여러분이 과연 한국을 사랑하십니까? 과연 우리 민족을 구원하고자 하십니까? 그렇거든 우리는 공연히 방황, 주저하지 말고 곧 이 길로 나갑시다. 오직 우리의 갈길은 이 길뿐입니다. 나는 간절한 마음으로 이렇게 크게 소리쳐 묻습니다.

"한국 민족아! 너희가 개조할 자신이 있느냐?"

우리가 자신이 있다면 어서 속히 네 힘과 내 힘을 모아서 앞에 열린 길로 빨리 달려 나갑시다.

6대 사업

내 몸에 병이 있어 말하기가 어렵습니다.

오늘 우리 국민은 단연코 실행해야 할 여섯 가지 일이 있습니다. 그것은 1. 군사, 2. 외교, 3. 교육, 4. 사법, 5. 재정, 6. 통일입니다. 그러나 본론에 들어 가기 전에 다른 말 몇 마디를 할 필요가 있습니다.

정부와 인민의 관계

오늘 우리나라에 황제가 없습니까? 있습니다. 대한 나라에 과거에는 황제가 한 사람밖에 없었지만 오늘은 2천만 국민이 다 황제요, 여러분이 앉은 자리는 다 옥좌며, 머리에 쓴 것은 다 면류관입니다. 황제란 무엇입니까? 주권자를 이름이니 과거의 주권자는 하나뿐이었으나 지금은 여러분이 다 주권자입니다.

과거에 주권자가 한 사람이었을 때는 국가의 흥망이 한 사람에게 달려 있었지만 지금은 인민 전체에게 달려 있습니다. 정부 직원은 노복(奴僕)이니 이는 정말 노복이요, 대통령이나 국무 총리나 다 여러분의 노복입니다.

그러므로 군주인 인민은 그 노복을 바르게 인도하는 방법을 연구해

1920년 1월 3일과 5일, 상해 교포들의 신년 축하회 석상에서 행한 연설의 요지이다. 이틀에 걸쳐 다섯 시간 동안 연설한 것을 〈독립신문〉에서 요약했다.

야 하고 노복인 정부 직원은 군주인 인민을 바르게 섬기는 방법을 연구해야 합니다.

정부 직원은 인민의 노복이지만, 결코 인민 개인의 노복이 아니요, 인민 전체의 공복(公僕)입니다. 그러므로 정부 직원은 인민 전체의 명령에는 복종하지만, 개인의 명령에 따라 마당을 쓰는 노복은 아닐 것입니다. 그러니까 정부의 직원을 사우(私友)나 사복(私僕)으로 삼으려 하지 말고 공복으로 삼으십시오.

나는 여러 사람들이 국무원을 방문하여 사적인 일을 얘기하며 사사로운 일을 부탁하는 것을 보았습니다. 이는 결코 있어서는 안 될 일이니, 공사를 맡은 자와는 결코 한담을 마십시오. 이것은 하찮은 일인 듯하지만 실로 큰 일입니다. 오늘 정부 직원은 아들이라도 아들로 알지 말고, 친구라도 친구로 알지 마십시오. 친구를 위하여 공적인 일을 해치는 것은 큰 죄입니다.

황제인 여러분은 신복인 직원을 부리는 법을 알아야 합니다. 노복은 명령과 견책만으로는 부리지 못하니 얼러 주어야 합니다. 동양 사람을 많이 부려 본 어떤 미국 부인이, '일본인은 매사에 일일이 간섭을 하여야 하고, 중국인은 간섭하면 골을 내므로 무엇을 맡기고는 뒤로만 슬슬 보살펴야 하고, 한인은 칭찬만 해 주면 죽을지 살지 모르고 일을 한다.'고 말했다 합니다. 칭찬만 받기를 좋아하는 것은 못난 이의 일이지만, 잘난 이도 칭찬하면 좋아하는 법입니다. 그러니까 여러분도 당국자를 공격만 하지 말고 칭찬도 하여 주십시오.

또 하나, 황제 되는 여러분이 주의해야 할 것은 여러분이 나뉘면 개인이 되어 주권을 상실하고, 합하면 국민이 되어 주권을 향유한다는 것입니다. 그러므로 여러분은 합하면 명령을 내리는 자가 되고 나뉘면 명령에 복종하는 자가 되는 것입니다.

또 하나, 여러분 중에 각 총장들이 총장인 체하는 것에 대해 시비를 하는 이도 있는데, 총장이 총장인 체하는 것이 어찌하여 그릇된 일입니까? 국민이 위탁한 직책을 영광으로 알고 자존 자중함은 당연한 일입니다.

만일 총장과 그 밖의 정부 직원이나 독립 운동의 여러 부문에서 일하는 이들이 자기의 직임을 경시하고 자존 자중함이 없다 하면 이는 국가를 무시하는 교만한 사람일 것입니다.

또 하나, 국무원의 내막을 말하겠습니다. 옛 것만으로는 안 되고 새로운 것만으로도 안 될 때에 구(舊)도 있고, 신(新)도 있는 것입니다. 또 반신반구(半新半舊)도 있어 조화가 됩니다. 노(老)도 소(少)도 있고, 또한 중노(中老)도 있어 이를 조화합니다. 적재로 말하면 문(文)도 있고 무(武)도 있는 것입니다. 각지에 있던 인재가 모이기 때문에 각지의 사정을 다 잘 알게 될 것입니다.

성격에 대해 말하겠습니다. 첫째 여우를 앞에 놓고 그것을 잡아먹으려고 눈을 부릅뜬 범 같은 이도 있습니다. 언젠가 여러분이 탄핵 비슷한 일을 할 때에 그는, '너희들이 아무리 그래도 나는 왜놈을 다 죽이고야 나가겠다.' 하였습니다.

또 예수의 사도같이 온후한 이도 있습니다. 평생토록 소리가 없는 듯하나 속으로만 꼭꼭 일하는 이, 또 도서관 같은 이, 천치같이 굴면서 심부름만 하며 일을 해 나가는 이도 있습니다.

이 종들이 불만스러워 다른 종이 필요하거든 다 내쫓고 새 종으로 갈아 버리시고, 만일 쓸 만하거든 부족하나마 얼러 주어 가면서 부리십시오.

나는 단언합니다. 앞으로는 모르지만 지금 이 이상의 내각은 얻기 어렵습니다. 이혼하지 못할 아내라면 분이라도 발라 놓고 예쁘다고 기뻐하십시오.

군사

이제부터 본론에 들어가려 합니다.

이 6대사는 가장 중요한 것입니다. 이것을 단행하려면 지성스러운 연구가 있어야 하고, 그런 후에야 명확한 판단이 생깁니다. 우리의 사업은 강폭한 일본을 파괴하고, 잃었던 국가를 회복하려 함이니, 이러한 대사업에 어찌 심각한 연구가 필요하지 않겠습니까?

묻노니 여러분은 매일 몇 번씩이나 국가를 생각합니까? 우리는 날마다 시간마다 생각하고 연구하여야 할 것입니다. 어떤 사람은 말하기를 사람마다 생각하면 기발한 의견이 백출하리라 하나 지성으로 연구한 경험이 있는 자는 결코 그러한 의견을 세우지 않습니다. 모르는 자가 흔히 생각 없이 남이 무슨 말을 하면 '아니오, 아니오.' 하는 것입니다.

우리가 당면한 큰 문제는 우리 독립 운동을 평화적으로 계속하느냐? 방침을 고쳐 전쟁을 하느냐? 하는 것입니다. 평화 수단을 주장하는 이나 전쟁을 주장하는 이나 그 충성은 하나입니다.

평화론자는 말하기를, '우리들은 의사를 발표할 뿐이니, 적과 우리의 형세를 비교하건대 전쟁은 계란으로 바위를 치는 격이라, 차라리 세계의 여론에 호소함만 같지 못하다.' 합니다.

주전파는 말하기를, '한인이 전쟁을 선언한다고 결코 과격파라는 혐의를 받는 일은 없을 것이다. 다른 사람들은 남의 독립을 위해서도 싸우는데 제가 제 나라 독립을 위하여 싸움은 당연한 일이 아닌가. 또 피아의 세력을 비교함은 우리는 승리와 실패를 고려할 바가 아니라, 내 동포를 죽이고 태우고 욕함을 보고 죽음을 무릅씀은 당연한 일이니, 우리는 의리로나 인정으로나 아니 싸우지는 못하리라. 또 일본의 현재

262

현상은 일본 유사 이래로 가장 허약한 지위에 처하였으니 외원내흥(外怨內訌)의 격렬함이 오늘 극도에 달하였다. 그러므로 우리는 싸우면 승리하리라.' 이렇게 말합니다.

진실로 우리는 시기로 보든지, 의리로 보든지 싸워야 할 때라고 단정할 수 있습니다. 그러나 함부로 나갈까, 준비를 마친 후에 나갈까? 어떤 사람들은 말하기를 혁명 사업은 타산적으로 할 수 없으니, 준비를 기다릴 수는 없다 합니다. 그러나 준비는 필요합니다.

물론 나의 준비라 함은 결코 적의 역량에 비할 만한 준비를 말함은 아니나, 그래도 절대로 준비는 필요합니다. 편싸움에도 노랑이, 빨강이가 모여 작전 계획에 부심한데 준비 없이 나아가려 함은 독립 전쟁을 너무 가벼이 보는 것이라 할 수 있습니다.

군사 한 명에 1일 20전이 든다 하여도 만 명을 먹이려면 1개월에 6만 원이나 됩니다. 준비 없이 개전하면 적에게 죽기 전에 굶어 죽을 것입니다.

그러므로 만일 전쟁을 찬성하거든 절대로 준비가 필요하다는 것을 깨달아야 합니다. 혹 말하기를 '준비, 준비하지 말라, 과거 10년간을 준비하느라고 아무것도 하지 못하지 않았느냐?' 하지만, 과거 10년 동안에 못 나간 것은 준비를 하느라고 못 나간 것이 아니라, 나간다 나간다 하면서 준비를 안했기 때문에 못 나간 것입니다. 나간다 나간다 하는 대신에 준비한다 준비한다 하였던들 벌써 나가게 되었을 것으로 믿습니다.

대포, 소총, 비행기 등 여러 가지로 준비할 것이 많지만, 먼저 준비할 것은 제국 시대의 군인이나 의병, 그 밖의 군사 지식의 경험이 있는 자를 조사하여 모으는 일입니다. 없던 군대를 새로 만들어 싸우려 하니 군사에 관계 있던 자들이 다 모여서 작전을 세울 필요가 있습니다.

나는 서북간도의 장사에게 말합니다.

'네가 혼자의 힘으로 일본을 당하겠느냐? 진실로 네가 일본과 싸우려거든 합하여 하라. 정부의 무력함을 비웃을 수도 있겠지만 네가 합하면 너의 정부는 강력해질 것이다. 우리 민족 전체가 합하고 더구나 외국의 힘까지 끌어와야 하거늘 하물며 대한인끼리도 합하지 아니하고 무슨 일이 되겠느냐. 만일 그대가 진실로 독립 전쟁을 주장한다면 반드시 일제히 이동휘의 명령에 복종해야 할 것이다.'

다음에는 훈련입니다. 용기 있는 이들은 닥치는 대로 들고 나간다 합니다. 정말 그런 생각이 있거든 배우십시오. 훈련은 절대로 필요합니다. 전술을 배우십시오. 그러나 정신적 훈련이 더욱 필요합니다. 아무리 좋은 무기를 가졌다 하여도 정신적 단결이 필요한데 하물며 우리에게 있어서야 말해 무엇하겠습니까?

이 정신을 실시하려거든 국민 개병주의(皆兵主義)라야 합니다. 독립 전쟁이 공상이 아니요, 사실이 되려면 대한 2천만 남녀가 다 군인이 되어야 합니다. 그 방법은 무엇입니까? 선전을 잘하는 것입니다. 각지로 다니면서 입으로 붓으로 국민 개병주의를 선전하고 실시하여야 합니다. 그러나 글보다도 입보다도 가장 강력한 것은 몸으로 하는 선전입니다.

우리 다 군사 교육을 받읍시다. 매일 한 시간씩이라도 배웁시다. 나도 결심합니다. 단 30분씩이라도 군사학을 배우면 대한인이요, 하지 않으면 대한인이 아닙니다. 배우려면 배울 수 있습니다. 여자들도 배워야 합니다. 군사적 훈련을 받지 않은 자는 국민 개병주의에 반대하는 자요, 독립 전쟁에 반대하는 자는 독립에 반대하는 자입니다. 내일부터 각자 등록하게 하시오.

오늘 내 건강이 못 견디게 되었으니 죄송하오나 오는 월요일 오후 7시에 다시 모여 주시겠습니까?

일동 거수로 승락한다. 지금까지는 3일 저녁의 연설이었고, 아래는 5일 저녁의 연설이다.

그제 밤에는 매우 분하였습니다. 말하다가 기운이 다하여 중단하기는 그때가 처음이었습니다.

남의 나라는 남의 나라를 위하여 싸우고, 우리는 우리 자신을 위하여 싸우는 것은 마땅하지 않겠습니까? 우리는 의리로든지 인정으로든지 싸워야 합니다.

우리가 흔히 어서 독립을 완성하고 한성에 들어가 보는 것을 말합니다. 이것은 대단히 기쁜 일이지만, 대한의 독립을 아니 보리라는 결심이 있어야 독립을 볼 수 있을 것입니다.

저마다 '죽겠다.' 하지만 정말 죽을 때에는 생명이 아깝지 않을지 모르겠습니다. 그러나 만일 노예의 수치를 절실히 깨닫는다면 죽음을 무서워하지 않을 것입니다.

살아서 독립의 영광을 보려 하지 말고 죽어서 독립의 거름이 됩시다. 입으로만 독립군이 되지 말고 몸으로 독립군이 됩시다. 그리하여 어떻게 해서라도 독립 전쟁을 기필코 이루도록 결심하여야 합니다.

전쟁적 전쟁을 오게 하기 위해서는 평화적 전쟁을 계속해야 합니다. 평화적 전쟁이란 무엇입니까? 만세 운동이 바로 그것입니다.

물론 만세만으로 독립이 되는 것은 아니지만 그 만세의 힘은 대단히 위대하여 안으로는 전 국민을 움직이고, 밖으로는 전 세계를 움직였습니다.

과거에는 미국 인민이 우리를 위해 정부를 책려했으나, 지금은 도리어 의원과 정부가 인민을 격려하고 있습니다. 나는 상원에서 우리를 위해 소책자를 돌리는 것도 보았습니다. 이 역시 평화적 전쟁의 효과가 아닙니까?

대한 동포로서 적의 관리가 된 자를 퇴직시키는 것도 다 평화적 전쟁입니다. 일반 국민으로 하여금 적에게 납세를 거절케 하고, 대한민국 정부에 납세케 할 것, 일본의 기장을 사용치 않고 대한민국의 기장을 사용할 것, 가급적 일본돈을 배척할 것, 일본 관청에 송사 기타의 교섭을 단절할 것, 이런 것도 모두 다 평화적 전쟁입니다. 이것도 힘 있는 전쟁이 아니겠습니까?

국민 전부는 말고 일부만 이렇게 한다 하더라도 효력이 있지 않겠습니까? 어떤 사람들은 이것으로만은 안 된다 하나 큰 전쟁이 일어나기 전까지는 이것을 계속해야 합니다. 이것도 독립 전쟁입니다.

외 교

첫째, 오늘 외교를 논함이 옳으냐 옳지 않으냐가 문제입니다.

어떤 사람은 세계의 동정이 필요하니 외교가 필요하다 하고, 또 어떤 사람은 우리나라는 외교로 망하였다 하여 외교를 부인합니다.

외교를 부인하는 이는 외교를 외교로 알지 않고 외국에 의지하는 것으로 알고 있습니다. 제국 시대의 우리 외교는 과연 그러했습니다. 그러나 그것도 영국이나 미국의 원조를 싫어했던 것은 아니었습니다. 외교론자는 이에 대하여 우리 외교는 결코 제국 시대의 외교가 아니요, 독립 정신을 가지고 열국의 동정을 내게 끌려 함이라 합니다.

내가 외교를 중시하는 이유는 독립 전쟁의 준비를 하기 위함입니다. 평시에도 그러하지만 전시에는 비록 한 나라라도 더 내편에 넣어야 합니다. 이번 대전에 영불, 양국이 미국의 각계를 향하여 거의 애걸복걸로 외교하던 모양을 보십시오. 독일이 터키 같은 나라라도 애써 끌어넣은 것을 보십시오.

그러므로 진정한 독립 전쟁의 의사가 있거든 외교를 중시하여야 할지니, 군사에 대해 지성을 다함과 같이 외교에 대해서도 지성을 다해야 합니다.

어떤 사람들은 일·영·미·불·이 제국은 일본이나 다름없이 남의 땅을 빼앗고, 인민을 노예로 하는 도적놈들이니 그들과 외교를 한다는 것은 아무 효과도 없으리라고 말하나, 나는 확답합니다. 우리는 제국 시대의 외교를 벗어나 평등 외교를 하자는 것입니다. 이것으로 우리는 열국의 동정을 끌 수 있다는 것입니다.

영일동맹은 러시아의 침략을 두려워했기 때문이었습니다. 그러나 지금 러시아는 침략 정책을 버리고 행하지도 못하게 되었으니, 지금 영국이 꺼리는 것은 오직 일본뿐입니다. 만주와 인도는 일본의 위협 아래에 있습니다.

또 이번 대전으로 영불 양국은 병력상, 경제상 큰 타격을 받았지만 일본은 그 동안에 참전했다 칭하고 썩은 총을 러시아에 팔고 신기한 무기를 더 제조해 졸부졸강(猝富猝強)이 되었습니다.

그러므로 영국의 주의는 일본의 강력함을 좌절시키려는 것이고, 프랑스는 그 중에서도 더욱 피폐해져 영국과 친선 관계를 유지하고 동일한 보조를 취할 필요가 있게 되었습니다. 지금 사실상 영불동맹이 성립된 것은 이 때문입니다.

따라서 어떤 이는 영·미·불·이는 화해할 것이다, 그러나 독일이 무섭다, 아마 복수적으로 독·러·일 동맹을 이루리라 하나, 이는 대세를 모르는 자의 말입니다. 독일 국민의 대다수는 이미 제국주의를 포기했고 침략주의의 사상은 거의 일소되었으니, 그는 혹 경제적으로는 부활할지 모르나 군국주의로 부활하여 유치한 일본을 신뢰하지는 않을 것입니다. 또 앞으로의 세계의 대세는 사회주의적으로 기울어질 것이요, 결코 군국주의적으로 되돌아가지는 않을 것입니다.

또 러시아로 말하면 일본은 그들에게 불공대천(不共戴天)의 원수일 것입니다. 러일전쟁의 원한은 고사하고, 그들이 많은 피를 흘려가며 신 국가를 건설하려 할 때에 제일 먼저 방해한 자가 일본이 아닙니까? 과격파라는 이름은 누가 지었으며, 연합군을 누가 끌어들였으며, 학살을 누가 자행했습니까? 현재 러시아의 최대의 원수는 일본일 것이니, 우리는 러시아를 우리편에 넣을 수 있습니다.

미국에 대해서는 더 말할 것이 없습니다. 그곳의 상하 양원, 그곳의 각 계급의 인민들이 이미 우리편임을 증명하지 않았습니까? 아시아 문제, 태평양 문제는 미국의 앞으로의 정치와 경제, 따라서 군사적 중심 문제가 될 것입니다. 미국이 대육군, 대해군을 건설하면서 가상으로 생각하는 적이 누구인지를 생각해 보면 알 것입니다.

또 아직 세계에는 인도주의가 없다 하지만 이는 잘못된 말입니다. 거짓 인도주의를 쓰는 자도 있지만 참으로 인도주의를 주창하고 실행하는 자가 있는 것도 사실입니다. 미국의 참전에 비록 여러 가지 동기가 있다 하더라도 인도주의가 그 주요한 동기 중에 하나인 것은 사실입니다.

어느 점으로 보든지 열국의 동정은 일본에게로 가지 않고 우리에게로 올 것이 명확하니, 다만 우리가 힘쓰고 안 쓰기에 달려 있습니다.

그 밖에 중요한 것은 대 중국, 대 러시아 및 대 몽고 외교입니다. 중국이나 몽고도 일본에 적대할 것은 현재의 사실이 증명합니다. 이에 우리는 이번 독립 전쟁에 선봉이 되어 인접 국가들을 끌어들여야 할 것입니다.

대 중국 외교는 매우 어렵습니다. 현재의 북경 정부는 중국을 대표하는 중앙 정부가 아니며, 또 일인의 정부인지 중국인의 정부인지도 분명치 않습니다. 또 각 성의 성장(省長)이나 독군(督軍)도 그 성의 왕과 서로 일치하지는 않습니다.

그러나 이른바 21조 요구로 전 중화 4억 인구가 일제히 배일의 격렬한 감정을 가지게 됨은 하늘이 우리를 움직이게 한 것입니다. 그러므로 우리는 각 성과 그 밖의 각 부분을 떼어서 외교함으로써 전부는 몰라도 몇 개의 성을 얻을 수는 있습니다.

대 러시아 외교는 극히 쉽습니다. 비밀이라 다 말할 수는 없지만 힘만 쓰면 될 것입니다. 그리하면 요시히토(嘉仁)가 적차백마로 항복하고야 말 것입니다.

만일 우리가 세계의 동정을 모두 잃는다면 우리 2천만 남녀는 다 나가 죽어야 합니다. 최후의 일인까지, 최후의 일각까지라는 성명을 세계에 발표해 놓고 노예로 살아감은 더욱 심한 수치이기 때문입니다.

적당한 기회를 택하여 각국에 선전하여야 합니다. 대한 민족의 독립을 요구하는 의사와, 독립 국민이 될 만한 자격과, 대한의 독립이 열국의 이익 및 세계 평화에 도움을 준다는 것을 선전해야 합니다. 지금 각국은 여론 정치를 행하니 민중의 여론만 얻으면 그 정부를 움직일 수 있습니다.

각국에 적당한 대표자를 보내어 국제연맹에서 대다수의 내 편을 얻어야 합니다. 내가 외교 만능주의자라 함은 근거 없는 말입니다.

일반 국민이 주의할 것은 외교는 정부만 하는 것이 아니요, 국민 전체가 다해야 한다는 사실입니다. 각자 자기가 만나는 외국인으로 하여금 대한인을 사랑하게 하십시오. 비록 인력거를 끄는 꾸리(苦力)까지도 말입니다.

교 육

독립 운동 기간에 우리가 교육에 힘을 쓰는 것이 마땅하겠습니까?

나는 단언합니다. 독립 운동 기간일수록 더 교육에 힘써야 한다고. 죽고 살고 노예가 되고 독립됨을 판정하는 것은 지력(知力)과 금력(金力)입니다. 우리는 아무리 해도 이 원칙을 벗어나지 못합니다.

우리 청년이 하루 동안 학업을 폐하면 그만큼 국가에 해가 되는 것입니다. 본국에는 아직 우리의 힘으로 교육을 실시하지 못하지만, 기회 있는 대로 공부를 해야 하고 시켜야 합니다. 독립을 위하여 공부를 게을리하지 않는 이야말로 독립의 정신을 잃지 않는 자입니다. 국가를 위하여, 독립을 위하여 시간 있는 대로 힘써 공부하십시오.

또 국민에게 좋은 지식과 사상을 전해 주고 애국의 정신을 일으키기 위해 좋은 서적을 많이 간행해야 합니다. 이 시기에 적합한 특수한 교육도 실시해야 하고 학교도 세우고 교과서도 편찬하여 해외에 있는 아동에게 가급적 교육을 실시해야 합니다.

사 법

독립 운동 기간에 법을 지키는 것이 마땅한가, 그렇지 않은가?

나는 지금 법을 복잡하게 만드는 것은 반대하지만, 이런 때일수록 더욱 우리의 법을 지켜야 합니다. 비록 간단한 일이지만 우리는 법에 절대로 복종하여야 합니다. 내가 반대하는 것은 오직 지금 앉아서 법의 이론만을 위하는 일입니다. 우리가 국가를 새로이 건설할 때에, 대한의 법률을 신성하게, 가장 높게 알아 전 국민이 이에 복종해야 합니다.

임시 헌법이 의정원에서 토의될 때에 여운형과 그 밖의 여러분은 훈장이나 다른 영전에 반대하여 마침내 삭제되고 말았으나, 독립 운동에 특별한 공로가 있는 개인에게는 국가가 사의를 표할 의무가 있습니다.

비록 국가를 위하는 것이 국민의 의무라 하더라도 의무를 다하지 못하는 여러 동포 중에서 특히 의무를 다한 자에게 상장이 있는 것은 당연할 일입니다.

독립 운동 기간에는 특히 의로운 남녀가 많이 일어나야 하겠으니 장려가 되는 것은 인정이며, 또 상을 주어야 할 때 상을 줌은 국가의 의무입니다. 이렇게 상이 필요한 동시에 또 벌이 필요하니 이에 사법 문제가 일어나는 것입니다.

민원식 같은 자와, 적의 매나 개가 된 자를 그냥 두어야겠습니까? 독립 운동에 참가하기를 싫어하여 가구를 끌고 적국으로 떠나가는 자를 그냥 두어야겠습니까? 자치나 참정권 운동을 하는 자도 역적이니 다 죽여야 합니다. 우리 국민의 헌법이 없지만 어떤 법을 임시로 정하여서라도 죽일 자는 죽여야 합니다. 그러하여 신성한 기강을 세워야 합니다.

그러나 법은 악인에게만 적용할 것이 아니니, 정부의 직원이나 인민이나 무릇 대한민국의 국민된 자는 대한민국의 법에 복종하여야 합니다. 그러므로 사법 제도의 확립이 필요한 것입니다.

재 정

아마 재정에 관한 말은 여러분의 흥미를 끌지 못할 것입니다. 우리 국민은 경제 관념이 극히 박약하기 때문입니다. 오랫동안 쇄국주의 정치 아래에서 경제적 경쟁의 생활을 하지 못한 것과, 유교의 영향으로 재물을 천하게 여기던 것이 우리 국민에게서 경제적 관념을 사라지게 했습니다. 근년에 와서 다소 경제를 중시하게 되었지만, 아직도 모든 생활과 사업에 경제가 얼마나 중한 것인 줄을 깊이 깨닫지 못하고 있습니다.

그러므로 독립 운동 개시 이래로 '죽자 죽자.' 하기만 하고 자금에 대해서는 별로 고려하지 않는 듯합니다. 3월 1일에 자금의 준비를 가벼이 보았고, 상해에서 임시정부가 발표될 때에도 이 문제를 거의 도외시하였습니다. 또 여러분도 금력과 비용 문제에 관해서는 깊은 고려가 없습니다.

우리 국민은 돈을 위해 힘을 쓰는 자를 낮추어 봅니다. 이번 세계 대전에 가장 큰 공을 세운 자는 돈을 많이 냈거나 내게 한 자인 줄을 우리 국민은 모르는 것 같습니다.

여러분, 독립 전쟁을 하자, 하자 하지만 말고 독립 전쟁에 필요한 금전을 준비하십시오. 정부가 발행하는 공채, 인구세, 소득세, 동포들이 애국 열성으로 내는 원납금, 혹은 외국에서의 차관 등이 우리의 재원이 될 것입니다.

나는 과거의 재정 상태를 말하지 않으렵니다. 현재의 임시정부의 재정 상태도 차라리 말하지 않으렵니다. 장래의 재정 방침은 비밀이기 때문에 다 말하지는 못하겠지만, 그 중 하나는 국민 개병주의와 같은 국민 개납주의(皆納主義)입니다. 어느 부자를 끌어오자고 하지 말고, 독립 운동 기간에는 남녀를 물론하고 일 전 이 전씩이라도 다 내야 할 것입니다. 금액의 다소를 논할 것이 아닙니다.

누구나 먹고 살기는 할지니 밥 반 그릇을 덜어서라도 내는 사람이 있으면 동시에 수백만 원의 거액을 내는 재산가도 있을 것입니다. 재산가를 위협하는 육혈포는 결코 돈을 나오게 하는 육혈포가 아니요, 못 나오게 하는 육혈포입니다.

그러므로 근본적 재정 방침은 오직 국민 개납주의라 할 수 있습니다. 일찍이 구국 월연금의 발기가 있어 10원 혹은 5원씩 적어 넣었으나 이내 소식이 없음은 웬말입니까? 돈 없는 것보다 그런 정성으로 독

272

립할 자격이 있을까 두렵습니다.

내가 말하는 것 중에 제일 요지는 국민 개병주의와 국민 개납주의입니다. 멀리에서 구하지 말고 우선 상해에 발붙인 이는 적으면 적을지언정 매삭 돈 내는 데 빠지지 말도록 합시다. 그리하여 중국, 러시아령 동포와 본국 동포에까지 미치게 하십시오.

어떤 사람은 말하기를 일만 하면 돈이 있다 하며, 또 말하기를, 일만 잘하면 나도 돈을 주겠다고 합니다. 이는 마치 시장한 사람에게 네가 배만 부르면 밥을 주겠다 함과 다름없습니다. 돈이 있어야 일을 하지 않겠습니까?

부자들이 마음이 나빠 돈이 없다 하기도 하며, 협잡배가 많고 애국금을 모으는 위원들을 믿을 수 없어서 돈이 아니 온다 하지만, 실상 돈이 안 나오는 이유는 우리 국민은 돈이 없어도 일이 되는 줄 아는 까닭이라 합니다. 그래서 독립도 글자나 말만으로 되는 줄 알고 있습니다. 대한의 독립군은 먼저 돈을 많이 모으는 사업에 힘을 써야 합니다. 먼저 제것을 다 내어 놓으십시오.

나는 또 국민 개업주의(皆業主義)를 주창합니다. 대한의 남녀는 자기의 직업에 힘을 쓰십시오. 노는 것이 독립 운동이 아닙니다. 정부나 신문이나 그 밖의 각 단체에서 일을 하거나 그렇지 않거든 무슨 업을 하여 각자가 매일 4~5전씩이라도, 2~3전씩이라도 국가를 위하여 내게 하십시오. 대전 중에 부강한 미·독·영 제국도 부인들까지 일하였습니다. 놀고 돌아다니기만 하면 아무 일도 안 됩니다. 평시에 30원씩 썼거든 가족끼리 의논하여 5~6원씩이라도 절약하여 바치게 하십시오. 나도 주막이라도 하나 경영하여 내 생활비를 얻어 쓰려 하였습니다.

여러분은 다 일을 하십시오. 여기서 할 일이 없거든 서북간도에 가서 농업을 하십시오. 독립 운동을 하노라 하면서 노는 자는 독립의 적입니다. 특히 상해에 있는 이는 개병, 개납, 개업의 모범이 되어야 합니다.

우리 사업은 거의 모든 사람이 배우고 일해야만 오래 계속될 수 있습니다. 내가 상해에 온 후로 4차의 연설과 이번 이것은 다 같은 주지입니다. 다시 말하노니 경제에 힘쓰십시오.

통 일

내 입으로 통일이라는 말을 많이 하였습니다. 그래서 이제는 대수롭지 않은 말이 되어 버렸습니다. 군사나 외교나 무엇무엇 모든 것을 다 한다 하더라도 재정과 통일이 없이는 아니 됩니다.

인구와 금력과 지력이 아무리 많아도 통일이 부족하면 망하는 것은 다 알 것입니다. 우리에게 지력이나 금력이 얼마나 있습니까? 그런데도 10년간 남의 노예로 있던 자가 아직도 완전히 통일이 못 되었다 하면 이것이 어찌된 일입니까? 무엇보다도 먼저 대한 민족은 통일되어야 합니다.

만일 통일이 못 되면 어찌 되겠습니까?(유정근 씨에게 일어나라고 한다.) 이제 유정근 씨의 사지가 떨어져 나가면 힘이 있겠습니까? 제가 잘났다 제가 옳다 하고 다 달아난다면 그놈들은 어디 가서 살겠습니까? 대한이 망한다 하면, 그놈들이 혼자 살 수 있겠습니까? 우리는 실제로 통일하도록 결심을 하고 실행이 있어야 합니다.

통일은 좋지만 우리 민족은 통일을 하지 못할 민족이라고 하는 자가 있는데, 이런 자야말로 통일을 방해하는 자입니다.

우리 국민은 본래 통일된 민족입니다. 인종상, 혈통상으로 보아 우리는 잡종이 아니요, 순수한 통일 민족입니다. 혹 이민족의 피가 섞인 일이 있다 하더라도 이는 모두 단절되고 말았습니다. 또 언어도 하나요, 문자와 습관도 하나요, 예의도 그러합니다. 정치적으로도 중앙 집권이었고. 결코 중국 모양으로 주권이 여러 지방 혹은 부분에 나뉜 적이 없었습니다. 그렇다면 우리 국민은 통일 한국민입니다. 그런데 왜 통일을 말해야 합니까?

지방열 때문에 통일이 안 된다고 말하는 사람도 있습니다. 그러나 나는 말을 꾸미는 것이 아니라, 사실상 우리나라에는 지방열이 없다고 단언합니다. 내가 말하겠습니다.

다른 나라에는 지방열이 있습니다. 가령 미국을 보면, 어느 지방에 이익이 되는 것이 다른 지방에는 해가 되는 수가 있으니, 미국이 아직 전국적으로 금주(禁酒)가 단행되기 전에 어떤 한 주가 금주를 단행하려 한다면 양조업이 많은 다른 주는 이에 반대하여 서로 싸우니 이것이 지방열입니다.

그러나 우리나라에는 과거나 현재에 정치적으로나 경제적으로나 지방과 지방이 경쟁한 일이 없습니다. 현재 우리 독립 운동에서는 물론이요, 앞으로도 없으리라 생각합니다. 원래 지방열이란 지방이 광대한 나라에 있는 것이요, 우리나라 같이 지방이 적은 나라에는 있을 수 없는 것입니다.

선배 노인들이 지방열을 만들었다 하나 기실은 일부 청년들이 이름을 지은 것입니다. 예를 들어 이 총리를 봅시다. 그는 서울 사람을 대할 때는 서울 깍쟁이라고 책하고, 평양 사람을 보면 평양 상놈이라고 하고, 개성 사람에 대해서는 개성놈의 자식이라 하였습니다. 이것을 보고 '옳지, 그는 지방열이 있는 자다.'라고 합니다. 그러나 그가 설립한 90여 개 학교가 함경도에 있지 않고 대부분이 개성과 강화에 있습니다. 개성과 강화는 기호(畿湖)가 아닙니까?

또 이 내무 총장과 이 재무총장으로 말하더라도 우선 그들의 실제

모습을 보십시오. 그들에게 무슨 야심이 있겠습니까? 그들은 지방열이 있는 것을 걱정은 할지언정 자기가 이끌어 갈 리야 있겠습니까? 자기네가 누구를 배척하니 배척받은 이는 홀로 된 것뿐입니다. 그렇게 해놓고 말하기를 누구는 지방열이 있다고 합니다.

그러면 신 총장에게 지방열이 있습니까? 그 어른이 해외 10년에 동포들에게 절규한 것이 대동단결입니다. 그가 주도하던 동제사(同濟社)는 대한의 독립을 광복하려는 대한인의 단체이지 결코 어느 지방 사람의 단체는 아니었습니다.

또 안창호가 서도(西道)를 위해서만 일하였다 하니, 그것만 해도 고맙기는 고맙습니다만 우리나라가 얼마나 커서 황해도 평안도를 가리겠습니까? 내가 국가주의를 초월한 세계주의를 품었다는 책망은 받을지언정 그런 지방열이야 있겠습니까? 또 가령 내가 지방열이 있다 합시다. 그러나 안창호에게 지방열이 있으면 있었지, 모든 노인에게 있는 것은 아닙니다. 그러면 내가 지금 말하는 통일은 무엇을 가리키는 것입니까? 결코 지방의 통일을 의미함이 아니요, 오직 전 국민을 조직적으로 통일한다는 말입니다.

비록 유정근 씨의 사지가 떨어지지 아니하고 붙어 있더라도 내부의 신경과 혈맥이 통하지 않으면 아니 될지니, 내가 말하는 통일이란 이 신경과 혈맥의 장애를 제거한다는 뜻입니다.

무엇을 조금 안다는 사람에게는 두 가지 병이 있습니다. 하나는 국가를 위하여 단결을 하기보다 개인적, 의형제적 통일을 이루려 하는 것입니다. 그래서 매양 조그마한 일에도 저 사람이 나를 믿나, 잘 대접하나 하고 주의 깊게 살펴봅니다. 그러다가 걸핏하면 싸움이 났네, 결렬이 되었네 합니다. 국민이 다 통일된다고 남의 아내를 제 아내와 같이 사랑할 수는 없는 것이니 만일 그리한다 하면 그는 괴이한 놈일 것입니다.

개인적 친분은 주의보다는 정성으로 이루어지는 것이니 누가 누구와 친하다고 그것을 편당이라고 할 수는 없는 것입니다. 다만 주의만 같다면 그것은 동지가 아닙니까? 내가 가령 이동녕, 이시영 두 분과 저녁을 같이 먹는 것을 보면 얼굴을 찡그리며 말하기를 저놈들이 이동휘 씨를 따른다 하고, 그와 반대로 내가 만일 이 총리와 같이 먹으면 내무, 재무 양 총장을 따른다 합니다. 세상이 이러하니 우리는 자연 근신하게 되어 자유로 의사 발표나 교류하기를 꺼리게 됩니다.

여러분, 공과 사를 구분하십시오. 3천만이 모두 동지로 통일된다 하더라도 모두 사우나 의형제는 못 될 것이니 사우를 편당이라 하면 영원히 편당이 없어질 날이 없을 것입니다. 통일에 있어서 공적 통일과 사적 통일을 명확히 하면 곧 통일이 될 것입니다.

어디를 막론하고 통일이 안 되는 것은 무슨 까닭입니까? 결코 지방열도 아니요, 편당심도 아니요, 오직 그 중에서 일하는 자 몇 사람이 남의 아래에 서기를 싫어하는 까닭입니다. 그네들에게 가서 물어 보아도 통일해야 된다고 합니다. 그리고 통일이 못 되는 것은 남의 탓인 듯 말합니다. 남의 아래에 서지 않으려니까 자기 부하로 한 무리를 둘 필요가 있습니다.

그 한 무리를 만드는 방법은 이러합니다. 여러 사람을 모아 놓고 '이런 걱정이 있소?' 하고 강개하게 말합니다. '무엇이요?' 하고 물으면, '꼭 통일을 해야 될 터인데 누가 악하여 통일이 안 된다 하오.' 그러면 통일을 바라는 여러 동포들은 대단히 분개하여 그 사람에게 복종하여 그 어떤 사람을 공격하고 배척합니다. 이리하여 그의 야심은 성공되고 통일은 파괴되는 것입니다.

통일의 최후요, 또 최대의 요건은 복종입니다. 대한 민족이 통일된 후에야 자유도 있고 독립도 있습니다. 정부 직원이 인민의 명령에 복종하지 않으면 역적이 되고, 국민 개인이 정부의 명령에 복종치 아니함도 적이 됩니다.

국민의 명령이란 결코 민단이나, 청년단이나 그 밖의 어느 일개 단체의 명령이 아닙니다. 국민이 정부에게 명령하는 기관은 오직 의정원이 있을 뿐입니다. 정부가 의정원을 통한 국민의 명령을 받아 일단 인민에게 발표한 이상, 인민은 절대로 이에 복종해야 합니다.

정부는 개인인 인민의 집합의 중심이요, 또 주권자인 국민의 주권 행사의 기관입니다. 당초에 정부를 설립하는 본뜻이 절대로 이에 복종할 것을 예상함이니, 혁명의 본의도 또한 정부에 절대로 복종하는 주지에서 나온 것입니다.

불량한 자연인을 끌어내고, 선량한 자연인을 집어넣음이 혁명입니다. 그러므로 자연인인 정부 직원이 국민의 명령에 복종하지 않는 것도 역적이지만, 정부라는 기관의 명령에 불복하는 인민도 역적입니다.

직원이니 인민이니 하는 말을 사용해 왔습니다만 독립 운동을 하는 점에서 보면 우리의 독립을 위하여 나선 자는 다 동지가 아니겠습니까? 같이 죽을 자가 아니겠습니까? 정부는 어떤 의미에서 보면 독립 운동의 본부이니 우리 모든 동지가 그 아래로 모이면 통일은 이루어질 것입니다.

나는 진정으로 말해 이 대통령과 이 국무 총리에게 충성으로 복종합니다. 나는 두 어른의 결점을 가장 잘 압니다. 아마 나만큼 잘 아는 이도 없을 것입니다. 그러나 나는 충성으로 그네들에게 복종합니다. 누가 되든지 우리는 주권자에게 복종하여야 합니다. 우리가 복종하지 않으면 요시히토의 복종에서 벗어날 날이 없을 것입니다.

복종을 하지 않으려는 자는 대개 자기가 두령이 되려는 생각이 있습니다. 그러나 우리 중에는 결코 혼자 힘으로 독립할 자는 하나도 없습니다. 통일을 하면 독립을 하고, 통일을 못하면 독립을 못합니다. 우리의 모든 일 중에서 급하고도 급한 것이 통일이요, 구할 것이 통일입니다.

우리 민족 중 구태어 인격과 역량이 위대한 자를 찾지 마십시오. 그런 인물을 찾는 자는 혹 동경(東京)에 있는 적진으로 가기 쉽습니다. 요시히토나 하라(原敬)는 비록 인격이 천층 만층이라 하더라도 눌러야 합니다. 그리고 우리 동포끼리는 고개를 숙이고 복종해야 합니다. 독립은 독립이지만 내가 네 밑으로 갈 수 있겠느냐 하는 생각은 버리십시오. 이동휘가 왜와 통하는 일이 있거든 나와 함께 그를 죽입시다. 그러나 오늘날은 나와 함께 그의 명령에 복종합시다.

국가에는 복종하되 자연인에게 복종하겠냐 하지만 국가는 정부를 통하여, 자연인을 통하여 비로소 명령을 말하는 것이니 주권을 위탁한 자연인에게 복종함이 국가에 복종함입니다. 저마다 자유, 자유 하면 망합니다. 지금은 무슨 명령에나 복종하십시오. 무슨 명령에나 '예.' 하고 대답하십시오.

대전 중에 미국에서 식량 장관이 설탕과 밀가루 사용 금지 명령을 내리자 미국인은 두말없이 복종하였습니다. 개업한 의사에게 정부가 종군하기를 명하자 그들은 두말없이 문을 잠가놓고 나가서 프랑스 전선으로 갔습니다. 만일 그렇지 않았던들 미국은 망하였을 것입니다.

정부에서 사퇴하면서

여러분! 오늘 이 저녁에 나를 처음 대할 때 여러분에게는 이런 감정이 먼저 있을 줄 압니다.

"네가 어찌하여 정부에서 나왔는가? 네가 2년 동안이나 붙들어 오던 정부를 왜 오늘 떠나서 밖으로 나왔는가? 그 안에서 누구와 충돌이 생겨 감정으로 나왔는가? 아니면 그 안에서 욕과 괴로움을 많이 당해 그것을 피하려고 나왔는가?"

내가 정부를 설립한 처음부터 오늘까지 2년 동안 이것을 붙들어 오다가 오늘 와서 이와 같이 나오게 된 이유를 자세히 설명하자면, 그 말이 장황하여 시간이 허락치 않습니다. 그러나 간단히 말하면 이렇습니다.

내가 본시 정부에 있었던 것은 누가 고와서 있었던 것이 아니요, 지금 나온 것도 누가 미워서 나온 것이 아닙니다. 그런즉, 나의 들어가고 나옴은 조금도 감정상의 문제가 아닙니다.

또는, 만일 내가 정부에 있을 때 욕과 괴로움이 있었다면, 내가 밖으로 나온 후에도 그 욕과 괴로움은 의연히 남아 있을 것으로 생각됩니다. 그런즉, 내가 나온 것은 욕이나 괴로움을 피하려고 나온 것도 아닙니다.

그러면 왜 나왔는가? 내가 나온 오늘에는 내가 노동 총판(勞動總

1921년 5월 12일과 5월 17일, 임시정부 각원을 사임한 후에 이틀에 걸쳐 행한 연설이다.

辦)으로서 일하는 것보다 평민으로서 일하는 것이 독립 운동에 좀더 유익하지 않을까 하기 때문입니다.

어떤 사람은 내가 이번에 국무원을 사직한 것은 한때의 편의를 위하여 가연적 태도를 가지고, 다소 민심을 수습한 후에 다시 들어가 이승만 대통령 밑에서 영구히 총리가 되기로 약속하고, 우선 자기의 심복인 손정도 씨 등을 들여 보냈다 합니다.

나는 실로 이러한 약속이나 의사가 없을 뿐 아니라, 내일이라도 내가 다시 노동 총판으로 정부에 들어갈 필요가 있을 경우가 되면 마땅히 다시 들어갈 것입니다. 왜냐하면 나는 들어가고 나가며, 가거나 있는 것을 오직 우리 독립 운동에 유익하고 유익하지 않음을 표준으로 삼고 있기 때문입니다.

그런데 여러분은 이러한 섭섭한 생각이 있을 것입니다.

"우리가 독립 운동을 시작한 후에 선택하여 정부 안으로 모은 이런저런 분들이 끝까지 변동이 없이 둥그렇게 앉아서 일하기를 희망하였는데, 오늘 왜 이같이 더러는 나가며 더러는 있게 되었는가?"

어찌하여 이같이 되었는가 하는 원인과, 누구와 누구의 길고 짧은 관계를 말하자면 긴 시간을 요구하는 고로 그 내막을 여러분께 자세히 알리지 못함이 유감입니다. 다른 날 이 내막을 말할 이가 있을지 모르고, 나라도 기회가 있으면 말하고자 합니다.

그 내막이 어떤 것인가는 별문제이고, 하여간 처음 모인 이가 같이 앉지 못하게 된 것은 사실이요, 이것을 섭섭하게 생각함은 나도 또한 동감입니다.

"그러면 끝까지 그 안에 있을 것이지 왜 너까지 나왔는가?"

나는 독립 운동 이후에 정부 안에 모인 이른바 두령이란 인물들이 독립을 완성하는 날까지 한 사람도 변동하지 말고 끝까지 같이 나아가야 한다고 절규하였고, 그뿐 아니라 이것을 위하여 노력하여 온 사람

중에 하나임을 자처합니다.

그러나 오늘은 나의 성의와 능력이 부족해서인지, 시세와 경우가 관계가 있었기 때문인지, 하여간 내가 노력하던 그 희망은 이미 실패를 고하고 말았습니다.

일이 이같이 되자 나는 정부 안에 앉아서 생각을 많이 했습니다. '앞으로 나는 어떻게 행동함이 마땅할까?' 그 결과, '지금은 부득이 정부 안에 있는 것보다 밖에 나와 평민의 신분으로 무엇을 해야겠다.' 하고 생각하고 이같이 나왔습니다.

나는 오늘부터 여러분과 같이 한 백성으로서 일하기를 시작하였으니, 내가 하는 일이 옳거든 여러분은 많이 협조하여 주시기 바랍니다.

이제 본론에 들어 가기 전에, 지금도 연설을 하고 있지만, '연설이 무슨 필요로 생겨난 것인가? 또 어느 시대에 생겨난 것인가?'에 대해 잠깐 말하겠습니다.

연설이 신권(神權) 시대나 군권(君權) 시대에 생겨났습니까? 아닙니다. 군권 시대 말, 민권 시대 초에 시작하여 민권 시대에 성행하였습니다. 이로 보아도, 이른바 공화 정치, 민주 정치의 필요에 의해 생겨난 것임을 알 수 있습니다.

신권 시대나 군권 시대에는 신의 의사, 군의 의사나 소수인의 의사에 다수 인민이 복종할 뿐이요, 민의 의사는 소용이 없었으니 연설이 있을 필요가 없었습니다.

그러나 공화 시대에 있어서는 국가의 사업이 그 국민 전체의 의사에 따라서 이루어지는 바, 국민 각자가 자기의 의사를 표시하여 어느 의사가 국민 다수, 곧 전체의 의사인가를 알려고 하니, 부득불 연설이 생겨나게 되었던 것입니다.

당초에 연설로써 공화를 촉진하였고, 공화의 정치를 행함에 있어 연설을 하여 그것이 성하였으니, 연설은 결코 한순간의 연극이나 노름처럼 볼 물건이 아닙니다.

오늘 대한 국가의 일을 나 단독으로 행할 권세와 능력을 가졌다면, 여러분 앞에 나와서 연설할 필요가 없을 것입니다. 나의 오늘 연설도 나의 의사를 일반에게 알려 국민 다수가 취하거나 취하지 아니함으로써 앞으로의 문제를 해결하고자 함이니, 여러분은 내가 연설을 하는 것부터 주의하여 들어 주시기 바랍니다.

이제 먼저 물어 볼 말은 '이번에 시작한 우리의 독립 운동을 계속하려는가? 정지하려는가?' 하는 것입니다. 누구나 말하기를 '물론 계속한다고 하지, 정지하느냐 마느냐 하는 것은 의논할 여지조차 없는 것 아니오.' 할 것입니다. 입으로는 이와 같이 말하지만, 그 마음의 진정을 보면 의심이 가득하여 '계속할까? 정지할까?' 하는 주저함이 없지 않습니다. 먼저 독립 운동을 계속하고 아니함에 확신이 없으면 독립 운동의 진행책은 말할 필요조차 없습니다.

여러분! 먼저 이에 대하여 명확한 단정을 내리십시오. 만일 누가 나에게 묻기를 '너는 어떻게 정하였느냐?' 하면, 나의 명확한 대답은 '독립 운동은 절대로 계속할 것이다.'입니다.

오늘의 대한 사람은 사나 죽으나, 성공하나 실패하나 독립 운동을 끝까지 계속하기로 결심해야 합니다. 이것은 대한 사람 된 자의 천직이요, 의무입니다. 독립 운동을 계속할까 말까 주저하는 이도 독립이 싫거나 자유가 싫어서 그것을 할까 말까 주저하는 것은 아닙니다. 다만 독립 운동이 성공할지 성공하지 못할지 하는 의심과 상심 때문에 그리하는 줄 압니다.

아닌게 아니라, 얼른 보면 우리에게는 인재도 부족하고 재력도 모자라고 그 밖의 무엇도 부족하고 무엇도 없으므로 독립을 성공할까 못할까 하는 의심이 생길 듯도 합니다만, 여러분은 조금도 의심하거나 상심하지 마십시오.

우리가 독립할 가능성은 확실히 있습니다. 왜냐하면 우리 대한 사람은 무엇으로 보든지 근본적 자격이 독립할 민족이요, 결코 이민족의 노예 생활을 오래 할 민족이 아니기 때문입니다. 이러한 우리 민족으로서 독립을 요구하는 이 날, 세계의 시운은 우리의 요구에 응하고 있습니다.

보십시오. 러시아와 미국이 장차 일본을 치려 하고 있고, 영국과 불란서도 일본을 해치려 하며, 호주와 캐나다도 또한 일본을 배척하려는 것이 다 사실입니다. 그런즉 오늘 세계의 현상이 모두 일본을 둘러치는 때니 이것이 전에 없던 우리의 큰 기회가 아니겠습니까?

우리 민족의 근본 자체로 보든지, 외국의 형세로 보든지, 우리의 독립을 완성할 가능성이 있거늘 어찌하여 의심하고 주저한단 말입니까? 우리가 독립 운동을 계속하는 데에 대해 의심하고 주저한다면, 그 가장 큰 원인은 이것입니다.

실질적으로 독립 운동을 진행하기 위하여 우리 자신의 경우와 처지를 살펴, 그 경우와 처지에 합당한 방침과 계획을 세우고, 그것을 밟아 나아가는 노력은 하지 않고, 공연히 턱없는 요행과 우연을 기준삼고 과도한 욕망을 품고 기다리다가, 그 턱없는 욕망대로 되지 않는다고 의심이니 상심이니 비관이니 하는 것이 생기는 것입니다.

지금 흔히 들리는 말은, 피인도자는 인도자에 대하여 부족한 것을 한탄하고, 인도자는 피인도자에 대하여 부족한 것을 한탄하여 '이런 인도자를 가지고 무엇을 할까? 이런 동포를 가지고 무엇을 할까?' 하는 소리입니다. 그 밖에도 '무엇이 부족하다, 무엇이 부족하다.' 하는 소리도 따라서 많습니다.

여러분 생각해 봅시다. 우리의 인도자나 피인도자가 부족하다고 가

정하고 부족한 인도자를 자꾸 욕한다고 그 인도자가 하루아침에 변하여 충족하여 지겠습니까? 피인도자를 못났다고 나무란다고 하루저녁에 변하여 잘난 백성들이 되겠습니까? 또는 무엇무엇이 부족하다고 팔짱 끼고 돌아서서 원성과 한탄의 소리만 지른다고 그 부족한 것들이 다 변하여 족하여 지겠습니까? 그럴 리가 만무합니다.

오늘날 우리가 크게 각오할 바는 우리가 이러한 인도자나 피인도자를 가졌고, 이러한 부족한 경우에 처해 있음을 밝게 보고, 이 경우와 이 처지에서 우리가 어떻게 진행해야 오늘 부족한 것을 내일은 족하게 하여 기어이 독립을 완성해 나아가는가 하는 것입니다.

이른바 낙심한다 상심한다 하는 그대들은 아무 요량도 없고 자기가 노력해야 할 의무도 다하지 않고 '이승만이 독립을 실어다 줄까? 이동휘가 독립을 찾아다 줄까? 또 그 밖의 누구누구가 가져다 줄까?' 하다가, 그것이 보이지 않자, '미일전쟁이나 갑자기 일어나 가만히 앉아 있어도 독립을 얻을 수 있지 않을까?' 하다가 그도 속히 되지 않는다고 이른바 낙심이다 원망이다 하는 것만 하고 있는 것이 아닙니까?

여보시오, 여러분! 우리 국민이 이러하고서야 무엇을 희망할 수 있겠습니까? 오늘 크게 각오하여 시간의 멀고 가까움을 꺼리지 말고, 우리 처지에서 우리의 생활 방침을 세워 가지고 용맹직진(勇猛直進)합시다.

그리고 앞으로의 독립 운동을 어떻게 진행할까 함에 대해 대강 생각해 봅시다. 이것을 말하기 전에, '우리가 과거에는 운동을 어떻게 하였는가?'를 말하겠습니다.

과거의 운동은 독립을 선언하고 만세를 부르는 것이었습니다. 옥에 갇히고, 총검에 찔리고, 생명을 희생하며 했던 모든 것이 만세 운동을 행함이었습니다.

그후에는 압록강 연안에서 시작한 작탄단총의 시위 운동이 있었고,

두만강 연안에서 시작한 다소의 전투적 운동이 있었고, 구주와 미주에 선전 운동이 있었습니다.

이 과거 운동의 결과가 무엇인가 하면, 그 만세 소리로 적이 쫓겨가 기를 바람도 아니요, 다소의 작탄과 국지적 전투로 적을 능히 몰아내 리라 함도 아니었습니다.

그 결과로 우리 국민의 독립의 지원과 자유의 정신을 밖에 발표하 여, 첫째는 우리 국민이 서로 '우리 국민 전체가 동일하게 독립할 의지 가 있다.' 함이 알려지고, 또한 '크게 독립 운동할 약속을 이루게 된 것'입니다. 둘째는 세계 열방으로 하여금 '우리 민족의 의사와 용기가 어떠함'을 알게 함이었습니다.

과거의 독립 운동은 과연 컸다고 할 만합니다. 그러나 미래의 독립 운동에 비교하면 그리 크다고 할 수 없습니다. 우리 민족이 일찍이 국 가적 큰 운동을 별로 해 보지 않았으므로, 과거의 운동이란 시작을 했 다는 것뿐이요, 독립 운동을 할 의사를 대내 대외에 선전한 것뿐이었 습니다.

그렇다고 과거의 운동을 무가치하고 적은 일이라고 말하는 것은 아 닙니다. 과거에 그와 같이 시작했으며 앞으로 진행할 독립 운동이 장 원하고 광대하다는 것을 절실히 생각하기 위하여 말하는 것입니다.

그러면 장래의 독립 운동은 무엇입니까? 우리가 독립 운동, 독립 운 동 하면서 모호한 가운데 지내서는 안 되겠고, 먼저 독립 운동이 무엇 인지를 알아야 하겠습니다.

독립 운동이란 독립을 이루기 위하여 동작하는 모든 일을 가리킵니 다. 그리고 '모든 동작의 요령은 무엇인가?' 이것이 여러분의 의사와 내 의사가 서로 부합하는지 알고자 하는 것입니다.

우리 독립 운동의 요령을 말하면, 크게 아래의 여섯 가지입니다.

1. 군사 운동, 2. 외교 운동, 3. 재정 운동, 4. 문화 운동, 5. 식산 운

동, 6. 통일 운동입니다.

독립 운동이란 이 여섯 가지 운동을 종합한 명사입니다. 이 여섯 가지 운동을 바로 진행하면 독립은 성공할 것이고, 이 여섯 가지 중에 하나라도 빠지면 다른 다섯 가지도 다 진행되지 못하여 독립을 성공하기란 불가능하게 됩니다.

그러므로 누가 이 중에 어느 한 가지, 혹은 두 가지만 해도 된다고 한다면 나는 그를 믿지 않을 것입니다. 이 여섯 가지 중에 어느 것이 가볍고 무거운 것이 없이 다 똑같이 힘써야만 될 것입니다.

우리는 공연히 세력이니, 권리니, 야심이니 하면서 허공 중에서 그림자를 가지고 빈 싸움만 하지 말고, 각자 자신의 자격과 경우에 따라서, 군사 운동이든 외교 운동이든 그 밖의 어느 운동이든지 이 여섯 가지 가운데 어느 하나씩 자기에게 적당한 것을 분담하고, 그 일이 이루어지도록 최후까지 꾸준히 나아가기를 결심해야 합니다.

첫째, 군사 운동이 어찌하여 필요한가에 대하여는 아무도 의심할 이가 없을 것입니다. 왜냐하면 독립을 성공하려면 독립 전쟁을 해야 하고, 독립 전쟁을 하려니까 군사 운동은 불가불 하여야 되겠다고 누구든지 얼른 대답할 것이기 때문입니다.

둘째, 외교 운동에 대하여도 이론이 없을 줄 압니다. 우리가 강한 일본과 더불어 싸워 이기려면 열국의 동정을 얻어야 될 것이고, 열국의 동정을 얻으려니 불가불 외교 운동을 해야 한다고 논의가 일치할 것입니다.

셋째, 재정 운동으로 말하면, 위에서 말한 군사 운동이나 외교 운동이나 그 밖의 모든 운동을 하려면 다 금전이 있어야 될 터이니, 재정 운동은 아니할 수 없는 것이라고 다 말할 것입니다.

그러나, 넷째, 문화 운동에 대해 말하면, '이런 운동이 무슨 필요가 있는가? 오늘날 어느 여가에 문화 운동과 같은 것을 하고 더디게 세월을 보내겠는가? 어서 하루바삐 나아가 싸워 죽어야지.' 하고 교육을 받는 자나 교육을 베푸는 자를 비난하는 일도 없지 않습니다.

하물며, 다섯째, 식산(殖産) 운동에 이르러서는, 왜 독립 운동은 하지 않고 이따위 일을 하느냐 하며 이 식산 운동의 독립 운동에서의 부분적 가치까지도 부인하는 이가 있을 줄 압니다. 그러나 내 이제 그렇지 않은 이유를 간단히 말하겠습니다.

이 세상의 모든 일이 성공하고 실패하는 것은 그 지식의 길고 짧음에 있음을 깊이 깨달아야 합니다. 우리나라가 왜 외적(外敵)에게 망하였느냐 하면, 다른 까닭이 있는 것이 아니라, 우리의 지식이 저들보다 짧았기 때문입니다. 그러므로 오늘 우리 대한의 사람들은 지식을 한 자 한 자 늘이는 것이 곧 우리의 독립을 한 치, 한 자 더 가깝게 하는 것임을 깊이 깨달아야 합니다.

이 문화 운동이야말로 근본적 문제입니다. 지금 우리가 걱정하는 바, 통일이 잘못된다, 분규가 생긴다, 하는 것 또한 우리의 지식 정도가 유치하기 때문입니다. 진정한 독립에 뜻이 있는, 우리 민족의 지식을 높이기 위한 진정한 노력이 있어야 할 것입니다.

식산 운동으로 말하면, 여러분도 과거 유럽 전쟁 때 각국이 평시보다 이 식산 운동에 얼마나 힘썼는지 아실 것입니다. 내가 미주에서 직접 보았거니와, 이때 미국 사람들은 어느 계급을 막론하고 이 운동에 전력을 다했습니다.

여자는 섬섬옥수에 호미를 들고, 부호는 그 화려한 공원을 밭으로 만들었습니다. 그 밖에 저들은 온갖 방법, 온갖 수단을 다하여 식산을 경영하는 것을 내 눈으로 보았습니다. 식산 운동이 잘 되어야 따라서 재정 운동이 잘될 것은 더 말할 필요가 없을 것입니다.

우리 독립 운동자들이 소비자뿐이고 생산자가 한 사람도 없음을 볼 때 나는 가슴이 답답해집니다. 서북간도를 보십시오. 노령을 보십시오. 북경을 보십시오. 그리고 이 상해를 보십시오. 이른바 독립 운동을 한다는 사람 치고 생산하는 자가 그 누가 있습니까? 오직 소비자들뿐입니다. 이것이 우리 독립 운동의 장래에 있을 크고 험악한 문제라고 생각합니다.

만일 저들이 다 각자 생산자가 되어 현금으로 소비하는 그 금전 전부가 임시정부의 금고로 들어오게 된다면, 우리의 독립 사업이 얼마나 잘 진흥되겠습니까? 많은 사람들이 이것을 별로 심각하게 보지 않지만 기실은 식산 운동이야말로 우리 독립 운동에 큰 관계가 있는 운동입니다.

물론, 내가 말하는 본래의 뜻은 다른 운동은 다 가볍고 이 문화 운동과 식산 운동만이 가장 중하다는 것은 아닙니다. 이것 역시 여섯 가지 필요한 운동 중에서 필요한 것임을 말하고자 하는 것뿐입니다.

위에서 말한 여섯 가지 운동의 각각 그 진행 방식을 말하겠습니다. 첫째 군사 운동에 대하여 어떠한 방침을 취할 것인가? 과거에는 단지 몇십 명, 몇백 명이라도 나가서 싸워야 된다 말하고, 말할 뿐만 아니라, 그러한 사실도 있었습니다만, 앞으로의 군사 운동은 그렇게 해서는 안 될 것입니다.

이미 몇 명씩 소수로 나가 싸우는 이에게 무슨 의사에서 그리 하냐고 물으면, 어떤 사람은 이렇게 함으로써 선전 자료를 만들 수 있다 하고, 또 어떤 사람은 이것은 적을 패배하게 함은 아니나 다만 붉은 피를 흘려 우리 민족에게 독립 정신을 깨우쳐 주고자 함이라고 말할 것입니다.

나는 그 열렬한 뜻에 탄복합니다. 그러나 그네들의 의사를 보면, 하나는 외계의 구조를 의뢰할 뿐이요, 다른 하나는 독립을 성공할 신념이 없는 데서 나왔다 할 수 있습니다.

앞으로 우리는 군사 운동을 하되, 그러한 의미로 할 것이 아니요, 적을 구축하여 항복을 받는 것을 목표로 하고 운동해야 할 것입니다. 일찍이 우리가 흘린 피만 하여도 선전 자료나 후손에게 깨우쳐 줄 독립 정신을 완성하기에 충분합니다.

그러면, 첫째 군사를 모집해야 합니다. 먼저 지원병 삼만 명 이상 오만 명 이하를 모집하여 잘 단결하여도 이것을 기본으로 수십, 수백만의 독립군을 모집할 수 있을 것입니다. 그러나 이와 같이 지원병을 모집하는 것도 일조일석에 물먹듯 쉽게 되는 것이 아니고, 다대한 노력을 허비하여 이달에 몇백 명, 내달에 몇천 명, 이렇게 모집해 나아가야 그 예정 수에 달할 수 있을 것입니다.

또한 우리의 군사 운동은 다른 나라에 비하여 사관(士官) 양성에 한층 더 전력을 기울일 필요가 있습니다. 다른 나라 군사로 말하면, 다 훈련을 충분히 받은 군사이므로 사관이 적어도 되겠지만, 우리 군사는 훈련을 받지 못한 군사이므로 훈련 없는 군사에게는 지도 통솔할 사관이 더 많아야 하기 때문입니다.

내가 오늘 저녁 이 여섯 가지 운동에 대하여 그 진행책의 대강이라도 말하려 하였으나 말할 기력도 부족하고, 이 장소에서 열 시 안으로 떠나야 하므로 그것을 다 말하지 못하고 줄일 수밖에 없으니 매우 유감입니다.

다만, 내가 여러분에게 바라는 바는 군사가 안 된다, 외교가 안 된다, 재정이 안 된다, 그 밖에 문화와 식산과 통일이 안 된다 하여 독립 운동에 낙망하지 말아 달라는 것입니다.

군사나 외교나 재정이나 문화나 식산이나 통일이 다 원만히 되었다 하면, 독립 운동을 할 필요가 없지 않습니까? 없는 군사를 있게 하도록, 없는 재정을 있게 하도록, 그 밖에 모든 없는 것을 있게 하고, 부족한 것을 족하게 하는 것이 독립 운동이 아닙니까? 그런즉 우리는 6대 운동을 목표로 삼고 진행할 방침을 연구하여 상당한 계획을 세워 나아가고 나아갈 뿐입니다.

이제 다른 것은 다 생략하고, 통일 운동에 대하여만 말하겠습니다.

위에서 말한 군사 운동이니, 외교 운동이니 하는 다른 모든 운동이 성공하고 실패함은 통일 운동의 성패에 달려 있습니다. 내가 통일을 하자고 많이 부르짖는 까닭에 '안창호의 통일 독립'이란 별명까지 있지만, 독립을 완성하려면 우리 민족적 통일의 완성을 위하여 노력하지 않을 수 없습니다.

이제 그 이유를 말하겠습니다. 오늘날 우리의 군사 운동이나 외교 운동이 왜 잘 안 되는가 하면, 군사 운동을 하되 불통일적 군사 운동이 되고, 외교 운동을 하되 불통일적 외교 운동이 되기 때문입니다. 다른 모든 운동이 성취되지 못함도 다 그런 까닭입니다.

북경에서도 군사 운동, 서간도에서도 군사 운동, 북간도에서도 군사 운동, 노령에서도 군사 운동, 또 어디서도 군사 운동을 하여 그네들이 그 군사 운동에 많은 시간과 노력을 희생하였으나 각기 국지적으로 분열된 소수의 군사 운동이었으므로 그 성적이 저같이 보잘것 없어 오늘까지 대한의 민족적 군사 운동이 실현되지 못한 것입니다.

외교 운동도, 재정 운동도 역시 그러합니다. 외교로 말하면 북경에서 따로, 노령에서 따로, 미주에서 따로, 또 어디서도 따로, 갑과 을이 각각 내가 대한 민족 대표라 하고 외국인과 교섭을 하니, 누가 그를 진정한 대한 민족의 대표자라고 인정하겠습니까? 그러므로 오늘까지 대한의 민족적 외교 운동이 실현되지 못하여 외교를 할 만한 날에 외교의 성과를 거두지 못하고 있는 것입니다.

재정에 대해서는 내가 일찍이 국민 개납주의(皆納主義)를 철저히 실행하자고 말하였으며, 이가나 김가가 각각 분열적으로 재정에 대한 운동을 하지 말고, 전 국민이 모두 통일적으로 대한 임시정부의 국고에 재정을 바쳐 왔다면, 우리의 독립 사업이 얼마나 발전되었을지 모를 일입니다. 그런데 이것 또한 통일의 궤도를 잃음으로써 재정 운동의 실현이 오늘까지 이루어지지 못했습니다.

이것뿐이겠습니까? 조금 전에도 말하였지만, 이렇게 모든 운동이 실현되지 못함은 다 이 통일의 궤도를 잃은 때문이었습니다. 그런즉 통일은 불가불 해야겠는데 그 통일을 어떠한 방법으로 해야겠습니까?

통일하는 방법 중 가장 큰 것은 두 가지입니다. 하나는 전 민족적 통일 기관을 설치한 중앙 최고 기관에 전 국민의 정신과 마음과 힘을 집중하여 중앙의 세력을 확대하는 것입니다. 이는 사회의 공론(公論)을 세우고, 큰 사람이나 작은 사람은 물론, 어떠한 사람이든지 다 그 공론에 복종하자는 것입니다.

지금 어떤 이들은 대한 임시정부와 의정원을 부인한다는 발표까지 하였는데 그 용기가 지나치고 대한 사람으로서 못할 일을 하였다고 할 수 있습니다.

우리 임시정부와 의정원이 성립된 지 이미 2년의 시간이 지났고, 대내적으로 말하더라도 압록강, 두만강으로부터 저 부산, 제주도까지 가면서 한국 사람에게 묻기를 '너의 정부와 의정원이 있느냐?' 하면, '예, 우리 정부와 의정원이 상해에 있습니다.'고 대답합니다. 또한 중국령이나 노령이나 미령을 막론하고 해외에 있는 일반 교민들도 다 우리의 의정원과 정부는 상해에 있다고 합니다. 이렇게 현존하는 우리의 의정원과 정부를 전체 국민이 인정하는 것이 사실입니다.

또 열국으로 말하여도 프랑스나 영국, 미국이나 러시아, 중국이나 다른 어느 나라를 막론하고 아직 우리의 정부와 의정원을 정식으로 승인하지는 않았으나 현존하는 우리의 의정원이나 임시정부의 존재를 인정합니다.

우리가 이러한 경우를 만들지 못하였다면 몇천만 원의 금전과 다수의 생명을 희생해서라도 이러한 경우를 만들어야겠거늘, 이미 3년이

292

지나고 대외, 대내 간에 다 인정되고 있는 우리의 의정원과 정부를 부인한다 함은 너무도 큰 실수라고 할 수밖에 없습니다. 불충실한 것을 충실하도록, 불원만한 것을 원만하도록 개선하는 것이 마땅하거늘, 어찌 부인한다고 합니까?

이미 성립된 우리의 의정원과 정부를 더욱 충실하게 하고, 더욱 공고케 하여 민족적 통일 기관이 되게 해야 할 것입니다. 만일 전 국민의 힘을 중앙으로 집중하는 도리도 실행치 않고 각자 제가 영웅이라고 분파적 행동을 취하면 백 년을 가더라도 통일은 이룰 수 없을 것입니다. 그러므로 통일 운동의 첫 방침은 중앙 집중이라 할 수 있습니다.

둘째는 공론을 세우고 그 공론에 복종하는 것입니다. 우리나라 사람들은 이런 까닭에 통일이 못 된다, 저런 까닭에 통일이 못 된다 하지만, 실상은 공론에 복종할 줄 모를 뿐 아니라, 공론을 세워 보지도 못하고 갑은 갑론을, 을은 을론을, 이렇게 각자 자기의 논리를 주장하여 싸우기만 합니다.

흔히 들리는 말로 '우리의 수령이다, 인도자다 하는 자들이 서로 싸움들만 하는 까닭에 통일도 안 되고 일도 안 된다.'고 욕합니다만 그런 것이 아닙니다.

여러분은 깊이 깨달으십시오. 만일 진정한 인도자라면 진정한 싸움을 하는 자입니다. 누구든지 인도자가 된다면 국가에 대한 자기의 주의와 확신으로 성충(誠忠)을 다하여 싸움을 아니할 수 없습니다. 만일 싸우지 않으면 성충 있는 인도자라고 할 수 없습니다.

김가나 이가가 자기의 주장을 세워 싸울 때에 인민된 자는 냉정한 눈으로 그 싸움을 잘 살펴보아 김가가 옳으면 김가, 이가가 옳으면 이가, 그 어느 편이든지 옳은 편을 따르고, 그 옳은 편에 다수의 의사가 집중되어 그 옳은 편 사람에게 복종하는 것이니, 이것이 이른바 공론을 세우는 것입니다.

공론이란 것은 그 국민 다수의 공번된 의사를 가리킵니다. 그러므로 인도자가 싸우기 때문에 통일이 되지 않는 것이 아니라, 그 백성이 공론을 세우고 못세움에 있다고 할 수 있습니다.

미국의 예를 들어 말하겠습니다. 루즈벨트나 윌슨이나 브라이언이나 하딩 같은 사람들은 모두 다 미국의 큰 인도자요, 세계적 위인이라 할 수 있습니다. 그러나 이들은 항상 싸웁니다. 그들을 인도자다, 위인이다 하는 것은 싸움을 성충으로 했기 때문입니다.

루즈벨트와 윌슨 사이에는 50년 동안이나 간단 없는 싸움이 있었습니다. 몇 해 전에 루즈벨트는 육해군을 확장하자고 주장했고, 윌슨은 그것을 반대하여 양방이 크게 싸웠습니다. 그때 미국 백성들은 그 싸우는 내용을 살펴보고 시비를 판단하여 다수가 윌슨 편에 섬으로써 루즈벨트는 그에게 복종하였습니다.

그후에는 이런 일도 있었습니다. 브라이언과 윌슨은 사적으로나 공적으로 매우 가까운 친구요, 브라이언의 도움으로 윌슨이 대통령이 되었고 윌슨이 대통령이 된 후에 브라이언은 총리가 되었습니다. 그러나 윌슨이 미독전쟁을 주장하자 브라이언은 이에 반대하여 총리직까지 사퇴하고 크게 싸웠습니다. 그러다가 미국의 다수 국민이 윌슨 편에 섬으로써 브라이언은 할 수 없이 그에게 복종하여 통일적으로 미국 전쟁을 수행하였습니다.

또 근간에 윌슨은 국제연맹회를 주장하고, 하딩은 이것을 반대하여 크게 싸울 때에 윌슨 편에 섰던 다수의 국민이 하딩 편에 옮겨 섬으로써 윌슨은 그에게 복종할 수밖에 없게 되었습니다.

미국 백성들은 자기의 인도자들이 싸울 때에 덮어놓고 '저놈들은 싸움만 한다.'고 인도자 전부를 배척치 않고, 그 싸움의 이해와 곡직을 살펴 이득이 되고 바른 것을 주장하는 인도자를 후원하여 모두 그에게 복종케 함으로써 통일을 이룹니다.

우리의 인도자가 싸운다 하여 그 시비와 흑백은 묻지도 않고, '그놈들은 다 때려 치울 놈이다.' 하면 어찌 공론이 설 수 있겠습니까? 또 우리 사람들의 입으로 흔히 '대한의 인도자, 애국자는 다 죽일 놈이다.' 하나, 설마한들 다 죽일 놈이기야 하겠습니까? 또 누구든지 일생 동안 죽일 놈 같은 일만 하겠습니까?

내가 몇 년 전에 서양 신문 기자들을 만났을 때 그들은 우리의 독립 운동을 비관적으로 말했는데, 그 내용은 서로 싸운다는 것이었습니다. 내가 반박하기를, '그대 나라 사람들은 싸움을 더 많이 한다.' 한즉 그들은, '우리들의 싸움과 너희들의 싸움은 크게 다르다. 우리는 싸우되 공론에 복종하므로 좋은 결과를 얻지만, 너희들의 싸움은 시작한 뒤에 지는 편이 없는 것으로 보아 공론에 복종할 줄 모르는 싸움이다. 그러한 싸움으로는 통일을 이루지 못하고 분열만 되므로 망할 수밖에 없다.'는 박절한 말을 했습니다.

여러분! 이 신문 기자가 바로 보지 못했다고 할 수 있겠습니까? 우리도 남과 같이 통일을 요하거든 의형제적 수단으로 사교를 하거나, 교제적 수단으로 접대를 잘하고 못하거나, 통정을 한다 안 한다 하는 그 따위 수단으로는 백 년을 가더라도 얻을 수 없을 것입니다.

우리 사회의 현상을 보면 하급은 말할 것도 없거니와, 이른바 중류 이상, 고등 인물까지도 국가 사업의 통일을 교제적 수단으로 이루려고 꾀하니 그 유치한 것이 어찌 한심하지 않습니까? 이제부터라도 크게 각오하여 공론을 세우고 공론에 복종하는 것으로 통일의 도를 이루어야겠습니다.

이제 통일을 이루기 위하여, 중앙에 힘을 모으고 공론을 세우는 두 가지 방법을 실행하기 위하여, 행해야 할 한 가지 일은 '국민 대표자 회'라 칭하든지, 아니면 다른 이름을 취하든지, 여하간 각 지방, 각 단체의 대표자들이 한번 크게 모이는 일이라고 생각합니다.

왜냐하면, 첫째, 각 방면의 의사가 한곳으로 집중된 후에야 각 방면의 정신과 마음과 힘이 한곳으로 집중될 것이요, 각 방면의 의사를 집중하려니까 불가불 국민 대표회가 있어야겠다는 것입니다.

둘째, 한 지방이나 몇 개 단체의 의논은 공론이라고 인정할 수 없고, 국민 다수의 의사를 공론이라 할 수 있는 바, 국민 다수의 의사를 발전케 하기 위해서는 불가불 각 방면의 대표가 모여야 합니다. 공론을 세워야만 된다고 하여도 공론을 세울 실제가 없으면 소용이 없습니다. 그러므로 각 방면 대표가 모이는 것이야말로 공론을 세우는 실제라 할 수 있습니다.

어떤 사람은 말하기를 '국민을 대표하는 의사 기관으로 의정원이 있는데 다시 국민 대표회를 모은다 함은 의정원을 부인하거나 무시하는 것이다.'라고 하나, 그렇지 않습니다. 본시 공화 정치란 중앙 기관은 국민의 여론에 복종하고, 국민 각 개인은 그 중앙 기관에 복종하는 것이기 때문입니다.

중앙 기관으로서 국민의 여론에 복종하려면 여론이 있은 후에야 되는 것인데, 각 방면의 대표가 모여 다수의 의사를 표시하기 전에는 여론이 성립될 수 없습니다. 국민의 여론을 성립하기 위하여 각 방면 대표가 한 자리에 모이는 것이 어찌 의정원을 부인한다, 또는 탈법 행위라고 말할 수 있겠습니까?

그러나 이것은 형식적 이론이며, 우리의 실질적 내면을 들어 말하면, 이곳에 의정원과 임시정부가 성립된 이후로 여러 가지 분규와 복잡한 문제가 있어 오늘 그 위기의 도수가 점점 높아지고 있는 것이 사실입니다.

이 분규가 되는 복잡한 문제를 그냥 방임하여 두면 독립 운동의 진행에 장애가 될 것이고, 이것들을 해결하여 시국을 정돈하려면 각 방면의 대표들이 모여 크게 공론을 세워야 될 줄로 생각합니다.

이곳에서 의정원과 정부를 세울 때에 일을 원만히 하지 못한 것도 사실입니다. 서간도와 북간도나 노령이나 미령의 의사를 모으지 않았을 뿐 아니라, 한번 물어 보지도 않았습니다. 하물며 각원으로 피선된 누구누구 여러분에게까지도 조직 여부를 알게 하지도 않았습니다.

우리가 현존하는 정부와 의정원을 절대적으로 인정은 하지만 과거에 불충분하게 일했던 것은 자인할 수밖에 없습니다. 그때는 초창기라 어떤 경우에는 시간이 절박하여 그렇게 된 것이라고 용서를 받을 수는 있겠으나, 그 불충분한 것을 그대로 고집하고 더 충분해지기를 꾀하지 않아서는 안 될 것입니다.

일을 시작할 때에 충분하지 못했던 결과로 노령과 북간도 방면에서 우리 중앙 기관의 존재를 인정은 하더라도 이 중앙 기관에 귀순하여 협동하지 않는 것도 사실입니다.

노령 사람들이 선하여 그렇든지, 악하여 그렇든지, 몰라서 그렇든지, 알아서 그렇든지, 그것은 별문제이지만, 그같이 분열되어 있는 것을 방임할 수는 없지 않습니까?

내가 전에 국무총리 대리로 있을 때 노령과 타협을 짓기 위하여 현순, 김성겸 등을 보내어 타협을 진행하였으나 기여코 실패를 하고 말았습니다. 그러나 나는 조금도 낙심하지 않고 타협하여 합동이 되기를 계속하여 노력하려 합니다. 우리가 노령, 중령의 국민 대다수를 빼놓고 누구와 더불어 무엇을 지으려고 한단 말입니까?

어떤 사람들은 '우리의 독립 운동은 우리 민족의 힘으로는 성공이 불가능하고, 미국이 도와 주고 안 도와 주는 데 달려 있다.'고 하며 미국만 쳐다보고 있습니다만, 이것은 독립 정신에 위배될 뿐더러, 설혹 미국의 도움을 받기 바란다 해도 벗은 몸으로 외롭게 서서 손만 벌린다고 미국이 그같이 어리석어 몇 개인만 보고 원조를 해 주겠습니까?

남의 도움을 받기 원하면 먼저 우리 자신이 통일하여 민족적 운동을 실현시켜야 된다는 것을 깨달아야 합니다. 누구는 말하되, '이것저것 다 쓸데없다. 돌아오거나 말거나 몇 사람이라도 막 밀고 나가면 된다.' 하니, 왜 이같이 어리석은 용기만이 과도합니까?

우리가 혹 몇백만의 군사와 몇억 원의 자본을 가지고 세력이 굉장하여 반대자를 능히 잡아다가 죽이고 부술 수 있다 하여도 타민족을 위력으로 누르지 아니하고 덕의로써 마음으로 화목하여 귀순하기를 도모해야 하거늘, 한푼의 실력도 없으면서 덮어놓고 '적법이건 비적법이건 너희 노령놈들은 와서 복종하라.' 하면 어찌 이리 될 수가 있겠습니까? 그러므로 한번 크게 모여 서로의 양해를 요구하며 공론을 세워 일치 협동할 도를 시험하자는 것입니다.

이 국민 대표회 촉진에 대하여 반대하는 이들의 의사를 보면, 한편에서는 '이 국민 대표회는 아무개를 옹호하기 위하여 하나의 수단으로 하려는 것이니 반대하자.' 하고, 또 한편에서는 '아무개를 내쫓기 위하여 행하는 수단이니 반대하자.' 하니, 각자 자기의 뜻을 이루지 못하게 될까 하여 국민 대표회를 저지하는 줄 압니다.

내가 주장하는 바는 옹호주의자나 반대주의자나, 가령 안창호를 역적이라고 논하는 자나 충신이라고 논하는 자나, 어떠한 주장, 어떤 논의를 가진 자를 막론하고 각방이 다 모여들어 한번 크게 싸워 큰 해결을 지어 크게 평화하고 크게 통일하여, 군사 운동이나 외교 운동이나 모든 운동을 똑같은 보조로 통일하여 진행하자는 것입니다.

여보시오. 여러분! 우리 국민의 정도가 국민 대표회 한번 할 만한 자신도 없다면 독립 운동은 어찌하려 합니까? 너무 주저하지 말고 모두 일치하여 노력합시다.

(지금까지는 5월 12일의 연설이었고, 아래는 5월 17일의 연설이다.)

298

오늘 나는 이 연설회를 주최한 사람으로부터 '이 연설회가 끝난 다음에 처리할 사건이 있으니 말을 길게 하지 말아 달라.'는 부탁을 받았으므로 오늘은 될 수 있는 대로 간단히 말하겠습니다.

'대한의 일은 누가 할까?' 나는 전에 이런 말을 했습니다.

"영국의 일은 영국 사람이 하고, 미국의 일은 미국 사람이 하고, 중국의 일은 중국 사람이 하고, 러시아의 일은 러시아 사람이 하더라. 그러면 대한의 일은 어느 사람이 할까?"

나는 다시 묻습니다. 여러분!

대한의 일을 누구에게 맡기려 합니까? 영국 사람에게 맡길까요? 중국 사람에게 맡길까요? 미국이나 러시아나 어느 다른 나라 사람에게 맡길까요? 아닙니다. 영국의 일은 영국 사람이 하는 것처럼, 대한의 일은 대한 사람이 해야 합니다. 그런즉 대한 사람인 우리가 대한의 일에 성충을 다하는 것은 피하지 못할 의무이며 천직이 아니겠습니까?

어떤 이는 우리 일이 잘되고 못되는 것을 대통령이나 각원에게만 책임을 지우고 자기는 아무 책임도 없는 줄로 생각합니다. 이는 자기의 의무와 책임과 천직을 모르는 사람이요, 자기의 권리를 포기하는 사람입니다.

어떠한 직책, 어떠한 지위를 막론하고 대한 사람인 이상은 다 같은 책임이 있습니다. 그런즉 우리는 결단코 대한의 일에 대해 무의식적 태도로 방관할 수 없고, 모두 다 들러붙어 각자 자기의 능력을 다하여 오늘, 내일, 모레, 날마다 간단없이 꾸준한 노력을 하여야 합니다. 이렇게 하는 자만이 대한인의 책임을 다하는 자라고 할 수 있습니다.

오늘 저녁 이 자리에 모인 우리들은 무슨 구경을 하거나 놀기 위해 모인 것이 아니라, 다만 우리의 책임을 다하기 위하여 일하려고 왔습니다.

그러면 일은 무슨 일인가? 곧 독립 운동을 하는 일입니다. 나는 일

전에 '독립 운동이란 군사, 외교, 재정, 문화, 식산, 통일, 이 여섯 가지 운동을 이름이다.' 했습니다.

오늘 저녁에는 특별히 독립 운동의 하나인 통일 운동에 대해 말하려 합니다. 왜냐하면 독립 운동을 하려면 통일 운동을 아니 할 수 없기 때문이요, 독립 운동에 관한 무슨 일을 하려고 하든지 통일 한 가지가 없으면 다른 것은 할 수가 없기 때문입니다. 그러므로 통일 운동이 곧 독립 운동이라 할 수 있습니다.

우리가 이같이 중대한 문제, 곧 전 민족의 통일을 위하여 모였은즉 이 저녁에 잠깐 지내는 시간은 심상한 시간이 아니요, 우리의 긴중한 시간이라 할 수 있습니다.

내가 일찍이 말하기를 '독립 운동은 절대로 계속되어야 한다. 죽으나 사나 괴로우나 즐거우나, 어떠한 경우를 당하든지 끌고 나가야만 한다.' 했습니다. 그러면 끌고 나가면서 분투 노력하자는 것은 무엇인가? 이는 바로 전일에도 말하고 오늘 저녁에도 말한 여섯 가지 운동입니다.

만일 우리 대한 사람이 모두 일어나 만세를 불러도 독립이 안 된다고 그냥 주저앉고 만다면 이것은 독립할 자격이 없음을 스스로 증명하는 것입니다.

우리가 당초에 독립 운동을 시작할 때 그 앞에 무수히 많은 위험과 곤란이 있을 것을 미리 알고 시작하지 않았습니까? 우리 독립선언서에 '최후의 일인까지, 최후의 일각까지……'라 함은 '마지막 사람이 마지막 핏방울을 흘릴 때까지'라는 말입니다.

이 말을 하나도 살아남지 말고 다 죽자고 하는 말인 줄로 생각하는 이가 있습니다만, 어떻게 죽자는 말입니까? 약을 먹고? 목을 매어? 칼로 찔러 자살하여 죽자는 것인가요? 아닙니다. 독립을 위하여 일하다가 하나가 죽어도 그냥 하고, 둘이 죽어도 그냥 하여 마지막 핏방울을 흘릴 때까지 일하자 함입니다.

오늘 일하여 이루지 못하면 내일, 금년 일하여 이루지 못하면 내년에, 계속하여 1년, 2년, 10년, 20년 언제까지라도 독립을 완성하는 날까지 쉬지 말고 일하자는 것입니다. 우리는 우리의 천직을 다하기 위하여 끝까지 쉬지 말아야 할 사람인 줄 각자 알아야 합니다.

오늘 저녁에도 통일의 방침을 강구하고 실시하기 위하여 모였습니다. 내가 주장하는 바는, 통일의 방침은 국민 대표회라 칭하든지 혹은 다른 이름으로 칭하든지, 그 명칭의 여하는 불문하고, 가깝고 먼 각지에 있는 우리 인민의 대표자들이 한번 한곳에 모여 서로의 의사를 양해하며, 감정을 융화하고, 전술의 대방침을 세우며, 국민의 큰 공론을 세워, 큰 사람이나 작은 사람이나, 남자나 여자나, 김가나 이가나 대한의 사람은 다 그 공론에 복종케 하는 것이 가장 필요하다는 것입니다.

그러나 '통일의 방법은 이것 하나뿐이니 이것만 하고 말자.'는 것은 아닙니다. 다른 여러 가지 통일의 방법도 실시하되, 그 방법 중의 하나인 국민 대표회도 행하자 하는 것입니다. 또한, '한번 국민 대표회를 하면 다시는 분규가 없고 영구한 통일이 되리라.'는 것도 아닙니다.

이번에는 국민 대표회를 성립하여 통일의 길을 취하고, 다른 날 다른 경우에는 또 다른 방식으로 통일을 운동하여, 이 간절한 통일 운동이라는 독립 운동을 끝까지 계속하고 계속하여 장원하게 계속해야 할 것입니다. 한번 운동을 해 보고 안 된다고 낙심하여 중단할 일이 아닙니다. 그런즉 통일하는 방침의 하나인 국민 대표회 성립에 대한 문제를 좀더 절실하게 생각해 보고자 합니다.

우리가 3년 동안이나 독립 운동을 하였으나 특별한 성공이 없었던 것은 통일이 못 된 까닭이었습니다. 통일이 못 되었다 함은, 곧 전 국민의 힘이 집중되지 못하였다 함이요, 전부의 힘이 집중되지 못한 까닭은 우리 전부의 정신과 의사가 집중되지 못했기 때문입니다.

전부의 힘을 집중하기 위하여, 그 정신과 의사를 집중하기 위하여, 한번 크게 모여 크게 의논을 행하지 않고, 동에서 서에서 남에서 북에서 서로 떨어져 의심하고 비난만 하며, 김가는 김가대로 자기 말만 주장하고, 이가는 이가대로 자기 뜻만 고집하고 있으면 통일을 얻어 볼 날은 없을 것입니다.

그러므로 각 방면의 사람이 한번 크게 모이는 것이 우리가 요구하는 통일의 실제라 할 수 있습니다. 또한 이것은 우리 독립 운동의 정당한 행위라 할 수 있습니다.

그렇지만, 이에 대해 여러 가지 의심들이 많습니다. 첫째는 '국민 대표회를 모으는 것이 가(可)하냐 부(否)하냐.' 하는 것입니다. 혹은 가하다, 혹은 불가하다 하는데, 불가라는 이의 말은 이것이 법리상 맞지 않으니 불가하다고 합니다. '의정원이 있는데 또 다시 무슨 국민 대표회가 필요한가, 이것은 곧 의정원을 부인하는 성질을 포함한다.'는 것입니다.

나는 전에 이에 대해 대답하기를, '본래 공화국이란 것은 국민의 여론에 의거하여 행사되는 것이다. 그런데 국민의 여론을 세우는 데 김가와 이가가 각자 자기의 주장만을 끝까지 주장하고 차단, 피단이 각각 자기의 의사만을 끝까지 고집하면 될 수가 없다.' 하였습니다. 그런즉 각 방면의 다수의 사람이 집합하여 의논한 후에야 진정한 여론이 성립될 수 있습니다. 그러니까 불가불 국민 대표회를 회집해야겠다는 것입니다.

우리가 진행할 궤도와 진행의 순서를 생각해 봅시다. 어떤 나라에서든지 혁명 사업을 시작할 때에는 국민 다수가 거의 빠지지 않고 합동하기가 어렵습니다. 처음에는 몇몇 뜻있는 사람들이 의논하여 시작한 다음에, 다시 그보다 크게 합동하고, 또 다시 더 크게 합동하여, 마침내 전 민족이 대동일치한 운동을 일으키게 됩니다. 우리도 역시 이런 모양으로 더 크게 모여, 그 마음과 정신이 더 크게 모임으로써 큰 힘이 더욱 커질 것입니다.

우리가 원만하게 모이려면 전국 13도의 남녀가 모두 투표하여 대표자를 뽑아 모이게 해야겠지만 그것은 지금으로서는 사실상 불가능합니다. 그 버금으로는 교민이 거처하는 지방에서 남녀가 다 투표하여 대표자를 뽑아 보내 모이게 하는 것이 합당하겠으나 각 지방에 고른 조직체가 없으니 이도 실행하기가 곤란합니다. 또 그 버금으로 각지의 각단 대표자가 모이는 것이 있는데 이는 가능한 일입니다.

노령에서는 국민 의회에서 대표를 보내는데, 그 국민 의회에 동의를 하는 단체거나 반대를 하는 단체거나 다 같이 동시에 보내야 할 것입니다.

우리의 과거와 미래를 생각하면, 처음에는 상해에 몇몇이 모여 일을 시작하였고, 이제 각단 대표자가 모여 일을 더 크게 하고, 이후에 해외 교민 전체의 대표가 한번 더 크게 모일 것입니다.

이리하여 일을 바로 진행하면 장차 전국의 대표자가 원만히 모이게 될 날이 있을 것입니다. 그런즉 각 방면 대표가 한번 크게 모이자는 것이 우리 일을 진행하는 궤도요, 순서요, 전 민족적 운동으로 나아가는 바른 길입니다.

이 궤도와 순서를 버리고, 어떤 방법으로 통일을 구하려고 이것을 반대하는지 참으로 알 수 없는 일입니다. 내 생각에는 이론보다 오해와 억측과 감정이 섞여 여러 가지 이론이 생기는 줄 압니다. 현재 우리 사람에게 있어서는 흔히 이론은 아무 효력이 없고 전부 감정적 지배가 많습니다.

그러므로 우리 사람들은 국민 대표회 문제뿐 아니라, 무슨 일에든지 찬성하거나 반대할 때 정면에 나서서 이론을 주장하지 않고 어두운 방속에서 쑤군쑤군 하여 서로 꾀이고 이간하고 중상하는 술책을 사용하며 요언부설(妖言浮說)을 몰래 퍼뜨리기에 크게 힘쓰고 있는 것입니다.

예를 들어 말하면, '이것은 표면으로는 옳은 듯하나 그 내용은 무엇이 어떻고 무엇이 어떻다.' 하여 사람의 의혹을 일으키고 감정을 일으켜 우리의 사회가 어둡고 깜깜한 동공에 침침하게 되어가는 것입니다. 내가 바라는 바는 방 속에서 쑤군거리는 비열한 행동을 그만두고 국민 앞에 나와서 다 내놓고 바르게 의논하는 것을 시험하자는 것입니다.

근간에 국민 대표회 촉진에 대해 반대하는 쪽에서 의혹과 감정을 일으키는 예를 몇 가지 들어 말하겠습니다.

첫째는, '안창호의 말대로 그렇게 되었으면 좋겠으나 그렇게 되지 못하는 것은 그 가운데 다른 내용이 있기 때문이다. 그 내용인즉 이승만을 쫓아내려는 이동휘나, 상해 정부를 깨뜨리려는 원세훈이 안창호를 이용하여 자기네의 목적을 이루려고 하는 것이니 속지 말라, 음모자들의 획책이다.' 하여 의혹을 일으키고 있는 것입니다.

여보시오. 여러분! 그런 의혹을 일으키는 사람의 말과 같이 이동휘나 원세훈이 무슨 딴 목적을 가지고 국민 대표회를 촉진한다고 가정합시다. 그렇다고 이후 국민 대표회에 모이는 사람이 다 이동휘의 자녀나 동생, 조카만 오게 될까요? 결단코 그렇지 못할 것입니다. 이동휘, 원세훈 씨 등이 어떠한 마음을 가졌든지 국민 대표회는 각 방면에서 각종 의사를 가진 사람이 모여 의논하여 다수의 결의를 취할 터인데 무엇을 의심합니까? 어느 개인의 어떤 내막이 있다고 국민 대표회 촉진에 대하여 의심하는 것은 참으로 어리석고 못난 일입니다. 내가 주장하는 국민 대표회는 이동휘의 대표회나 원세훈의 대표회나 다른 어느 개인의 대표회가 아니요, 이름 그대로 곧 국민의 대표회를 말함입니다.

그 다음에 의혹을 하는 말은, '그 말이 과연 옳다. 각 지방 대표자들

304

이 모이면 윈씨나 이씨를 찬성하는 자도 있을 것이요, 반대하는 자도 있을 테니 윈씨나 이씨는 조금도 문제가 되지 않는다. 그러나 다 원만히 모여 다 원만하게 해결되면 얼마나 좋으리오마는 우리 인민의 정도에 이른바 대표자란 것들이 모여야 싸움만 하고 말지 무슨 좋은 결과가 있겠는가. 우리가 3년 동안이나 지내본 바 이승만이니 이동휘니 안창호니 이동녕이니 누구니 누구니 하여 모두 다 국민 대표자의 자격들이었지만 서로 싸움들만 하지 않았던가.' 하여 국민 대표회가 모여도 좋은 결과는 없고 나쁜 결과만 있으리라고 의혹하는 말입니다.

그 사람들의 말대로 이동휘나 안창호나 누구누구는 싸움만 하는 사람이라고 가정하고, 이 사람들이 모여 싸움만 하였다고 해서 이후에 오는 다른 대표자들도 싸움만 할 것이라는 속단은 하지 마십시오.

왜? 이완용이 매국적인 고로 이재명도 매국적이 되었습니까? 송병준이 매국적인 고로 안중근도 매국적이 되었습니까? 이완용과 송병준이 있는 동시에 안중근과 이재명도 있었습니다. 그러면 누구누구가 싸움을 하였다고 다른 대한 사람도 싸움만 하리라는 것을 어찌 정론이라 할 수 있겠습니까?

우리 사람들 중에 어느 두 사람이나 세 사람이 잘못했다고 그 밖에 모든 다른 사람도 다 잘못할 것이라고 하고, 두 사람만 싸워도 우리나라 놈들은 싸움만 하니 모두 때려 죽일 놈이라고 할 수 있겠습니까? 두 사람이 싸우는데 대한 사람은 다 때려 죽일 놈이라는 것은 너무 지나친 말이 아닙니까?

또는, 국민 대표회가 좋기는 좋지만 대한 사람의 정도가 낮기 때문에 모이면 싸움만 할 것이라고 의심하여 그만두자고 한다면 독립 운동은 어찌 하겠습니까? 싸움이 무서워 모이지 못하면 의정원도 정부도 천도교도 예수교도 청년당도 모든 것이 다 못 모일 것이 아닙니까?

우리 인민의 정도가 싸움이나 하고 대표회를 할 수 없다고 하는 그 말은 독립 운동을 할 수 없다는 말과 동일한 말로 봅니다. 나 역시 국민 대표회의 집합이나 집합한 뒤에 의논이 모두 순서대로 평탄하게 진행되리라고 확신하기는 어렵습니다. 여러 가지 곤란이 많을 줄 압니다.

그러나 먼저도 말한 것처럼, '대한의 일은 대한의 사람이 한다. 못났어도 대한 사람, 잘났어도 대한 사람, 정도가 낮아도 대한 사람, 정도가 높아도 대한 사람.'입니다. 어떠한 자격을 가졌든지 대한의 일은 대한의 사람이 할 수밖에 없지 않습니까?

대한 사람의 정도가 낮아서 대한의 일을 대한 사람이 못한다 하면 정도가 높은 미국 사람이나 영국 사람에게 위임하자는 말입니까? 그렇지 않으면 그중에 잘난 몇 사람이 전제를 하자는 말입니까? 싸우거나 안 싸우거나, 잘되거나 안되거나, 대한의 일은 대한의 사람들이 저희 자유로 의논하여 일하는 것이 원리요, 원칙입니다.

그런즉, 싸움만 하여 안될까 하여 대한 사람의 대표자가 대한의 일에 모이는 일이 되지 않도록 꾀하지 말고, 잘 모이고, 모인 후에 싸움 없이 일이 잘 진행되도록 다 힘을 합칩시다.

누구는 말하기를, '지금 국민 대표회를 촉진하겠다고 하는 사람들은 정부에서 나온 총차장과 그 밖에 정부를 반대하는 사람들뿐이다.'라고 하나 내가 실제로 보는 바에 의하면 정부에서 나온 총차장이 있는 동시에 다른 사람들도 있고, 종전에 정부를 반대하던 사람들이 있는 동시에 찬성하는 사람도 있습니다.

아닌게 아니라, 지난날에는 서로 간격과 오해가 없지 않았으나 국민 대표회를 촉진하자는 주지가 모이기 시작한 후로는 옛날의 간격과 오해가 풀리고, 그 모임의 분위기가 부드러워 진 것을 볼 때 나는 기뻤습니다.

이와 같이 옛날에 어떠한 감정, 어떠한 의사를 가졌던 사람이라도 각각 새 정신을 가지고 다 원만히 모여들어 국민 대표회를 성립시키면 장래 싸움은 없으리라고 생각합니다.

또는 근간에, 이른바 국민 대표회 찬성측과 불찬성측, 양방의 인사들이 각기 내게 와서 말하기를, '당신 조심하시오, 양방이 다 의심합니다.' 하기도 하고 혹은 가만히 있으라고도 합니다.

그 의심하는 내용이 무엇인가 하면 하나는 '안창호가 국민 대표회를 주장하는 본뜻은 대통령이 될 야심으로 이승만을 몰아내고 자기가 대통령이 되려는 계획이다.' 하는 의심이고, 또 하나는 '안창호는 이승만 위임 통치의 연루자인 고로 자기의 죄과를 엄호하기 위하여 국민 대표회를 열어 가지고 이승만 대통령을 절대 옹호하려는 것이다.'는 것입니다.

그렇지만 국민 대표회를 촉진하는 것이 옳다고 말하는 안창호의 마음이 어떠한 것인가에 대해 의심하거나 겁내지 말고, 다만 국민 대표회란 그 물건이 가한가, 부한가, 이로운가, 해로운가만 생각하십시오.

왜냐하면, 아까 국민 대표회에는 이동휘의 아들이나 딸만 모이지 않을 것이란 말과 같이 안창호의 뜻을 이루어 줄 사람만 모일 이치가 없기 때문입니다. 안창호가 비록 아무리 어리석어도 각 방면의 대표로 안창호를 대통령이나 총리를 시킬 사람만 오리라고는 믿지 않으므로 딴 희망을 품을 수가 없기 때문입니다.

지금부터 말하는 것은 오늘 말하는 문제와는 별로 관련 없는 말이지만 개인에 관한 의사를 잠간 말하겠습니다. 세상은 나에 대해 여러 방면으로 의심과 주목이 있지만 나 스스로 생각하는 앞으로의 행동은 이러합니다.

나는 독립 운동을 위해 내 힘껏 노력하겠지만, 직접 군사 운동을 행할 자격자가 못 되므로 직접 군사 운동의 책임자는 되지 못하겠습니다. 그러나, 누가 군사 운동의 책임자가 되든지 나는 그를 후원하여 군사 운동을 돕고, 또한 그 밖의 외교나 재정 운동과 모든 운동에 대하여도 가능한 한도 안에서 원조할 것입니다.

내가 직접 책임을 맡고자 하는 것은, 우선 지금 분규를 일으키고 있는 것이 융화되고 통일되기 위하여 이 국민 대표회 촉진에 대하여 어떤 명의상 직위는 띠지 않고 나의 책임을 다하여 성립되도록 힘쓸 것이며, 이것이 성공하거나 실패하거나 앞으로는 아래의 둘 중의 하나를 취하려 합니다.

첫째, 우리 사회 각 인물의 선하고 악한 것과, 이롭고 해로운 모든 내막을 국민에게 공개하여 국민으로 하여금 명확한 판단을 내리는 데 참고하도록 하고자 합니다. 왜냐하면, 지금 우리 국민들은 누가 선한지 악한지 그 실제를 모르고 요언사설에 취하여 어둠 속에서 신음하고 광명한 길이 열리지 않기 때문입니다. 우리 민족의 모든 일이 정체되는 것이 너무도 통석하므로 이것을 책임질 뜻이 있기 때문입니다. 만일 아직 이것을 할 시기가 아니라 하여 그만 두게 되면 둘째, 독립 운동의 하나인 문화 운동을 직접 책임져 노력하고자 합니다.

다시 본 문제에 들어가 말하겠습니다. 국민 대표회 촉진에 대하여 비난하는 말과 의혹이 그 밖에도 여러 종류가 더 있으나 그것들에 대해 일일이 대답할 수도 없고, 하도 말같지 않은 것도 많아서 그만 두겠습니다. 여러분이 위에 대답한 것을 가지고 미루어 생각하면 다른 것들도 잘 양해가 될 줄로 믿습니다.

이제 여러분이 한 가지 깊이 생각할 것은 이 국민 대표회가 생겨나게 된 것은 형세에서 면할 수 없게 되었다는 사실입니다. 국민 대표회가 각방의 원만한 찬성으로 성립이 되면 그 결과에 따라서 원만할 것이요, 불행하면 장래에 대결렬이 있을지도 모르겠습니다.

왜냐하면 국민 대표회의 찬성측과 반대측의 양파가 생기게 되면 대결렬할 수밖에 없기 때문입니다. 이 말을 듣고, '그러면 국민 대표회를 그만 두면 그런 염려가 없지 않겠는가?' 하겠지만 지금의 국면을 보면 여기 여러분이나 나 몇 사람이 국민 대표회를 그만 두게 하려 해도 그만 두게 할 수가 없고 국민 대표회가 생기는 것은 피하지 못할 사실이 되었습니다.

여러분! 이후에 결렬이 되면 그 선하고 악한 것이 누구에게 있든지 다른 문제이고, 하여간 우리의 대사는 그릇되지 않겠습니까? 참으로 국가와 민족을 사랑하는 여러분은 이 국민 대표회의 문제를 질시하거나 냉정시하여 방관하지 마십시오. 이번에 일이 잘되고 못되는 것이 우리의 운명에 주는 영향이 적지 않습니다.

따라서 국민 대표회의 촉진을 찬성하는 여러분은 먼저 아직 양해를 얻지 못하여 반대하는 측에 있는 이들에게 감정적, 저항적 태도로 대하지 말고, 호감을 가지고 양해 얻기를 꾀하여 북경 사람들과 연락을 취하는 동시에, 또 다른 곳 사람들과 우리 임시정부나 의정원측에 있는 이들과도 악수를 하여 다함께 합쳐 나아가기에 힘씁시다.

또 국민 대표회의 촉진을 반대하는 여러분! 이 국민 대표회를 한 방면 사람에게 맡겨 두고 방관하거나 감정론을 말하며 멀리 가까이에 의. 혹을 일으키는 선전을 하지 맙시다. 다 같이 들어와서 이미 되어가는 일을 원만히 되게 하여 전 국민의 정신과 힘이 한번 크게 집중하여 통일의 도를 이루어 독립 운동의 비운이 변하여 행운이 되도록 합시다.

여러분! 오늘날 각방의 절규를 무조건 없앤다는 것은 실로 불가능한 일입니다. 가령, 전에는 노령 인도자 중에 노령 교민에게 우리 임시정부와 의정원에 대해 악선전을 한 사람이 있었던 것도 사실이었습니다.

그이들이 무슨 까닭에 그리하였든지 그것은 다른 문제이고, 그이들이 지금 와서, '우리가 이같이 분열하고는 모두 망하고 말리라.' 하여 다 합동할 뜻이 생겨 노령에 있는 교민을 끌어서 상해와 북경으로 협동케 하려 하고 있습니다. 그런데, 그토록 악선전을 하던 사람들이 갑자기 무조건 합동하자 한다고 노령 동포들이 그 말을 듣겠습니까?

무슨 조건이든지 합동이 될 만한 조건을 세워 가지고 합동을 요구하는 것이 지혜롭지 않겠습니까? 그러므로 국민 대표회라는 하나의 큰 조건을 세워가지고 비단 노령뿐 아니라, 각 방면 사람이 한번 다 크게 모여들자 함이니 이에 대하여 무엇을 의심합니까?

우리의 앞길이 장원하니 여러 가지 운동을 각각 책임지고 맡아 용진하는 날, 이 통일 운동에 대하여는 더욱 동일한 노력을 다합시다.

동포에게 고하는 글

고국에 계신 부모와 형제 자매들이여!

나는 어머니를 떠난 어린 아이가 그 어머니를 그리워하는 것처럼 고국을 그리워합니다. 얼마 전에 고국으로부터 온 어떤 자매의 편지 중에 "선생님, 왜 더디 돌아오십니까? 고국의 산천초목까지도 선생님이 빨리 돌아오시기를 기다립니다."라고 한 구절을 읽었을 때에 비상한 느낌이 일어났습니다.

더욱이 지금은 여러분 부모와 형제 자매들이 비애와 고통을 받는 때라, 고국을 향하여 일어나는 생각을 스스로 억제하기 어렵습니다. 여러분이 하시는 일을 직접 보고, 여러분이 하시는 말씀을 직접 듣고자 하오며, 또 나의 품은 뜻을 여러분께 직접 말하고자 합니다.

그러나 아직은 돌아갈 수가 없습니다. 내가 일찍 눈물로써 고국을 하직하고 떠나 왔으며, 다시 웃음 속에서 고국 강산을 대할 기회가 오기 전에는 결코 돌아가기를 원하지 않습니다.

그러나 나는 여러분에게 간접적으로나마 고통 중에서 슬퍼하는 것을 위로하는 말과, 그와 같은 어려움 중에서도 '선한 일'을 이루어 가심에 대하여 치사의 말씀을 드리고자 합니다.

또한, 우리의 장래를 위하여 묻기도 하고 말하고도 싶었으나 기회가 없다가, 마침 우리의 공공 기관인 〈동아일보〉가 출현하여 글월로써 여러분에게 말씀을 전할 기회가 있었습니다. 그러나 내 마음에 있는 뜻을 써 보내더라도 여러분께 전달되지 못할 염려가 있으므로 아직껏

아무 말씀도 못하였습니다. 그러나 지금은 말하고 싶은 마음을 참지
못하여 전달될 만한 한도 내에서 몇 가지를 묻고 말하고자 합니다.

(〈동아일보〉 1925년 1월 23일)

이 글은 1924년 안창호가 상해에서 춘원 이광수에게 구술시켜 쓴 글로서 1925년 1월 23일, 24
일, 25일자 〈동아일보에〉 연재되었으나 일본측에 의해 부분 삭제 및 연재 금지를 당하였다.
그 후 〈동광〉지 1926년 5월, 6월, 8월, 9월, 11월, 12월, 1927년 1월, 2월, 1931년 2월호에 나
머지 부분이 연재되었으나 역시 검열에 의해 많은 부분이 삭제당하였다. 삭제된 부분은 해방
후에도 발견되지 않고 있다. 이 글을 쓴 1924년은 갑자(甲子)년으로 이 논설은 〈갑자논설〉이
라고도 불린다.

비관적인가 낙관적인가

묻노니 여러분은 우리 앞날의 희망에 대하여 비관(悲觀)을 품으셨습니까, 낙관(樂觀)을 품으셨습니까? 여러분이 만일 비관을 품으셨다면 무엇 때문이며, 또한 낙관을 품었다면 무엇 때문입니까? 시국의 흐름과 상황을 기준으로 삼았습니까?

나는 성공과 실패란 먼저 목적을 어떻게 정하느냐에 달려 있다고 생각합니다. 우리가 세운 목적이 그른 것이면 언제나 실패할 것이요, 우리가 세운 목적이 옳은 것이라면 언제든지 성공할 것입니다.

우리가 세운 목적이 옳은 줄로 확실히 믿으면 조금도 비관은 없을 것이요, 낙관만 있을 것입니다. 이 세상의 역사를 돌이켜 살펴보면 그른 목적을 세운 자가 일시적으로 잠시 성공을 거둘 수는 있으나 결국은 실패하고 말며, 이와 반대로 옳은 목적을 세운 자는 일시적 실패는 있으나 결국은 성공하고야 맙니다.

그러나 옳은 목적을 세운 사람이 실패하였다면, 그 실패한 큰 원인은 자기가 세운 목적을 향하여 나가다가 어떠한 장애와 곤란이 생겼을 때 그 목적에 대한 낙관을 잃고 비관을 가졌기 때문입니다.

목적에 대한 비관이라 함은 그 세운 목적이 무너졌다는 것입니다. 자기가 세운 옳은 목적에 대해 일시 어떠한 실패와 장애가 오더라도 그 목적의 성공을 조금도 의심치 않고 낙관적으로 끝까지 붙들고 나아가는 자는 확실히 성공합니다.

이것은 인류의 역사를 바로 보는 사람이라면 누구든지 다 아는 일입니다. 이에 대해 여러분에게 드릴 말씀은 옳은 일을 성공하려면 간단없이 옳은 일을 해야 하고, 옳은 일을 하려면 옳은 사람이 되어야 한다는 것을 깊이 생각하자는 것입니다.

돌아보건대 우리가 왜 이 지경에 처해 있습니까? 우리가 마땅히 해야 할 옳은 일을 행하지 않은 결과로 지금 우리가 원치 않았던 이 지경에 처하게 된 것입니다.

지금이라도 우리가 옳은 목적을 세우고 그 목적을 이루기에 합당한 옳은 일을 지성으로 해나가지 않으면 목적을 세웠다 함은 사실이 아니요, 허위이기 때문에 실패할 것입니다.

옳은 일을 지성으로 지어 나가는 사람은 옳은 사람이어야 합니다. 그러므로 내가 나를 스스로 경계하고, 여러분 형제 자매에게 간절히 바라는 바는 옛날과 같이 옳은 일을 하지 못할 만한 옳지 못한 지위에서 떠나, 옳은 일을 할 만한 옳은 사람의 자격을 가지도록 먼저 노력하자는 것입니다.

지금 우리가 우리의 희망점을 향하여 나아가도 지금의 시국과 상황은 매우 곤란하다고 할 만합니다. 그러나 자세히 살펴보면 우리 앞에 있는 시국과 상황이 그다지 곤란한 것만도 아닙니다.

나는 이 시국과 상황을 큰 문제로 삼지 않고 다만 우리들이 일제히 분발하여 의로운 자의 자격으로 의로운 목적을 굳게 세우고 의로운 일을 꾸준히 이루어 나가면 성공이 있을 줄 확실히 믿기 때문에, 비관은 없고 낙관뿐입니다.

우리 동포 중에 열 명, 스무 명이라도 진정한 의로운 정신으로 목적을 향해 나아가면 앞으로 천 명, 만 명이 같은 정신으로 같이 나아가게 되리라고 믿습니다.

(《동아일보》 1925년 1월 24일)

불평과 측은

묻노니 여러분은 우리 사회 현상에 대하여 불평(不平)을 합니까, 측은(惻隱)해 합니까?

이것은 한번 물어 볼 만하고 생각해 볼 만한 문제입니다. 내가 살펴보니 우리들은 각자 우리 사회에 대하여 불평시하는 태도가 날로 높아가고 있습니다. 이것은 우리에게 상당히 위험한 일이라고 생각합니다.

지금 한국의 사회 현상에는 불평할 만한 것이 많은 것이 사실입니다. 그리고 중학 이상 되는 교육을 받은 급에 있는 이들이 불평하는 말이 더 많습니다. 지식 정도가 높을수록 관찰력이 밝아져 오늘 우리 사회의 더러운 것, 악한 것, 부족한 것 등, 여러 가지를 전보다 더 밝게 봄으로써 불평하는 마음이 생기기 쉽습니다. 그러나 이것은 매우 위험합니다. 불평시하는 그 결과가 자기 민중을 무시하고 배척하게 되기 때문입니다. 그 민중이 각자 그 민중을 배척하면 멸족(滅族)의 화를 벗어날 수 없습니다. 그러므로 매우 위험하다고 말하는 것입니다.

우리는 사회에 대해 불평하는 생각이 일어나는 순간에 이를 측은하게 보는 방향으로 돌려야 합니다. 못나고, 악하고, 실패한 자를 보더라도 그들을 측은하게 보면 건질 마음이 생기고 도와줄 마음이 생겨 민중을 위해 희생적으로 노력할 열정이 더욱 생깁니다. 어느 민족이든지 그 민중이 각자 그 민중을 붙들어 주고 도와주고 건져 줄 생각이 진정으로 일어나면 그 민중은 건져지고야 맙니다.

여러분이시여!

우리 민족은 스스로 불평할 만한 민족인데 억지로 측은하게 보자고 하는 것입니까? 아닙니다. 자기 민족이 아무리 못나고, 약하고, 불미스럽게 보이더라도 사람의 자연스러운 정으로 측은하게 보아야 할 것은 물론이고 또한, 우리는 우리 민족의 경우를 위하여 측은하게 볼 만합니다.

지금 우리 민족이 도덕적으로나 지식에 있어 처리하는 것이 여러 가지로 부족하다 하여 무시하는 이가 있으나 우리 민족은 근복적으로 무시당할 민족이 아닙니다.

우리 민족으로 말하면 아름다운 기질로, 아름다운 산천에서 생장하여 아름다운 역사의 교화로 살아온 민족이므로 근본이 우수한 민족입니다. 그런데 오늘 이와 같이 일시 불행한 경우에 처해진 것은 다만 구미(歐美)의 문화를 남보다 늦게 수입한 까닭입니다.

일본으로 말하면, 구미와 교통하는 아시아의 첫 어귀에 자리하고 있으므로 구미와 먼저 교통이 되어 우리보다 신문화를 일찍 받게 되었습니다. 중국은 아시아의 한가운데 폭이 넓은 자리를 점령하였으므로 구미 각국이 중국과 교통하기를 먼저 주력한 까닭에 또한 신문화를 먼저 받게 되었습니다.

오직 우리만이 그러한 위치에 있지 않았고, 동아시아에 신문화가 처음 들어올 당시에 정권을 잡았던 자들이 몽매중에 있었으므로 신문화가 들어오는 것이 늦어졌던 것입니다.

만일 일본이나 중국에 구미 문화가 들어올 그때, 우리 민족도 같이 신문화를 받아들였다면 우리 민족이 일본 민족이나 중국 민족보다 훨씬 나았을 것입니다. 일본 민족은 바다섬의 성질이 있고, 중국 민족은 대륙적 성질이 있는 데 비해 우리 민족은 가장 발전하기에 적당한 반도적 성질을 가진 민족이기 때문입니다.

근본적으로 우수한 지위에 있던 우리 민족이 이와 같은 불행한 지경에 처하여 남들로부터 열등 민족으로 오해를 받음에 대해 스스로 분하고 서로 측은히 여길 수밖에 없습니다. 그러므로 우리의 천연의 정을 ……..

(일부삭제)

……마음과 또는 우리의 처지를 생각하고 불평하는 마음을 측은히 여기는 방향으로 돌려 서로 돕는 정신이 일어나면 우리 민족의 건져짐이 여기에서 시작된다고 할 수 있습니다.

더욱이 우리 청년 남녀들은 우리 민중을 향하여 노한 눈을 뜨고 저주하는 혀를 놀리지 말고 5년 전에 흘리던 뜨거운 눈물을 계속하여 흘리기 바랍니다.

(〈동아일보〉 1925년 1월 25일)

주인인가 나그네인가

묻노니 여러분이시여, 오늘 대한에 주인 되는 이가 얼마나 됩니까?

대한 사람은 물론 다 대한 사회의 주인인데 주인이 얼마나 되는가 하고 묻는 것은 이상스러운 질문인 것 같습니다. 그러나 대한인이 된 자는 누구든지 명의는 주인이 될 수 있지만, 실상 주인다운 주인은 얼마나 되는지 알 수 없습니다.

어느 집이든지 주인이 없으면 그 집은 무너지거나 그렇게 않으면 다른 사람이 그 집을 점령할 것입니다. 어느 민족 사회든지 그 사회에 주인이 없으면 그 사회는 망하고 그 민족이 누릴 권리를 딴 사람이 가지게 됩니다.

그러므로 우리는 우리 민족의 장래를 위해 생각해 볼 때 먼저 우리 민족 사회에 주인이 있는가, 있다 하면 얼마나 되는가, 하는 것을 생각하고 살피지 않을 수 없습니다. 나나 여러분은 각자의 목적이 이 민족 사회의 참주인이 될 것인가 아닌가 하고 물어 볼 필요가 있습니다.

주인이 아니면 나그네인데 주인과 나그네를 무엇으로 구별합니까? 그 민족 사회에서 스스로 책임감이 있는 자는 주인이요, 책임감이 없는 자는 나그네입니다.

우리가 한때 우리 민족 사회를 위해 뜨거운 눈물을 뿌린 때도 있었고, 분한 말을 토한 때도 있었고, 슬픈 눈물과 분한 말뿐 아니라 우리 민족을 위하여 몸을 위태로운 곳에 던진 때가 있었다 할지라도 그렇다고 주인인 줄로 자처한다면 그것은 오해입니다.

지나가는 여객도 남의 집에 참변이 있는 것을 보면 눈물을 흘리거나 분한 것을 토하기도 하고, 그 집의 위급한 것을 구제하기 위하여 몸을 던지는 수도 있습니다. 그러나 그는 주인이 아니요, 객이기 때문에 한 순간, 또는 말뿐이지 그 집에 대해 영원한 책임감은 없습니다. 내가 알고자 하고, 또 요구하는 주인이란 우리 민족 사회에 대하여 영원한 책임감을 진정으로 가진 주인입니다.

위에서 말한 비관인가 낙관인가, 질시하는가 측은시하는가 하는 두 마디 말은 우리 현상에 대해 한번 말할 만하다 하여 말하였으나, 이 역시 객관적인 입장의 나그네에게나 할 말이지 진정한 주인에게는 못할 말인 줄 압니다.

그 집안 일이 잘 되거나 못 되거나 그 집의 일을 버리지 못하고, 그 집 식구가 못났거나 잘났거나 그 식구를 버리지 못하고, 자기 자신의 지식과 자본 능력이 짧거나 길거나 자기의 능력대로 그 집 형편을 지켜, 그 집이 유지되고 발전할 만한 계획과 방침을 세우고, 자기 몸이 죽는 시각까지 그 집을 맡아 노력하는 자가 참주인입니다.

주인된 자는 자기 집안이 어려운 경우에 빠질수록 그에 대한 염려가 더욱 깊어져 그 어려운 경우에서 건져 낼 방침을 세우고야 맙니다.

이와 같이 자기 민족 사회가 어떠한 어려움과 비운에 처하든지, 자기의 동족이 어떻게 못나고 잘못하든지, 자기 민족을 위하여 하던 일이 몇 번 실패하든지, 그 민족 사회의 일을 한 순간도 버리지 않고, 또는 자기 자신의 능력이 충분하든지 부족하든지, 다만 자기의 지성으로 자기 민족 사회의 처지와 경우에 따라 그 민족을 건져 낼 구체적인 방법과 계획을 세우고, 그 방침과 계획대로 자기의 몸이 죽는 날까지 노력하는 자가 그 민족 사회의 책임을 중히 알고 일하는 주인입니다.

(부분 삭제)

내가 옛날 고국에 있을 때, 비분강개한 마음으로 사회를 위하여 일한다는 자선 사업 일꾼들은 많이 보았으나 영원한 책임을 지고 주인 노릇을 하는 일꾼은 드물게 보았습니다. 또 일종의 처세술로 체면을 차리는 행세거리 일꾼은 있었으나 자기의 민족 사회의 일이 자기의 일인 줄 알고 실제로 일하는 일꾼은 귀하였습니다. 내가 생각하기에는 지금은 그때와 달리 주인 노릇하는 일꾼이 생긴 줄 압니다. 그러나 아직도 그 수효가 많지 않은 듯 합니다.

한 집안의 일이나 한 사회 일의 성쇠 흥망은 좋은 방침과 계획을 세우고 못 세우는 데 달려 있고, 실제 사업을 잘 진행하고 못 하는 데 달려 있습니다. 그러나 이것도 주인이 있는 다음의 문제이지, 만일 한 집이나 한 사회에 책임을 가진 주인이 없다고 하면 방침이고 사업이고 아무것도 없을 것입니다.

따라서 어떤 민족 사회의 근본 문제는 주인이 있고 없는 데 있습니다. 여러분이 스스로 살펴 내가 과연 주인이요, 나 밖에도 다른 주인이 또 많다고 하면 다행이지만, 만일 주인이 없거나 있더라도 수효가 적다면 다른 일을 하기 전에 내가 스스로 주인의 자격을 찾고, 또한 많은 사람으로 하여금 주인 자격을 갖게 하는 일부터 하여야 되겠습니다.

우리가 과거에는 어찌하였든지 이 시간, 이 경우에 이르러서는 주인 노릇을 할 감정도 일어날 만하고 자각도 생길 만하다고 믿습니다.

(〈동광〉 1926년 6월호)

합동과 분리

오늘 우리 대한을 보면 합해야 되겠다 하면서 어찌하여 합하지 않고 편당을 짓는가, 왜 싸움만 하는가, 하고 서로 원망하고 꾸짖는 소리가 천지에 가득찼습니다. 이것만 보더라도 우리 대한 사람은 합동적이 아니요, 분리적이라는 것을 알 수 있습니다.

한편, 오늘날 대한 사람은 합동하기를 간절히 기다리는 듯 합니다. '합동하면 흥하고 분리하면 망하며, 합동하면 살고 분리하면 죽는다.' 이렇게 합동이 필요하다는 이론도 사석이나 공석이나 신문이나 잡지에 많이 보입니다. 그러므로 대한 사람은 합동해야 된다는 이론은 더 말할 필요가 없다고 생각합니다.

그러면 우리 대한 민족의 개개인은 과연 합동의 필요성을 절실하게 깨달았는가? 이것이 의문입니다. 남에게 '합하지 않는다, 편당만 짓고 싸움만 한다.'고 원망하고 꾸짖는 그 사람들만 다 모여 합동하여도 적어도 수백만 명은 되리라 믿습니다.

그러하거늘 아직도 그러한 단체가 실현되지 않은 것은 이상한 일입니다. 아마 아직도 합동을 원하기는 하지만 합동하고 못하는 책임을 남에게만 미루고 각자가 합동의 길을 위하여 노력하는 정도에까지는 이르지 못한 듯 합니다.

사지(四肢)와 백체(百體)로 이루어진 우리 몸에서 사지와 백체가 분리되면 그 몸이 활동을 하기는 고사하고 근본되는 생명까지 끊어집니다. 이와 같이 각개 분자인 인민으로 구성된 민족 사회도 그 각개 분자가 합동하지 못하고 분리되면 바로 그 순간에 그 민족 사회는 근본적으로 망할 것입니다. 그러므로 각개 분자의 합동력이 없다고 하면 다른 것은 더 말할 여지가 없습니다.

옛날 아메리카 13주의 인민들이 자기네의 자유와 독립을 위하여 일하려고 할 때, 양식과 무기와 군대와 그 밖의 여러 가지 준비할 것이 많았습니다. 그러나 먼저 준비해야 할 것은 각 개인의 머리 속에 합동의 정신을 가지는 것이었습니다. 그들은 그것을 먼저 준비해야 할 필요를 깊이 깨달았기 때문에 '합동하면 서고, 분리하면 넘어진다 (United we stand, divided we fall).'라는 표어를 각자 불렀습니다. 따라서 우리는 이 합동에 대해 주인된 자의 자격으로 책임을 지고, 합동의 방법을 연구하며, 합동하는 행위를 실천하도록 노력해야 하겠습니다.

내가 이제 합동에 대하여 말하고자 하는 것은 우리 사회가 과거에 거의 역사적 습관적으로 합동이 되지 못한 원인과, 또 현재 합동이 되지 못하는 모양과, 합동을 하기 위해 취해야 할 방법 등입니다. 그러나 그것은 너무 길어질 수가 있으므로 현재 상태에서 가장 필요하다고 믿는 몇 가지만 말하려고 합니다.

첫째는 전 민족이 공통적으로 같이 희망하고 이행할 만한 조건을 세우는 것입니다. 오늘날 우리가 요구하는 합동은 민족적 감정으로 하는 합동이 아니요, 민족적 사업에 대한 합동입니다. 민족적 감정으로 하는 합동은 인류 사회에 폐단을 주는 것이라 하여 깨뜨려 없애자고 하는 사람도 있습니다.

내가 민족적 감정으로 된 합동을 요구하지 않고 민족적 사업을 중심으로 하는 합동을 요구한다 함은 민족적 감정을 기초로 이루어진 민족주의가 옳다, 옳지 않다 하는 것을 기준으로 하는 말이 아닙니다. 어느 민족이든지 '우리 민족, 우리 민족' 하고 부를 때 벌써 민족적 감정을 기초로 한 합동은 자연적 습관적으로 이루어진 것이니, 합동하자, 말자 하고 더 말할 필요도 없는 것입니다. 우리가 요구하고 힘쓸 것은 민족의 공통된 생활과 사업을 위하여 하는 합동이라는 것입니다.

그런데 '일을 위한 합동'이란 그 일이 무슨 일이며 일을 하는 방법이 무엇인가를 분명히 한 후에야 생기는 것입니다. 덮어놓고 무조건 '합동하자, 합동하자.' 하는 것은 아무리 떠들고 부르짖어도 합동의 효과는 얻을 수도 믿을 수도 없을 뿐 아니라, 일에 대한 조건 없이는 합동을 요구할 이유도 발생하지 않는 것입니다.

어떤 민족이 합동함에는 그 민족이 공통적으로 이해하는 조건이 성립된 후에야 이루어진다는 것은 세계 각국의 역사와 현재의 실례를 들어 말할 것도 많습니다. 그렇지만 우리 민족이 최근에 겪은 경험도 좋은 실례로 삼을 수가 있습니다.

그러면 우리가 합동할 조건이 무엇입니까?

그것은 첫째는 목적이요, 둘째는 그 목적을 달성하기 위한 방침과 계획입니다. 그런데 우리 민족의 공통된 큰 목적은 이미 세워져 있으니 이에 대해서는 다시 말할 필요도 없습니다. 오직 남은 것은 그 방침과 계획뿐이며, 이것이야말로 우리의 합동의 공통적 조건이 되고 목표가 되는 것입니다.

그러면 이 공통적 조건의 방침과 목표를 세우는 근본 방법은 무엇입니까?

그것은 우리 대한 사람 각 개인이 머리 속에 방침과 계획을 세우는 것입니다. 이 말은 얼른 생각하면 모순되는 듯 합니다. 사람마다 각기 제 방침과 계획을 세워 가지고 제 의견만 주장한다면 합동이 되기는커녕 더욱 분리될 염려가 있지 않을까 하고 의심할 수도 있습니다. 그러나 그렇지 않습니다.

위에서도 말한 바와 같이 민족 사회는 각기 분자인 인민으로 구성된 것이므로 그 인민 각개의 방침과 계획이 모여 하나가 되어야 비로소 공통적인 방침과 계획, 즉 합동의 목표가 생긴다는 것은 민족 사회에서는 변하지 않는 원칙입니다.

그러므로 각 개인은 이 원칙에 의거하여 자기네 민족과 사회의 현재와 장래를 위하여 정성껏 연구하여 그 결과를 가장 정직하고 가장 힘있게 발표할 것입니다.

이렇게 각기 의견을 발표하노라면 그것들이 자연도태(自然淘汰)와 적자생존(適者生存)의 원리에 의거하여 마침내 가장 완전한, 가장 여러 사람의 찬성을 받는 '여론'을 이룰 것이니 이 여론이야말로 한 민족의 뜻이요, 소리요, 또 명령인 것입니다.

우리는 자유의 인민이니 결코 노예적이어서는 안 됩니다. 우리에게 명령할 수 있는 것은 오직 각자의 양심과 이성뿐이니, 결코 어떤 개인이나 어떤 단체에 맹종하여서는 안 됩니다.

우리는 각자 대한의 주인이기 때문에 내 대한을 어찌할까 하는 문제에 대해서, 마치 돈을 받고 일하는 고용인처럼 자기의 공로를 내세울 필요가 없이, 다만 우리의 일인 대한의 일만 잘하면 그만입니다.

각 개인은 자기의 의견을 존중하는 동시에 남의 의견을 존중하여, 비록 사사로운 감정으로는 자기와 좋지 못한 사람에게서 나온 의견이라 하더라도 그 의견이 자기의 민족 사회에 이롭다고 생각되면 자기가 일찍이 생각하였던 의견을 버리고 그 의견을 취하여 즐겁게 자기의 의견으로 만들어야 할 것입니다.

다시 말하면 자기가 진정한 주인으로서의 책임감을 가지고 실제로 방침과 계획을 세워 보았던 사람이라면, 제 의견 남의 의견을 가릴 것 없이 제일 좋은 의견을 취하면 되는 것입니다.

우리에게 만일 합동이 요구된다면 합동을 이룰 만한 조건을 세우는 데에 먼저 힘을 쓰고, 합동을 이룰 만한 조건을 세우려거든 나와 여러분은 냉정한 머리를 가지고 깊은 방이나 산이나 들, 어디서든지 지성을 다하여 방침과 계획을 세우는 연구를 시작합시다. 내가 대한의 주인이라는 마음으로.

나는(이 말에 어폐가 있을지 모르지만) 특히 우리 사회의 각 계급에 있는 여러분에게 바라노니, 진정한 민족적 방침을 세우는 데 너무 무심하지 말고, 추상적 관찰과 추상적 비관만 일삼지 말기 바랍니다. 그리고, 이 앞날의 문제에 대해 각자 깊이 연구하여 구체적 방침을 세우는 동시에 이를 발표하여 서로 비교한 후에, 가장 다수가 찬성하는 가장 원만한 계획에 모두 순응하여, 우리 민중이 한 깃발 아래 같이 나아가는 것이 하루바삐 실현되기를 간절히 바랍니다.

둘째는 공통적 신용을 세우는 것입니다. 위에서 말하기를 민족적 합동은 공통의 조건을 세움으로써 이루어진다고 하였는데, 그보다 먼저 생각해야 할 문제는 사회의 각 분자 되는 개인들의 신용입니다.

신용이 없으면 방침이 서로 같더라도 합동할 수가 없고, 신용이 없으면 공통의 목적과 방법을 세우는 것부터 불가능할 것입니다. 그러므로 공통의 방침을 세워 공통의 진행을 하려면, 즉 합동을 이루려면, 먼저 사회의 신용을 세워야 하고 사회의 신용을 세우려면 먼저 각 개인의 신용을 세워야 합니다.

잠깐 동안의 여행을 하는 데도 의심스러운 사람과 동행하는 것은 바람직하지 않습니다. 하물며 한 민족의 위대한 사업을 이루어 나가려 하는데 마음에 의심이 가는 사람과 더불어 하는 것을 피하는 것은 어쩌지 못할 사실입니다.

오늘 우리 민족 사회가 이처럼 합동이 되지 못하고 분리된 상태에 있는 것은 공통의 방침을 세우지 못하는 것과, 그 밖에 다른 이유도 많지만, 그 중에 가장 큰 이유는 대한인이 대한인을 서로 믿을 수 없다는 것이요, 서로 믿을 수 없게 된 것은 서로 속이기 때문입니다.

지금 우리 사회에서는 누가 무슨 말을 하든지 누가 무슨 글을 쓰든지 하면, 그 말과 그 글을 정면으로 듣거나 보지 않고 그 뒤에 무슨 딴

흑막이 있지 않은가 하고 찾으려 합니다. 동지다 친구다 하고 무엇을 같이 하기를 간청하더라도 그 간청을 받는 사람은 이것이 또 무슨 협잡이나 아닌가 하고 참마음으로 응하지 않습니다.

슬픕니다! 우리 민족의 역사를 돌아보면 우리 민족의 생활은 이른바 하급이라고 일컫는 평민들은 실로 노동 역작하여 살아 왔으나, 이른바 중류 이상 상류 인사라는 이들은 그 생활이란 것이 농사나 장사나 자신의 역작에 의하지 않았고 그들의 생활에서 유일한 일은 협잡이었습니다. 그네들은 거짓말하는 것이 가죽과 뼈에 젖어서 양심에 아무 거리낌없이 사람을 대하고, 일에 임함에 있어 속일 궁리부터 먼저 하게 되었습니다. 이것이 후진인 청년에게까지 전염되어 대한 사회가 거짓말 사회가 되고 말았던 것입니다.

아, 슬프고 아픕니다! 우리 민족이 이 때문에 합동을 이루지 못하였고 서로 합동을 이루지 못하였기 때문에 죽음에 이르렀습니다. 죽음에 이른 것을 알고 스스로 건지기를 꾀했으나 아직도 서로 믿을 수 없기 때문에 민족적 합동 운동은 실현되지 못했습니다.

대한 민족을 참으로 건질 뜻이 있다면 그 건지는 법을 멀리서 구하지 말고 먼저 우리의 가장 큰 원수가 되는 속임을 버리고 각 개인의 가슴 속에 진실과 정직을 모셔야 합니다.

대한 사람이 대한 사람의 말을 믿고, 대한 사람이 대한 사람의 글을 믿는 날에야 대한 사람은 대한 사람의 얼굴을 반가워 하고 대한 사람은 대한 사람과 더불어 합동하는 것을 즐거워 할 것입니다.

대한의 정치가로 자처하는 여러분이시여!

이런 말을 종교적 설교 같다고 냉소하지 마시고 만일 대한 민족을 건질 뜻이 없다면 모르지만, 진실로 그런 뜻이 있다면 네 가죽 속과 내 가죽 속에 있는 거짓을 버리고 참으로 채우자고 거듭거듭 맹세합시다.

〈〈동광〉 1926년 5, 6월호〉

지도자

　우리가 적당한 공통의 방침 아래 서로 믿고 모여 합동적으로 나아가는 데 없어서는 안 될 필요한 것이 지도자입니다.

　세상의 무슨 일이든지 개인적 행동에는 자기의 이익을 위하여 좋은 지도자의 지도를 요구하되 그다지 절실할 필요는 없다 하겠으나, 협동적 생활에 있어서는 작은 협동이나 큰 협동이나 그 협동 전체를 지도하는 지도자가 있어야 협동을 이루고 협동의 효과를 거둘 수 있습니다. 이와 반대로 지도자가 없으면 협동한다고 하더라도 그 사실을 이루지 못하고 따라서 효과를 거두지 못합니다.

　음악의 예를 한 가지 들어 생각해 봅시다. 나팔이나 피아노 같은 한 가지 악기로 독주를 한다면 모르지만, 북과 나팔과 퉁소와 거문고 등의 여러 악기를 합하여 합동으로 음악을 연주할 때는 악단 전체를 지휘하는 이가 있어야 합니다. 이것은 어떤 사람에게 지도자라는 존칭을 주기 위한 것이 아니요, 협동적 음악을 이루기 위해 없어서는 안 될 필요가 있기 때문에 지휘자를 두게 된 것입니다.

　이것뿐이 아닙니다. 어느 지방에 구경을 가는데 혼자가 아니고 협동적 관광단이라면 그 여행단의 명칭은 무엇이든지 상관이 없으나 지도자가 있어야 협동적 여행을 할 수 있게 됩니다.

　이것뿐이겠습니까? 군대, 경찰, 실업단, 교육단, 정당, 연구회 등 이루 말할 수 없는 천 가지 만 가지 인류의 협동적 행동에는 모두 지도자가 있습니다. 소협동에는 소협동의 지도자가 있고 대협동에는 대협동의 지도자가 있습니다.

여러분이시여! 보시지 않습니까? 어떠한 분자로, 어떠한 주의로 조직된 민족이든지 그 민족에는 그 민족의 지도자가 있지 않습니까? 이른바 민족주의를 타파하고 세계주의를 표방한다는 민족에게도 그 주의를 가지고 일하는 그 민족의 대표가 있습니다.

여러분이시여! 우리는 그와 같이 지도자를 세웠었습니까, 아니 세웠었습니까? 이 글을 보는 형제나 자매 중에 혹 말하기를 그것을 누가 모를까, 쓸데없는 유치한 말이라 할는지 모르겠습니다만 대한 사회의 현상을 보면 이것을 진정으로 아는 사람이 많은지 적은지 크게 의문이 됩니다.

근대의 청년들은 평등 동등설을 주장하면서 자기 평생에 지도자를 두는 것을 모순된다고 생각하는 듯 합니다. 나는 아직까지도 우리 사람들이 '합하자, 합하자.' 말은 하지만 합동의 사실을 이루는 지도자를 세우는 것을 큰일로 알고 그것을 위해 생각하고 힘을 쓰는 사람을 만나 보기 어렵습니다.

그리고 지도자를 세우는 것이 물론 필요하지만 내세울 지도자가 있는가 없는가 하는 것도 문제입니다. 내 귀에 많이 들리는 말로 대한 사회에는 아직도 지도자 자격이 있는 사람이 없으니 지도자를 아무리 세우려 하여도 사실상 불가능하므로 앞으로 지도자 자격이 있는 사람이 생길 때에는 세우겠으나, 당분간은 할 수가 없다는 말도 있습니다.

과연 그럴까요? 아닙니다. 만일 오늘 지도자의 자격이 없다고 하면 앞으로 백 년, 천 년 후에도 지도자의 자격이 없을 것이요, 앞으로 지도자의 자격이 있을 것이라면 오늘도 그 지도자의 자격이 있습니다. 오늘 지도자의 자격이 없다고 말하는 사람은 아직도 그 지도자가 무엇인지를 모르기 때문입니다.

지도자의 자격을 무엇으로 판정합니까?

어떠한 협동이든지 그 협동 중에서 앞선 사람이 곧 지도자의 자격을 가진 사람입니다. 바꾸어 말하면 지도자의 자격은 비교하여 생기는 것인데 그 비교는 다른 협동의 인물과 비교하는 것이 아니요, 어떤 협동이든지 그 협동 자체의 인물 중에서 비교하여 그 중 앞선 사람을 지도자의 자격으로 인정하면 되는 것입니다.

아까 음악단에 대해 말하였지만 내용은 다르지만 음악단에도 우등 음악단과 열등 음악단의 여러 층의 구별이 있습니다. 그리고 우등 음악단에는 우등 음악 지도자가 있고 열등 음악단에는 열등 음악 지도자가 있습니다. 열등 음악 지도자를 우등 음악 지도자와 비교하면 지도자의 자격이 못 된다 할 수 있으나, 열등한 악단원과 비교해 보면 앞서 있기 때문에 그 음악단에서는 완전한 지도자의 자격이 있다고 말할 수 있습니다.

음악단뿐이겠습니까? 고상한 학자가 모인 협동에도 여러 학자에 비하여 앞선 자가 그 자체의 지도자가 되고, 무식한 노동자 모임에는 그 노동자 중에 앞선 사람이 그 노동자 협동 자체의 지도자가 됩니다.

협동 자체가 없다면 모르지만 협동 자체가 있는 이상에는 반드시 지도자가 있고, 지도자를 택함에는 다른 협동체의 인물과 비교하지 않고 그 협동체 내의 인물과 비교하여 택하는 것이 인류 사회의 협동적 생활이 정착되는 길이 아니겠습니까?

오늘 우리 민족 사회의 정도가 낮다면 오늘의 형편에 맞는 앞선 지도자의 자격이 있을 것이고, 앞날에 우리 정도가 높아진다면 그날의 높은 정도에 맞는 앞선 지도자가 있을 것입니다.

따라서 지도자의 자격이 없는 순간이란 절대로 있을 수 없습니다. 지도자의 자격이 없다고 하는 것은 그 협동의 진리를 깨닫지 못하고 스스로 지도자를 세우지 않는 것뿐입니다.

여러분 생각해 보십시오. 우리 대한 사람들의 성의나 능력이 수평선처럼 모두 다 같고, 앞서고 뒷선 사람이 없다고 봅니까? 그럴 리는 만무합니다. 내 눈으로 고국을 들여다 보면 고국 안에는 우리의 지도자가 될 만한 자격을 갖춘 위인들이 많습니다. 나는 그네들을 보고 사랑하고 공경하고 내 마음으로 그들을 우리의 지도자로 세웠습니다.

여러분들도 다 보실 것입니다. 위인이란 별 물건이 아니요, 위인의 마음으로 위인의 일을 하는 자가 위인입니다. 남이야 알아 주거나 말거나, 욕을 먹고 압박을 받아 가면서, 자기의 금전·지식·시간, 자기의 정열을 다 내놓고 우리 민족을 위하여 일하는 그네들이 곧 위인입니다.

마음으로 위인의 일을 하는 그네들은 우리의 지도자가 되기에 넉넉합니다. 이런 사람이 있습니까, 없습니까? 분명히 있습니다. 내 눈에 보이면 여러분의 눈에도 응당 보일 것입니다. 이와 같이 성의와 재능으로 앞선 사람들이 있는데 어찌하여 지도자의 자격이 없다고 합니까?

내가 바로 살폈는지는 모르겠으나, 오늘 우리 사회를 대표하는 지도자가 세워지지 않는 것은 지도자가 없다는 것이 이유가 되지 못함은 물론이고, 이 밖에 다른 이유도 많다고 할지는 모르겠으나, 가장 큰 이유는 우리 민족의 큰 원수라고 할 만한 시기(猜忌), 그것 하나 때문입니다.

우리 사람들은 지도자를 세우고 후원에 힘쓰기는 고사하고 지도자가 세워질까 봐 두려워하여 지도자가 될 만한 사람은 거꾸러뜨려 지도자 못 만들기에 노력하는 듯 합니다.

우리 역사에 이순신(李舜臣)은 가장 비참하고 적당한 실례입니다. 그를 꼭 지도자로 삼고 후원해야 할 처지였거늘 사람들은 그를 시기하고 모함하여 거꾸러뜨리고야 말았습니다. 근대에도 유길준(兪吉濬) 같은 어른은 우리의 지도자가 되기에 합당하였건만 우리의 선인들은 그를 지도자로 삼지 않고 압박과 무시를 더하다가 마침내 그는 불우한 일생을 끝마쳤으며, 그 후에 성대한 화장을 하는 것을 보고 나는 슬펐습니다. 언제라도 이러한 현실이 변해야만 대한 민족이 운동을 하는 길에 들어설 것입니다.

여러분이시여! 우리 사회에서 자본력을 가진 사람 중에 그 금전을 대한 사회를 위해서는 한푼도 쓰지 않고, 도리어 그 금전을 우리 민족에게 해로운 데 쓰는 사람에게는 아무런 말이 없고, 오히려 우리 민족을 위하여 자기의 금전을 쓰는 사람들에게 대하여서는 비난과 핍박이 있습니다. 적게 쓰는 사람에게는 적은 핍박이 있고, 크게 쓰는 사람에게는 큰 핍박이 있습니다.

같은 신지식을 가진 사람 중에서도 그 지식을 민족을 위하여 쓰지 않거나 해롭게 쓰는 사람에게는 아무런 말이 없고, 그 지식으로 우리 민족을 위하여 공헌하는 사람에게는 비난과 핍박이 있습니다. 이도 적게 쓰는 사람에게는 적은 핍박이 있고, 많이 쓰는 사람에게는 많은 핍박이 있습니다.

다시 말하면 인격도 없고 성의도 없는 사람에게는 아무 문제가 없고 상당한 사람, 성의 있는 사람을 향해서는 살을 던지고 칼을 던지는 것이 현실인가 합니다.

누가 어떤 지방에서 군중의 신임을 얻으면 각 지방에서 그 지방파의 괴수라 하고 공격 비평을 더합니다. 누구든지 하나의 단체, 하나의 기관에서 신임을 얻으면 각 방면에서 일어나 파당의 괴수라 칭하고 공격을 합니다. 누구든지 두뇌에 가진 지식이 다수 청년의 흠앙을 받을 만하면 어떤 수단으로든지 허물을 찾아서 그 사람의 신용을 무너뜨리고야 맙니다.

여러분! 민중을 위하여 돈을 쓰는 사람이 안 쓰는 사람에 비하여 앞선 사람입니다. 자기의 지식, 자기의 시간, 자기의 정력을 쓰는 사람이 안 쓰는 사람에 비하여 앞선 사람입니다. 한 지방이나 한 단체에서 신임을 받는 사람이 받지 못하는 사람에 비하여 앞선 사람인 것입니다.

그러나 위에서 말한 바와 같이 앞선 사람은 기어이 거꾸러뜨리고야 말려고 하니, 오늘 우리 사회에서 가장 시간을 많이 허비하고 골똘하게 생각하는 일은 지도자 될 만한 사람을 지도자가 되지 못하게 하는 일이 아닌가 합니다.

오늘 우리 사람들의 기풍을 보면 '누구를 숭배한다, 누구의 부하가 된다.' 하면 수치 가운데 가장 큰 수치로, 욕 가운데 가장 큰 욕으로 압니다. 그러므로 어떤 사람은 자기의 양심에 따라 숭배하고 지도자로 삼는 이가 있어도, 옛날 베드로가 자기의 스승 예수를 모른다 한 것처럼 사회 사람들에게는 숭배하지 않는 듯한 태도를 보이고 자기가 옳다고 인정하는 사람에게 대하여 누가 어떤 비난을 하든지 한 마디 변명도 못합니다.

오늘 우리 사회에는 사람에 대한 존경어는 없어지고 그 대신 모욕어와 무시어만 많이 번성하는 것 같습니다. 현재 우리 사람들은 지도자라는 말도 하기 싫어하고 듣기도 싫어하는 것 같습니다. 따라서 지도자를 세워야겠다는 의견을 가진 사람이라도 문제를 제기하고 공중에게 말을 꺼내기를 주저합니다. 그 이유는 그 말을 해야 효과를 거두지 못하고 자기를 지도자로 섬겨 달라는 혐의나 받고 군중에게 배척을 받을까 두려워하기 때문입니다.

아, 슬프다! 내 말이 너무한지 모르겠으나, 오늘 우리 사회의 현상은 과연 지도자를 원하지 않는 것이 극도에 달하였습니다. 어떤 사람들은 말하기를 '지도자들이 바로만 하면 지도자를 세우지 않을 이유가 있겠는가, 지도자 놈들이 협잡이나 싸움만 하기 때문에 우리가 지도자로 세우지 않는다.'고 말합니다만 이것은 말이 되지 않는 말입니다. 지도자란 앞선 사람을 말하는데 협잡만 하고 싸움만 하는 사람은 벌써 뒤떨어진 사람이니 지도자란 말부터 당치 않은 말이기 때문입니다.

그리고 '협잡을 하지 않고 싸우지 않는 놈이 어디 있는가?'라는 말도 합니다. 그러나 그런 사람도 있습니다. 많다고 할 수 있을지는 모르겠으나 자기의 금전, 자기의 지식, 자기의 능력을 가지고 정직하게 민중을 위하여 일하고 협잡을 도무지 하지 않는 사람도 정말로 있습니다.

또한, 겉으로 보면 남한테 욕도 먹고 공격도 받고 모함도 받기 때문에 같은 싸움꾼인 듯 하나 그 욕과 그 핍박, 그 모함을 받으면서도 한번도 저항의 행동을 하지 않고 공평하고 원만한 마음으로 군중을 위해 일하는 사람도 있습니다.

나는 이렇게 봅니다만, 내가 보는 것과 달리 다 협잡이나 하고 모두 싸움만 한다고 판정할 수도 있습니다. 그러나 그 중에도 협잡과 싸움을 비교적 적게 하는 사람이 지도자의 자격이 있는 사람입니다. 왜냐하면 자체 내의 다른 인물과 비교하여 앞서기 때문입니다.

남을 시기하는 태도를 없이 하고, 우리 민족을 위하여 지도자를 찾을 성의를 가지고, 냉정한 머리로 살피면 앞선 사람들이 보입니다. 앞선 사람을 찾기 위하여 차가운 머리로 사회를 살피는 수준에 이르는 것은, 가치 없는 허영에서 떠나 자기 민족 사회의 사업을 실제로 표준하는 주인되는 책임감이 있은 후에야 가능합니다.

어느 집이든지 그 집의 주인인 자기 식구 중에서 좋은 인물이 나온다면 영광스럽고 기쁘게 생각할 뿐이요, 시기심은 조금도 없을 것입니다. 형이나 아우는 고사하고 똑똑한 하인만 들어오더라도 즐거워합니다. 이것은 자기집에 이로운 것만 생각하는 주인이기 때문에 자기 집안 식구 중에 좋은 사람이 생기는 것을 기뻐하고 사랑하고 보호하는 것입니다.

이와 같이 자기 민족 사회의 사업이 다른 민족 사회보다 더 낫기를 바라기 때문에 자기 민족 중 좋은 사람이 생기기를 간절히 기대하고, 그러한 사람이 생길 때에는 기뻐하고 즐거워하여 숭배하고 후원하기를 마지 않습니다.

말이 너무 길어지므로 이것을 참고로 하기 바라며, 이 밖에 더 나은 방법으로라도 지도자를 세우는 일에 주력하시기 바랍니다.

무조건 허영만을 기준으로 하여 지도자라고 인정하지 말아야 합니다. 먼저 그 사람의 주의와 본령과 방침과 능력을 조사한 후에 그 주의와 본령이 내 개성에 적합하고 그 주의에 대한 방법과 능력이 나와 다른 사람보다 앞서 있다는 것을 본 후에 지도자로 인정해야 합니다. 그것을 살피는 방법은 사회에 떠돌아 다니는 요언비어(妖言誹語)에 의하지 말고, 그 사람의 실제적 역사와 행위를 밝게 살피는 것입니다.

대주의, 대본령이 옳고 큰 성의가 있는 것을 인정한 다음에는 그 사람이 한때 말이나 일에 실수가 있더라도 그것을 바로잡아 주도록 노력할지언정 가볍게 배척해서는 안 됩니다. 한때의 허물로 사람의 평생을 버리고, 한두 가지 허물로 그 사람 전체를 버리는 것은 옳지 않은 일입니다.

과거에는 일불살육통(一不殺六通) 하였으나 현재는 육통생일불(六通生一不) 합니다. 지도자를 택할 때에는 가깝고 멀고, 네 파 내 파라는 관념을 떠나, 전 군중의 이해를 기준으로 하고, 공평 정직한 마음으로 해야 할 것입니다.

(〈동광〉 1926년 8월호)

부허와 착실

부허(浮虛)는 패망의 근본이요, 착실(着實)은 성공의 기초입니다. 그런데 우리 대한의 사회 상태는 부허입니까, 착실입니까? 다시 말해 패망입니까, 성공입니까? 이것을 크게 묻고 크게 말하고자 합니다.

얼마 전에 〈○○일보〉를 읽다가, 외국의 어느 유명한 선비가 대한을 시찰하던 중, 우리 신문 기자 한 사람이 그에게 '대한의 장래가 어떠해야 되겠습니까?' 하고 물으니 그가 여러 다른 말은 하지 않고 오직 '대한 사람은 부허를 떠나서 착실한 데로 가야겠습니다.'는 간단한 말로 대답했다는 기사를 본 적이 있습니다. 외국 손님이 생소한 우리 사회의 문 안에 처음 들어섰을 때 그 눈에 얼른 보일 만큼 부허해졌으니 우리의 부허가 얼마나 심해졌다는 말입니까?

최근에 고국에서 오는 소식에 의하면 지금 대한 사회에서 가장 크게 성행하는 것은 미두취인(米豆取人)이라 합니다. 누구나 이것은 정당하고 착실한 업이 아니요, 하나의 허황된 것으로 인정하고, 또 이것을 함으로써 결국은 실패하는 줄 다 압니다. 그러나 이것을 즐겨 열심으로 덤비니 이것만 보더라도 우리 사회의 부허가 감추지 못할 사실인 듯 합니다.

어찌 미두취인뿐이겠습니까? 이 밖에도 일의 목적은 아주 선하고 성질도 상당히 좋다 하더라도 일에 대한 수단은 거의 미두취인의 정신을 취하는 듯 합니다.

아, 슬프다! 부허 중에 죽음을 당한 우리 민족이 아직도 그 부허의 그물을 벗어나지 못하였고, 그물을 벗을 생각조차 안하는 듯 합니다.

무릇 착실이란 것은, 무슨 일에든지 실질적 인과율(因果律)에 근거하여 명확한 타산 아래 정당한 계획과 조직으로써 무엇을 어떠한 결과로 지어내겠다 하고, 그 목적을 달성할 때까지 뜻을 바꾸지 않고 그 순서에 의거하여 각고의 노력을 다하는 것을 말합니다.

부허는 이와 반대로 인과의 원칙을 무시하고 정당한 계산과 노력을 하지 않고 천에 한 번, 만에 한 번 있을까 말까 한 요행수만 바라고 예외적 행동으로 여기 덥썩 저기 덥썩, 마구 덤비는 것입니다. 또한 당초에 일의 성공 여하는 문제도 삼지 않고 다만 한때의 헛된 명성이나 날리기 위하여 허위적 행사를 위하여 마구 들뜨는 것입니다.

위에서 말한 착실과 부허의 뜻만 바르게 이해하면 긴 말이 없더라도 어느 것이 성공적이요, 어느 것이 패망적임을 쉽게 판단할 수 있을 것입니다.

어떤 사람은 말하기를, 정치가의 사업이란 오물꼬물하게 조직이니 타산이니 하는 학자적 사업이 아니요, 엉큼하고 허황된 듯한 수단을 위한 것이라고 합니다. 그리고 그 시대의 일은 그 시대 군중의 심리를 이용한다 하여 일을 부허한 심리에 맞도록 꾸미고 허세를 일삼으며 부허한 것을 장려하는 무리도 있습니다만, 지금은 중국 소설 수호지(水滸誌)의 시대가 아니고 학자의 시대입니다.

정치든 무엇이든 일을 위하는 학자적 지식은 없더라도 학자적 관념은 있어야 합니다. 그러므로 점쟁이 선생을 모셔다 놓고 미두점을 칠 때가 아니요, 학자적 지식이 있는 이를 모셔다가 지도자로 세우고 그 지도를 받아야 할 때입니다.

가다가 한때 부득이한 사정으로 인하여 군중의 그릇된 심리을 이용하고 허황된 수단을 잠시 취하는 것도 불가하거든, 하물며 부허한 것으로 기초와 본령을 삼아서야 되겠습니까?

우리 사회의 국내 해외를 막론하고 과거의 부허가 원인이 되어 실패한 경험의 실증을 낱낱이 들어 밝혀 말하고 싶지만 그것은 참고 그만두고자 합니다.

오늘 우리 사회의 위협 강탈과 사기 협잡과 골육상쟁(骨肉相爭)하는 모든 악현상이 거의 다 이 부허로부터 기인하였고, 대한 사람이 대한 사람과 더불어 서로 믿고 의지하여 협동할 길이 막혀진 것과, 대한 사람이 대한 사람과 더불어 질서를 지켜 이를 지어 나아갈 길이 막혀진 것과, 외국인한테까지 신용을 얻지 못하게 된 모든 원인이 또한 이 부허 때문입니다.

다시 말하면 우리는 부허로 인하여 모든 것에 있어서 성공은 고사하고 패망하게 되었습니다. 그러므로 외국 사람이 우리에게 충고를 할 때에도 먼저 착실을 말하였던 것입니다.

그리고 우리의 처지와 경우가 이렇게 절박한 이때, 착실이다 부허다 가릴 여지가 없다고 생각하기 쉽습니다만, 나는 정말 우리의 경우와 처지가 너무도 절박하기 때문에 오히려 어서 급히 착실한 방향으로 노력하여 절박한 것을 실제로 벗어나자고 하는 것입니다.

착실한 방향으로 절실히 노력하면 성공이 있을 것으로 확실히 믿습니다. 이 믿음에 대한 실제 사실을 밝게 말씀 못 드리는 것이 유감입니다. 그러나 여러분이 과연 착실한 관념을 품고 앞을 내다보면 내 말이 아니더라고 여러분의 눈앞에 성공의 길이 환하게 보일 것으로 믿습니다.

더욱이 우리가 하려고 하는 위대하고 신성한 사업의 성공은 허(虛)와 위(僞)를 기초로 삼지 말고, 진(眞)과 정(正)을 기초로 해야 합니다. 다시 말씀드리면 우리가 하려고 하는 위대하고 신성한 사업의 성공을 허와 위의 기초 위에 세우려 하지 말고, 진과 정의 기초 위에 세우자는 것입니다. 허와 위는 구름이요, 진과 정은 반석입니다.

그런데 지금 우리 사회가 이같이 부허하더라도 다 부허한 것은 아니요, 그중에도 착실을 추구하는 사람들이 있습니다. 이 착실한 관념을 가진 이는 현재 우리 사회의 반동의 자극으로 그 착실한 마음이 더욱 강해질 줄 압니다.

착실한 관념을 가진 여러분께 특별히 고하노니, 독선적으로 혼자 그 마음을 가지고 고립된 땅에 서서 사회의 부허한 것을 원망하고 한탄만 하지 말고, 착실한 관념을 가진 사람을 서로 찾아 착실하게 뭉쳐 착실한 일을 참작하여 착실의 효과를 이론으로만 표현하지 말고 사실로 표현되도록 노력하십시오.

이렇게 한다고 부허한 이들이 쉽게 따라오지 않을 것이요, 그뿐 아니라 그네들의 부허한 심리에 맞지 않기 때문에 훼방과 공격과 방해까지 하는 일도 없지 않을 것입니다. 그렇더라도 이것저것 꺼리지 말고 계속 착실하게 나아가면 공격하고 반대하던 그네들도 부허한 것을 버리고 성공의 길로 같이 들어설 줄로 믿습니다.

나는 본래 문자에 생소하여 문자로는 내 의사를 마음대로 표현하기가 어렵습니다. 게다가 여건 때문에 속에 있는 뜻을 마음놓고 쓰지 못하고 스스로 제한을 가하면서 쓰려니 더욱 곤란합니다.

여러분이 어떻게 살펴보실지는 모르지만, 나의 중언부언하는 본뜻은 우리가 우리 민족 사회의 현재와 장래에 대한 책임을 지고, 각자 주인된 자의 자격으로 우리의 일정한 옳은 목적을 향하여 나아가다가, 어떤 곤란과 장애와 유혹이 있더라도 비관 낙망으로 인해 나아가는 걸음을 멈추거나 또는 다른 무엇으로 뜻을 옮기지 말고 철저한 정신으로 목적을 성공할 때까지 굳세게 나아가자는 것입니다.

나아가되 동족간에 서로 돕고 아끼는 정신으로 공통의 조건 아래 각 파가 조화하고, 적당한 인도자를 세우고, 서로 믿음으로 협동하여 함께 나아가자는 것입니다. 공통의 조건을 세우고 나아가되 부허한 것으로 근거하지 말고 착실한 것으로 근거하여 나아가자 함이니 여러분은 내가 원하는 본뜻에 유의하여 주시기 바랍니다.

혹 이것은 작은 문제요, 대단치 않은 말로 생각할지 모르지만, 나는 이 몇 가지가 큰일을 해 나가려는 우리 사회의 큰 걱정거리요, 큰 말로 여기는 까닭에 말씀드리는 것입니다.

우리 사회는 별것 아니라고 할 만한 위의 몇 가지에 대한 큰 각성이 있은 후에야, 내게서든지 누구에게서든지 이 이상의 큰 말이 나오고 큰 사실이 실현되리라고 생각합니다.

(〈동광〉 1926년 9월호)

오늘 할 일은 오늘에

(앞부분 75행은 총독부의 검열로 삭제됨.)

그런데 간절히 묻노니, 우리 동지들은 과연 오늘 할 일을 오늘 정말 하고 있는지요. 이 일을 다 하면 조금도 흥분이 가라앉고 맥이 풀릴 일이 없을 줄 압니다.

또한 경제 운동에 관한 일에 대하여도 마찬가지로 오늘 해야 될 일이 퍽 많습니다. 그 조직의 방법, 기초적 인물의 조사와 연락, 운동비의 준비, 그 외에도 여러 종류가 있습니다.

그 밖에 오늘 해야 될 일이요, 오늘 할 수 있는 일은 우리의 동지를 모으는 일입니다. 다시 말하거니와, 오늘의 일 중에서 이것이 큰일입니다. 발전한다는 것은 다른 데 있지 않고 진정한 동지를 늘리어 나가는 데 있습니다. 그리고 이런 것을 오늘의 큰일로 알고 기회 있는 대로 힘써 나가면 일감이 없다고 맥이 풀릴 이유가 도무지 없습니다.

또한 오늘 우리가 해야 할 일 중에 가장 큰일은 우리의 몸을 고치고 우리의 가정을 고치는 것입니다. 우리가 경영하는 모든 일이 이 두 가지 기초 위에서 이루어지기 때문입니다. 이것은 오늘 불가불 할 일이요, 늘 할 일입니다.

여러분! 이런 일을 다해 놓고 일감이 없다고 합니까? 의심컨대, 그런 일은 일로 여기지 않고 다른 무엇만 생각하고 있지 않은가 슬퍼합니다. 만일 우리가 우리 몸부터, 우리 집부터 고치는 것을 큰일로 보지

340

않는다면 우리는 세상을 속이는 사람이요, 우리 스스로 속는 사람입니다.

나는 이런 주의를 주장한 사람 중의 한 사람이요, 여러 동지의 특별한 사랑을 받는 사람 중의 하나인 줄 압니다. 그런데 나는 오늘 할 일을 늘 하지 못하는 것이 큰 한탄입니다.

시간이 부족하여 못하는 한도 있고, 능력이 부족한 관계로, 물질의 부족으로 한이 됨도 있으니, 그 중에 가장 크게 한탄할 것은 나의 허위의 죄악 때문입니다.

오늘 우리의 일이 우리의 생각대로 되지 못함을 한탄하다가는 나의 죄를 스스로 책망하는 것을 막을 수가 없습니다.

그러나 나는 나의 생명을 다하여 나의 오늘에 할 일을 그 오늘마다에 다하여 보려고 힘씁니다,

(〈동광〉 1926년 11월호)

오늘의 대한 학생

오늘이라 함은 과거나 미래를 말함이 아니요, 현재에 되어진 경우를 말함이며, 대한 학생이라 함은 대한 사람으로 태어난 그이를 가리킴입니다.

무릇 학생이란 누구나 할 것 없이 다 사회에 나아가 활동할 준비를 하는 자입니다. 생존과 번영은 사람의 활동에 따라 이루어지는 것이므로 활동이 있으면 살고 없으면 죽는 것이며, 많으면 크게 번영하고 적으면 적게 번영하는 것입니다.

따라서 인류 사회의 생존은 사람의 활동에 있고, 사람이 활동할 무기를 잘 준비함에 있으며, 이 무기를 예비하는 자가 곧 학생입니다. 그러므로 대한의 학생된 이는 대한 사회로부터 세계 어느 사회로든지 나아가 활동할 자임을 잊지 말아야 합니다.

활동에는 허명적(虛名的) 활동과 실제적 활동이 있습니다. 무슨 취지서나 발기문이나 신문 같은 것에 버젓하게 성명이나 쓰는 것은 활동이라 할 수 없습니다. 실제로 자기가 마땅히 해야 할 직분을 이행하는 경우에, 또 미국이나 중국의 학생은 미국이나 중국의 경우에 따라 준비하여 가지고 활동하는 것이 활동입니다.

대한의 학생은 대한의 오늘날 경우에 따라 준비하여 가지고 대한 사회에, 또 세계 사회에 나아가 활동하여야 합니다.

직분을 이행한다 함은 자기의 의무를 이행한다 함입니다. 의무에는 자신의 친족과 동족과 국가와 세계에 대한 의무가 있습니다. 또 그 각각의 의무를 잘 이행하려면 먼저 자기의 가족은, 동포는, 사회는, 국가는, 아울러 자신은 어떠한 경우에 있는지를 잘 알아야 할 것입니다.

지금 우리는 민족적으로 남과 다른 경우에 있습니다. 우리의 옛날 문화는 극도로 쇠퇴하고 신문화는 지금 움돋는 시기에 있습니다. 또 구도덕은 깨어지고 신도덕은 아직 없어서 혼란 상태에 있습니다.

또한, 영국과 미국의 학생들은 그의 부모나 가까운 이웃에 연장자 되는 이가 선진 계급에 있으므로 그들의 지도를 받을 수 있지만, 오늘 대한의 청년들은 선도자를 가지고 있지 못합니다. 그래서 지도하는 사람도 없는 이 가련한 이들은 제 맘대로 국내 국외에서 뛰돌아 다니며 무엇을 배우려 합니다.

다른 나라 학생들은 학자금이 넉넉하여 배우고 싶은 것을 다 배우지만, 우리 대한 학생들은 그렇지 못합니다. 비교적 학비가 덜 드는 문학이나 신학 같은 것은 배워도 공학 같은 기술직 학문은 좀체로 배울 수가 없습니다. 또 우리는 유혹에 물들기 쉬운 험악한 환경에 놓여 있습니다.

오늘날 이와 같은 가긍한 경우에 처한 대한 학생은 그 직분이 매우 큽니다. 이 학생들의 손으로 우리의 집이나 사회를 바로잡아야 하고, 그렇지 못하면 우리는 영원히 멸망할 것입니다. 그러니 오늘의 대한 학생들은 무의식적으로 남의 흉내나 내지 말고 명확한 판단을 가지고 나아가야 합니다. 그래야 학생들에게도 다행이 되고 온 민족에게도 다행이 되는 것입니다.

첫째, 남이 알든지 모르든지 대한 민족에 대한 헌신적 정신과 희생적 정신을 길러야 합니다. 대한 민족을 다시 살릴 직분을 가진 자로서 이 정신이 없으면 안 됩니다.

자주다, 독립이다, 평등이다 하는 것은 다 자기를 본위로 하는 이기

적인 것입니다. 한때의 일시적 자극으로 떠들다가도 그 마음이 가라앉
으면 다시 이기심이 생겨납니다. 자기의 생명을 본위로 함은 진리요,
자연입니다. 그런데 이제 자기의 몸과 목숨을 내놓고 부모나 형제나
동포나 국가를 건진다 함은 모순이 아니겠습니까? 아닙니다. 이 헌신
과 희생이 있어야 부모와 형제가 안보되고, 민족과 사회가 유지되는
동시에, 자기 몸도 있고 생명도 있는 것입니다.

만일 이 정신으로 하지 아니 하면 내 몸과 아울러 사회가 다 보전되
지 못하는 법입니다. 가령 상업이나 공업을 하는 것도 자기의 생명을
위하여 하는 것이지만, 이것도 헌신적이고 희생적인 정신으로 하지 않
으면 안 됩니다.

위에서 말한 바 이기적 이유뿐 아니라, 정의적(情意的)으로도 민족
에 대한 정을 억제하지 못하여 헌신적 희생적 활동을 하지 않을 수 없
습니다.

오늘 대한의 학생 된 이는 옛날에 자기의 명리(名利)를 위하여 과
거(科擧)를 보듯이 하지 말고, 불쌍한 내 민족에 대한 직분을 다하기
위하여 해야 할 것입니다.

둘째, 긍휼(矜恤)히 여기는 정신을 길러야 합니다. 학생에게는 이
정신이 더욱 필요합니다. 학생이 되어서 무엇을 좀 안 후에는 교만한
마음이 생겨, 자기만큼 모르는 자기의 부형이나 가까운 사람이나 나이
든 사람에 대하여 멸시하는 마음이 생기고 따라서 제 민족을 무시하게
됩니다.

그 결과로 동족을 저주하고 질시하고 상관하지 않으려 합니다. 나만
못한 사람을 무시할 것이 아니라 긍휼히 여겨야 옳고, 남이 잘못하는
것을 보면 저주할 것이 아니라 포용심을 가져야 합니다. 긍휼이 여기
는 맘이 없으면 내 동족을 위하여 헌신적이고 희생적으로 힘쓸 마음이
나지 않습니다.

소학생이나 대학생 시절보다 중학생 시대에 남을 업신여기는 교만한 마음이 가장 많은 법입니다. 이것은 무엇을 좀 알기 시작할 때에 저마다 잘 아는 듯 싶어서 그렇게 됩니다.

또 어떤 이는 걸핏하면 제 동족의 결점만을 들어 나무랍니다. 그러나 우리 대한 사람도 다 잘 배울 기회를 가졌거나 좋은 때를 만났더라면 누구보다 조금도 못한 인종이 아닙니다. 그러므로 제 동족에 대한 불평을 가질 것이 아니라, 서로 긍휼히 여기는 마음을 가져야 옳습니다. 제 동족에 대한 긍휼심이 적으면 외적에게 대한 적개심이 빈약한 법입니다.

셋째, 서로 협동하는 공동적 정신을 배양해야 합니다. 대한의 일은 대한 사람인 내가 해야 할 것인 줄 아는 동시에, 대한 사람 된 이는 누구나 다 분담하여 가지고 공동적으로 하자는 것입니다.

어떤 이는 무슨 일을 저 혼자 하겠다는 생각을 가집니다. 그런 이에게는 이른바 야심이라는 것이 생깁니다. 그 결과로 하려는 일은 되지 않고 도리어 분쟁이 생깁니다.

제가 무엇을 다한다고 하다가는 낙심하기 쉽습니다. 혼자 하는 일은 잘 이루어지지 않기 때문에 과거에 성공하지 못했던 것과 장래가 아득한 것을 보고는 곧 비관하여 낙망합니다.

나와 다른 이가 다 함께 하고자 하는 이는 자기는 비록 성공을 못 하더라도 다른 이가 성공할 줄로 믿고, 또 당대에 못 이루고 죽더라도 자기 후손이 이어서 할 것으로 여겨 낙망하지 않고 오직 자기의 할 직분을 다할 뿐입니다.

민족 전체에 관계되는 사업은 어느 한두 사람의 손으로 되지 않고 전 민족의 힘으로만 됩니다. 그러므로 내가 깨달은 바에 대하여 나의 직분을 다하여 노력하고, 아울러 온 민족이 협동하는 정신을 길러야 되겠습니다.

너와 내가 다 함께 한다는 관념이 절실해지는 날에야 성공이(몇 자누락) 있어야겠습니다. 협동적 관념이 있으면 공통적 주장과 계획이 세워질 것입니다. 이 협동적 정신 아래서 공통적으로 하는 것을 미리 연습하여 두어야 공통적 큰 사업에 나아가서도 협동적 실행이 이루어질 것입니다.

위에서 말한 것은 정신 방면을 말한 것입니다. 이제는 실질 방면에 들어가서 누구나 한 가지 이상의 전문 지식을 가져야 된다는 것을 말하고자 합니다.

전문 지식을 못 가지겠거든 한 가지 이상의 전문적 기술이라도 가져야 합니다. 오늘은 빈말로 살아가는 세상이 아니요, 그 살아갈 만한 일을 참으로 지어야 사는 세상입니다. 실제로 나아가 그 일을 지으려면 이것을 감당할 만한 한 가지 이상의 전문적 학식이나 기예가 없어서는 안 됩니다. 이것이 있어야 자기와 가족과 사회를 건집니다.

오늘은 옛날 진사(進士) 대과를 위하여 과거 보러 다니던 관념으로 허영을 위하여 공부하는 이가 많습니다. 실사회에 나아가 직업을 감당하기 위하여 실제 학문을 배우려는 이는 적고, 어느 대학을 마쳤다는 이름이나 얻기 위하여 법과 같은 데로 들어가서 사각 모자 쓴 사진이나 박아서 보내는 것으로 성공을 삼습니다. 그러므로 일단 졸업한 후에는 다시 더 학문을 연구하지 않습니다.

우리 학생들 중에는 직업을 표준으로 하지 않고 허영적 영웅을 표준으로 하는 이가 많은 듯 합니다. 만일 실제 학문을 배워서 정당한 사업에 나아가지 않고 횐수작과 난봉이나 부리면 그는 차라리 학교에 아니 다니고 집에 있으며 부모를 위하여 소 먹이고 꼴 베는 것만 못할 것입니다.

오늘의 대한 학생에게 인도자가 없다는 것은 이미 말하였습니다. 이제 여기서는 그 구제 방법을 말하고자 합니다. 그것은, 오늘의 대한 학생은 제가끔 산산히 헤어져 있지 말고, 다 함께 뭉쳐 그 뭉친 덩어리를 하나의 선도자로 삼아서 여기 속한 이들이 자치적 훈육을 받으라는 것입니다. 그리하면 힘이 적지 않습니다.

좋은 훈육을 줄 만한 선도자와 완전한 훈육 기관을 가진 다른 선진국의 학생들도 오히려 자치적 훈육의 지도를 취하거든, 하물며 아무것도 못 가진 오늘의 대한 학생으로서 어찌 이것이 필요하지 않겠습니까?

오늘날 국내 국외에 이러한 목적을 가지고 수양 단체가 많이 일어나는 것은 매우 좋은 경향입니다. 이렇게 일어난 단체들이 또 각각 따로 서 있지 말고 다 한데로 모여 하나가 되면 그 힘이 더욱 커지리라고 생각합니다.

외로운 촛불은(몇 자 누락) 끄기도 어렵습니다. 그래서 이 빛이 널리 불쌍한 동족에게 비추어 그 빛으로 말미암아 건짐을 받을 이가 많을 줄 믿습니다.

(〈동광〉 1926년 12월호)

청년의 용단력과 인내력

오늘 대한의 청년들 앞에는 큰 원수가 있습니다. 이것이 무엇인지 알고 있습니까? 또 알고 있다면 이것을 쳐 이기려 하고 있습니까?

오늘 대한의 청년들 앞에 공(公)이나 사(私)로 막혀 있는 큰 원수가 있는데 이것은 곧 방황과 주저입니다. '할까 말까' 하다가 '말까'에 머물러 있는 것이 방황이요, 주저입니다. 여기는 공적(公敵)도 있고 사적(私敵)도 있습니다.

우리는 지금 전 민족적으로 파멸의 지경에 처하여 있습니다. 우리가 만일 급히 덤비지 않으면 아주 영원히 멸망하는 지경에 들어갈 것입니다. 그러니 이것에 대하여 앞으로 헤치고 나아가지 않고 방황하고 주저하고 있는 것은 공적입니다.

또 사람마다 자기 살아나갈 일은 자기가 하여야 합니다. 개인이 살아 나갈 일을 자기가 하지 않으면 자기 개인의 생존까지도 말 못할 경우에 빠지게 됩니다. 그러니 이것을 알아 차려 나아가지 않고 방황하고 주저하고 있는 것이 사적입니다.

흔히 자기가 하는 일이 옳은지 그른지 잘 몰라서 방황하고 주저합니다. 예를 들면 공부하는 것, 농사짓는 것, 장사하는 것, 이러한 것들이 우리가 지금 다시 살아날 운동하는 데 맞는가 안 맞는가를 몰라 방황하고 주저하고 있다는 것입니다.

심지어 어떤 사람은 이러한 것을 하고 있는 사람을 운동을 하지 않는 사람이라 하여 비난하고 공격합니다. 그러나 이것은 바꾸어 말하하면, 그물질하는 사람만을 어업자라 하고, 고기를 잡기 위하여 그물을 만들며 양식을 나르는 사람은 어업자가 아니라고 하는 것과 마찬가지가 아니겠습니까?

또 총을 메고 전장에 나선 사람만을 전쟁하는 사람이라 하고, 뒤에서 군기(軍器)를 만들고 군량미를 장만하는 사람은 전쟁을 하는 사람이 아니라고 하는 것과 같지 않겠습니까? 앞에서 직접 행동을 하는 이나, 뒤에서 간접 행동을 하는 이나 다 같은 그 일의 운동자입니다.

그러니 지금 배울 기회가 있을 때 배우고, 벌이할 기회가 있을 때 벌이를 하다가, 그보다 더 긴급한 일이 있을 때에는 다 나서는 것이 옳지 않겠습니까? 그러므로 지금 하는 이 일이 운동에 관계가 없지 않은가 하여 방황하고 주저하지 말아야 합니다.

이 일이 옳은가 그른가, 이 일을 해야 하나 말아야 하나, 방황하고 주저하면 거기에는 고통이 생깁니다. 또 결국은 낙망하고 맙니다. 낙망은 청년의 죽음이요, 청년이 죽으면 민족이 죽습니다. 나아가면 될 일도 안 나아가기 때문에 아니 됩니다.

또 낙망한 끝에는 남을 원망하게 되고, 심하면 남을 죽이게까지 됩니다. 이 얼마나 위험한 일입니까? 그래서 방황과 주저는 우리의 큰 원수라고 하는 것입니다.

또 이 몸을 대한에 바쳐 일할까, 자기를 위하여 일할까? 호도몽롱(糊塗朦朧)한 가운데 있는 이가 많습니다. 이런 사람들도 어느 것이 옳은지 분명히 판단할 필요가 있습니다.

한 가지 분명히 알 것은, 공부도 농사도 장사도 그 밖의 어느 것도 아니 하고 놀고 먹고 떠돌아 다니면서 방황하는 것은 아무 이익이 없고 다만 큰 해독만 끼친다는 것입니다.

또 언제인가 다 배워 가지고, 다 벌어 가지고 나아가서 일하겠다고 하면 이것은 크게 잘못된 것입니다. 배우는 자나 벌이하는 자나 다 대한을 위하여 기회가 올 때까지 한다고 결심하고 나아가면 그만인 것입니다.

남이야 알건 모르건, 오늘 대한의 청년 된 이는 대한 민족을 위하여 무엇을 어떻게 할까를 스스로 연구하고 참고하여 옳다고 하는 바에 뜻을 세우고 그 세운 바를 다른 사람에게 선포하여 함께 나아가야 합니다. 이것이 오늘 대한 민족이 다시 살아날 길입니다.

'무엇이 옳다고 생각하거든 그것을 곧 붙잡아라. 그렇지 않으면 큰 기회를 놓치느니라.' 이 말은 우리가 늘 간직해야 할 말입니다. 일에 대하여 도덕과 이해를 헤아려, 선하고 이익이 되면 행하고, 공공연한 이익이 되거든 그렇게 하도록 용감하게 결단을 내려야 합니다. 이 용단력이 없으면, 대개는 방황 주저하게 됩니다. 또 눈앞의 안될 것만 보지 말고 장래에 될 것을 헤아려 순서를 밟아 나아가야 합니다. 한번 놓친 기회는 대개는 다시 얻지 못하는 법입니다.

오늘 대한의 환경은 사회, 도덕 어느 방면이든지 모두 심히 어렵습니다. 이러한 어려운 환경에서 이것을 헤치고 나아가려면 참고 견디는 힘이 있어야 합니다. 그러므로 이렇게 비관과 낙망할 만한 처지에 있는 오늘 대한의 청년은 특별히 인내력을 길러야 되겠습니다.

그래서 첫째 옳은 일에 밝은 판단을 내리고, 둘째 판단한 일은 끝까지 잡고 나아가야 합니다. 그러면 성공이 있습니다. 대한 청년의 방황과 주저가 아주 소멸되고, 무엇이나 한 가지를 잡고 나아가는 날에야 대한 사람이 다시 살아나는 일이 시작될 것입니다.

무엇이든지 그때의 경우와 생각에 옳아 보이는 것을 잡고 나아가면 끝에 가서는 그보다 더 좋은 것이 나옵니다. 그러나 지금 당한 경우와 기회를 심상히 여기고 붙잡지 않으면 그의 신세는 영원히 방황에 머무르고 말 것입니다.

끝으로 한 마디 말씀을 여러분에게 선사합니다.

"어떤 신(神)이 무심중에 와서 네게 묻기를, 너는 무엇을 하느냐 할 때에 나는 이런 것을 하노라고 서슴지 않고 대답할 수 있게 하라."

〈동광〉 1927년 1월호〉

사업에 대한 책임심

이 세상에는 여러 가지 사업이 있습니다. 정치 사업도 있고, 종교 사업도 있고, 실업 사업들, 그 밖에도 무슨 무슨 사업이 많이 있습니다. 이 여러 가지 사업들의 목적은 결국 우리 사회의 삶[生]을 위함입니다.

정치 사업은 생활의 위안을 위함이요, 실업 사업은 생활의 안락을 위함이요, 그 밖에 무슨 무슨 사업이 다 사람의 생활을 표준한 것입니다. 그러므로 개인이나 단체나 어떤 하고 있는 사업이 있어야 참 삶이 있고, 또 사람이 산 후에야 사업이 있는 법입니다. 그래서 생명과 사업과는 서로 떠나지 못할 연결적이요, 순환적 관계를 가지고 있습니다.

이것은 옛적이나 지금이나 앞으로도 전혀 변하지 않을 원칙이기 때문에 어느 때 어느 곳을 막론하고 사업의 문제가 우리 인생과 더불어 깊은 관계를 맺고 있는 것입니다.

사업을 해야 하므로, 이 사업의 방법과 기능을 얻기 위하여, 많은 세월을 허비하고 많이 고심하고 있지 않습니까?

모든 일에는 유의식적(有意識的)인 것이 있고 무의식적(無意識的)인 것이 있습니다. 일에 대한 이해와 관계를 알아서 의미 있게 하는 것은 유의식적이요, 일에 대하여 아무 요령이 없이 되는 대로 의미가 없이 하는 것은 무의식적입니다.

사업에 대해서 의식적으로 하는 이도 있고, 무의식적으로 하는 이도 있는데, 문명한 나라 사람이 하는 사업은 유의식적으로 하는 것이요,

미개한 나라 사람이 하는 사업은 무의식적으로 하는 것입니다.

문명한 나라 사람은 사업에 대한 방법을 연구하고, 통계적 관념 아래에서 하기 때문에 그들의 사업은 흥성하고, 미개한 나라 사람은 이것이 없기 때문에 그 사업이 쇠퇴하는 법입니다.

그날그날을 살아가기 위하여 하는 고식적(姑息的) 사업이라든지, 형세에 몰리고 자연에 흘러서 구차하게 하는 사업은 모두 다 미개한 나라 사람이 무의식으로 하는 일입니다. 그러니 그 결과가 어떻게 되겠습니까? 전자와 후자의 결과가 판이한 것은 당연한 일입니다.

사업의 실질을 말하고 사업의 방침을 토론하기 전에 먼저 '이것을 의논할 정도가 되었나? 이것을 경영할 만한 가치가 있나?'를 판정할 필요가 있습니다.

그러면 정도가 되고 안 되는 것과, 가치가 있고 없는 것을 무엇으로 측정하겠습니까? 곧 자기의 몸과 집에 대한 책임이 있고, 자기의 국가와 민족에 대한 주인된 관념이 있은 후에야 정도가 되고 가치가 있다고 말할 수 있을 것입니다.

다시 말해, 자기의 몸과 자기의 집을 자기가 건지지 않으면 건져 줄 이가 없다는 것과, 자기의 국가와 자기의 민족을 자기가 구하지 않으면 구해 줄 이가 없는 줄 아는 것이 곧 책임심이요, 주인 관념입니다. 이 책임적 관념이 없으면 사업에 대한 문제조차 발생하지 않을 것입니다.

가령 어떤 학교를 하나 두고 말해 봅시다. 이 학교와 아무 관계가 없이 지나가는 사람은 그 학교가 잘 되고 못 됨에 대해 아무런 관심이 없을 것입니다. 그러나 그 학교의 당국자가 되는 사람은 그 학교에 대한 책임심이 있기 때문에 아주 책임 있게 고심하고 노력하여 그 학교가 기어이 잘 되도록 만들 것이 아닙니까?

여러분은 과연 내 몸과 내 집과 내 국가와 민족에 대한 책임심이 있습니까? 주인된 관념을 가지고 있습니까, 안 가지고 있습니까? 스스로 물어 보고 대답해 보십시오. 책임심이 있는 자라야 참 애국자가 되는 것입니다.

(총독부 검열로 50행이 삭제되었음.)

사업에는 공적(公的) 사업과 사적(私的) 사업이 있습니다. 자기의 몸이나 집을 위하여 하는 사업은 사적 사업이요, 국가나 민족이나 인류를 위하여 하는 사업은 공적 사업입니다.

어떤 이들은 공적 사업이란 특수한 사람들의 전유적 사업으로 여겨, 사적 사업에만 힘쓰기 때문에 국가와 사회가 쇠퇴하게 됩니다. 또 어떤 이는 사적 사업은 비애국자나 하는 것이라 하여 공적 사업에만 힘쓰고 사적 사업은 돌아보지 않기 때문에 자기의 몸과 처자가 추위와 배고픔에 빠지게 됩니다.

그러나 사적 사업과 공적 사업은 서로 밀접한 관계가 있기 때문에 사적 사업이 잘 되어야 공적 사업도 잘 되고, 공적 사업이 잘 되어야 사적 사업도 잘 되는 법입니다.

다시 말해, 자기의 한 몸과 집을 능히 건질 힘이 없는 자가 어찌 나라를 바로잡는다 하며, 나라가 바로 되지 못하고서 어찌 한 몸과 집인들 안보될 수 있다는 것입니까?

또 어떤 이는 공적으로 갔다가, 사적으로 왔다가, 하면서 방향을 잡지 못합니다. 그러다가 타락하여 이것도 저것도 다 못하는 이도 적지 않습니다.

그러니 그렇게 하는 것이 아니라, 농부는 농업, 상인은 상업, 학생은 학업으로 각각 자기의 그때그때의 할일을 책임적 직무로 삼아 그것에 충성을 다해야 하는 것입니다. 그러다가 다른 때, 다른 경우를 당하면 또 그것에 충성을 다하여 각각 자기 맡은 바 일에 좋은 결과가 있게 할 따름이어야 합니다.

　다시 말하면, 공적과 사적 사업이란 다 필요하고 서로 떠나지 못할 관계가 있으므로, 누구든지 놀면서 입고, 놀면서 먹지 말고, 오직 공과 사의 두 가지가 함께 다 서게 하라는 것입니다.

(〈동광〉 1927년 2월호)

청년에게 호소함
─인격 완성과 단결 훈련에 대하여─

대한 청년 여러분에게 하고 싶은 말도 많고, 또 해야 할 말도 많으나 형편으로 인해 그것을 다 말하지 못하는 것이 유감이다. 다만 그 중의 몇 가지만을 말하려 한다.

지금 우리는 참담 비통한 고해(苦海)에서 헤매며, 어두운 운무(雲霧) 속에서 방황 주저하고 있다. 이 비상한 경우에 처한 대한의 청년 여러분은 이 고해를 벗어나고 운무를 걷어 없앨 길을 어떻게 정하였는가?

오늘 일반 민중에게서 큰 기대를 많이 받는 여러분, 또 스스로 큰 짐을 지고 있다고 생각하는 여러분이 해야 할 일은 많다. 그 중에서 가장 먼저 하고 가장 힘쓸 것은 인격 훈련과 단결 훈련, 이 두 가지라는 것을 말하고자 한다.

이 두 가지가 지금의 우리 생활에 직접 관계가 없는 듯이 생각하여 냉대하는 이도 있고, 또는 이때가 어느 때라고 인격 훈련이나 단결 훈련 같은 것을 하고 앉아 있겠느냐고 하며 이것을 배격하는 이도 없지 않다.

그러나 나는 이런 때이기 때문에 인격을 훈련하고 단결을 훈련해야 한다고 생각한다. 오늘 우리 대한 청년이 인격 훈련과 단결 훈련을 하고, 하지 않는 데 우리의 사활 문제가 달려 있다고 나는 생각하기 때문이다.

세상의 모든 일은 힘의 산물이다. 힘이 적으면 힘을 적게 이루고, 힘이 크면 크게 이루며, 만일 힘이 도무지 없으면 일은 하나도 이룰 수 없다. 그러므로 누구든지 자기의 목적을 달성하려는 자는 먼저 그 힘을 찾아야 할 것이다. 만일 힘을 떠나서 목적을 달성하겠다는 것은 지나친 공상이다.

여러분! 일은 힘의 산물이라는 것을 확실히 믿는가? 만일 이것을 믿고 힘을 찾는다면 그 힘이 어디서 오겠는가? 힘은 건전한 인격과 공고한 단결에서 난다는 것을 나는 확실히 믿는다. 그러므로 인격 훈련, 단결 훈련 이 두 가지를 청년 여러분에게 간절히 요구하는 바이다.

지금 우리는 우리의 사활 문제를 해결하기 위하여 무엇을 하다가 실패하면 그 원인을 여러 가지로 찾아 보고 여러 가지로 변명하여 본다. 그러나 우리가 모든 일에 실패하는 근본 원인은 우리의 민족적 결합력이 박약하기 때문이다.

우리가 일찍 패망한 것도 이것이 원인이었다. 우리는 요지부동(搖之不動)하고 사귀일철(死歸一轍)할 굳센 민족적 결합력을 갖춘 후에야 성공을 기대할 수 있다.

민족적 결합력이 선결 문제요, 이론과 방침 계획은 둘째 문제다. 만일 결합력만 공고해지면, 그 결합체는 때에 따라 방침과 계획을 고쳐 가면서 능히 목적을 도달하는 데까지 나아갈 것이다. 결합된 힘이 없고서는 아무리 좋은 방침이 있다 하여도 이를 실행할 수 없지 않겠는가?

우리가 일찍이 단체 생활의 훈련이 부족한 민족인 것을 자인하지 않을 수 없다. 그러므로 우리는 다른 나라 사람보다 특별히 단결을 훈련하여 공고한 대 결합력에 이르도록 힘써야 할 것이다.

단결 훈련 문제보다도 인격 훈련에 더욱 냉담한 이가 많은 줄 안다. 이것은 큰 착오이다. 현재 세계에는 각 방면의 각종 운동이 있는데 그 중에 그 운동이 힘 있게 진행되고 성공하는 것은 그 운동 중에 건전한 인격을 가진 분자가 많기 때문이다. 어떤 운동에서든지 운동이 쇠퇴하여 실패하는 것은 다른 원인도 있겠지만 건전한 인격을 가지지 못한 것이 큰 원인 중의 하나이다.

우리가 무슨 목적을 표방하고 단체를 조직하여도, 실제에 있어서는 힘 있는 운동이 되지 못하고 간판만 남는 것은 한탄스러운 일이다. 그 원인이 어디 있는가를 깊이 깨달아야 할 것이다.

조직에 합당한 지식, 조직에 합당한 신의, 이것을 갖춘 인격이 없는 것이 하나의 큰 원인이다. 단결의 신의를 굳게 지키며, 조직적 지식을 가진 사람이 없고서는 간판 운동이 아닌 실제적 힘 있는 운동을 할 만한 결합을 이룬다는 것은 절대로 불가능하다.

그런즉, 우리가 고해를 벗어나고 활로(活路)로 나아가기 위해서는 할일이 여러 가지지만, 여러분이 인격 훈련과 단결 훈련이 큰 관계가 있다는 것을 깊이 깨닫고, 각자 오늘부터 인격 훈련과 단결 훈련에 진심으로 노력하겠다는 결심을 가져야 한다.

기본적인 인격은 어떠한 것이며, 훈련의 구체적 방법이 무엇이라는 것과 단결 훈련의 실제가 무엇인가는 앞날의 연구로 미루고, 여기서는 다만 여러분이 인격 훈련과 단결 훈련이 필요하다는 것만을 분명히 깨닫기 바라며, 오직 인격을 훈련하되 단독적으로 하지 말고 이것부터 협동적으로 하여 전 대한의 산과 들을 막론하고 인격 훈련을 목표로 한 운동이 널리 꽉 차기를 바란다.

(〈동광〉 1931년 2월호)

무정한 사회와 유정한 사회

정의(情誼)는 친애와 동정의 결합입니다. 친애라 함은 어머니가 아들을 보고 귀여워서 정으로 사랑함이요, 동정이라 함은 어머니가 아들이 당하는 고(苦)와 낙(樂)을 자기가 당하는 것 같이 여기는 것입니다.

돈수(敦修)라 함은 있는 정의를 더 커지게, 더 많아지게, 더 두터워지게 한다 함입니다. 다시 말하면, 친애하고 동정하는 것을 공부하고 연습하여 이것이 잘 되도록 노력하는 것입니다.

인류의 불행하고 불쌍한 자 중에 가장 불행하고 불쌍한 자는 무정(無情)한 사회에 사는 사람이요, 복 있는 자 중에 가장 다행하고 복 있는 자는 유정(有情)한 사회에 사는 사람입니다. 사회에 정의가 있으면 화기(和氣)가 있고, 화기가 있으면 흥미가 있고, 흥미가 있으면 활동과 용기가 있습니다.

유정한 사회는 태양과 비와 이슬을 받는 것 같고 화원에 있는 것 같아서 거기에는 고통이 없을 뿐더러 만사가 잘 되어 나갑니다. 흥미가 있으므로 용기가 나고 발전이 있으며 안락의 자료가 일어납니다.

이에 반하여 무정한 사회는 가시밭과 같아서 사방에 괴로움뿐이므로 사람들은 사회를 미워하게 됩니다. 또 다르게 비유하면, 어둡고 찬바람과 같아서 공포와 슬픔만 있고 흥미가 없음에 그 결과로 움츠러들 뿐이요, 압세(壓世)와 유약(柔弱)과 불활발(不活發)이 있을 따름이며, 사회는 사람의 원수가 되니 이는 사람에게 직접 고통을 줄 뿐 아니라, 그에 따라 모든 일이 안 되게 되는 것입니다.

우리 대한 사회는 무정한 사회입니다. 다른 나라에도 무정한 사회가 많겠지만, 우리 대한 사회는 가장 불쌍한 사회입니다. 그 사회의 무정이 나라를 망하게 하였습니다.

수백 년 동안을 대한 사회에 사는 사람들은 죽지 못해 살아왔습니다. 우리는 유정한 사회의 맛을 모르고 살아왔으므로 사회의 무정함을 견디는 힘이 있지만, 다른 유정한 사회에 살던 사람이 어느날 우리 사회 같은 무정한 사회에 들어오면 그는 죽고 말리라고 생각합니다.

민족의 사활 문제를 앞에 두고도 냉정한 것이 우리 민족입니다. 우리가 하는 운동에 있어서도 동지간에 정의가 있었다면 효력이 더욱 컸을 것입니다. 정의가 있어야 단결도 되고, 민족도 흥하는 법입니다.

정의는 본래 하늘로부터 받은 것이지만, 공자의 교를 숭상하면서 우리 민족은 남을 공경할 줄은 아나, 남을 사랑하는 것은 잊어 버렸습니다. 또 혼상제사(婚喪祭祀)도 허례에 기울어지고 진정으로 하는 일이 별로 없게 되었습니다.

여러분! 어린 시절의 일을 돌이켜 보십시오. 사람과 사람 사이에는 당연히 서로 사랑하는 정이 생겨야 하나, 우리 사회에는 부모와 자녀, 형과 아우 사이에 아무런 정의도 없습니다.

어른들이 어린 아이를 대할 때에는 하나의 완희물(玩戱物)로 여깁니다. 그리하여 그 울고 웃는 모양을 보기 위하여 울려도 보고 웃겨도 봅니다. 또 호랑이가 온다, 귀신이 온다 하여 아이들을 놀라게 합니다. 또 집안에 계신 조부모나 부모는 호령과 매 때리기로만 일을 삼으므로 아이들은 조부나 부친 앞에서는 매맞을 생각에 떨고 있습니다.

나도 어렸을 때, 산에 가서 노는 것을 제일 좋아하였는데 종일 놀다가도 돌아올 때에는 매맞을 생각에 떨면서 돌아왔습니다. 그러다가 걸핏하면 잘못하였다고 내쫓습니다. 제 아비의 집에서 쫓겨나서 울면서 빙빙 돌아다니는 꼴은 참으로 기가 막혀 볼 수가 없는 것입니다.

이같이 하여 강보에서부터 공포심만 가득한 생활을 하던 아이가 가정이라는 감옥을 벗어나 학교에 가면 학교 훈장이란 이가 또한 호랑이 노릇을 합니다. 아이가 학교에 가고 싶어서 가는 것이 아니라, 부모가 가라니까 마지 못해서 가는 것입니다.

또 시부모와 며느리, 형과 아우, 모든 식구가 다 서로 원수입니다. 관민간에도 그러합니다. 리에, 면에, 군에, 도에 가 보십시오. 어디서든지 찬바람이 아니 부는 데가 없습니다.

그보다 더 기막힌 것은 남녀간의 무정함입니다. 우리네의 가정에서 부부가 만일 서로 보고 웃었다가는 큰 결딴이 납니다. 남녀 사이에는 정의가 아주 끊어져 서로 볼 수도 없습니다. 따라서 남녀가 만일 사귀는 날이면 필경 범죄 사실이 생깁니다. 이것은 남녀간의 정당한 교제의 길을 막는 까닭이 되고 맙니다.

이제 한번 눈을 돌려 다정한 남의 사회를 봅시다. 그들의 가정에서는 부모가 결코 화를 내지 않습니다. 장난감으로 차라리 인형을 주어 사랑케 하고 잘 때에는 안고 키스하고 재웁니다. 식탁에서도 아이들을 특별히 대우합니다. 우리 가정에서처럼 역정을 내며 먹으라고 호령하지 않습니다. 이리하여 어렸을 적부터 공포심이 조금도 없이 화기 있는 가운데 자랍니다.

서양 아이들은 실로 꽃보다도 귀합니다. 정이 가득한 가정에서 자란 까닭입니다. 소학교에 가면 교사는 다 여자입니다. 이것은 남자보다 여자에게 정이 더 많기 때문입니다. 선생이 학생을 친절히 대하므로 학생들은 선생을 몹시 따르고 학교에 가고 싶어합니다. 그러므로 서양 소학생들은 결코 우리나라 아이들처럼 학교에 가기 싫다고 억지 쓰지를 않습니다.

학교뿐 아니라 배나 자동차, 집회에도 화기가 있습니다. 근심이 있는 이는 결코 남의 앞에 나서지 않습니다. 예배당에는 음악대가 있고, 또 교우들이 때때로 모여 웃고 먹고 하면서 정의를 돈독히 합니다. 우리나라 예배당에는 공포가 가득합니다. 우리나라 교인들의 사랑은 진정으로 나오는 정이 아니고, 그렇지 않으면 죄가 된다는 공포 관념에서 나오는 사랑입니다.

그네들은 정의를 밥과 옷 이상으로 여깁니다. 상인이나 학생이나 심지어 신문 파는 아이들까지도 클럽에 들지 않은 자가 없습니다. 그들은 정의 없이는 살 수 없다는 생각에서 이렇게 합니다. 미국 같은 나라에 가서 제일 부러운 것은 직업의 위아래를 막론하고 다 즐거워한다는 것입니다.

서양 사회에서는 손님이 오면 딸이나 누이로 하여금 웃으며 접대하게 합니다. 부부가 될 남녀는 약혼 시절부터 서로 열정적인 사랑이 지극하여 서로 껴안고 좋아합니다. 다른 이가 이를 흉보지 않으므로 그들에게는 아무런 공포도 없고 다만 두터운 정이 있을 뿐입니다.

남녀의 화합은 사회의 정(情)의 기초이건만 우리 사회에서는 남녀를 꼭 갈라 놓으므로 차디찬 세상을 이루고 맙니다. 서양 사람들은 정의에서 자라고 정의에서 살다가 정의에서 죽습니다. 그들에게는 정의가 많으므로 화기가 있고 따라서 흥미가 있어서 무슨 일이나 다 잘 됩니다.

우리는 이 정의돈수(情誼敦修) 문제를 결코 심상히 볼 것이 아닙니다. 우리가 우리 사회를 개조하려면, 먼저 다정한 사회를 만들어야 합니다. 우리는 선조들로부터 무정한 피를 받았기 때문인지 아무래도 더운 정이 없습니다. 그러므로 정의를 기르는 공부를 해야겠습니다. 그러한 뒤에야 참 삶의 맛을 알게 될 것입니다.

말 한마디, 행동 하나에서 우리 사이의 정의를 손상시키는 자는 우리의 원수입니다. 과거나 현재의 우리 동포들은 어디 모였다 하면 으레 싸우는 것으로 압니다. 남의 결점을 지적하더라도 결코 듣기 싫은 말로 하지 말고 사랑으로 해야 합니다. 이제, 정의를 기르는 데 주의해야 할 점 몇 가지를 말하겠습니다.

1. 남의 일에 개의치 말라. 우리는 걸핏하면 주제 넘게 됩니다. 남에게 허물이 있으면 그것을 들추어 내기를 좋아합니다. 우리는 각자 자기 일만 살피고 자기의 허물만 스스로 고칠 뿐이요, 결코 남의 일이나 허물에 개의치 말아야 합니다.

2. 개성을 존중하라. 모진 돌이나 둥근 돌이나 다 유용하게 쓰이는 곳이 있는 법이니, 다른 사람의 성격이 나의 성격과 같지 않다 하여 나무랄 것이 아닙니다. 남의 개성을 존중하여 성격대로 가지는 것을 인정해야 합니다.

3. 자유를 침범치 말라. 아무리 같은 동지라 하더라도 각 개인에게는 자유가 있습니다. 남을 내 마음대로 이용하려다가 듣지 않는다고 동지가 아니라 함은 심히 어리석은 일입니다. 서양 사람들은 비록 자기 자녀에 대해서도 무엇을 시킬 때에는 '하겠느냐?(Will you?)'고 물어보는 의미로 말하여 그의 자유를 존중합니다.

4. 물질적 부탁을 말라. 우리의 친구들 중에는 돈 같은 것을 달라고 했다가 주지 않으면 그만 사이가 틀어지고 맙니다. 그러므로 우리는 친구에게 물질적 부탁을 하지 않는 것이 옳고, 만일 부탁하더라도 자기의 요구대로 되지 않는다고 하여 정의를 손상시켜서는 안 됩니다.

5. 정의를 혼동하지 말라. 부자, 부부, 친구, 동지의 정의는 다 각각 다른 것입니다. 부자간의 정의와 친구간의 정의가 같겠습니까? 또 같은 동지끼리라도 더 친한 사적 친분이 있을 것입니다. 그러니 누가 누구를 더 사랑한다고 나무라지 말아야 합니다.

6. 신의를 확실히 지켜라. 서로 약속한 것을 꼭 지켜야 정의가 무너

지지 않습니다. 만일 한다고 한 것을 그대로 안하면 서운한 마음이 생깁니다. 그러므로 신의를 확실히 지키는 것이 정의를 기르는 데 한 가지 조건이 됩니다.

7. 예절을 존중하라. 우리나라 사람들은 좀 친해지면 예절이 문란해집니다. 그래서 옛부터 친한 사이에는 무례하게 하는 것이 서로 친애하는 표시가 되는 줄 압니다. 그러나 무례한 것으로는 친구에게 호감을 못 주고 도리어 염증이 생기게 됩니다.

그 나라의 애국자를 대우하는 것도 무정한 사회와 유정한 사회가 다릅니다. 우리 무정한 사회에서는 애국자의 결점만 집어내어 위난에 빠질 때에 구원하지 않습니다. 그러나 유정한 사회에서는 그렇게 하지 않습니다.

또 어떤 이가 공익 사업에 돈을 내다가도 다시 더 안 내면 그 전에 낸 것을 고맙게 생각지 않고 도리어 욕을 합니다. 이런 무정한 사회가 어디 있겠습니까?

유정한 국민은 아무리 점잖은 신사나 부인이라도 노상에서 어려움을 만난 사람을 보면 체면과 수고를 돌보지 않고 기어이 도와 줍니다. 여기는 귀천의 차별도 없습니다. 자기의 좋은 옷을 찢어서라도 다친 사람의 상처를 싸매 주고 간호해 줍니다.

정의 없는 대한 민족의 고통은 실로 지옥 이상입니다. 대한인의 사회는 가시밭입니다. 아무 낙이 없습니다.

단우들이여! 우리는 단우다운 정의를 지켜 화기 가운데 삽시다. 화기가 있는 가운데 일에 흥미가 있어야 성공합니다. 모든 사업, 모든 의무를 다 하고 싶어서 하게 됩니다.

흥사단우가 가는 곳마다 정의를 펼칩시다. 대한민국의 사활 문제가 정의돈수에 있습니다. 말하고 또 말하거니와, 정의를 근본으로 하면 만사는 일어나고 정의가 없으면 아무 일도 아니 됩니다.

정의를 힘쓰되 도(道)를 지켜야 합니다. 우리 사회에서는 공의(公議)와 정의가 없어지고 문란함과 무례한 것이 친애의 표가 되었습니다.

어린아이가 어머니를 사랑하는 사랑, 어머니가 울면 울고, 어머니가 웃으면 웃는 어린아이, 이것이 참 사랑의 표시입니다.

서양인은 길에서 어려움을 당한 사람을 만나면 기어이 살려 주려고 귀천을 분별하지 않고 애쓰고 간호합니다. 남의 환난을 볼 때에 참으로 동정하는 이가 우리 단우입니다. 우리는 어디를 가든지 오직 정의 돈수 네 글자에 의지하여 삽시다.

(〈흥사단보〉 1946년 7월호)

나의 사랑하는 아내에게

당신이 친필로 써 보낸 편지를 받아 읽으니 반가운 생각과 동시에 슬픈 마음도 많소.

내가 남편의 직분, 아비의 직분을 다하지 못하여 아내와 자식들을 고생시키는 것을 생각하면 마음이 심히 괴롭소. 필선이까지 공부를 못한다니 더욱이 괴롭고 부끄럽소.

나는 당신을 어떻게 위로해야 할지 생각이 막연하오. 내가 일찍 우리 민족에게 몸을 바치고 일하느라고 집을 돌아보지 아니하였으나 민족에게 크게 공헌한 것이 없으니 두루 생각할수록 죄송한 것 뿐이오.

그렇다고 이제 하던 일을 버리고 집을 돌아볼 수 없다는 것은 당신도 잘 이해할 줄 믿소.

내가 일찍이 모든 것을 희생하고 우리 민족을 위하여 일하기로 작정한 지 오래되었고, 가정의 행복을 희생한 지도 오래되었소. 뿐만 아니라, 당신도 우리 민족을 위하여 희생을 당하는 바요.

임의 혁명을 위하여 모든 것을 희생하기로 작정하고 오랫동안 희생을 달게 여기어 온 바에야 이제 어떤 고통을 받든지 어찌 원망할 것이 있으리오.

나는 더구나 여러 동지와 동포들에게 빚진 것이 많고 지금은 늙었으니 집에나 무엇에나 사사로운 일을 돌아볼 여지가 없고 오직 혁명을 위하여 최후의 목숨까지 희생할 것을 재촉할 뿐이오. 고생하고 있는 당신에 대해서는 고생을 더 받으라 할 뿐이오.

당신은 아이들에게도 혁명의 정신을 넣어 주기를 힘써 주시오. 금년 안으로 미주에 건너 가려고 하나 아직은 시간을 확정하기 어렵소. 나의 몸은 좀 쇠약하나 특별한 병은 없으니 염려마시오. 김 박사 아이들은 홍역을 합니다.

1932년 1월 16일
도산

나의 사랑하는 아내 혜련

당신이 경성 서대문 형무소로 두 번 보낸 편지는 다 반가이 받아 보았소. 이 형무소의 법규가 두 달에 한 번밖에 편지를 못하게 되어 있기 때문에 다른 곳에 편지를 할 때에는 당신한테 편지를 보내지 못하게 되오.

전에도 말했지만 내가 평생에 당신에게 기쁨과 위안은 주지 못했고 이제 늘그막에 와서 근심과 슬픔만 주게 되니 불안한 마음을 헤아릴 수 없소. 더욱이 집안일과 아이들에 대한 모든 시름을 늘 혼자 맞게 하니 미안하고 미안하오.

내가 조용한 곳에 홀로 있으며 평소에 그릇된 여러 가지 허물을 생각하고 한탄하는 중에 남편의 직분과 아비의 직분을 다하지 못한 것이 또한 스스로 책망하는 조건이오. 또한 당신 이외에 미국에 체류하는 여러 친구와 동포들이 나를 동정하여 걱정하심에 대하여도 황송할 뿐이오.

그간에 집안에 별고 없으며, 삼촌 댁과 영호 동생 부부와 아이들도 편안하고, 친구들도 다 태평하오? 여러 곳에 각각 편지하지 못하니 당신이 대신 문안하여 주시오. 차 군과 에더 혼인에 대하여 기쁘게 축하하오. 아주머님이 정 목사 편에 미화 십 달러(조선 돈으로 40원) 보내신 것에 감사한다고 말씀하여 주시오.

내가 경성 서대문 형무소에 있던 지난 겨울은 몹시 추워 얼마 동안 추위에 다소 곤란을 받았으나 다른 괴로움을 받은 것은 별로 없었소.

368

지난 3월 28일에 이 대전 형무소로 이전하여 온 후로는 더욱 평안히 지내니 나 때문에 근심하지 마시오.

유숙하는 감방도 매우 정결하고 빛과 공기가 잘 통하며, 음식도 비록 간단하나 매우 정결하고 매끼 삼시로 더운 햇밥을 주니 위생도 좋고 구미에도 맞아서 잘 먹고 있소. 그리고 경성이나 이곳에서나 아직 괴로운 특별한 사건을 당하지도 않았소.

당신은 본래 성격이 겁을 내지 않고 담대하니 내가 이 지경에 처한 것에 대해 근심하지 말고 모든 것을 자연에 맡기고 집안일을 돌아보며 아이들을 교양하는 데 수고하는 것으로 낙을 삼으시오.

당신이 만일 걱정하는 빛을 띠면 집안에 화기가 사라지고 따라서 아이들의 신체 발육과 정신 발달에 큰 영향을 줄 터이니 나에 관한 모든 것은 아주 없어진 것처럼 일소하여 버리고 가정의 유쾌한 공기와 아이들의 활발한 기상을 만들기에 주의하시오.

당신은 30여 년 전, 즉 청년 시대에 샌프란시스코 파인스트리트 일인 보딩하우스에서 나의 장래를 예언한 것을 기억하시오? 또 팔구 년 전에 미주에서 작별할 때에 이번 작별은 무슨 작별이라고 말씀한 것을 기억하시오? 그런즉 당신은 그리 놀라거나 슬퍼하거나 할 것 없이 마음으로 자녀들을 교양함에 전심하시오. 내 친구 중 나보다 먼저 세상을 작별하고 간 사람이 있다면 얼마나 있소.

옥에서 목숨을 멈춘다 하여도 한할 것이 없소. 나는 나의 장래를 자연에 맡기고 다만 평소에 지은 죄과를 참회하고 심신을 새로이 단련하여 옥에 있거나 밖에 있거나 어디서든지 남아 있는 짧은 시간을 오직 화평한 마음으로 지내려고 스스로 준비하고 힘쓰고 있소.

당신께 몇 가지 할 말이 있소.

하나. 아이들 혼인에 대해서인데 필선이는 아직 문제가 안 될 것이고, 수산과 수라의 혼인이 염려되오. 미주 우리 사회에 혼인의 문이 넓지 못한바 실제로 혼처를 구하기가 곤란할 것이오. 그러나 그 형편에 맡길 수밖에 없소. 당신이 감독하는 밑에서 저희들이 자유로 선택할 터인데 아이들에게 선택할 수 있는 지식을 먼저 지도하여 주시오. 특별한 사람을 구하지 말고, 직분을 존중히 하고, 직업을 사랑하는 근실한 사람이면 만족한 줄 아시오. 그 중에 필립의 혼기가 너무 늦은 것은 유감이오. 그러나 임의로 늦어진 바에 좀 더 기다리는 것이 좋을 듯 하오. 내가 만일 죽지 않고 나가게 되면 내가 나가서 주선하는 것이 나을까 하오. 나의 나갈 형기가 1936년 11월 6일인즉 앞으로 3년 5개월이 남았소. 3년 시간이 잠깐 갈 터이니 기다림이 좋을까 하오.

하나. 집안 생활이 본래도 곤란한데 지금 특별히 불경기에 처하여 있으니 얼마나 곤란하겠소. 그러나 이것도 평생을 받아 오는 바이므로 견디는 힘이 다른 사람들보다 나을 것이오. 다만 주의할 것은 필영이를 제외한 네 아이는 무엇을 하든지, 거리에 나가 신문을 팔더라도, 모두 일 전씩의 벌이라도 버는 일을 실행케 하고 이 불경기를 이용하여 절약을 공부하게 하시오.

하나. 필립이 장사를 못하고 남에게 고용될 바에는 될 수 있으면 그곳 포드 자동차 회사에 적당한 자리를 얻어서 일하는 것이 좋을 듯 하오. 이것은 장래에 동양으로 건너와 살 경우에 동양에 있는 그 회사에 일을 얻어 가지고 오는 것이 살기에 용이할 것이기 때문이오. 그 애의 삼촌 두성 군은 매일 5원씩 받고 포드 회사에서 일함으로써 돈을 저축하면서 잘 지내고 있소.

하나. 윤진오 군이 필립과 같이 무슨 영업을 하기 위하여 자본을 보내라 하였는데 그것을 시행치 못한 것이 미안하오. 그러나 지금은 미국 돈과 동양 돈이 엄청나게 가격 차가 있는 때라 동양에 있던 돈을 미국으로 가져가면 여간 큰 손실이 아니니 그 돈은 아주 없어진 셈치고 기다렸다가 미국과 동양의 경제 융통의 형세가 원상대로 된 뒤에 이리

저리 해야 하겠고, 또 그 돈에 대하여는 추호도 염려하지 마시오.

하나. 필선의 공부를 도와주신 단소 여러분께 감사의 뜻을 대신 전해 주고, 지금 동맹을 다시 실행하기에 힘쓰기를 원한다고 하여 주시오.

다음으로 당신께 다시 하고 싶은 말은 인생이란 것이 본래 장생불사하는 물건이 아니고 누구나 한 번 났다가 한 번 죽는 것이요, 또 사는 동안이란 매우 짧다는 것이오. 나나 당신이나 다 하나의 인생으로서 세상에 와 있는 동안 잘 지내거나 못 지내거나 삶의 시간이 거의 다 지나갔고 이제 남은 시간이 많지 못하오.

위에서도 말하였지만 나는 나의 지나간 역사의 그릇된 자취를 더듬어 보고 양심의 책망을 받음으로써 때때로 비상한 고통을 받았소. 그러나 그것도 다 지나갔으니 후회막급으로 생각하여도 별도리가 없소. 그런즉 지나간 모든 것을 다 끊어 보내 버리고 오직 살아 있는 짧은 시간을 어떻게 다 보낼까 함이오. 옛날의 그릇된 자취를 다시 안 밟겠다는 결심은 물론 하지만 새로 밟아 갈 것이 무엇이겠소. 아무 별것이 없고 오직 사랑뿐이오.

사랑, 이것이 인생에서 밟아 나갈 최고의 진리요. 인생의 모든 행복은 인류간의 화평에서 나오고 화평은 사랑에서 나오기 때문이오. 우리가 실제로 경험해 본 바, 어떤 가정이나 그 가족들이 서로 사랑하면 화평하고, 화목한 가정은 행복한 가정이오. 그와 같이 사랑이 있는 사회는 화평의 행복을 누리오.

사랑을 최고 진리로 믿고 사랑을 실행하는 사람의 사랑으로 인하여 가정이나 사회의 화평과 행복이 촉진되는 것은 물론이오. 가정보다 먼저, 사회보다 먼저, 사랑을 믿고 사랑을 품고 사랑을 행하는 그 사람 자신의 마음은 비상한 화평 속에 있으므로 남이 헤아리지 못할 무한한 행복을 받을 것이오.

그런즉 나나 당신이 앞날에 있을 시간에 우리들이 어떤 곳에, 어떤 경우에 있든지 우리의 마음이 완전한 화평에 이르도록 사랑을 믿고 행합시다.

내가 이처럼 고요함을 공부할 생각만 하는 동시에, 이것을 당신에게 선물로 줄 마음이 있어서 '사랑' 두 글자를 보내오니 당신은 당신의 사랑하는 남편이 옥중에서 보내는 선물로 받으시오.

이것을 받아 가지고 우선 집안 자녀들을 다른 날보다 특별히 사랑하는 화평의 기분으로 대하고, 삼촌 댁과 사촌집 친족들이며 그 밖의 친구들한테 평시의 감정을 쓸어 버리고 오직 사랑으로 대하기를 시험하시오. 효과가 곧 날 것이오. 그리하여 어떤 사람에게든지 자비의 정신을 품고 대하기를 공부하여 보시오.

말이 너무 길어지므로 그만 줄이오. 아이들에게도 자주 편지하고 싶으나 형편이 허락하지 아니하오. 아이들을 보고 싶은 마음은 평시보다 더욱 간절하오. 그 중 필영이 생각이 더 많이 나오.

1933년 6월 1일
당신의 남편

나의 사랑하는 아들 필립

어머님의 편지를 본즉 네가 넘어져 팔을 다쳤다 하니 매우 놀랍고 걱정이 된다. 네 팔이 낫는 대로 곧 내게 알려 다오. 네가 소학교에서 중학교 1반을 마친 것을 기뻐한다.

나는 평안하다. 그리고, 이번 미국에서 동양으로 놀러 나온 미국 상원 의원과 하원 의원을 만나려고 홍콩에 왔다가 그들이 이곳에 오지 않아 만나지 못하였다. 나는 곧 상해로 돌아가겠다.

내 아들 필립아!

전에도 말했지만 너는 나이가 점점 들어 키가 자라고 몸이 굵어지니 전날 나이 어리고 몸이 작을 때보다 스스로 좋은 사람되기에 힘쓸 줄 안다. 내 눈으로 네가 스스로 좋은 사람이 되려고 힘쓰는 모습을 매우 보고 싶다.

너는 근본 성품이 남을 속이지 않고, 거짓말을 아니하고, 진실하니 이런 까닭에 다른 사람들보다 좋은 사람이 되기 쉬우리라고 생각한다.

좋은 사람이 됨에는 진실하고 깨끗한 것이 첫째이다. 너는 스스로 부지런하고 어려운 것을 잘 견디는 것을 연습하여라. 너는 책을 부지런히 보느냐? 쉬지 말고 보아라. 그러나 아무 책이나 마구 보지 말고 특별히 좋은 책을 택하여 보아라.

좋은 사람되는 법은 좋은 친구를 잘 가리어 사귀며, 좋은 책을 잘 가리어 보는 두 가지가 매우 요긴하다.

두 종류의 책을 택하여라. 첫째는 좋은 사람들의 사적과 인격을 수양하는 데 관한 책이 좋은 책이요, 둘째는 네가 목적하고 배우고 지식을 얻는 데 관한 책이다. 이 두 가지 내용을 기준으로 하여 책을 보고, 한국 글과 책을 잘 익혀라. 내가 하는 말을 네가 즐거운 마음으로 따를 줄 믿는다.

네 아버지가
중국 홍콩에서

나의 사랑하는 딸 수산

(네 형 맥결이 나를 위하여 애도 많이 쓰고 나에게 다니느라고 시간
과 돈도 많이 썼다. 네가 편지로 고마운 뜻을 표시하여라.)

9월 5일 네가 보낸 편지를 반가이 받아서 자세히 읽어 보고 몹시 기
뺐다. 내가 너를 품에 안아 재워 주던 것이 어제 같은데 지금 네가 대
학생이요, 영 레이디가 되었구나. 수라의 토요 댄스를 보던 것이 어제
같은데 지금은 중학을 마치고 대학으로 가게 되었으니 참 세월이 빨리
달아난 것을 깨닫겠다.

나의 사랑하는 딸 수산, 수라야. 너희들이 공부를 잘하며 품행이 아
름답고 어머님께 효성이 있고 동생들과 우애하여 항상 어머님을 기쁘
게 하니 내가 비록 옥중에 있을지라도 너희들을 생각하고 기쁨을 가진
다.

네 오라버니 필립도 대학에 다니는 것을 좋게 생각하고, 필선이가
그처럼 공부에 힘쓰고 특별히 어머님을 항상 도와 드린다니 참으로 기
쁘다. 필영이가 그같이 활발하게 장난을 잘한다니 매우 기쁘다. 다만
우리집 앞 언덕 위에는 어두워진 다음에는 다니지 말며 연약한 나무에
는 자주 오르지 말라고 하여라.

나는 별고 없고 지금까지는 하루에 한 번밖에 나가서 운동을 하지
못했는데 얼마 전부터는 매일 오전과 오후 두 번씩 운동을 하니 매우
좋으며 매 예배일에는 유성기 소리도 듣는다.

내가 옥에서 나갈 날은 후년 11월 18일이다.

너는 사범과를 택하였으니 그 중에 가정에 관한 것을 특별히 주의하여 연구하기 바란다. 너는 대학을 마친 후에 조선에 나와서 일하여야 할 터인데, 조선에 개량할 것이 많지만 그 중에서 가정 생활의 개량이 매우 필요하다.

우리집 앞 언덕길이 전과 같으냐? 혹은 고쳤느냐? 연못에는 연꽃이 남아 있느냐? 또 토란나무는? 너희들도 매우 바쁘겠지만 뜰을 깨끗하게 거두고 화초를 잘 길러라. 이것도 아름다움을 사랑하는 좋은 습관을 양성하는 한 과정이다.

1월 1일
너의 아버지

《안창호 일대기》 해제

1

　도산 안창호는 대한제국 시기와 그를 이은 일제 식민지하에서 민족 운동 내지 항일 독립운동을 선도한 여러 인물 중에서도 그 이미지가 선명하게 부각되는 선각자요, 민족운동의 실천자이다. 그러므로 국내 외 학계에서 그동안 여러 방면에서 도산의 관계 사료를 수집 정리하 고 나아가 도산 연구를 진행해 왔으며 앞으로도 계속 심화될 것이다. 《안창호 일대기》도 이와같은 맥락에서 편찬된 것이다.

　그런 중에서도 이 책은 도산 이해의 기반 확대와 도산 연구의 심화 를 위하여 도산 관련 자료 중에서도 도산의 역사적 위상을 밝힐 수 있는 생애와 사상 등의 자료를 재발굴, 정선 편찬한 것이다.

　이 책은 크게 4편으로 구성되어 있다. 제 1편은 그동안 일반에는 물론 학계에도 잘 알려지지 않았던 도산 안창호의 전기인 곽림대의 《안도산》을 수록한 것이고, 제 2편은 도산의 가장 친근한 지기이며 도산과 민족 독립운동을 시종일관하였던 오산 이강과 그밖에 몇 분의 회고 좌담 기록이다. 제 3편은 도산의 항일 독립운동의 행적을 비교 적 소상히 밝힐 수 있는 일제 심문기록이고, 제 4편은 대웅변가로서 도 저명한 도산의 연설문과 그의 사상과 경륜을 실증하는 논설을 정 선 합편한 것이다.

2

도산 안창호는 1878년 11월 9일, 평안남도 강서군 초리면 칠리 도 롱섬에서 농사를 짓던 안흥국(安興國)의 세째 아들로 태어나 어려서 는 한문을 수학하였다. 1894년 동학농민군의 봉기와 청일전쟁 등으로 혼란스럽게 격동하던 때 상경하여 구세학당 보통부에 입학해 2년 간 수학하고 졸업후에는 조교가 되었다.

1896년에 고향에 돌아온 도산은 이혜련과 약혼을 하고, 강서군 동 진면 암화리에 점진학교를 설립하였다. 20세가 되던 1897년에 다시 상경하여 독립협회에 가담하였으며, 다음해에는 만민공동회 관서 지 부를 조직하고 그후 약 3년간은 경기 · 황해 · 평안도를 순회하며 계 몽 연설하는 한편, 육영사업과 황무지 개간사업을 추진하였다.

25세가 되던 1902년에 이혜련과 결혼하고 그해 10월 14일 미국에 도착, 샌프란시스코에서 노동품을 팔면서 소학교에 입학하여 영어를 공부하였다. 1903년 샌프란시스코에서 한인 친목회를 조직 지도하였고, 1905년에는 이를 발전시켜 공립협회를 건립하고 초대 회장으로 활약하였다.

이어 국운이 기울던 1907년에 국내에 돌아와 양기탁 · 이동녕 · 이 동휘 · 전덕기 · 이갑 · 유동렬 등과 함께 비밀리에 신민회를 창립하였으며, 1908년에는 평양에 자기회사와 대성학교를, 서울 · 평양 · 대구 등지에 태극서관을 설립하고, 1909년에는 청년학우회를 조직 지도하 였다.

33세 되던 1910년 4월에 해외에 독립운동 기지를 설정하기 위하여 그를 비롯한 신민회 간부가 국외로 빠져나와 청도에 모여 독립운동의 방략을 논의하였다. 그해 9월 경 연해주 블라디보스톡으로 건너가 이 곳에 선파되어 활동하던 이강 · 김성무 · 정재관 · 이갑 등과 함께 구국 계몽운동을 벌이다가 1911년에 재차 미국으로 망명하였다. 이듬해 그는 샌프란스스코에서 공립협회가 발전, 통합 민족운동 단체로 성장한 대한인국민회에 중앙 총회를 조직하고 초대 회장이 되어 활동하였고, 1913년에는 역시 샌프란시스코에서 흥사단을 창립, 곧 로스앤젤리스로 옮겨 민족운동을 위한 육영사업을 벌였다.

42세가 되던 1919년에 3·1운동이 발발하고 상해에서 대한민국 임시정부가 건립되자 급거 상해로 가서 내무총장 겸 국무총리로 취임하여 실질적으로 초창기 임시정부를 이끌어 갔다.

1924년에는 남경에 동명학원을 설립하였고, 수년간 독립운동의 근거지로서 이상촌[모범촌] 건설사업을 위해 노력하였다. 그리고 1926년부터는 각지에 상호 분산 대립되어 있던 독립운동 단체를 통합하고자 길림, 북경 등지로 순회하면서 민족유일당 운동을 전개하던 중 1927년 길림에서 일제의 사주를 받은 중국 관헌에 의해 체포되기도 하였으나 곧 석방되었다.

1932년 4월 29일, 윤봉길의 홍구공원 의거로 상해에서 일경에게 체포되어 서울로 압송되었다. 4년형을 선고받고 서대문과 대전 감옥에서 복역하다가 1935년 2월, 2년 6개월간 옥고를 치른 후 가출옥되어 요양중 1937년 수양동우회 사건으로 다시 수감되었다. 이듬해 중병으로 출감되어 병원에 입원 요양하였으나 간경화증으로 1938년 3월 10일 61세를 일기로 작고하였다.

3

도산의 전기인 《안도산》은 1963년 8월, 도산의 측근 인사인 곽림대(郭林大)가 기술한 필사본으로 분량은 저자의 서문을 포함하여 총 140면(8절지의 종서)에 달한다. 도산의 생애와 사상 등을 기술한 전기류는 이외에도 이광수의 《도산 안창호》(1947)와 주요한의 《안도산 전서》 속의 〈전기〉(삼중당, 1963), 장이욱의 〈도산 안창호〉(태극출판 사, 1970) 등 몇 종이 있다. 그러나 이것들은 그의 국내외에서의 활 동 중 주로 국내와 중국에서 활동하던 시기(1919~1924, 1926~1932)에 보다 큰 비중을 두고 있다.

그러나 곽림대의 것은 도산의 실제 생활의 근거지이며 민족운동의 이념이나 방략의 전형을 이루었다고 볼 수 있는 미주 지역에서의 생 애와 활동에 보다 많은 비중을 두고 있음이 특징이다. 이는 곽림대가 도산이 미주에서 활동하는 동안 줄곧 함께 한 인물이었으므로 가능했 을 뿐더러 내용 또한 다른 전기류에 비해 정확하다고 볼 수 있다.

곽림대는 1885년 황해도 은율 출신으로 평양 숭실전문학교에서 수 학하고, 신천 신성학교 교사로 근무하며 도산을 비롯하여 이갑·이종 호·이동휘 등과 교류하면서 애국 계몽운동의 지역 연락사무를 담당 하였다. 1910년 '한일합방'을 전후하여 일제에 의해 날조된 '105인 사건'에 연루되어 7년형을 받았으나, 1913년 석방되고 이듬해 곧 미 국으로 망명, 도산을 도와 독립운동에 헌신하기 시작하였다.

1915년 8월 경에는 흥사단에서 도산, 강영대와 함께 흥사단 약법 기초의원으로 활동하였다. 그후 하와이와 멕시코 한인사회에서 분쟁 이 발생하여 도산이 미주 본토를 떠나 하와이와 멕시코에 가서 오래 체류하는 동안(1917.5.-1918.7.)에는 흥사단의 전 업무를 관장 운영 하였다.

3·1운동 전후에는 대한인국민회 북미 지방 총회의 대표원으로 문 양옥·강영대와 함께 활동하였고, 특히 도산이 상해에 가서 임시정부 에서 활동할 때에는 대한인국민회 중앙 총회의 총무를 맡아 임시정부 와 구미 위원부에 대한 재정 후원에 진력하였다.

1920년 2월, 대한민국 임시정부 군무 총장 노백린과 교포 실업가

김종린 등의 주도로 캘리포니아 윌로스 지방에 한인 비행사 양성소를 설립하여 운영할 때에는 이에 참여하여 비행사 연습생 감독으로 활동하였다. 이 비행사 양성소가 7개월만에 사정으로 폐교되는 전후에는 독립의지를 군사방면에서 구현코자 켄터키 사립 사관학교에 입교하여 군사학을 수학하기도 하였다.

도산이 원동에서 활동하던 무렵인 1929년에는 흥사단 미주 위원부 이사장에 선임되어 흥사단을 이끌었고 이때 등사판 〈흥사단보〉를 간행하였다. 제 2차 세계대전의 종전 무렵인 1944년에는 미국 본토와 하와이 각지에 있던 13개 한인 단체가 회동하여 중경의 임시정부와 미 본토의 임시정부 외교 위원부의 효율적인 운영을 위하여 개조안을 작성 통과 시킬 때에는 김원용 등과 같이 활동하였다.

이와같은 곽림대의 행적은 도산의 그것과 일치하고 있을 뿐만 아니라 미주에서는 도산과 거의 함께 생활하고 활동했던 것으로 보인다. 특히 도산이 독립운동의 대의를 위하여 중국 본토나 서북간도와 연해주를 지칭하는 원동(遠東), 또는 국내로 떠날 때는 늘 도산의 '빈자리'를 채우면서 미주에서의 도산의 일을 대신 맡은 역할에 헌신하였던 것이다. 그는 작고 전에 《못잊어 화려강산》이라는 회고록을 남기기도 하였다.

곽림대의 《안도산》은 일부가 흥사단 기관지인 〈기러기〉에 게재된 바 있다(1969.4.-1970.6.). 그러나 전문을 게재하지 못했던 것을 인하대학교 한국학연구소에서 〈한국학연구〉(별집 4, 1992)에 수록한 바가 있으나 소량의 비매품이어 일반에게 알려지지 못하였다. 따라서 지금 여기에 안도산 전기류의 대표작으로 선정하여 수록하는 것이다. 《안도산》의 구성은 도산의 생애와 행적을 좇아 기술한 16개 장의 본문과 도산의 인품과 연설 및 언론을 논찬한 2개의 별항으로 이루어졌다. 그러나 여기에서는 도산의 연설과 논찬은 따로 편찬되어 중복

되는 감이 있으므로 생략하고 본문만을 수록한다.

곽림대는 《안도산》의 전기 첫머리에 도산을 평하여 '생이 무엇인지 아는 이상가요', '국가적 영도자'라고 하면서 다음과 같은 고백을 하였다. 도산을 이해하는데 있어 주목되는 대목이다.

"이 기사의 백분의 구십은 필자가 친히 보고 협동한 일과, 직접 도산이 전하여 준 이야기와, 또는 전도 사업에 관한 계획을 남겨준 것이므로 결코 허황된 추측이나 풍문이 아니다."

이런 점에서 보아도 《안도산》은 새롭게 제기되는 문제에 대한 '의심'보다는 진실에 접근하려는 '주목'과 '관심'을 끌게 될 것 같다.

4

〈도산 언행 습유〉(島山言行拾遺)는 곽림대 못지 않은 도산의 측근 동지이며 도산과 함께 국내외에서 같은 노선의 항일 민족 독립운동을 시종일관했던 오산(吾山) 이강(李剛)을 중심으로, 생전에 도산과 교류가 깊었던 주요한(朱耀翰)·백영엽(白永燁)·최희송(崔熙松)·이복현(李福賢)·김용현(金用賢) 등이 1953년 8월 19~20일에 해운대의 어떤 집에 모여 도산의 생전 언행을 좌담 형식으로 증언한 것을 국회 사무국의 김종홍과 김진기가 초록 정리한 것이다.

증언은 대체로, 후에 〈안도산 전서〉를 편찬한 주요한이 주제별로 질문하고 도산의 행적을 가장 잘 아는 이강이 대부분 대답하는 방식으로 진행되었다. 이것은 1954년 도산 기념사업회에서 발간한 《속편 도산 안창호》에 - 해운대 좌담 기록 -이라는 부제가 붙어 수록되었던 것이다.

내용은 도산의 유년시대로부터 시작하여 시기별로 정리되어 있다. 국내에서의 도산의 언행, 도산의 제 1차 도미 시대, 1907년 미국에서 환국하여 신민회를 창립하고 국망 직전에 구국운동을 전개하던 시기, 1910년 국망으로 재차 도미하기 직전까지의 망명 시기, 1911년 재차 도미 활동 시대, 대한민국 임시정부 성립후 중국 대륙에서 활동하던 시대 등으로 나누어 증언한 것이다.

이 중에서도 1·2차에 걸친 도산의 미주에서의 활동과, 잠시이기는 하지만 1910년 국치를 전후하여 연해주를 경유한 망명 당시의 행적에 대한 증언은 보다 중요하고도 진솔한 내용을 담고 있다. 이것은 이강이 그의 생애에서 볼 수 있듯이 도산과 거의 같은 시기에 도미하여 그후 줄곧 도산과 가장 가까이에서 그것도 같은 노선의 항일 민족운동을 시종하였기 때문이다.

이강은 1878년에 평안남도 용강에서 출생하였으며, 도산과는 도미 이전 국내에서부터 서로 면식이 있던 처지였다. 그는 1902년 하와이에 노동 이민으로 건너가 1년 동안 그곳에서 영어를 공부하고 이어 수학을 목적으로 미주 본토의 관문인 샌프란시스코에 상륙하였다. 이때는 러·일전쟁이 한창이던 무렵으로 일본군의 여순 함락 직후였다. 그곳에서 학비를 벌기 위하여 8개월 동안 노동에 종사하던 이강은 도산을 만나 그의 권고로 학업을 단념하고 공립협회의 기반이 된 로스앤젤리스 근방에 당시 한인들이 하변시라고도 부르던 리버사이드시에 한인 최초의 노동 주선소를 설치하고 활동하기 시작하였다. 그후 주선소가 기반이 잡히는 것을 계기로 도산을 따라 샌프란시스코에 가서 도산, 정재관 등과 함께 한인 친목회를 발전시켜 1905년 4월 공립협회를 창립하고 그해 11월 기관지 〈공립신보〉를 창간하고 주필이 되었다.

1907년 초 도산의 환국을 전후하여 그도 귀국, 양기탁을 중심으로 국내 동지들과 함께 1907년 4월 서울에서 민족운동사상 저명한 신민회를 조직하고 활동하였다. 몇 달 뒤 연해주 블라디보스톡으로 가서 미국에서 먼저 온 김성무 등과 함께 공립협회와 그를 발전시킨 대한인국민회 시베리아 총회를 조직하고 국내 신민회와 연계시켰다. 또한 그곳에서 〈해조신문〉 창간에 참여하고 편집 논설 기자로 활동하였으며, 후에 〈대동공보〉로 제호를 고친뒤에는 편집 책임을 맡았다. 특히 1909년 10월, 한국 침략의 원흉 이등박문의 총살 응징 계획이 그 속에서 수립될 때 간여하였으며 안중근의 이등 총살 의거 성공 후에는 영국인 변호사를 구하기 위하여 북경에까지 파견되어 활동하였다.

1910년 7월 경에는 청도에 가서 도산 등과 청도회담을 개최하고, 도산 일행과 블라디보스톡에 다시 가 대한인국민회 시베리아 총회의 지도위원으로 그 회의 활동을 주도하였다. 시베리아 총회는 치타에 본부를 두고 기관지로 〈대한인정교보〉를 간행하였다. 얼마 뒤 일본군의 시베리아 출병이 있게 되자 탄압을 받아 블라디보스톡에 돌아왔다.

1919년 8월, 강우규 의사가 남대문역에서 재등 총독에게 폭탄을 던지는 의거를 일으키자 연루자로 지목되어 일본 헌병에 의해 서울로 압송되었다. 근 2개월 동안 옥고를 치른 후 석방되자 다시 망명하여 블라디보스톡으로 갔다. 그동안 러시아에서는 볼셰비키 혁명이 일어났으며, 한인 사회 안에서는 윤해와 김립 등이 세력을 잡고 그를 민족주의자로 몰아 배척하였다. 그리하여 이동휘의 권고로 연해주를 떠나 상해로 갔다. 상해에서 도산을 다시 만나 임시정부에서 활동하는 한편, 도산과 흥사단 원동지방 위원회를 설치하여 원동지방에서의 흥사단 운동에 진력하였다.

일본의 침략 세력이 양자강 일대까지 미치게 되자 그는 상해를 떠나 남중국 샤먼(廈門)에 가서 항일 강연 중 일본 경찰에게 납치되어 평양에 호송되어 3년 징역형을 선고받고 복역하였다. 출옥하자 다시 탈출하여 중국 복건성에서 활동 중 1945년의 해방을 맞았다. 그후 임시정부의 명으로 대만에 가서 한인 동포들에 대한 선무단의 단장으로 활동하고 1946년에 환국하였다.

이와같은 행적의 이강의 증언은 도산의 민족운동은 물론, 도산의 사상과 경륜을 실증하는 귀중한 자료임에 틀림없다. 그러므로 도산과 같이 미국에서 활동하지도 않았던 주요한이 도산 전기를 편찬할 때 그 상당 부분이 이강의 이 〈해운대 좌담 기록〉이나 그 속에 초록되지는 않았으나 그의 증언을 근거로 하였을 것으로 추리하여도 큰 무리는 없을 것으로 생각된다.

5

도산에 대한 일제 관헌의 재판 기록으로는 1932년 4월에 체포된 후 여러 기관이 행한 심문 기록과 판결문 등이 있으나 대부분 산일되었고 현재 볼 수 있는 것은 얼마 되지 못한다. 그 중에서 이 책에 수록한 심문 기록은 이른바 일제의 '치안유지법' 위반이란 명목으로 1932년 9월 5일 경성 지방법원에서 행한 〈예심 심문기〉이다. 이 기록은 예심판사 증촌문웅(增村文雄)이 심문하고 도산이 대답한 것을 서기 풍강유길(豊岡留吉)이 기록한 것이다. 기록자의 오류는 있을 수 있으나 정직을 신조로 삼았던 도산의 심문기이므로 도산의 정확한 행적을 밝히는 자료로서의 가치가 높다.

현재 미국 로스앤젤리스 흥사단 본부에 도산의 친필 이력서가 남아 있기는 하나 내용이 간결하여 자세한 행적을 밝히기에는 미흡한 점이 있다. 이 심문기는 그에 비하면 훨씬 자세하고 또한 비교적 풍부한 행적 내용을 담고 있다. 특히 도산의 연보 이해에 필요불가결의 자료로 생각된다.

6

〈안창호의 말과 글〉는 도산의 많은 연설문과 논설문 중에서 그의 사상과 경륜을 절실히 구현한 것을 정선하여 편찬한 것이다. 도산은 국내외에서 많은 연설을 했다. 그의 연설 주제는 다양했으며 연설 내용은 당시 민족의 감정과 정서에, 그리고 시대 상황에 맞추어 가장 적절하게 호소하는 것들이었다. 따라서 그의 연설을 들은 청중들은 크게 감동하고 공감하였던 것이다. 도산의 많은 연설문을 여기 모두 실을 수가 없으므로 상해 임시정부 시절에 행했던 연설 중에서 그의 소신을 분명히 밝힌 몇 편만을 옮겨 놓는다.

한편 도산은 글은 그다지 많이 남겨 놓지 못하였다. 여기 실린 논설문들도 도산이 구술한 것을 다른 사람이 후에 정리한 것도 있다. 그러나 연설이건 논설이건 그의 글들을 보면 일관된 사상과 의지가 담겨 있음을 알 수 있다.

마지막에 붙인 몇 편의 〈안창호의 편지〉는 상해와 국내 감옥에서 그의 사랑하는 부인 이혜련과 아들 필립, 딸 수산에게 보낸 편지 중에서 골라 편집한 것이다. 특히 '사랑'을 강조하던 도산의 인간성을 보여주는 것이라 하겠다.

윤 병 석

386

도산 안창호 연보

1878년   11월 9일, 평안남도 강서군 초리면 칠리 봉우도(도롱섬)
           에서 부친 안흥국(安興國)과 모친 황씨(黃氏)의 3남으로
           태어남.

1884년   (6세) 평양 대동강면 국수당으로 이사. 집에서 한문을 학
           습. 누이동생 신호(信浩) 태어남. 4월 21일, 부인 이혜
           련 태어남.

1886년   (8세) 평양 남부산면 노남리에 거주. 한문 서당에서 공부
           하며 목동일을 함.

1889년   (11세) 부친 안흥국 별세.

1891년   (13세) 강서군 심정리로 이사.

1894년   (16세) 청일전쟁 일어남. 상경하여 정동 새문안교회 안
           에 있는 구세학당(救世學堂; 元杜尤학당, 경신학교 전신)
           에 입학하여 공부하는 한편, 예수교 장로회에 입교.

1896년   (18세)구세학당 졸업 후 조교 생활. 고향으로 돌아와 조
           부의 명에 따라 이석관(李錫寬)의 장녀 이혜련(李惠鍊,
           당시 13세)과 억지 약혼. 강서군 동진면에 계몽학교(후
           에 점진학교) 설립.

1897년   (19세) 동생 안신호와 약혼녀 이혜련을 데리고 상경하여
           이들을 정신여학교에 입학시킴. 독립협회에 가입.

1898년   (20세) 독립협회가 만민공동회로 발전함에 따라 필대은

(弼大殷) 등과 함께 평양에서 관서 지부를 발기. 7월 25
일, 평양 쾌재정(快哉亭)에서 만민공동회를 개최하고 18
조의 쾌재와 18조의 불쾌를 열거하며 첫 웅변.

1899년   (21세) 점진학교 폐교. 하천 매립 공사와 황무지 개간 사
업에 종사.

1902년   (24세) 밀러 목사의 주례로 서울 제중원(濟衆院, 세브란
스)에서 이혜련과 결혼. 9월 경, 부인과 미국으로 출발.
10월 14일 샌프란시스코에 도착. 이때 당호를 도산(島
山)이라고 칭함.

1903년   (25세) 샌프란시스코에서 로스앤젤리스 근교의 리버사이
드로 이사. 부인을 학교에 보냄. 9월 23일, 재미 교포의
단결과 계몽을 위해 한인 친목회를 조직하여 회장에 피선
됨.

1904년   (26세) 러일전쟁 일어남. 기독교에서 경영하는 신학 강
습소에서 영어와 신학을 공부.

1905년   (27세) 4월 5일, 한인 친목회를 발전시켜 공립협회(共立
協會)를 창립하고 초대 회장이 됨. 11월, 패시픽가에 공
립협회 회관을 설립. 11월 17일, 을사보호조약 조인됨.
11월 20일, 한글판 〈공립신보(共立新報)〉발행. 장남 필
립(必立)태어남.

1906년   (28세) 샌프란시스코의 지진으로 공립회관이 불타자 오
클랜드에 임시 본부를 설치했다가 다음 해에 돌아옴.

1907년   (29세) 연초에 귀국길에 올라 동경의 한국인 유학생 단
체인 태극학회에서 연설을 하고 2월에 귀국. 3월 1일,
서울 한양학교에서 귀국후 첫 대중연설. 3월 11일, 평양
사범강습소 개교식에서 교육에 대한 연설. 3월 20일, 서

울 균명학 교에서 애국사상 고취에 대한 연설. 4월, 서
울에서 양기탁·이갑 등과 신민회(新民會) 창립. 4월 중
순, 개성에서 교육과 체육의 중요성에 대한 연설. 5월
12일, 서울 삼선평에서 국제정세와 전쟁준비에 대한 연
설. 6월 7일, 서울 YMCA에서 미국인에 대한 연설. 6
월 중순, 평양에서 연설. 7월 8일, 평양에서 여성교육에
대한 연설. 11월 23일, 승동학교 개교 축사. 11월, 이토
오 히로부미와 회견하고, 안도산 내각의 조각을 거부.
12월 8일, 청년상에 대한 연설.

1908년   (30세) 2월 8일, 서울에서 나라의 앞날에 대해 3시간 50
분 간 연설. 2월, 평양 마산동에 자기 회사 창립. 4월
15일, 평양에서 춘기 연합 운동회에 참석. 6월 14일, 호
서 학생 친목회 개회 축사. 7월 26일, 보성전문학교 친
목회 총회에서 고문으로 추대됨. 9월 26일, 평양 대성학
교 개교식에서 연설. 11월 18일, 서울 개운사에서 대한
협회 창립 1주년 기념식 연설. 12월 8일, 평북 안주에서
연설.

1909년   (31세) 1월 3일, 서울에서 서우한북 양학회 기념 축사. 1
월 14일, 서울 YMCA에서 〈전도와 희망〉이라는 제목으
로 2시간 동안 연설. 2월 초, 융희 황제 서순시 대성학교
생도들 국기게양 문제로 일경에 초치. 5월 5일, 〈대한매
일신보〉 사장 배설(裵說; Bethel)의 추모 연설. 7월 말,
평양에서 하기 강습회 개설. 8월, 청년학우회(靑年學友
會) 조직. 10월 26일, 안중근 의사가 이토오 히로부미를
총살하자 혐의를 받아 10월 말 경 평양에서 체포됨. 12
월 21일, 용산 헌병대에서 석방.

1910년	(32세) 1월 9일, 용산 사령부에 의해 다시 구속됨. 2월 20일 경 석방됨. 2월 24일, 서북학회 주관으로 석방 위로회. 3월 6일, 서북학생 친목회 주관으로 4인 위로회. 4월, 신채호, 김지간, 정영도 등과 함께 경기도 행주를 출발하여 중국으로 망명길에 오름. 이때 거국가(去國歌)를 남김. 5월 초, 평양에서 도산의 친자라고 가칭하는 자가 나타남. 7월 경, 중국 연태, 위해위를 거쳐 청도에 도착. 청도회담이 열렸으나 실패. 8월 29일, 한일 합방. 이후 청년학우회는 수양동우회로 바뀜. 9월 경 해삼위에 도착.
1911년	(33세) 3월 경, 노령 치타, 뻬쩨르부르그, 베를린 등을 경유하여 미국에 도착.
1912년	(34세) 11월, 샌프란시스코에서 대한인국민회(Korean National Association) 중앙 총회를 조직하고 초대 회장에 선임됨. 송종익, 정원도, 하상옥, 강영소 등과 홍사단 조직에 착수. 〈공립신보〉를 〈신한민보〉로 개명. 차남 필선 (必鮮) 태어남.
1913년	(35세) 5월 12일, 한인 예배당에서 연설하고 다음날인 13일, 전국 대표 8인을 창립인으로 홍사단 창립.
1914년	(36세) 캘리포니아 주지사로부터 국민회를 정식 사단법인으로 인가 받음. 로스앤젤레스로 이주. 장녀 수산(秀山) 태어남.
1915년	(37세) 6월 23일, 대한인국민회 회장에 취임하며 연설.
1917년	(39세) 임준기, 송종익 등과 함께 북미 실업 주식회사 설립. 6월부터 7개월 간 하와이에서 한인 사회를 위해 활동. 차녀 수라(秀羅) 태어남.

1918년	(40세) 1월, 멕시코로 출발하여 8월까지 한인 사회를 위해 활동. 8월, 대한인국민회 로스앤젤리스 지방회 졸업생 축하회에 참석하여 연설. 10월, 제 1차 세계대전 휴전이 성립되자 담화문 발표.
1919년	(41세) 3·1운동이 일어나고 상해에 임시정부 수립됨. 3월 13일, 샌프란시스코 국민회 총회에서 연설. 5월 경 상해에 도착하여 수차에 걸친 연설회를 가짐. 6월 28일, 임시정부 내무총장에 취임. 이어 임시정부 국무총리 대리에 취임. 연통제와 독립운동 방략을 제창. 임시정부 기관지 〈독립〉 발간. 임시정부 내각 개편으로 노동국 총판에 취임.
1920년	(42세) 1월 초, 신년회에서 연설. 흥사단 원동 위원부 설치. 미의회 동양·시찰단을 북경에서 만나 한국 독립에 협조 호소.
1921년	(43세) 4월 2일, 동오 안태국 서거에 애도 담화. 5월 12일, 임시정부 각원에서 사임하며 연설.
1922년	(44세) 4월 6일, 국민대표회 준비회가 발족되고 도산은 개인 자격으로 연설.
1923년	(45세) 1월, 상해에서 국민대표회가 개최되자 담화 발표. 10월 7일, 국민대표회 정식 개회식에서 환영사. 이후 국민대표회는 창조파와 개조파로 나뉘어 결렬.
1924년	(46세) 〈갑자논설〉 기술. 만주 지방을 다니며 이상촌 후보지를 물색. 남경에 동명학원 설립. 연말에 미국으로 돌아감.
1925년	(47세) 미국에서 동지들을 격려하고 이상촌 운동을 위한 자금 마련.

1926년	(48세) 5월, 미국에서 상해로 돌아옴. 7월 8일, 삼일당 에서 연설회를 갖고 대독립당 운동 전개를 역설. 10월, 북경에서 대독립당 북경 촉성회 성립. 만주 길림성 일대 를 답사하며 이상촌 사업 추진. 삼남 필영 태어남.
1927년	(49세) 길림에서 동지 200여 명과 함께 중국 경찰에 감 금되었다가 20일만에 석방됨. 만주 지역 3부 통합을 위 한 신안둔 회의에 참석.
1928년	(50세) 이동녕, 이시영, 김구 등과 상해에서 한국독립당 결성. 이때 대공주의(大公主義) 제창.
1931년	(53세) 만주사변으로 만주에서의 이상촌 계획을 포기하 고 남경에 토지 매입.
1932년	(54세) 4월 29일, 윤봉길 의사의 상해 홍구공원에서의 의거로 이날 오후 프랑스 경찰에 체포되어 일경에 인도 됨. 6월 7일, 인천에 도착하여 서울로 압송됨. 재판 결과 4년형을 선고받고 서대문 형무소, 대전 형무소에서 복역.
1935년	(57세) 2월, 2년 반만에 대전 형무소에서 가출옥. 지방 을 순회한 후에 평남 대보산 송태 산장에 은거.
1937년	(59세) 6월 28일, 동우회 사건으로 흥사단 동지들과 함 께 체포됨. 11월 1일, 서대문 형무소에 수감되었다가 12 월 24일 신병으로 보석 출감됨.
1938년	(60세) 3월 10일 자정, 경성대학 부속 병원에서 간경화 증으로 서거. 망우리 공동묘지에 안장.
1969년	4월 21일, 부인 이혜련 여사 별세.
1973년	11월 10일, 도산 95회 탄신과 흥사단 창립 60주년을 맞 아 망우리의 도산 유해와 미국의 이혜련 여사의 유해를 서울 도산공원으로 이장.